하나님 나라의 정치와 문화

하나님 나라의 정치와 문화

2021년 6월 20일 초판 인쇄
2021년 6월 25일 초판 발행

책임편집 | 박경수 · 김정형
펴낸이 | 이찬규
펴낸곳 | 북코리아
등록번호 | 제03-01240호
전화 | 02-704-7840
팩스 | 02-704-7848
이메일 | sunhaksa@korea.com
홈페이지 | www.북코리아.kr
주소 | 13209 경기도 성남시 중원구 사기막골로 45번길 14
　　　우림2차 A동 1007호
ISBN | 978-89-6324-774-8(93230)
값 20,000원

God's kingdom Politics and Culture

하나님 나라의 정치와 문화

책임편집 박경수 · 김정형

북코리아

머리말

이 책은 본 연구소가 2018년부터 약 3년 동안 개최한 공개강좌에서 발표된 원고들을 묶어서 '하나님 나라의 정치와 문화'라는 제목으로 간행한 단행본이다.[1] 하나님 나라를 지향하는 본 연구소는 오늘의 현실 속에서 교회의 사회 공적 책임과 공공성을 구현하는 공개강좌를 열고 있다. 최근 3년의 공개강좌는, 대한민국 역사상 최대 규모의 정치스캔들인 "박근혜-최순실 게이트"가 현직 대통령 파면(2017. 3. 10.)이라는 초유의 결과를 가져온 사건 이후, 교회와 국가의 관계를 신학적으로 규명하고자 시작되었다. 또한 우리 사회에서 일어나는 다양한 삶의 주제와 문화 현상을 공적 신학의 범주에서 성찰하고자 했다. 예를 들어 영화('필름포럼')를 통해 실천하는 문화선교, K-Pop의 대표 아이돌그룹인 '방탄소년단'(BTS),[2] 대중과 호흡하는 교회음악, '미투'(MeToo) 운동에 대한 기독

---

1   이로써 본 연구소의 일곱 번째 단행본이 발간되었다. 제1권 『공적신학과 공적교회』(2010), 제2권 『하나님 나라의 경제(1)』(2013), 제3권 『하나님 나라의 경제(2)』(2014), 제4권 『하나님 나라의 정치』(2015), 제5권 『하나님 나라와 지역교회』(2015), 제6권 『하나님 나라와 평화』(2017). 제7권 『하나님 나라의 정치와 문화』(2021)

2   방탄소년단은 2013년 6월 13일에 데뷔한 빅히트 엔터테인먼트 소속 대한민국 7인조 보이 그룹이다. 그룹명 '방탄소년단'은 방탄이 총알을 막아내는 것처럼, 살아가는 동안 힘든 일을 겪는 10대와 20대의 편견과 억압을 막아내고 자신들의 음악과 가치를 지켜내겠다는 의미를 담고 있다. 출처: 위키백과.

교 윤리적 고찰, 세속화에 대응하는 신학의 공공성, 한반도 평화를 위한 개신교(기독교)의 통일운동, 그리고 지난해(2020)에는 코로나19 팬더믹(pandemic) 상황에서 교회와 사회가 나아갈 새로운 길을 모색했다.

이 책은 열 한편의 옥고(玉稿)로 구성되었다. 제1부는 다섯 편의 원고인데 '하나님 나라의 정치'로 묶었다. 제2부는 여섯 편의 원고이며 '하나님 나라의 문화'로 묶었다.

고재길은 20세기 전반부 독일 민족주의를 등에 업은 히틀러(A. Hitler)의 등장을 살펴보았고, 나치(Nazi)체제에 맞서 투쟁한 고백교회를 서술했다. 또 바르멘 신학선언을 서술했다. 또한 고백교회의 신학자 본회퍼(D. Bonhoeffer)를 소개했다.

김정형은 참신한 창의적 발상으로, 한반도 통일을 위한 평화의 "상상력"을 펼쳤다. 그의 발상은, "군사분계선의 영구 소멸이나 존속 외에 군사분계선을 평화를 가져오는 새로운 경계선으로 변형시키는 일 같은 것을 기대할 수는 없을까? 경계선이 반드시 분리와 갈등의 상징일 필요가 있을까? 경계선이 서로 다른 이념, 체제, 문화, 역사를 가진 두 나라가 평화롭게 공존하는 미래, 그 과정에서 전에 없던 전혀 새로운 이념, 체제, 문화, 역사를 가진 새로운 세계를 만들어가는 시발점이 될 수는 없을까?"였다. 이와 함께 그는 군사분계선(장벽)과 평화의 관계를 새롭게 구상했다.

유영식은 한반도 평화의 위기를 조성하는 동북아시아의 질서와 북한의 군사화를 전제하면서 한반도통일의 현실 가능한 방안을 모색했다. 한반도 평화의 위기상황을 북한의 핵 문제를 중심에 놓고서 서술했다. 한반도 통일논의는 '통일은 왜 해야 하는가'라는 담론과 '통일은 어떻게 해야 하는가'라는 방안으로 나누어 전개했다. 한반도의 항구적 평화정착을 위한 통일논의들의 현실성에 대해 짚은 다음, 하나의 대안을 제시했다.

이형기는 박근혜-최순실 게이트로 야기된 국정 혼란 한가운데서 무엇이 교회와 국가의 바른 관계이고, 또 현실 정치에 교회가 어떤 입장과 자세로 참여해야 할 것인지 논했다. 원고의 전반부는 세계교회사를 통해서 교회와 국가가 관계했던 패러다임들을 살펴보았고, 후반부는 20세기 유럽 개신교(개혁교회) 신학자 칼 바르트(K. Barth)와 몰트만(J. Moltmann)이 각각 서술한 교회와 국가의 관계를 살펴보았다.

정재영은 한국 개신교 교인들의 정치의식을 파악하고자 했다. 먼저는 한국 현대사에서 전개된 교회와 정치의 상관관계를 파악했고, 그다음 한국 개신교 교인들의 정치의식을 분석했다. 그리고 교회의 바람직한 정치 참여에 관하여 제안했다.

김은혜는 한국의 성폭력 실상이 ─ '미투'의 이름으로 밝혀지면서 ─ 사회의 근간을 흔드는 문제임을 인식하고, 성폭력을 더 이상 비도덕적인 개인의 비행이나 일탈로 덮지 못할 성차별적 폭력문화의 일상화라고 했다. 미투 운동을 여성의 주체성이 형성되는 정치화 과정으로 평가했다. 사회 공적인 이슈로 부각된 미투 운동을 분석하고 성찰해서, 성폭력 피해가 공론의 장에서 새로운 성(性) 담론으로 정착되기를 희망했다. 성폭력 문제에 대해 비껴갈 수 없는 한국교회 역시 책임 있게 응답해야 한다고 주장했다.

박일준은 전 세계적으로 매우 큰 인기를 누리는 방탄소년단의 음악 활동을 선교신학적으로 파악했다. "주변부로부터의 선교"(mission from the margain)라는 새로운 선교 패러다임으로 방탄소년단의 활동을 해석했다. 방탄소년단은 "세계화된 경제로 지구촌 모든 곳이 획일적으로 경쟁의 장으로 돌변한 세계 속에서 주변부로 밀려난 이들의 소리를 자신들의 음악 속에 담아내고자 했고, 자신들 스스로 그 주변부의 주체가 되어 목소리를 냈다"고 분석했다.

백승남은 "교회음악(기독교음악)에서 찬양과 복음은 분리될 수 없는 관계"임을 전제하면서, 교회음악이란 "음악의 형식이나 작품성이라기 보다는 각 시대마다 예수 그리스도의 말씀과 성령의 인도하심으로 나타난 하나님의 역사인 찬양과 복음을 다룬 신앙고백(가사)"이라고 본다. 그런데 복음이 찬양의 근거가 되지 못할 경우엔, 교회음악은 오로지 음악에만 집중하게 되고 무대에서 연주하는 음악가의 예술성(기술)에만 몰두할 것으로 보았다. 복음의 능력이 결핍된 찬양을 우려했다.

성석환은 빠르게 변화되는 사회에서, 전통 개신교(기독교)가 기존의 신학방법론으로 적절히 응답하기가 어려운 다양하고 다원적 질문들을 새로운 관점과 방법으로 접근하는 대안적 공공신학을 제시했다. 공공신학자는 "자신이 속한 공동체, 그것이 지구적이며 국가적이며 지역사회적인 범위에 따라 층위가 달라지겠으나, 그 공동체의 구체적인 삶에 대해 현실적 태도를 갖지 않을 수 없게 된다. 공공신학자의 삶은 신학교 '안'에 있을 수 없으며, 신학교 '밖'만도 아닌 삶 그 자체의 역동에 진지하게 개방되어 있어야 한다."고 주장했다.

성현은 하나님 나라와 문화선교, 즉 필름포럼(기독교영화관) 사역을 통해 살펴본 문화선교의 가능성을 보여주었다. 이 사역에서 직접 만나고 경험한 현장의 목소리를 담아 공공 신학적 근거를 세워서 이 시대에 한국교회와 사회에 필요한 문화선교의 방향에 대해 제언하고자 했다. 그에게 필름포럼이란 울타리·경계를 넘어 광장으로 나온 교회이다.

이창호는 개신교(기독교) 통일운동을 역사적·신학적·실천적 관점에서 종합적으로 검토 · 평가하고 앞으로 나아갈 길을 제시하고자 했다. 통일의 정책과 제도 그리고 사회문화적 통합으로 확대하는 길, 특별히 사람의 통일을 지향하는 그 길을 제시했다. 이 글은 민족동질성을 회복하는 차원의 한반도 통일지도를 그렸다.

지금까지 열거한 열한 개의 원고들을 공개강좌에서 발제하고 글로 정리해 주신 열한 분에게 진심으로 감사드린다. 열한 편의 원고는 2018년 이래로 3년 동안 본 연구소의 공개강좌에서 발표된 것이다. 매번의 강좌를 연구소의 총무 장신근 교수가 진행하셨다. 그 곁에서 조교 김한결 전도사가 크고 작은 수고를 맡아 수행하셨다. 또, 매 강좌마다 발제청탁과 발제원고 정리 및 출판편집 업무를 서기 김정형 교수가 맡아 진행하셨다. 편집된 원고를 출판사에 의뢰하고 진행하는 일을 박경수 교수가 주관하셨다. 이렇게 연구소의 여러분들이 각자 맡은 일을 유기체적 연결 속에서 진행함으로써 이 단행본이 탄생했다. 헌신적인 수고를 아끼지 않으신 모든 분에게 감사드린다. 출판을 맡아주신 북코리아 출판사 이찬규 사장에게도 감사드린다.

2021년 새 봄에
공적신학과교회연구소의 임원들을 대신하여

소장 임희국

목차

제 I 부

하나님 나라의 정치

제1장
히틀러의 교회정치와 고백교회의 저항*

1. 들어가는 말

고백교회(Bekennede Kirche)는 히틀러(Adolf Hitler)의 명령을 따랐던 독
일 제국교회 소속의 "독일 그리스도인들(Deutsche Christen)"과 맞서 싸웠던
독일의 개신교 교단이다. 고백교회는 유일하신 예수 그리스도에 대한
신앙고백에 근거한 바르멘 신학선언(Barmer Theologische Erklärung)이 선포
되는 역사적인 순간을 함께 했다. 고백교회는 본회퍼(Dietrich Bonhoeffer)를
목회자들을 교육하기 위한 핑켄발데(Finkenwalde) 신학원의 초대 교장으
로 불렀다. 독일교회의 미래를 책임지는 교역자들을 양성하는 일은 나
치(Nazi)의 이데올로기인 국가사회주의(Nationalsozialismus)를 추종했던 "독
일 그리스도인들"과 예수 그리스도를 따르는 고백교회 사이의 교회투쟁
(Kirchenkampf)의 상황 속에서 중요한 과제였다. 고백교회는 전쟁이 종결
된 후에도 독일교회의 재건을 위해 노력했다. 고백교회는 1945년 8월,

---

*   고재길(장로회신학대학교 교수, 기독교와 문화)
    이 글은 "독일 고백교회의 저항에 대한 연구"라는 제목으로 「신학과 사회」 vol.12
    (2006), 47-77에 게재된 논문임을 미리 밝힌다.

슈투트가르트(Stuttgart)에 모여서 히틀러에 대항하여 더 적극적인 형태로 싸우지 못했던 것에 대해 참회했다.

한국교회는 일반적으로 히틀러에 저항했던 고백교회의 투쟁을 높이 평가하고 있다. 고백교회의 저항운동은 일본 제국주의 하의 신사참배 반대운동과 비교되면서 좋은 평가를 받았다. 김영재는 그의 논문 ― "한국교회 죄책고백과 독일교회 사례" ― 에서 히틀러를 비판했던 고백교회와 일본제국주의의 종교정책과 싸웠던 한국교회를 연결시켰다.[1] 그는 특별히 히틀러의 우상화를 비판했던 고백교회의 저항과 일본 제국주의의 신사참배강요를 거부했던 한국교회의 투쟁을 비교한다. 그에 의하면 두 교회의 저항은 모두 십계명의 제1계명을 철저하게 복종한 참된 그리스도인들의 삶의 결과였다. 결론에서 그는 신사참배에 대한 한국교회의 철저한 죄책고백의 당위성과 필요성을 주장한다. 김기련은 히틀러의 유대인정책에 대한 연구를 통해 고백교회의 투쟁을 검토하였다.[2] 그의 연구에 의하면 히틀러는 유대인을 독일의 일체화에 대한 강력한 저해요소로 간주했고, 히틀러의 인종정책은 홀로코스터(Holocaust)의 비극을 가져왔다. 이 연구는 고백교회의 투쟁을 "신학적으로나 기독교윤리적인 면에서 강력(한) 저항"으로 간주했다. 손규태는 그의 특별 기고문, "바르멘 신학선언 60주년을 맞으며"에서 고백교회의 저항이 오늘의 한국교회에 제기하는 과제를 검토한다.[3] 그에 의하면 바르멘 신학선언은 히틀러에 대한 저항적 특징을 보여주었다. 바르멘 신학선언은 "독일 개

---

1   김영재, "한국교회 죄책고백과 독일교회 사례,"「신학지평」18 (2005), 254-298.

2   김기련, "히틀러의 유대인 정책과 고백교회의 투쟁,"「신학사상」69 (2015), 144-147.

3   손규태, "바르멘 신학선언 60주년을 맞으며,"「기독교사상」38 (1994), 145-155.

신교회의 통일성을 파괴하는 독일적 그리스도인들과 현재의 제국교회 정부의 오류들"에 대한 비판이었다고 한다. 그는 결론에서 바르멘 신학선언이 배금주의와 교권주의에 함몰됨으로써 불의한 국가권력에 대한 예언자적 비판의 사명을 망각한 오늘의 한국교회에 필요한 교훈을 줄 수 있다고 주장한다. 그러나 고백교회에 대한 이러한 평가는 과연 어느 정도 공정한 평가라고 할 수 있을까? 예를 들면 바르멘 신학선언은 그 어디에서도 나치의 유대인정책에 대한 비판을 직접적인 형태로 표현하지 않았다. 본회퍼도 유대인을 끝까지 변호하지 못했던 고백교회를 비판하였다. 그리고 고백교회는 제2차 세계대전이 종결된 이후, 죄책고백문을 두 번 발표했다. 그것은 독일 제3제국 하에서 고백교회가 더 강하게 투쟁하지 못했기 때문이었다. 이러한 객관적 사실은 고백교회에 대한 저항을 좀 더 철저하게 검토할 필요성을 제기한다.[4] 나치의 이데올로기에 동조했던 "독일 그리스도인들"과 싸웠던 고백교회의 투쟁은 칭찬받기에 충분하다. 그러나 고백교회의 저항이 부족했던 측면을 정직하게 검토할 필요가 있다. 이것은 고백교회와 한국교회의 미래를 고려할 때, 유익한 일이 될 것이다. 본 연구는 이러한 관심과 동기에 기초하여 고백교회의 저항운동을 기독교윤리의 관점에서 분석한다.

---

4   실제로 고백교회의 저항을 사회사적, 역사적 관점에서 연구하는 입장들은 고백교회의 투쟁을 더 세밀하게 검토함으로써 객관적인 결론을 이끌어낸다. 이병철, "독일 제3제국과 기독교의 저항," 「서양사연구」 37 (2007), 131-171.

2. 히틀러의 등장과 독일 민족주의

　　루터(Martin Luther)는 두 왕국론을 가지고 이 세상을 주관하시는 하나님의 통치를 설명한다.[5] 루터에 의하면 하나님은 교회와 국가를 통해 당신의 뜻이 이 세상에서 실현되길 원한다. 하나님의 오른손인 교회는 신앙에 근거하여 하나님의 백성들을 양육하고 최종적인 구원에 이르게 한다. 하나님의 왼손인 국가는 법에 따른 권선징악을 행함으로써 국민들을 바른 삶으로 이끌어간다. 두 왕국론은 국가를 통제함으로써 타락의 길을 걸었던 중세 교황청의 오류를 벗어나는 방법을 지향하고 있다. 또한 그것은 독일의 지방 영주의 도움과 후원을 통해 종교개혁을 가능하게 했던 하나님의 섭리에 대한 루터의 경험을 반영한다. 그러나 루터의 두 왕국론은 시대를 거치면서 왜곡된다. 왜곡의 극단적인 형태는 특별히 히틀러 시대에 나타났다. 루터의 두 왕국론은 '질서의 신학'(Ordnungstheologie)[6]으로 변질되었다. 질서의 신학에 의하면 국가는 하나님의 창조질서 중 하나이다. 신적인 권위를 갖는 국가는 국민에게 무조건적인 복종만을 요구했다. 여기에서는 국가의 불법 행위나 또는 폭력에 대한 국민의 비판과 저항은 전혀 기대할 수 없었다. 약 600만 명의 유대인들의 생명을 앗아갔던 히틀러의 역사적 만행이 루터의 두 왕국론에 대한 오해와 왜곡에서 배태된 것이라고 한다면 이는 지나친 주장일까? 루터 신학자 히르쉬(Emanuel Hirsch)에 의하면 질서의 신학은 아래와 같이 독일 민족주의와 결합되었다.

5　　Martin Honecker, *Einführung in die Theologische Ethik* (Berlin: de Gruyter, 1990), 28, 273, 326.

6　　Ibid., 291-303.

무엇을 발견했는가? 독일적 민족성과 개신교 신앙, 이 둘은 지금까지 우리의 역사 속에서 분리할 수 없는 운명 공동체가 되었다. 이 둘은 현재 상황 속에서도 운명 공동체로 인식되고 있다. 개신교 기독교인들은 복음 속에서 하나님이 그를 부르실 때 바로 그 하나님에게 속해 있다. 또한 역사의 주인께서 현재 민족에 불어 닥치는 거룩한 사건의 폭풍 속에서 그를 부르실 때도 마찬가지다. 민족과 역사 안에서 하나님을 만나는 것, 그것은 복음 안에서 하나님을 만날 수 있도록 길을 열어준다.[7]

"질서의 신학" 부작용은 교회 내부에서 나타났다. 민족주의, 민족-보수주의, 인종주의를 공유하는 단체들은 1932년 여름에 "독일 기독교 신앙운동(Glaubensbewegung Deutschen Christen)"으로 결집되었다. 이 운동은 나치의 사상과 목표를 그들의 강령에 의식적으로 반영했고, 국민과 민족과 인종을 하나님이 세우신 "창조질서"로 선언했다.[8] 독일교회는 히틀러가 독일 제3제국의 총통이 되는 1933년 그 이전에 이미 독일 민족주의와 연결되어 있었다.[9] 제1차 세계대전의 패전 이후, 베르사유 조약은 독일에게 천문학적인 전쟁배상금을 요구했다. 프롤레타리아 혁명의 불길은 러시아를 벗어나서 동유럽까지 이어졌다. 이러한 상황은 특별히 경제적 실업난으로 어려움에 처한 독일 중산층들에게 심리적인 위협을

---

7   Emanuel Hirsch, *Deutsches Volkstum und Evangelischer Glaube* (Hamburg: Hanseatische Verlagsanstalt, 1934), 39. 추태화, 『권력과 신앙: 히틀러 정권과 기독교』 (서울: 씨코북스, 2012), 105에서 재인용.

8   이병철, "독일 제3제국과 기독교의 저항," 137.

9   Ibid., 131-171.

주었다. 이것은 "독일-민족적(deutsch-national)"인 독일교회의 목사들에게
도 예외가 될 수 없었다. 그들은 독일 민족의 자긍심의 회복과 독일 민족
의 번영을 약속한 나치의 주장들을 아래와 같이 환영했다.[10]

> 이들에게 1933년 1월 30일 히틀러의 제국수상 임명은 신이 베르사
> 유의 굴욕을 당한 독일에게 선물로 준 민족의 구원이요, 새 시대의
> 도래와 같았다. 교회의 축제와 감사예배가 이 '운명의 해'를 장식하
> 였다. 많은 교회에서 '독일의 희망의 상징'으로서 제단 주위에 나치
> 의 깃발이 게양되었다.[11]

이병철은 히틀러와 나치의 시대를 독일 제3제국으로 부르는 이유
에 대해 집중한다.[12] 그에 의하면 히틀러를 추종하는 독일 민족주의자들
과 독일교회는 독일의 옛 신화에 큰 영향 아래에서 살고 있다. 그 신화의
기원은 중세까지 거슬러 올라가는 "제국의 신화"이다. 제국의 신화는 독
일과 서유럽의 양 역사를 구분하는 큰 차이점이다. 독일은 신성로마제
국을 통해 고대 로마제국의 통치를 이전시킬 수 있었다. 요한계시록의
적그리스도를 대적하는 신성로마제국의 사명은 중세의 멸망 이후에도
독일에게 이전될 것으로 보았다. 놀랍게도 독일교회는 히틀러의 제3제

---

10 "1918년 이후 공화국의 세속화 물결에서 교회는 불가지론적 좌파 자유사상가들의 반
    종교 및 반교회 투쟁에 직면해 있었다. 그리고 나치 정부는 이제 이러한 것들에 끝을
    내주겠다고 확언하였다. 자명하게도 왕좌와 제단 대신에 민족의식과 제단의 결합이 등
    장하였다. 이러한 상황에서 나치 이데올로기에 대한 교회의 반응은 긍정적인 수용이었
    다." Ibid., 136-137.

11 Ibid., 137-138.

12 Ibid.

국 안에서 그 신화의 성취를 확인한다.[13]

그러면 독일 제국교회에 속하여 히틀러의 통치에 순응했던 "독일 그리스도인들"과 나치의 이념을 거부했던 고백교회는 서로 어떻게 싸웠을까? 이 질문은 고백교회의 투쟁과 바르멘 신학선언에 대한 검토로 이어진다.

3. 교회투쟁과 바르멘 신학선언

1) 교회투쟁

히틀러는 독일 제3제국의 안전과 번영을 이중적인 교회정책에 근거하여 추구했다. 독일 제3제국의 수상(1933. 1. 30.)이 된 히틀러는 그 해 여름, 독일의 로마 가톨릭과 개신교의 지도자들과 만났다. 이 회담에서 히틀러는 양 교회와 조약을 체결함으로써 가톨릭과 개신교를 제3제국과 연결하고, 내부의 반대자들을 제거하길 원했다.[14] 나치의 교회정책은 나치의 정권의 유지를 위한 필요조건이었다.[15] 몇가지 중요한 사건을 정리하면 다음과 같다.

---

13 이와 비슷한 입장에 대해서는 다음의 책을 참고할 수 있다. 장수한, 『독일 프로테스탄트 교회의 역사』 (서울: 한울아카데미, 2016), 276.

14 김기련, "히틀러의 유대인 정책과 고백교회의 투쟁," 157-158. 본 연구는 개신교를 중심으로 다룬다.

15 더 자세한 내용은 다음을 참고하라. 추태화, 『권력과 신앙: 히틀러 정권과 기독교』, 28-32.

먼저, 1933년 4월 3일부터 4일까지 제국집회가 열렸다.[16] 라디오 방송으로 생중계된 개막 연설에 의하면 나치는 "루터가 바라던 독일 혁명의 선구자"였다. 베를린의 노빌링(Siegfried Nobiling) 목사는 히틀러의 "지도자 원리"를 교회에 적용해야 하고, 독일교회의 목사는 "순수 독일 혈통"이어야 한다고 주장했다. 1933년 4월 말, 히틀러는 뮐러(Ludwig Müller)에게 독일 개신교 전체를 하나의 제국교회로 만드는 프로젝트의 전권을 맡겼다. 뮐러는 히틀러의 수상 취임을 하나님의 섭리로 찬양했고, 개신교 인사들을 나치의 동조자로 조직하는 "나치 돌격대-예수 그리스도"의 책임자가 되었다.[17] 둘째, 1933년 7월 23일에 있었던 교회 선거에서 "독일 그리스도인들"은 나치의 공개적인 지지와 후원에 힘입어 성공적인 결과를 얻었다. 300만 명의 개신교인들이 속해 있는 베를린의 147개의 교회들 중 4분의 3의 교회(약 110개)가 선거에서 "독일 그리스도인들"을 지지했다. 이 결과로 개신교 연방 주교회들의 태도에 큰 변화를 가져왔다. 안할트, 헤센, 팔츠, 튀링겐, 작센, 베스트팔렌을 제외한 옛 프로이센 연합교회에 속해 있던 모든 개신교 지역교회가 독일 제국교회의 회원이 되었다.[18] 마지막으로 1933년 9월, 옛 프로이센 연합교회에 속하는 모든 교회들이 베를린에서 총회를 했다. 이 총회는 나치가 만든 아리안 조항을 교회법에 적용하는 것을 확정했다. 이 법에 따르면 독일의 모든 교회는 히틀러의 국가사회주의 이념을 무조건적으로 지지해야 하고, 아리안계 혈통을 가진 사람만이 교회의 성직자가 될 수 있었다. 총회에 참

---

16   Eberhard Bethge, *DIETRICH BONHOEFFER* (München: Chr. Kaiser Verlag, 1967), 319.

17   장수한, 『독일 프로테스탄트 교회의 역사』, 279.

18   Ibid., 282.

석했던 지역 감독들은 "앞으로는" 비아리안계 혈통의 성직자를 "더 이상 임용하지 말아야 한다"는 견해에 대해 찬성했다.[19]

아리안 조항은 독일 개신교회 내부의 반대와 비판에 부딪혔다. 이 법안의 목적은 교회 내부에서 유태계 그리스도인들을 완전히 배제하는 것이었다. 다음의 인용문은 독일 제국교회가 교회법에 적용한 아리안조항의 핵심이다.

> 아리안 혈통에 속하지 않거나, 아리안 혈통에 속하지 않은 사람과 결혼한 자는 통상적으로 교회의 행정이 관할하는 영역에서 목회자나 공무원으로 초빙받을 수 없다. 아리안 혈통에 속한 목회자와 공무원이라 할지라도 아리안 혈통에 속하지 않은 자와 결혼한 자는 사임해야 한다 … 아리안 혈통이 아니거나, 아리안 혈통이 아닌 자와 결혼한 목회자와 공무원은 퇴직에 처해진다.[20]

이와 같이 교회법에 적용된 아리안 조항의 비인간적, 비성서적 특성은 마침내 교회투쟁의 서막을 열었다. 즉, 나치의 교회정책을 무비판적으로 받아들였던 제국교회와 고백교회 사이에서 발생한 독일 개신교 내부의 갈등이 시작된 것이다. 주목할 만한 투쟁은 1933년 9월에 결성된 목사긴급동맹(Pfarrenotbund)이었다. 니뮐러와 본회퍼가 이 동맹에 함께 참여했다. 목사긴급동맹은 제국교회의 비기독교적인 결정에 항의하

---

19 Eberhard Bethge, *DIETRICH BONHOEFFER*, 360-361.

20 *Evangelische Kirche und Drittes Reich. Ein Arbeitsbuch für Lehrer der Sekundärstufen* I u. II, (Göttingen 1983), 166-167. 추태화, 『권력과 신앙: 히틀러 정권과 기독교』, 31-32 에서 재인용.

는 서신을 보냈다. 항의 서신은 아리안 조항이 기본적으로 성서적 신앙고백에 위배되는 것임을 경고했다. 또한 목사긴급동맹은 아리안 조항의 희생자들을 돌보는 일에 교회가 적극 참여하겠다고 밝혔다.[21]

목사긴급동맹의 경고와 단호함은 기대 이상의 반응을 가져왔다. 처음에는 22명의 소수의 목사들이 호소문에 서명했다. 그러나 얼마 가지 않아서 비텐베르크의 2,000명의 목사들이 서명했다. 1933년 12월에 목사긴급동맹에 등록한 사람은 모두 6,000명이었다. 고백교회의 저항의 모태가 된 목사긴급동맹의 회원 수는 1934년에 7,000명을 넘겼다.[22] 고백교회의 저항이 강화될수록 고백교회에 대한 제국교회의 탄압도 강화되었다. 제국교회와 "독일 그리스도인"은 1934년 1월 4일에 만들어진 교회법령에 근거하여 고백교회를 탄압했다. 제국교회는 고백교회의 목사들에게 순수한 복음만을 전해야 하고, 정치적 목적의 성취를 위해 교회를 활용해서는 안 된다고 강요했다. 이러한 강요는 고백교회의 목사들에게 받아들여지지 않았고, 그 법안에 반대하는 집회가 열렸다. 그 결과, 설교를 하지 못하거나 또는 파면까지 당했던 목사들도 있었다.[23]

---

21 이병철, "독일 제3제국과 기독교의 저항," 140. 아리안 조항에 항의한 목사긴급동맹의 단호함을 본회퍼는 다음과 같이 기억한다. "우리는 먼저 성명서를 작성했습니다. 아리안 조항 때문에 구프로이센 연맹 개신교회가 그리스도의 교회에서 떨어져 나가게 되었음을 교회 당국에게 알리려고요." Eberhard Bethge, *DIETRICH BONHOEFFER*, 365

22 Ibid.

23 손규태, "바르멘 신학선언 60주면을 맞으며," 「기독교사상」 425(1994), 148.

2) 고백교회와 바르멘 신학선언

독일 제국교회의 감독은 1934년 1월부터 본격적으로 독일의 지역교회의 구조를 획일화시키길 원했다. 그러나 이에 대한 반대 여론의 불길은 독일 개신교회 내부에서 타올랐다. 그 결과, "독일 개신교 고백공동체"(Bekenntnisgemeinschaft der DEK)가 결성되었다. 그 해 5월에는 제국교회에 대항하여 싸움으로써 자기를 "적법한 교회"라고 주장했던 고백교회가 마침내 창립되었다.[24] 고백교회 총회는 1934년 5월 29~31일, 독일 부퍼탈의 바르멘(Barmen)에서 열렸다. 25개의 지역교회의 대표들 139명이 참석했는데 그들은 루터교회, 연합교회, 개혁교회 등에 속해 있었다. 총회는 고백교회와 제국교회를 추종했던 "독일 그리스도인들"이 서로 결별하기를 원했다. 신학적인 관점과 교회조직의 차원에서 둘은 모두 철저하게 분리되어야 했다. 그 당시, 본(Bonn) 대학교의 교수였던 바르트(Karl Barth)가 주도적으로 신학선언의 초안을 만들었다.[25] 바르멘 신학선언은 6개의 신학 테제를 채택함으로써 제국교회와 "독일 그리스도인"에 대한 저항을 분명하게 드러냈다. 테제의 일부를 아래에서 살펴보기로 하자.

우리는 마치 교회가 그 선포의 원천으로서 이 유일한 하나님의 말씀 이외에 그리고 하나님의 말씀과 나란히 여타의 사건, 권세, 형상, 진리를 하나님의 계시로 인정할 수 있고 또 그래야 한다는 듯이 가

---

24 이병철, "독일 제3제국과 기독교의 저항," 143-144.

25 손규태, "바르멘 신학선언 60주년을 맞으며", 148-149.

르치는 잘못된 교의를 배격한다. … 우리는 마치 교회가 자신의 메시지와 직제의 형태를 제멋대로 바꾸거나, 혹은 이념적으로 우세한 신념 내지 정치적으로 우세한 신념의 변화에 맞게 바꾸어도 된다는 듯이 가르치는 사설을 배격한다. … 우리는 마치 교회가 통치권을 쥔 특정한 지도자들에게 자신을 내맡길 수 있고, 그래도 된다는 듯이 가르치는 사설을 배격한다.[26]

이와 같이 바르멘 신학선언은 히틀러를 독일민족의 메시야로 확신했던 제국교회와 대립각을 세웠다.[27] 김명용의 견해에 의하면 신학선언은 나치 이데올로기를 통해 "민족과 세계를 구원할 성령의 길"을 선포했던 히틀러와 투쟁했던 선언이었다. 바르트는 "국가 안에 있는 그 어떤 것"도 "하나님 나라"가 될 수 없다고 생각했고, 그는 하나님 말씀의 양태를 그리스도, 성서, 교회의 범주 안에서만 가능하다고 확신했다고 한다. 놀랍게도 김명용은 바르트의 견해를 채택했던 고백교회의 신학정신이 "히틀러와 싸우는 위대한 역사를 감행했다."고 주장한다.[28] 비슷한 맥락에서 장수한도 바르멘 신학선언을 긍정적으로 평가한다. 바르트는 그 선언을 통해 "기존 질서의 권위를 압제로 표현하면서 로마서 13장에 나오는 '복종'을 국가에 대한 무조건적인 복종"으로 해석하면 안 되고 "오

---

26 Eberhard Bethge, *DIETRICH BONHOEFFER*, 430.

27 고백교회와 바르멘 신학선언에 대한 독일어권의 연구는 다음을 참고하라. W.-D. Hauschild/G. Krerschmar/C. Nicolaisen (Hg.), *Die lutherischen Kirchen und die Bekenntnissynode von Barmen* (Göttingen: Vandenhoeck & Ruprecht, 1984)

28 김명용, "칼 바르트(Karl Barth) 신학에 있어서의 교회와 국가," 「장신논단」 35 (2009), 82-83.

직 하나님에 대한 복종"으로 해석하길 원했다고 본다.[29] 그러나 이러한 긍정적인 평가는 어느 정도 공정한 것일까? 바르멘 신학선언에서는 히틀러와 나치 이데올로기를 직접적인 형태로 비판하거나 경고하는 표현을 찾아 볼 수 없다. 비슷한 내용이 있다고 하더라도 그것은 신학적인 원칙이나 또는 추상적인 요구에 지나지 않는다. 이병철은 저항사적인 관점에서 바르멘 신학선언에 큰 의미를 두지 않는다. 그 선언은 교회 내부의 투쟁이었고, "나치 정권에 대한 선전포고가 아니었(기)" 때문이다. 즉, 그것은 "나치 이데올로기의 핵심인 인종주의와 폭력적 패권주의를 언급하지 않았다."[30]

그러나 바르멘 신학선언은 기독교 저항사의 입장에서 볼 때, "간접적인 영향력"을 발휘했다.[31] 그것은 1934년 10월에 베를린의 달렘에서 개최된 제2차 고백교회 총회에서 나타났다. 달렘 회의를 기점으로 독일 개신교 내부의 "독일 그리스도인들"과 고백교회는 확실하게 분리되었고, 고백교회는 온건파(다수파)와 강경파(소수파)로 분열되었다. 달렘회의가 만든 "교회긴급권"(Kirchliches Notrecht)은 "독일 그리스도인들"의 제국교회에 대한 저항을 넘어서 나치의 이념을 비판하기 시작했다. 고백교회의 다수파는 바르멘 신학선언이 교회와 국가 간의 관계적 연속성 위에 있다고 생각한 반면에, 소수파는 불의한 국가로부터의 결별을 당연한 결론으로 확신했다. 즉 달렘 회의는 고백교회의 분열을 가져왔지만 고백교회가 불법적인 국가로부터 벗어나는 분기점이 되었다. 저항사적

---

29 장수한, 『독일 프로테스탄트 교회의 역사』, 288.

30 이병철, "독일 제3제국과 기독교의 저항," 145-146.

31 Ibid., 147-148.

인 관점에서 볼 때, 달렘 회의가 바르멘 신학선언보다 더 중요한 이유가
바로 여기에 있다.

4. 고백교회와 본회퍼

본회퍼는 히틀러의 나치 이데올로기에 저항했다. 39세의 나이에 교
수형으로 삶을 마감했던 본회퍼의 생애와 신학은 고백교회를 배제하고
서는 설명하기 어렵다. 신학자, 목회자, 시대인으로 살았던 본회퍼는 고
백교회의 역사 안에서 그의 고유한 신학적 특징을 발전시켰다.[32] 고백교
회와 본회퍼를 함께 생각할 때, 세 가지 중요한 내용들을 언급할 수 있
다. 첫째, "유대인 문제에 직면한 교회", 둘째, 『나를 따르라』, 셋째, "타
자를 위한 교회"가 그것들이다.

1) 고백교회와 "유대인 문제에 직면한 교회"

1933년 4월, 히틀러는 비기독교적인 아리안 조항을 만들었다. 비아
리아인 혈통의 사람들의 직업을 박탈하는 아리안 조항의 최종목표는 독
일 내의 유태인 척결이었다. 그것은 유대인들의 기본권을 짓밟는 반인
권적인 만행이었다. 놀랍게도 본회퍼는 1933년 여름에 목회자들이 모
인 자리에서 "유대인 문제에 직면한 교회"를 발표했다. 본회퍼는 그 해
9월에 니묄러가 주도했던 목사긴급동맹보다 먼저 히틀러의 인종정책

---

32   Eberhard Bethge, *DIETRICH BONHOEFFER*, 9-16.

을 비판했던 것이다. 본회퍼는 이 발표를 통해 국가의 불법과 폭력 앞에
서 가능한 교회의 행동을 세 가지로 정리했다.[33] 먼저, 교회는 "국가가 자
신의 행위를 합법적인 국가의 행위"로 설명할 수 있는지, 즉 "불공정하고
무질서한 행위가 아니라 공정하고 질서 있는 행위"라고 해명할 수 있는
지 국가에게 질문해야 한다. 둘째, 교회는 "모든 사회체제의 희생자들에
게, 비록 그들이 그리스도 공동체의 일원이 아니더라도, 무조건 도울 의
무를 가지고 있다." 셋째, 교회는 "수레바퀴에 깔린 희생자들을 치료"해
야 하고, 동시에 "수레바퀴 자체가 굴러가지 못하게 저지"해야 한다.

　이 글에서 나타난 본회퍼의 입장은 바르멘 신학선언의 그것과 비교
하면 훨씬 단호하다. 교회가 국가의 행동에 대한 합법성 여부를 직접 국
가에게 질문할 수 있다는 생각은 바르멘 신학선언에서는 찾아 볼 수 없
는 부분이다. 본회퍼가 독일교회의 일원이 아닌 희생자들을 도와야 한
다고 했을 때, 이것은 아리안 혈통의 독일인 희생자들만 고려했던 고백
교회의 온건 다수파를 부끄럽게 만든다. 마지막으로 생명파괴적인 국가
의 수레바퀴를 정지시켜야 한다는 본회퍼의 발표는 바르멘 신학선언과
비교할 때, 훨씬 더 저항적인 것이었다.

33　Dietrich Bonhoeffer, *Berlin 1932-1933*, hg. v. C. Nicolaisen/ E. A. Scharffenorth,
　　DBW 12 (Gütersloher: Chr. Kaiser Verlag, 1997), 349-358. 이에 대한 해석은 다음
　　을 참고하라. *Christof Gestrich, Christentum und Stellvertretung. Religionsphilosophische
　　Untersuchungen zum Heilsverständnis und zur Grundlegung der Theologie* (Tübingen:
　　Mohr Siebeck, 2001), 152. 자비네 드람 / 김홍진 옮김, 『본회퍼를 만나다』 (서울: 대한
　　기독교서회, 2013), 286.

2) 고백교회와 『나를 따르라』

고백교회 내부에서 본회퍼는 특별한 사람이었다. 어쩌면 고백교회
의 다수 온건파의 관점에서 보면 그는 예외적인 사람이었다. 본회퍼는
위에서 이미 살펴보았듯이 나치의 유대인 정책에 대하여 단호한 입장을
취하였고, 특별히 산상수훈을 강조했다. 산상수훈은 본회퍼에게 제자의
정체성과 교회의 진정한 모습을 일깨워주었다.

> 나는 전력을 다해 교회의 저항운동에 동참하였습니다. 그러나 나에
> 게 분명해진 것은 이러한 저항운동이 전혀 다른 저항운동으로 나아
> 가는 하나의 과도기적인 단계라는 사실이며 … 아마도 나중에 일어
> 날 본격적인 투쟁은 신앙을 건 고난의 투쟁이 될 것입니다. … 당신
> 은 놀랄지 모르겠지만, 나는 이 모든 문제가 산상설교에서 결판이
> 난다고 믿습니다. … 그러나 언제나 중요한 것은 계명을 지키는 것
> 이지, 계명을 회피하는 것이 아닙니다. 그리스도를 따른다는것, 이
> 것이 무엇인지를 나는 알고 싶습니다. 이것은 우리의 신앙 개념에서
> 아직 완전히 파악되지 못하고 있습니다. 나는 습작이라고 부르고 싶
> 은 연구에 ― 단지 전단계로서 ― 착수하였습니다.[34]

본회퍼는 그의 적극적인 저항이 "고난의 투쟁"을 가져올 것이라고
예상한다. 흥미롭게도 이 고난의 투쟁은 "그리스도를 따르는 것"과 바로

---

34 Dietrich Bonhoeffer, *London 1933-1935*, hrsg. v. H. Goedeking, M. Heimbucher und
    H.-Walter Schleicher, 1994), DBW 13 (Gütersloher: Gütersloher Verlaghaus, 1994),
    128f.

이어진다. 그러면 "그리스도를 따른다는 것"의 의미는 무엇일까? 1933년 1월 30일 집권에 성공한 히틀러는 독일교회를 나치의 이념과 구조 안으로 "통합"시키려고 하였다. 이를 위해 히틀러는 아리안 조항을 통해 독일교회에 '민족유대인'과 '민족의 적'으로 규정된 유대인 집단을 차별화시키길 강요했다. 1933년 9월에 군목이었던 뮐러(Ludwig Müller)가 독일 제국교회의 주교가 되면서 교회투쟁이 시작되었다. 교회투쟁은 독일제 국교회에 속하여 히틀러와 나치의 이데올로기를 따르는 "독일 그리스도 인들"과 예수 그리스도만을 주로 고백하고 따르는 고백교회 사이의 투쟁이었다. 다시 말해서 거짓된 교회와 참된 교회 간의 싸움이었다. 이러한 긴박한 정치적, 교회적 상황 속에서 고백교회에 속해 있는 구프로이 센교회의 형제단은 본회퍼에게 교회의 미래를 책임질 견습목회자들을 교육하는 중대한 책임을 맡겼다. 본회퍼는 독일 북동쪽의 핑켄발데 신학원에서 사역하면서 학생들과 실제적인 공동체 생활을 경험했고, 개신 교회에서 드물었던 영성훈련을 강조하였다. 본회퍼의 책, 『나를 따르라』는 1937년 9월에 나치에 의해 신학원이 폐쇄되기 전까지 학생들에게 전했던 강의였다.[35] 본회퍼는 이 책에서 교회공동체를 고난공동체로 규정한다. 세상의 고난을 지고 가신 예수 그리스도를 본받아 참된 교회는 세상의 불의한 권력이 주는 고난을 피하지 않는다. 핑켄발데신학원의 공동체적인 삶은 세상을 위한 섬김과 봉사를 위해 필요한 내적인 집중의 시간을 확보하는 시간이었다.[36] 그것은 하나님의 세상을 회복하기 위해

---

35 Dietrich Bonhoeffer, *Nachfolge*, hrsg. v. M. Rüter/I. Tödt, DBW 4. (Gütersloher: Gütersloher Verlaghaus, 1989), 312-314.

36 Günter M. Prüller-Jagenteufel, *Befreit zur Verantworung. Sünde und Versöhnung in der Ethik Dietrich Bonhoeffers* (Gütersloh: Gütersloher Verlaghaus, 2004), 206.

히틀러의 악한 세상과 맞선 본회퍼의 투쟁의 시간이었다.[37] 이와 같이 본회퍼는 신학교육이 가톨릭의 수도원적 영성에 기초하여 진행되고 있다는 고백교회 내부의 비판[38]에도 불구하고 그의 신학적인, 기독교윤리적인 입장을 끝까지 견지했다.

3) 고백교회와 "타자를 위한 교회"

본회퍼는 감옥에서 2차 세계대전이 종결된 후, 교회의 새로운 비전을 제시한다. 이것이 그의 유명한 "타자를 위한 교회"[39]이다. "타자를 위한 교회"는 기본적으로 본회퍼의 기독론에 근거하고 있다. 본회퍼에 의하면 나사렛 예수는 하나님의 아들만이 아니라 "타자를 위한 인간"이다.[40] 그러므로 교회는 예수의 제자공동체로서 "타자를 위한 교회"가 되어야 한다. 중요한 것은 "타자를 위한 교회"가 고백교회의 부끄러운 역사와 깊이 연관되어 있다는 사실이다. 1938년 4월 20일 고백교회에 속한 목사들은 돌이킬 수 없는 잘못을 범했다. 독일 제국교회는 히틀러가 오스트리아를 합병한 이후, 전국적으로 나타난 열광적인 분위기를 이용하여 목회자들에게 특별한 서약을 지시했다.[41] 그것은 히틀러에게 충성

---

37 Tiemo Rainer Peters, *Die Präsenz des Politischen in der Theologie Dietrich Bonhoeffers, Eine historische Untersuchung in systemathischer Absicht* (München: Chr. Kaiser Verlag, 1976) 57-59.

38 Dietrich Bonhoeffer, *Nachfolge*, 318.

39 Dietrich Bonhoeffer, *Widerstand und Ergebung*. DBW 8, hg. v. C. Gremmels/ E. Bethge /R. Bethge in Zusammenarbeit mit I. Tödt (München: Chr. Kaiser Verlag, 1998), 558.

40 Ibid., 559.

41 Eberhard Bethge, *DIETRICH BONHOEFFER*, 677.

을 맹세하는 서약이었다.

> 영적 직책에 ⋯ 부름받은 이는 누구나 다음과 같은 서약을 통해 자
> 신의 충성 의무를 분명히 해야 한다. 독일 제국과 독일 국민의 총통
> 인 아돌프 히틀러에게 충성하고, 법률에 유의하고, 내 직책의 의무
> 들을 성실히 이행할 것을 맹세합니다. 그러니 하나님은 나를 도우소
> 서. ⋯ 이 포고령이 발표되기 전에 ⋯ 성직에 부름받은 이는 ⋯ 뒤늦
> 게라도 충성 서약을 해야 한다 ⋯ 충성 서약을 거부하는 이는 누구
> 나 해고되어야 한다.[42]

이것은 진정한 고백교회라면 결코 받아들일 수 없는 비성서적인 충
성맹세 서약이었다. 그러므로 달렘의 고백교회 목사들과 본회퍼는 "그
서약을 있을 수 없는 일"로 여겼고 그 요구를 거부했다. 그러나 놀랍게
도 다른 지역의 목사들은 굴욕적인 그 요구를 받아들였다.[43] 1938년 7
월 31일 구프로이센 고백교회 총회는 결정적인 오류에 빠졌다. 충성맹
세 서약은 개인의 양심과 자유에 따라 결정할 수 있다고 선포했다. "자
유재량 의견을 놓고 고통스러운 협의가 진행"될 때, 고백교회의 지도부
의 마음은 혼돈스러웠다. 그러나 그들에게는 "서약 거부의 책임을 감수
할 마음이 없었다."[44] 본회퍼의 관점에서 볼 때, 이러한 고백교회는 "타

---

42   Ibid.

43   히틀러에게 충성을 맹세한 목사들의 지역별 비율은 다음과 같다. 라인란트는 목회자들
      의 60%, 브란덴부르크는 70%, 작센은 78%, 포메른은 80%, 슐레지엔은 82%, 그렌츠
      마르크는 89%의 목사들이 서약을 받아들였다. Ibid., 678.

44   Ibid. 더 자세한 내용은 다음을 참고하라. Rainer Mayer, "Kirche als Selbstzweck oder
      Kirche für andere: Ekklesiologie, Kirchenform und Ökumene, Theologische Beiträge

자를 위한 교회"가 아니라, 자기만을 위하는 교회였다. 본회퍼는 감옥에서 "타자를 위한 존재"이신 "그리스도를 따르는" 교회를 생각했다. 그러나 고백교회는 "자기 보존이 마치 자기목적인 양 그것만을 위해 투쟁"함으로써 "타자를 위한 교회"가 되는 것을 포기했다.[45] 고백교회는 나치 이데올로기에 맞서 끝까지 저항하지 않았다. 그것은 고백교회가 "그리스도에 대한 인격적 신앙"을 마지막 순간까지 견지하지 못했기 때문이다. 본회퍼는 전후의 독일교회를 재건하기 위한 고백교회의 과제를 생각했다. 전후의 독일교회는 이제 "자기방어"로부터 벗어나서 "타인을 위한 모험"까지 감당해야 한다.[46] 본회퍼는 새로운 교회론적인 비전인 "타자를 위한 교회"를 아래와 같이 설명한다.

> 교회는 타자를 위해 존재할 때 교회이다. 그런 교회가 되기 위해 교회는 모든 재산을 팔아 가난한 사람들에게 주어야 한다. 목사들은 전적으로 교회의 자발적인 헌금으로 살아야 하며, 경우에 따라서는 세속적 직업을 가져야 한다. 교회는 인간 공동체의 세상적 과제에 참여해야 하지만, 지배하면서가 아니라 돕고 봉사하는 방식으로 참여해야 한다. 교회는 모든 직업에 종사하는 사람들에게 그리스도와 더불어 사는 삶이 어떤 것이며, 또 타자를 위한 존재가 무엇을 의미하는지를 말해 주어야 한다.[47]

32, 2001, 92-93.

45　Dietrich Bonhoeffer, *Widerstand und Ergebung*, 558.

46　Ibid., 557-558.

47　Ibid., 560. 본회퍼의 "타자를 위한 교회"는 전쟁 이후, 동독 사회주의 체제 내에서 교회가 존재해야 하는 이유에 대한 신학적인 동기를 제공한다. 동독의 신학자들은 본회퍼가 옥중에서 구상했던 개념인 "비종교적인 기독교"에 착안하여 사회주의 체제 안에서

본회퍼의 "타자를 위한 교회"는 저항사의 관점에서 보면 고백교회의 역사적 과오를 비판한다. 고백교회는 아리안조항의 집행 이후, 억압받았던 유태인을 끝까지 변호하지 않았다. 도움과 섬김, 그리고 타자와 함께하는 삶은 전후의 고백교회가 실천해야 하는 구체적인 변화의 내용이었다.

5. 고백교회와 죄책고백

1) 독일교회의 죄책고백

독일 제3제국은 1945년 5월 8일 연합군에 항복하였고 역사에서 사라졌다. 2차 세계대전이 독일의 패배로 귀결되면서 독일교회의 재건과 독일개신교의 연합은 고백교회만이 아니라 독일 개신교의 중요한 과제였다. 이 과제의 바른 수행을 위해서는 히틀러 시대에 교회가 보여주었던 잘못된 행동에 대한 반성과 회개가 반드시 필요했다. 그러나 전후의 독일교회는 교회의 잘못에 대한 책임을 정직하게 인정하기보다는 오히려 그것을 회피하거나 또는 죄책의 범위를 놓고 논쟁하는 부끄러움까지 보여주었다. 독일개신교연합이 최종적으로 만들어지기 까지는 시간이 걸렸고, 독일 개신교는 그 사이에 나치 시대의 교회가 범했던 죄에 대

인간적인 사회주의의 형성을 위하는 "타자를 위한 교회"를 지향했다. 이는 독일통일의 과정에서도 중요한 역할을 감당했다. 더 자세한 내용은 다음을 참고하라. 조용석, "독일민주공화국(동독) 개신교회의 'Kirche im Sozialismus' 전력 연구 – 동독 사회주의 체제와의 비판적 협력관계 구축"「신학과 사회」27-3 (2013), 89-118.

한 책임을 고백했다.[48] 고백교회의 지도자였고 나치 시대에 감옥 생활까지 했던 니뮐러는 종전 후, 개신교 지도자들의 모임에서 아래와 같이 말했다.

중요한 것은 전쟁에 패했다는 사실이 아닙니다. … 원초적인 죄와 책임은 교회에 있습니다. 교회만 (나치가) 가고 있는 길이 폐허로 끝날 것이라는 사실을 알고 있었기 때문입니다. 그리고 교회는 국민에게 경고하지 않았으며 일어난 불의를 들추어 내지 않았거나 너무 늦게야 말했기 때문입니다. 그리고 여기에 있는 고백교회는 특별히 커다란 죄책을 지고 있습니다. … 우리는, 교회는 가슴을 치며 회개할 수밖에 없습니다. 나의 죄, 나의 죄, 너무나 큰 나의 죄를 회개합니다. 그래서 우리는 미래의 우리의 의무를 정확하게 인식하고 그리고 충실하게 실현하고자 합니다.[49]

고백문에 의하면 독일의 그 어떤 교회와 그리스도인도 히틀러의 반인류적인 만행을 방조한 큰 죄악으로부터 전적으로 자유로울 수 없다. 니뮐러는 특별히 히틀러에게 충성을 맹세했던 고백교회의 공동체적 죄를 생각하면서 그것에 대한 회개를 강조했다. 그는 "특별히 커다란 죄책을 지고" 있었기 때문에 "가슴을 치며 회개"하였고, 종전 후의 독일 개신교의 공동체적인 죄책고백을 매우 중요하게 생각했다. 놀랍게도 본회퍼는 히틀러 암살음모에 가담한 일로 수감되기 전에 이미 독일교회의 죄

---

48 장수한, 『독일 프로테스탄트 교회의 역사』, 309.

49 Martin Lotz, *Evangelische Kirche 1945-1953* (Stuttgarter: Radius, 1992), 37.

책을 중요한 신학적 의제로 여겼다. 본회퍼에게 나치의 범죄에 동참했던 독일교회의 죄책고백은 독일교회재건을 위한 필요조건이었다.

> 교회는 예수 그리스도의 이름으로 일어난 폭력과 부정을 수수방관했다. … 교회는 야만적이고 자의적인 폭력과 수많은 무고한 사람들의 육체적, 정신적 고통과 억압과 증오와 살인을 보면서도 그들을위해 목소리를 높이지 않았고, 그들을 도울 길을 찾지 않았으며, 그들을 도우려고 달려가지 않았음을 고백한다. 교회는 가장 약하고 보잘 것 없는 예수 그리스도의 형제들의 생명을 돌보지 않았다.[50]

본회퍼의 고백은 니뮐러의 그것과 비교하면 훨씬 더 구체적이었다. 죄책에 대한 고백이 더 구체적일수록 히틀러에 대한 저항의 수위는 높았다고 한다면 이는 지나친 생각일까? 목사긴급동맹을 주도했던 니뮐러의 고백이 본회퍼의 그것에 비해서는 추상적이라고 할 수 있다. 그러나 니뮐러의 고백을 슈투트가르트 죄책고백(Stuttgarter Schuldbekenntis)과 비교한다면 슈투트가르트 죄책고백이 더 추상적이다. 죄책고백의 추상적인 특징은 고백의 진정성에 대한 의심을 살 수가 있다. 이러한 불안과 걱정은 슈투트가르트 죄책고백을 통해 나타났다.

2) 슈투트가르트 죄책고백의 한계

독일 개신교의 지도자들은 1945년 10월 18~19일에 슈투트가르

---

50 Dietrich Bonhoeffer, *Ethik*, hg. v. E. Bethge/ I. Tödt/ C. Green, DBW 6 (Gütersloh: Chr. Kaiser Verlag, 1992), 129.

트에서 모여서 히틀러와 나치의 범죄를 막지 못했던 죄를 공개적으로 고백하였다. 독일교회는 종전 후, 슈투트가르트 죄책고백(Stuttgart Schuldbekenntis)에 근거하여 교회의 나치화에 동조했던 죄를 회개하고 그 책임을 지길 원했다.[51] 그러나 이러한 의도가 고백의 내용 안에서 충분히 드러난 것인지에 대한 의문이 생긴다. 그것은 이미 앞에서 지적한 추상적인 고백의 특징 때문이다. 독일개신교의 지도자들은 세계교회협의회(W.C.C.)의 지도자들이 모인 자리에서 고백하였다. 고백교회는 그 고백을 통해 W.C.C.와 함께 대화하고 협력하는 회원의 자격을 얻을 수 있었다. 이러한 측면에서 이 죄책고백은 중요한 의미를 갖고 있었다. 그러나 여기에도 비판의 여지는 있었다.

> 우리는 우리 국민과 함께 커다란 고통의 공동체 안에 있을 뿐 아니라 죄책에 연대 책임을 지고 있다는 것을 알고 있는 만큼 이번 세계교회협의회 지도자들의 방문에 깊이 감사드립니다. 우리는 크게 애통하는 마음으로 수많은 민족과 나라에게 끝없는 고통을 안겨주었음을 말씀드립니다. … 우리는 수년 동안 국가사회주의의 폭력 체제 안에서 가공할 표현을 얻었던 정신에 대항해 투쟁해왔습니다. 그러나 더 용감하게 증언하지 못했고, 더욱 진실하게 기도하지 못했고, 더 기꺼이 믿지 않았으며, 더 열렬하게 사랑하지 못했던 우리 자신을 고발합니다. 이제 우리 교회에서 새로운 시작이 이루어져야 합니다."[52]

---

51 Johannes Wallmann, *Kirchengeschichte Deutschlands seit der Reformation* (Tubingen: Mohr Siebeck, 2012), 280.

52 Karl Herber, *Kirche zwischen Aufbruch und Tradition: Entscheidungsjahre nach 1945*

죄책고백의 내용은 추상적이고 소극적인 표현으로 전개되었다. 죄책고백은 먼저 독일과 독일교회의 고통을 언급하였다. 이것은 비교할 수 없을 정도의 큰 고난을 겪었던 피해자들을 고려할 때, 이해하기 어려운 부분이다. 죄책고백은 독일 제3제국의 "실체", 히틀러를 전혀 언급하지 않는다. 그것은 국가사회주의의 "정신"에 대한 교회의 투쟁만을 언급할 뿐이다. 그리고 교회의 대표들은 용감한 증언과 진실한 기도를 하지 못했다고 고백했지만 그 내용이 무엇인지 구체적으로 밝히지 않았다. 이것은 믿음과 사랑에 대한 고백문의 내용에서도 동일하게 나타나는 고백의 한계였다. 특별히 고백문은 히틀러로부터 "끝없는 고통"을 받았던 수많은 민족과 나라의 이름도 명시하지 않았다. 고백문 그 어디에서도 유대인 학살에 대한 구체적인 언급이나 죄고백은 없었다.[53]

슈투트가르트 죄책고백은 위와 같은 한계를 갖고 있다. 그러나 그것은 종전 이후, 70년이 지났지만 아직도 위안부문제에 대한 그 어떤 진정성 있는 사과를 하지 않고 있는 일본과 비교하면 큰 중요성을 지닌다.[54] 그리고 슈투트가르트 죄책고백의 한계를 보완하기 위해 독일교회의 다름슈타트(Darmstadt) 죄책고백은 주목할 만한 고백이다.[55] 그 고백은

(Stuttgart: Radius, 1989), 384. 장수한, 『독일 프로테스탄트 교회의 역사』, 322에서 재인용.

53 장수한, 『독일 프로테스탄트 교회의 역사』, 322-324.

54 Klaus Scholder, *Die Kirche zwischen Republik und Gewaltherrschaft* (Berlin: Siedler, 1988), 156.

55 여기에서 고백의 표현은 구체적으로 바뀌었다. 다름슈타트 선언은 "세상에 대한 그리스도의 실질적인 지배에 관한 동의를 토대로 지역 교회 공동체와 개별 기독교인의 과제를 구체화 했다. 아무리 가난과 곤궁에 처하더라도 '우리 모두 그리고 각 사람은 더 나은 독일 국가 제도 건설에 참여하고 정의와 복지 그리고 우리 내부의 평화와 민족의 화해에 이바지해야 한다." 장수한, 『독일 프로테스탄트 교회의 역사』, 328.

종전 후의 독일과 독일개신교의 변화를 이끌어내는 디딤돌이 되었다. 그것은 폴란드와 이스라엘 등의 피해국에 대한 독일정부의 공개적 사과와 물질적 보상을 준비하는 첫걸음이 되었다.

6. 나가는 말

고백교회의 저항운동을 히틀러에 대한 정치적인 투쟁으로 볼 수 있는가? 고백교회의 저항은 독일제국교회 안으로 편입되었던 "독일 그리스도인들"과의 싸움으로 보아야 하는 것은 아닌가? 본 연구의 관심은 이러한 질문으로 시작되었다. 독일교회는 독일 민족주의와 결합되면서 히틀러의 정치적 도구로 전락했다. 그러나 고백교회는 독일 민족의 영광을 위하여 나치의 이념을 받아들였던 "독일 그리스도인들"과 싸웠다. 이것은 참된 교회와 거짓된 교회를 가려내는 "교회투쟁"이었다. 고백교회는 바르멘 신학선언을 통해 유일하신 예수 그리스도에 대한 신앙고백을 확증했다. 고백교회는 핑켄발데 신학원을 창설했고, 독일교회의 미래를 준비하였다. 그러나 고백교회는 1938년에 히틀러에게 충성을 맹세함으로써 큰 죄악을 범했다. 전쟁이 끝난 후에도 고백교회는 독일교회의 재건을 위해 노력했다. 그 노력의 결실이 바로 종전 후의 독일교회와 독일을 변화시키는 기초가 되었던 슈투트가르트 죄책고백과 다름슈타트 죄책고백이었다.

본 연구의 결과는 기독교윤리의 관점에서 다음과 같이 정리할 수 있다. 첫째, 히틀러 시대의 고백교회의 저항에 대한 신학적 연구는 독일 현대사 연구가들의 연구업적을 선용하여 보완될 필요가 있다. 고백교회의 저항은 히틀러에 대한 직접적인 저항이라기보다는 독일 개신교 내부의 싸움, 교회투쟁으로 보는 것이 역사적 사실(fact)에 더 가깝다. 바르멘 신학선언의 추상적인 내용은 구체적인 내용으로 보완되고 히틀러에 대한 충성서약이 보여준 고백교회의 약점은 비판될 필요가 있다. 이러한 결론은 바르멘 신학선언과 고백교회의 투쟁을 정치적 저항의 관점에서 접근하거나 또는 적극적인 평가를 하고 있는 국내 신학계의 입장이 검토될 필요가 있음을 보여준다.

둘째, 히틀러 시대의 독일교회는 대부분 루터파 신학자들이 주장했던 "질서의 신학"에 큰 영향을 받았다. "질서의 신학"은 히틀러의 국가권력에 대한 교회의 맹목적인 복종을 가능하게 하였다. 그러나 본회퍼가 이미 잘 보여주었듯이 교회는 불의한 국가권력의 질서까지 허용할 필요는 없다. 정치적 질서는 가정, 노동, 교회와 같은 하나님의 위임의 영역이다. 각 위임은 세상의 구원과 이 땅의 평화를 원하시는 하나님의 뜻을 실현하는 구체적인 삶의 자리(Sitz im Leben)이다. 그러나 특정 위임이 하나님의 뜻을 거역할 경우 다른 위임들은 그 위임을 견제하고 비판해야 한다.[56] 불의한 정치권력까지 하나님의 질서로 간주한 "질서의 신학"의 경직성을 비판했던 본회퍼의 신학적 위임론은 더 강조될 필요가 있다. 그리고 히틀러에 대한 정치적 저항을 끝까지 견지했던 본회퍼와 고백교회 내부의 소수파들의 신앙적 헌신은 계속 기억되어야 할 것이다.

셋째, 고백교회는 종전 후의 독일교회의 죄책고백을 중요하게 생각했다. 죄책고백에는 부족한 측면들이 많았다. 그러나 그것은 전후의 독일을 새롭게 변화시키는 큰 계기가 되었다. 이 죄책고백은 한국사회와

---

56   Dietrich Bonhoeffer, *Ethik*, 392-398.

한국교회의 밝은 미래를 위해서도 필요하다. 일본 제국주의 강점기에서 더 적극적인 형태로 저항하지 못했던 한국교회의 어두운 과거로부터 벗어나는 진정성 있는 죄고백이 필요한 때이다. 비민주적인 군부독재정권을 질서의 신학에 기초하여 순응했던 한국교회의 잘못된 과거에서 자유하게 하는 회개의 합당한 열매가 필요하다. 마지막으로 본 연구는 미완의 과제를 가지고 있다. 고백교회의 소수파는 죄책고백이 나온 이후, 그때부터 지금에 이르기까지 독일교회와 사회, 유럽의 평화를 위해 구체적으로 무슨 일을 하였을까?[57] 이에 대한 답을 추구하는 과정은 본 연구의 다음 과제가 될 것이다.

---

[57] 예를 들면 클라페어트(Bertold Klappert)는 다름슈타트 고백문에 기초하여 독일교회의 에큐메니칼 운동의 방향과 책임적인 교회의 형태를 추구한다. Bertold Klappert, *Bekennende Kirche in ökumenischer Verantwortung* (München: Kaiser, 1988), 융엘(Eberhard Jüngel)도 바르멘 신학선언(V)에 기초하여 정치적 질서와 평화의 주제를 다룬다. Eberhard Jüngel, *Mit Friden Staat zu machen. Politischen Existenz nach Barmen V* (München: Kaiser, 1984)

제2장

경계를 가로지르는 상상력: 통일 한국을 위한 평화의 신학을 향하여[*]

1. 들어가는 말

대한민국 헌법상 우리나라의 영토는 북쪽으로 압록강과 두만강까지 뻗어 있어, 중국 및 러시아와 국경이 맞닿아 있다. 하지만 우리나라의 실질적인 북쪽 영토는 군사분계선을 경계로 북한과 맞닿아 있다. 말하자면, 군사분계선은 헌법상의 국경은 아니지만, 실질적인 면에서 국경으로 간주되고 있다.

사실 군사분계선을 국경선으로 인정하는 것은 조심스러운 일이다. 군사분계선을 합법적인 국경선으로 인정한다는 것은 북한을 하나의 정

---

[*] 김정형(장로회신학대학교 교수, 연구지원실)

이 글은 2019년 장로회신학대학교 교외연구과제로 제출한 보고서를 일부 수정한 것이다. 이 글의 내용 중 일부를 수정 보완 후 영문으로 번역하여 CWM DARE Conference (2019. 6)에서 발표하였으며, 발표 원고는 아래 책에 수록되었다. Junghyung Kim, "Toward a Cross-Border Imagination: Another World Is Possible!" in *Resisting Occupation: A Global Struggle for Liberation*, eds. Miguel A. De La Torre and Mitri Raheb (Minneapolis: Fortress Academic, July 2020), 51-60. 그리고 단락 5와 6의 내용 일부는 김정형, 『예수님의 눈물』(서울: 복있는사람, 2019), 70-78에 수록되었다.

상 국가로 인정한다는 뜻을 내포하고 있기 때문이다. 1991년 남북한 기본합의서 채택 및 UN 동시 가입 등을 통해 남북한이 서로의 존재를 공식적으로 인정하기는 했지만, 여전히 남한 내에서는 북한을 하나의 정상적인 국가로 인정하는 것을 주저하는 많은 사람들이 존재한다.

한반도가 자유 민주주의의 깃발 아래 통일되기를 희망하는 일군의 사람들은 남한의 푸른 물결이 군사분계선을 넘어 두만강과 압록강까지 뒤덮게 되는 날을 고대하고 있다. 동시에 그들은 혹여나 북한의 붉은 물결이 군사분계선을 넘어 한반도 전체를 뒤덮게 될까 노심초사하고 있다. 한편으로는 군사분계선이 사라지게 되길 소원하면서도, 다른 한편으로는 군사분계선의 소멸로 그들의 뜻과 정반대되는 일이 벌어질까 염려하고 있는 것이다. 아마도 북한 공산주의 체제 하에서 살고 있는 적지 않은 사람들도 상황은 반대이지만 비슷한 희망과 걱정을 안고 있을 것이다. 말하자면, 한편에서는 군사분계선을 넘어 한민족이 공산주의의 붉은 깃발 아래 하나 되는 것을 소망하면서도, 다른 한편으로 군사분계선의 소멸이 공산주의 체제의 붕괴를 가져올까 염려하고 있을 것이다.

이러한 상황에서 우리가 조만간 군사분계선이 소멸될 것을 기대하는 것이 바람직한 일일까? 아니면 군사분계선의 영속을 기대하는 것이 바람직한 일일까? 혹시 이와 같은 이분법적 틀을 넘어서는 다른 대안을 생각해 볼 수는 없을까? 예를 들면, 군사분계선의 영구 소멸이나 존속 외에 군사분계선을 평화를 가져오는 새로운 경계선으로 변형시키는 일 같은 것을 기대할 수는 없을까? 경계선이 반드시 분리와 갈등의 상징일 필요가 있을까? 경계선이 서로 다른 이념, 체제, 문화, 역사를 가진 두 나라가 평화롭게 공존하는 미래, 그 과정에서 전에 없던 전혀 새로운 이념, 체제, 문화, 역사를 가진 새로운 세계를 만들어가는 시발점이 될 수는 없을까?

이 보고서는 이와 같은 문제의식에서 경계선(혹은 장벽)과 평화의 관계를 새롭게 구상하고, 이에 기초하여 분단 한국 시대를 지나고 통일 한국 시대로 나아가는 이 때 한반도의 중심을 가르고 있는 군사분계선이 어떠한 형태로 변형될 수 있을지, 또한 변형되어야 할지 모색하는 가운데 "경계선/장벽을 가로지르는 상상력"을 펼쳐보고자 한다.

2. 국경 없는 세상의 꿈

오늘날 지구상에는 산맥, 해안선, 국경, 행정구역상의 구분선 등 다양한 경계선들이 지표면을 나누고 있다. 그런데 우리가 사는 지구촌에 이와 같은 경계선들이 꼭 필요한 것일까? 경계선은 왜, 무엇을 위해, 누구를 위해 존재하는 것인가? 경계선이 없는 새로운 세상을 꿈꾸어볼 수 있을까? 과연 경계선이 없는 세상은 경계선이 존재하는 지금의 세상보다 더 나은 세상이 될까, 아니면 지금보다 더 혼돈스러운 세상이 될까?

한편으로 보면, 오늘날 지구촌을 덮고 있는 세계화의 물결은 과거 유례를 찾아볼 수 없을 정도로 수많은 물자와 자본, 정보와 사람 등이 경계선을 넘나드는 "경계 없는" 세상을 만들고 있다. 그래서 혹자는 이제는 민족국가 중심의 세계 질서가 "국경 없는" 새로운 세계 질서로 대체되고 있다고 전망하기도 한다. 하지만 다른 한편에서는 세계화의 흐름에도 불구하고 국경이 여전히 견고하고 자리를 잡고 있다고 반론을 제기하는 다른 사람들이 있다.[1]

---

1   Liam O'Dowd, "From a 'borderless world' to a 'world of borders': 'bringing history

지구상의 많은 경계선들 중에서도 특별히 국경(state borders; national borders)은 오늘날 지구촌에서 가장 보편적으로 인정받고 가장 제도화된 경계선이다. 그만큼 국경선이 불확실하거나 애매하게 그어져 있는 경우 국경을 둘러싸고 첨예한 대립과 갈등이 벌어지기도 한다. 한반도에서 군사분계선을 둘러싸고 벌어지는 갈등 또한 이러한 국경 분쟁의 한 사례라고 말할 수 있다.[2]

과연 국경이 없는 새로운 세상이 가능할까? 국경 없는 세상이 진정 지구촌에 참 평화를 가져올 수 있을까? 혹 국경 없는 세상이 불가능하다면, 국경이 그대로 남아 있으면서도 지구촌 평화의 새 시대를 열 수 있는 길은 없을까?

1) 다양한 경계선들과 그 인문학적 의미

앞서도 언급했듯이, 오늘날 지구상에는 눈에 보이고 보이지 않은 수많은 경계선들이 지표면을 나누어 구분하고 있다. 태평양 연안이나 히말라야 산맥과 같이 지구 밖에서도 관찰 가능한 자연적인 경계선들이 있는가 하면, 서울시 광진구 광장동을 둘러싸고 있는, 눈에 잘 보이지 않는 행정구역상의 경계선들도 있고, 국가와 국가 간의 경계를 구분하고 상호간의 왕래를 엄격하게 통제하는 국경선들이 있는가 하면, 여러 국가들이 연합한 유럽 공동체(EC) 소속 국가들 사이에 자유로운 왕래가 허용된 국경선들도 있다.

---

back in'," *Environment and Planning Society & Space* 28-6 (2010)., 1031-1050.

2 국경 분쟁의 역사에 대한 간략한 개관은 https://en.wikipedia.org/wiki/List_of_territorial_disputes (2019년 2월 28일 접속)을 참고하라.

한편 우리는 위에서 언급한 다양한 경계선들이 단순히 기하학적 선이 아니고, 고유한 역사와 의미와 상징과 기능을 가진 인문학적인 선이라는 사실을 기억할 필요가 있다. 흥미롭게도 산맥이나 해안선 같은 자연적인 경계들도 이 점에서 예외가 아니다. 대표적인 예로 북극의 빙하를 생각해 볼 수 있다. 인간의 소비문화가 만든 지구 온난화 현상으로 빙하의 크기가 점차로 줄어들고 있으며, 이것은 오늘날의 자연적 경계선이 최근 인류의 역사를 반영하여 변화하고 있음을 단적으로 보여준다. 그밖에 국경선이나 행정구역상의 경계선들은 고유한 역사 속에 처음 그어졌으며, 시대와 상황에 따라 변화해왔다. 로마 제국의 역사나 중국의 역사, 혹은 한민족의 역사를 돌아보면, 이와 같은 경계선들이 얼마나 변화무쌍한 역사를 갖고 있는지 잘 보여준다. 제국주의 시대가 끝이 나고 기하학적 선들이 아프리카 대륙을 여러 국가로 나누었지만, 아프리카 대륙에서 일어난 수많은 분쟁의 최근 역사는 기하학적 선들이 얼마나 작위적이고 폭력적인지를 드러내 보여주고 있다. 사실 이것 역시 서구 제국주의자들의 '인간적인' 판단에 따른 인문학적 역사를 가진 선이다.

지구상의 다양한 경계선들이 단순히 자연적이거나 기하학적이지 않고 고유한 역사와 의미를 내포한 인문학적 선이라는 사실은, 이와 같은 경계선들에 우리가 어떠한 의미를 부여하고 어떻게 변화시켜 가느냐 하는 것이 인류의 역사에서 매우 중요한 문제임을 시사한다.

2) 사라지거나 흐릿해지는 경계선들

최근 세계 역사에서 매우 흥미로운 사실 중 하나는 지구상의 다양한 경계선들이 사라지거나 흐릿해졌다는 점이다. 이러한 현상은 특히

1980년 이후에 더욱 두드러지게 나타났다. 이것은 세계 역사에서 유래 없는 매우 독특한, 그래서 매우 의미 있는 현상이다.

　아마도 인류 역사 초기부터 서로 흩어져 살고 있는 인류 공동체 사이의 충돌을 완충할 임의적인 경계선들이 존재했겠지만, 지구촌 전체에 걸쳐 그와 같은 경계선들이 제도적, 공개적 합의에 이르게 된 것은 20세기 초반의 일이라고 말할 수 있다. 콜롬버스의 신대륙 발견 이후 서구 중심의 제국주의가 지구촌을 뒤덮고 있던 시대에는 지구촌 곳곳이 서구 열강 사이의 분투의 장이었다. 따라서 고정된 국경선을 찾아보기 힘들었다. 하지만 20세기 초 제국주의 시대가 종식되고, 소위 '민족국가들'을 중심으로 한 국경선이 지구촌을 분할하는 대표적인 경계선으로 자리 잡게 되었다. 물론 여전히 분쟁의 소지가 되고 있는 많은 경계선들이 존재하고 그 경계선들 주변에서 분쟁이 계속되고 있지만, 그럼에도 불구하고 오늘날 국제기구들에 참여하는 대부분의 국가들의 경우 명확하게 그어진 '안정적인' 국경선을 갖고 있다. 지난 세기 초 두 차례의 세계대전을 통해 국가들 간의 분쟁과 다툼의 여지를 줄이고 지구촌의 평화와 안녕을 도모하기 위해 국제연맹과 국제연합(UN)과 같은 국제기구가 등장했지만, 국제기구들의 등장은 국가들 사이의 대화와 소통을 통해서 국경선의 폐지를 가져온 것이 아니라, 국경선 내에서 각 국가의 고유한 주권을 인정함으로써 오히려 국경선의 강화를 가져왔다고 말할 수 있다. 여기에 한국전쟁을 전후한 전 지구적 냉전체제의 확립은 자국의 안보를 위한 국경선의 필요성과 중요성에 대한 인식을 더욱 강화시켰다.

　그런데 핵무기의 위협 등으로 인해 냉전의 긴장이 극도에 달한 1980년대 들어 극적인 변화들이 지구촌 곳곳에서 이루어졌다. 아마도 가장 상징적인 사건은 베를린 장벽의 붕괴일 것이다. 냉전 시대의 상징으로 동독과 서독을 가르고 있던 베를린 장벽이 1989년 전 세계인이 지켜보는 가운데 무너져 내렸다. 동독과 서독을 나누고 있던 장벽의 소멸이 평화의 새로운 시대의 도래를 가져왔다며 지구촌의 수많은 사람들이 축하하고 환호했다.

1989년 베를린 장벽의 붕괴에 조금 앞서 1985년에는 유럽 일부 지역에서 국경을 상호 개방하고 인적, 물적 교류를 자유롭게 허용하는 셍겐 조약(Schengen Agreement)이 체결되었으며 이후 이 조약에 참여하는 회원국 수가 점차 늘어났다. 결과적으로, 오늘날 유럽연합(EU)에 참여하고 있는 회원국들을 중심으로 유럽 26개국에서는 국경선이 더 이상 과거와 같이 경직된 의미를 갖지 않는 새로운 시대가 열렸다.

우리는 지난 세기 제1차 세계대전과 제2차 세계대전 등 인류 역사상 가장 참혹했던 전쟁이 발발했던 유럽 중심부에서 베를린 장벽의 붕괴와 셍겐 조약의 체결과 같은 극적인 변화가 일어났다는 사실에 주목할 필요가 있다. 이것은 지난 세기 두 차례의 세계대전 모두 국경을 중심으로 전선이 형성되어 펼쳐졌다는 사실을 기억할 때 상당한 의미가 있다. 이에 베를린 장벽을 무너뜨린 통일 독일의 등장과 국경 없는 셍겐 지역의 등장에 고무된 많은 사람들 중에는 국가주의 시대의 종말을 고하고 "국경 없는 세상"(a borderless world)을 꿈꾸는 사람들이 등장했다.[3] 여기에 소련 연방의 해체 등으로 20세기 지구촌 역사를 지배하고 있던 냉전 체제의 종식을 지켜본 사람들 중에는 이데올로기 대결로 인해 지구촌을 나누고 있던 이념적 경계선이 사라지고 자유민주주의의 깃발 아래 지구

---

3   Kenich Ohmae, *The Borderless World: Power and Strategy in the Interlinked Economy* (New York: HarperCollins, 1991).

촌이 하나 되는 미래를 내다보며 "역사의 종언"을 선언하기도 했다.[4]

한편, 조금 다른 차원에서이기는 하지만, 1980년대 이후 세계 곳곳에서 체결된 자유무역협정(Free Trade Agreement: FTA)을 중심으로 한 신자유주의 경제 세계화의 흐름은 국경을 넘어선 다국적 기업들의 출현을 가져왔으며, 그 결과로 이전보다 더 많은 물자, 상품, 노동력, 기술 등이 국경을 넘나들게 되었다. 값싼 노동력, 저렴한 자원, 풍부한 시장 등을 찾는 기업인들은 관세 등을 부과하는 국경을 장애물로 여기면서 "국경 없는 세상"에 대한 나름의 비전을 발전시켰다.

여기에 더하여, 금세기 시작을 전후하여 급속하게 발전한 정보통신 기술은 이와 같은 세계화 흐름에 더 큰 동력을 제공했다. 오늘날 우리는 고속의 인터넷을 통해 정보가 실시간으로 전 세계 모든 사람에게 공유되는 놀라운 시대를 살고 있다. 여기에 국경은 과거처럼 큰 의미가 없어 보인다. 정보의 이동과 함께 사상, 문화, 상품, 기술도 역시 국경을 넘어 순식간에 퍼져나간다. 혹자는 이미 온라인상에서 "국경 없는 세상"이 실현되었다고 말할 수도 있을 것이다.

3. 장벽 시대의 부활?

베를린 장벽 등 이념적 경계선을 무너뜨리는 통일 국가들의 출현, 국경을 개방하는 국가 간 연합체의 출현, 다국적 기업 및 자유무역협정에 기반한 국경을 초월한 경제 공동체의 출현, 정보통신 기술의 발달에

---

4   Francis Fukuyama, "The End of History?". *The National Interest* 16 (1989), 3-18.

따른 온라인상 초국가 네트워크의 출현 등 기존의 경계선들 혹은 장벽들을 넘어서는 흥미롭고 의미 있는 많은 결과들에도 불구하고, 오늘날 지구촌은 여전히 다양한 경계선들과 장벽들을 안고 있다. 오히려 지구촌을 나누고 있는 경계선들과 장벽들이 더욱 다양해지고 복잡해졌다고도 말할 수 있다.[5]

1) 경계선들의 부활

1990년을 전후한 냉전 종식 이후 전 세계적으로 분쟁 지역이 더욱 많아졌다는 사실을 우리는 기억할 필요가 있다. 이것은 그동안 미국과 소련 중심의 양강 대결 속에서 억눌려 있거나 잠재되어 있던 갈등의 요소들이 지구촌 곳곳에서 분출되었기 때문이다. 이념적 장벽이 사라진 다음, 제국주의 시대 종식 이후 인위적으로 그어졌던 많은 국경선들을 중심으로 서로 다른 종족 간, 민족 간, 종교 간 갈등이 더욱 심해졌다. 말하자면, 자유주의 진영과 공산주의 진영을 나누는 뚜렷한 구분선이 희미해지자, 그 밑에 그어져 있던 민족 간, 종족 간, 종교 간 경계선들이 비로소 선명하게 보이기 시작했다고도 말할 수 있다.

유럽연합(EU)은 지난 세기 유럽의 평화와 화합, 민주주의와 인권 증진에 기여한 공로로 지난 2012년 노벨평화상을 수상했다. 하지만 같은 해 회원국 중 하나인 그리스의 유럽연합 탈퇴 가능성으로 인해 큰 고비를 넘어야 했다(그렉시트). 이후에도 난민 문제 등으로 회원국들 사이에

---

5   Cf. Philip Bobbitt, "Borders in a Borderless World," *Forbes* (2016. 3. 10.): https://www.forbes.com/sites/stratfor/2016/03/10/borders-in-a-borderless-world/ (2019년 2월 28일 접속).

갈등의 불씨가 계속 자라고 있다. 최근에는 영국의 유럽연합 탈퇴 결의(브렉시트)로 인해 유럽연합은 새로운 도전에 직면하고 있다. 사라지거나 희미해졌던 국경선들이 다시 돌아오고 있는 느낌이다.

　최근 지구촌에 장벽들이 다시 부활하고 있음을 가장 확실하게 보여주는 사건은 미국과 멕시코 사이의 국경선에 걸쳐 거대한 장벽을 세우려는 트럼프 행정부의 2019년 예산안이다. 지난 2017년 1월 제45대 미국 대통령으로 취임한 도널드 트럼프는 기존의 자유무역주의 원칙을 폐기하고 자국민 우선의 보호무역주의 원칙을 천명하였으며, 국제공항 통제, 불법이민자 단속, 해외기업 단속, 해외투자 국내기업 제재 등 다양한 방식으로 미국의 국경 장벽을 강화해왔다. 지난해 말부터 미국-멕시코 장벽 건설을 위한 예산안 문제를 두고 트럼프 행정부와 의회 간에 계속된 갈등 역시 동일한 맥락에서 이해할 수 있다. 미국은 1980년 레이건 행정부 이후 신자유주의 경제 세계화를 선도하며 멕시코와 캐나다를 필두로 우리나라를 포함하여 세계 여러 나라들과 자유무역협정(Free Trade Agreement)을 통해 장벽 무너뜨리기를 주도했다. 그런데 30여 년이 지난 오늘날에는 자국 경제를 위협하는 중국 등 다른 나라들과 삼성 등 다국적 기업으로부터 자국민의 이익을 보호하기 위해 다시금 장벽 세우기를 주도하고 있다.

2) 눈에 보이지 않던 경계선들의 재발견

　이 밖에도 과거에는 없던 혹은 선명하게 보이지 않던 다양한 장벽들이 새롭게 발견되면서, 지구촌의 현실이 장벽 없는 세상의 꿈으로부터 여전히 멀리 떨어져 있음이 재확인되고 있다.

지난 세기부터 계속된 세계화의 물결 등의 영향 덕에 자본, 물자, 노동력, 관광객, 정보, 미세먼지 등이 국경을 자유롭게 넘나들며 기존의 장벽들이 사라진 것처럼 보이게 만들었지만, 여전히 지구촌에 살고 있는 대다수의 사람들은 가난, 질병, 신분 등등의 이유 때문에 국경선을 비롯한 넘지 못하는 경계선을 갖고 있으며 일정한 곳에 머물러(갇혀) 살고 있다. 이것은 소위 세계화라는 것이 힘과 돈을 가진 소수의 사람들, 기업들, 나라들이 자신들의 이익과 편의를 위해 국경을 자유롭게 넘나들 수 있는 허울 좋은 명분이었을 수도 있다는 것을 암시한다. 세계화의 과정에서 국경을 자유롭게 넘나들 수 있는 힘과 돈과 권리를 갖지 못한 사람들은 기후 재앙의 위협에 상대적으로 더 많이 노출된 환경에 살거나 자신의 노동에 대한 정당한 대가를 받지 못하고 착취를 당하거나 분쟁 지역에서 태어났다는 이유만으로 삶의 터전을 잃고 난민으로서 전락하게 되었다.

뿐만 아니라, 인터넷 등 정보통신의 세계화 역시 최근에는 지역주의에 대한 더 큰 인식을 가져왔다. 한편으로 이메일이나 인터넷 화상통화 등을 통해 실시간으로 다른 나라에 있는 사람과 의사소통할 수 있다는 사실은 적어도 이 점에 있어서는 국경이 희미해졌다는 것을 시사한다. 하지만 우리의 인터넷 사용 실태를 곰곰이 살펴보면, 여전히 대부분의 인터넷 접속이 국내 사이트에 제한되어 있음을 어렵지 않게 알 수 있다. 전 세계적 인터넷 네트워크 역시 각 나라별, 지역별 허브를 중심으로 연결되어 있다는 사실 역시 전통적인 국경 개념이 희미해졌다 할지라도 여전히 지역주의적 토대가 건재하다는 점을 내포하고 있다.

4. 경계선과 평화

그렇다면 경계선을 모두 없애는 게 과연 가능할 일일까? 아니 경계선을 모두 없애려고 하는 게 바람직한 일일까? 경계선은 평화와 무슨 상관이 있을까? 평화를 지키는 경계선이 있다고도 말할 수 있지 않을까? 아니면 모든 경계선은 평화 없는 현실을 보여주고 있다고 말해야 하는 것 아닐까?

1) 평화 없음을 상징하는 경계선들

경계선은 많은 경우 평화 없음의 상징이라고 말할 수 있다. 가장 대표적인 예로 흑인들과 유대인들과 팔레스타인 사람들을 가두고 통제하기 위해 세운 아파르트헤이트 정책을 추진하던 남아프리카공화국, 나치 정권의 독일, 지금의 이스라엘이 세운 경계선들/장벽들을 생각해 볼 수 있다. 이 장벽들은 자신과 다른 특정 부류의 사람들을 배제하고 차별하고 억압하기 위한 장치로서 그 자체로 폭력적인 기능을 담당하고 있다. 또한 지난 수 세기에 걸친 분쟁과 전쟁의 역사를 돌아보면, 대부분 국경선이라는 경계선을 중심으로 적과 나(피아)를 구분하고 나를 지키기 위해 적을 향해 공격하는 일을 서슴지 않았다.

이런 점에서 지구촌의 평화를 열망하는 많은 사람들은 국경 없는 세상에 대한 비전을 가꾸어왔다. 예를 들어, 국경없는의사회는 국제 인도주의 의료 구호 단체로서, "의료 지원의 부족, 무력 분쟁, 전염병, 자연재해 등으로 인해 생존의 위협에 처한 사람들을 위해 긴급구호 활동을 펼치고" 있으며, 이 구호 활동에서 인종, 종교, 성별, 정치적 성향에 따른 어떠한 차별도 거부한다.[6] 1971년에 창설된 국경없는의사회는 이 같은 활동으로 1996년 서울평화상, 1999년 노벨평화상을 수상했다. 사실 국경 없는 의사회의 활동은 첫 번째 노벨평화상 수상자인 장 앙리 뒤낭이 창설한 국제적십자사의 국경을 넘어서는 인도주의적 비전과 맞닿아 있다. 우리나라에서는 안산에서 다문화사역에 헌신한 박천응 목사가 주도하는 국경없는마을 프로젝트가 있다.[7] 선교단체 개척자들(송강호 대표) 역시 중국과 일본과 한국의 바다 경계가 충돌하는 지점에서 "갈등과 분쟁으로 위협받고 있는 동북아시아의 바다를 공존과 평화의 바다(공평해)로 만들기 위한 평화의 항해"를 기획하고 있다.[8]

2) 소극적 평화를 가져오는 경계선들

하지만 모든 경계선이 폭력이나 평화 부재를 상징하는 것은 아니다. 배제와 차별을 목적으로 하는 그 자체로 폭력적인 경계선들도 있지만, 계속적인 폭력을 중단하기 위해서나 평화를 지키기 위해서 세운 경계선들/장벽들도 있다. 전쟁 중인 두 나라 사이에 더 이상의 유혈 사태를 막기 위해 잠정적으로 세운 휴전선이 그 대표적인 예이다. 물론 그 경계선들을 중심으로 소위 '냉전'의 기운이 계속해서 감돌고 있기 때문에 참된 의미에서 평화가 있다고 말하기는 어렵지만, 적어도 당장에 전쟁

---

6   국경없는의사회 홈페이지 참고: https://www.msf.or.kr/about-msf (2019년 2월 28일 접속).

7   박채란, 『국경없는마을』 (서울: 서해문집, 2004) 참고.

8   공평해 프로젝트 홈페이지 참고: https://www.facebook.com/Gongpyeonghae/ (2019년 2월 28일 접속).

과 같은 직접적인 폭력의 희생자들을 더 이상 만들지 않는다는 점에서 휴전선이 소극적 평화를 가져오고 있다고도 말할 수 있다. 외세의 침입이나 테러리즘으로부터 자국민을 보호하기 위해 세운 경계선들/장벽들도 동일한 경우에 해당한다. 여전히 외부의 폭력이 위협적인 세력으로 존재한다는 점에서 완전한 평화는 없지만, 그러한 경계선들/장벽들이 그 안에 있는 사람들을 안전하게 보호하고 극단적인 폭력을 예방한다는 사실의 의미를 과소평가해서는 안 될 것이다.

임진왜란과 병자호란 등의 역사에서 보듯 지난 세기 일제 식민지 통치 이전부터 이미 오랜 세월에 걸쳐 외세의 침입을 받아온 우리 민족의 입장에서 볼 때, 우리나라의 주권과 주민을 지키는 국경선/경계선은 거의 절대적인 중요성을 갖는다. 이와 같은 경계선/장벽의 중요성은 한국전쟁 이후 더욱 분명해졌다. 휴전선은 우리나라의 '주적'으로 간주된 북한 정권으로부터 우리나라 국민을 지키는 최전선을 형성하고 있기 때문이다. 이러한 의미에서 장벽은 안전, 보호, 안보 등을 의미하며, 따라서 소극적 평화의 상징이라고 말할 수 있다.

물론 이 소극적 평화가 진정한 평화라고 말할 수는 없다. 왜냐하면 소극적 평화의 이면에 다양한 형태의 은밀한 폭력들이 자행되고 있는 경우가 많기 때문이다. 예를 들어, 기본적으로 남북 간의 전쟁과 유혈 충돌을 방지하기 위해 만든 휴전선은 의도하지 않았다 하더라도 이산가족의 고통을 낳았고 실향민의 고향 방문을 불가능하게 만들었다. 뿐만 아니라, 지난 반 세기가 넘게 안보라는 이름 아래 자행된 이념과 사상 통제 및 이와 연관한 인권 탄압은 그 자체로 무고한 희생자들을 무수하게 만든 끔찍한 폭력이었다. 다른 한편으로는, 지난 1995년 이후 3년간 북한 주민들이 굶주려 죽고 있을 때에도, 휴전이라는 이 경계선/장벽은 한 민족, 한 동포된 그들을 넉넉히 도울 형편이 됨에도 불구하고 우리가 그들을 돕지 못하게 만드는 장애물이 되었다. 결국 참된 평화를 이루기 위해서는 이와 같이 소극적 평화를 상징하는 경계선들/장벽들을 어떤 식으로든 극복할 필요가 있다.

3) 적극적 평화를 가져오는 경계선들

아마도 적지 않은 사람들은 참된 평화, 적극적 평화를 생각할 때 어떠한 경계선도 없는, 모든 경계선이 사라진 세상을 머릿속에 상상할 것이다. 하지만 이것은 지나치게 섣부르고 안일한 생각이다. 과연 모든 경계선이 사라진 세상이 모든 사람에게 진정한 평화를 가져다줄 수 있을까? 오히려 각 사람은 자신만의 고유한 영역을 가질 때 참 평화와 자유를 누리지 않을까? 사적인 공간은 전혀 없고 공유공간만 있는 공유주택을 한 번 상상해보라. 각 개인뿐 아니라 각 가정, 각 공동체, 각 나라, 각 문화, 각 종교도 자신만의 경계선 안에 고유한 영역을 가질 때 참 평화와 자유를 누리게 될 것이다. 이 때 경계선은 차별과 배제를 상징하지도 않고, 폭력의 방지 등 소극적 평화를 상징하지도 않는다. 이 때 경계선은 각각의 고유한 정체성을 상징하며, 각각의 고유한 정체성이 보장되지 않는 세상은 결코 평화로운 세상이 될 수 없을 것이다.

한 예로 오늘날 미국의 로스앤젤레스나 캐나다 토론토 등 세계 주요 도시들에서 자주 볼 수 있는 다문화 거리를 생각해 보자. 대도시 안에 다양한 인종, 다양한 종교, 다양한 문화의 사람들이 공존하지만, 그들은 특색 없는 모나드들의 집합체로 존재하지 않고 고유한 정체성을 유지하는 공동체의 일원으로 대도시 안에 자리잡고 있다. 여기에서 여러 인종과 종교와 문화와 국적 사이의 경계선들은 어떠한 차별이나 폭력도 내포하지 않고 오히려 상호 존중과 배려를 상징한다. 여기에서 이러한 경계선들을 모두 제거하는 것은 대도시 안에 살고 있는 사람들의 문화적, 종교적, 인종적 다양성을 무시하고 획일성을 강요하는 폭력이 될 수도 있다. 말하자면, 이때 경계선은 각 사람, 각 민족의 고유한 정체성과 문화를 존중하고 지켜주는, 그럼으로써 다양성이 꽃피는 평화로운 세상을 만드는 핵심적인, 필수적인 요소인 것이다.

4) 경계선의 이중적 기능

창세기에 따르면, 하나님께서는 선악과를 먹은 아담과 하와를 에덴동산에서 쫓아내시고 다시는 돌아오지 못하도록 불기둥으로 경계선을 세우셨다. 결국 인류가 생명나무에 이르는 길이 차단되고 말았다. 이런 점에서 경계선은 생명의 지속과 보존과 확산을 제한하기에 극복의 대상으로 여겨진다. 다른 한편, 태초에 하나님께서 천지를 창조하실 때, 하나님은 물의 경계선을 확정함으로써 생명이 존재할 수 있는 영역을 마련하셨다. 물의 한계가 정해지지 않았다면, 지속가능한 생명세계의 출현은 불가능했을 것이다. 이런 점에서 경계선은 생명의 지속과 보존과 확산을 위해 반드시 필요하다. 이렇게 볼 때, 경계선은 배제라는 부정적 기능과 보호라는 긍정적 기능 등 이중적 기능을 가진다.

오늘날 세계화 흐름에서 국경선과 같은 경계도 이와 유사한 두 가지 기능을 가진다. 한편으로 강대국이 쌓아올린 높은 국경 장벽은 차별과 폭력을 상징하며 국경 없는 세상에 대한 비전을 부추긴다. 하지만 다른 한편으로 신자유주의 세계화 시대 강대국과 다국적 기업의 횡포는 정의를 위한 국경의 필요성을 지지한다. 경계를 자유롭게 넘나들 수 있는 새로운 미래의 비전은 자칫하면 소수의 사람들의 기득권을 강화하고 다수의 희생을 강요하는 방식으로 오용될 수 있다는 사실을 항상 유념할 필요가 있다. 조금만 역사를 거슬러 올라가보면, 소위 신대륙 발견 이전까지 아메리카 원주민들은 대서양이라는 큰 경계 때문에 상대적으로 자유롭고 평온한 삶을 영위할 수 있었다. 하지만 유럽인들이 대서양이라는 경계를 넘어오기 시작하면서 이주민들과 유럽인들의 삶은 윤택해졌을지 몰라도, 원주민들의 삶은 황폐해졌다.

경계선의 강화나 경계선의 소멸이 경계선 양편의 약자들을 더 큰 곤경에 빠뜨릴 수 있다는 점에서, 경계선을 아주 높이 세우거나 경계선을 무조건 없애는 전략보다 경계선의 긍정적 기능을 보존하면서 경계선을 넘나들고 가로지르는 전략을 진지하게 모색할 필요가 있다. 폭력적인 경계선으로 나누어진 세상의 대안은 경계선이 완전히 사라진 세상이 아니라, 평화를 가져오는 경계선으로 구분된 세상이 될 수도 있다. 그런 점에서 우리는 처음부터 철저하게 약자의 입장에서 경계선 넘기, 경계선 가로지르기, 경계선 의미 재설정하기 등을 구상할 필요가 있다. 바울이 남자와 여자, 자유인과 종, 유대인과 이방인 사이의 어떠한 차별도 거부하는 복음을 선포했지만, 이것이 각각의 고유한 정체성을 부정하는 데까지 나아가면 곤란하다.

5) 한반도의 평화를 가로막고 있는 경계선들

한편, 우리가 살고 있는 한반도로 시선을 옮기면, 한반도를 가르고 있는 수많은 경계선 중에서 한반도 주민의 삶에 가장 많은 영향을 미치는 경계선이 남한과 북한을 나누고 있는 군사분계선이라는 사실에 이의를 제기할 사람은 많지 않을 것이다. 하지만 남한과 북한을 나누고 있는 경계선이 군사분계선이라는 단지 하나의 선이 아니고 매우 다양한 성격의 선들로 복잡하게 이루어져 있다는 사실을 깊이 들여다보는 사람은 많지 않다. 군사분계선으로부터 남북으로 2km 떨어져 북방한계선과 남방한계선이 그어져 있고, 남쪽으로 조금 더 내려오면 민간인통제선(민통선)이 그어져 있다.[9]

물론 그 중에서도 현재 남한과 북한을 나누는 가장 중요한 경계선은 "휴전선"(cease-fire line)이라고 불리는 "군사분계선"(military demarcation line: MDL)이다. 군사분계선은 1953년 북한과 유엔사령군 사이에 체결된 정전협정서에서 합의된 남북 간의 공식적인 경계선이다. 하지만 군사분계선의 의미를 정확하게 이해하기 위해서는 1945년 일제로부터 해방되던 해까지 역사를 거슬러 올라갈 필요가 있다. 광복을 맞이하던 그 해 한반도는 미군과 소련군에 의해 38선을 중심으로 남과 북으로 나누어졌다. 애초 한반도 내 단일정부가 수립될 때까지 잠정적으로만 그어졌던 이 경계선은 남한과 북한 내 단독정부 수립 및 한국전쟁을 거치면서 고착화되고 영구화되었다. 한국전쟁의 전선은 처음에는 한반도 전체를 오르내리다가 얼마 지나지 않아 지금의 군사분계선 주변에서 형성되었다. 이 전선 주변에서는 정전협정이 체결되기 전까지 (물론 그 이후에도 간헐적으로) 수많은 사상자를 내는 크고 작은 전투가 계속되었다. 애초의 38선과 비교해 보면 정전협정 당시의 군사분계선은 한반도 서쪽 지역에서는 남쪽으로 조금 내려와 있고(신해방지구), 한반도 동쪽에서는 북쪽으로 조금

---

9   http://www.forest.go.kr/kna/webzine/2015/1/s5.html (2019년 2월 28일 접속).

올라가 있다(수복지역). 일단 이 경계선을 지키기 위해 혹은 이 경계선을 조금이라도 옮기기 위해서 수많은 생명이 희생되었다는 사실을 기억할 필요가 있다. 이 과정에서 그리고 그 결과로 군사분계선 주위로 엄청난 군사력이 집중되면서 최근까지도 세계에서 가장 군사적 긴장이 높은 지역이 되었다. 이 점에서 군사분계선은 21세기까지 유일하게 남아 있는 냉전의 유일한 유산으로서 군사적 갈등과 대결, 전쟁과 폭력의 상징이 되어 있다.

한편에서 보면, 군사분계선은 남북 간의 유혈 전투를 방지하고 남북한 주민들이 각각의 경계 안에서 고유한 이념과 체제 아래에서 상대적으로 안전한 삶을 살 수 있도록 만드는 소극적 평화 유지의 기능을 담당하고 있다고 볼 수 있다. 하지만 다른 한편에서 보면, 군사분계선을 중심으로 남북한 간의 군사적 대립이 '냉전'의 형태로 지속되고 있다는 점에서 군사분계선은 갈등과 폭력과 전쟁과 평화 없음의 상징으로 남아 있다. 혹시 평화 부재 혹은 소극적 평화를 상징하는 군사분계선을 보다 긍정적인 의미의 경계선, 참된 평화를 가져오는 경계선으로 탈바꿈시킬 수 있는 길은 없는 것일까?

5. 닫힌 체계 속에 갇힌 상상력: 다른 대안은 없다?

필자가 볼 때, 한반도의 군사분계선과 같은 장벽이 평화 없음의 상징인 가장 큰 이유 중 하나는 장벽이 평화로운 세상에 대한 상상력을 가로막기 때문이다. 장벽으로 인해 안전하다고 느끼는 사람들, 장벽으로 인해 '평화'를 누리고 있다고 생각하는 사람들은 그 이상의 평화, 진정한 평화, 장벽을 넘어서는 보편적이고 참다운 평화에 대한 꿈을 꾸지 못한다. 그들의 상상력이 장벽 안에 갇혀 있기 때문이다.

1) 〈설국열차〉와 두 가지 경계선

지난 2013년 영화 〈설국열차〉(봉준호 감독)가 국내에서 개봉되었다. 인류 공동체는 과학기술 문명으로 인해 가속화된 지구온난화 문제를 해결하기 위해 다시 인류의 최상의 지혜를 모은 과학기술 문명을 다시 의지한다. 하지만 결국 인류가 내놓은 방책은 오히려 지구 전체를 빙하기로 몰아넣고, 자체 엔진으로 지구 전체를 일정한 주기로 순환하는 설국열차에 탑승한 승객 외에는 모든 사람, 모든 생명이 지구상에서 사라졌다. 영화는 지구상에 유일하게 남은 생명 공동체인 설국열차 안에서 열차 칸 사이의 엄격한 차별로 상징되는 다양한 계급의 사람들 사이의 갈등을 주제로 다루고 있다.

이 영화에서 우리는 두 가지 성격의 경계선이 극의 진행에서 중요한 역할을 하고 있다는 사실에 주목할 필요가 있다. 첫 번째 경계선은 열차 안과 열차 밖의 경계선이고, 두 번째 경계선은 엔진 칸에서부터 꼬리 칸까지 칸들 사이의 경계선이다. 전자는 생명과 죽음을 상징하고, 후자는 계급과 차별과 억압과 착취를 상징한다.

열차 칸마다 밖으로 나가는 수많은 문들이 있지만, 그것이 실제로 열리고 사람들이 다닐 수 있는 문들이라고 생각하는 사람이 거의 없다. 열차 밖으로 나가면 모두 얼어 죽는다고 믿기 때문이다. 그래서 열차 밖으로 통하는 모든 문을 꽁꽁 걸어 잠그고 누구도 함부로 열 수 없게 만들었다. 열차 밖으로 뛰쳐나간 사람들이 철로에서 그리 멀지 않은 언덕에서 얼어 죽은 사건은 '7인의 반란 사건'으로 규정되었고, 이 사건은 열차 내 모든 사람에게 열차 안과 밖의 경계선을 더욱 확실하게 각인시키는 결정적인 계기가 되었다. 열차 앞 칸에 탑승해서 비교적 안락한 생활을 하는 승객들뿐 아니라 꼬리 칸에 탑승해서 비참한 생활을 계속하는 승객들조차 오직 열차 안에서만 생존이 가능하다고 믿게 되었다. 그 결과 사람들은 열차 밖으로 통하는 문을 더 이상 사람들이 다닐 수 있는 문이라고 생각하지 않고 아무 것도 지나다닐 수 없는 벽(장벽)처럼 여기게 되었다.

다른 한편, 열차 밖으로 통하는 모든 문이 닫히고 열차 안과 밖 사이에 어떠한 에너지 교환도 불가능해지자 열차 내 "닫힌 체계" 안에서 한정된 자원 문제가 발생했다. 시간의 지남에 따른 자원 고갈의 문제에 대해서는 엔진을 쉬지 않고 움직여 에너지를 생산해 내는 방법을 택하고, 제한된 자원의 효율적 분배의 문제를 해결하기 위해서는 열차 내 서로 다른 칸들 사이에 확실한 경계선을 두어 열차 내 생태계를 철저하고 세심하게 통제하는 방식을 택했다. 하지만 열차 내에서 소비되는 모든 에너지를 생산하는 엔진이 신성화되면서 엔진의 쉼 없는 운전을 위해 어린아이의 희생이 지속적으로 요구되었고, 제한된 자원의 불평등한 배분은 꼬리 칸 사람들에게 비참한 생존을 강요했다. 결국 이것이 열차 내 서로 다른 칸들 사이에 긴장을 고조시키는 결정적인 이슈가 되고, 그것이 영화의 전체 줄거리를 형성하는 근본 토대가 된다.

2) 〈설국열차〉에 빗대어 본 분단 한국의 현실

분단된 한반도의 상황을 영화 〈설국열차〉에 빗대어 본다면, 남한의 관점과 북한의 관점에서 서로 다른 해석이 가능해 보인다.

먼저 남한의 관점에서 본다면, 꽁꽁 얼어붙은 지구촌은 호시탐탐 남한을 도발하려고 위협하고 있는 북한의 공산주의 독재정권을, 쉼 없이 움직이는 엔진은 자유민주주의와 더불어 자본주의 경제성장 이데올로기를, 수많은 칸들로 나누어진 열차 내 모습은 빈부간의 격차가 점증하고 있는 남한 사회 내의 계급질서를 묘사하고 있다고 해석될 수 있다. 오늘날 남한 사회는 부의 대물림은 물론 가난의 대물림 현상으로 인해 계층이동이 매우 힘들어진 사회가 되었다. 시민단체와 정부를 중심으로 부의 재분배를 위해 복지예산 확대 등 정책적 노력을 기울이고 있지만, 계층 상승을 꿈꾸는 시민들이 피부로 느끼는 계층 간 경계선은 과거 어느 때보다 뚜렷하게 그어지고 있다. 하지만 남한 사회 내 계층 간 경계선보다 더 굵고 확실한 경계선은 남한과 북한 사이의 경계선이다. 여전히 북한의 도발을 두려워하는 많은 사람들은 북한을 향한 문은 결코 열 수도 없고 열어서도 안 되는 문이라고, 아니 벽이라고 생각한다. 북한과의 대화와 소통, 교류와 협력을 통해 남한 사회의 미래를 새롭고 풍성하게 만들 수 있다는 기대를 가진 사람들은 여전히 소수이다.

반면, 북한의 관점에서 본다면, 동일한 영화 내용이 전혀 다르게 해석된다. 말하자면, 빙하기의 지구촌은 자유민주주의의 이념 아래 북한정권을 위협하는 남한 사회와 미국을 중심으로 한 국제 사회를, 쉼 없이 움직이는 엔진은 주체사상에 근거한 공산주의 독재체제를, 서로 다른 칸들로 나누어진 열차 내 모습은 공산당이 독재하는 북한 사회의 계급질서를 가리키는 것으로 해석될 수 있다. 북한이 경제적으로 남한에 뒤쳐진 것은 벌써 50여 년 전의 일이다. 1990년대 중반 이후에는 극심한 기근과 전염병 등으로 수많은 북한 주민들이 목숨을 잃었다. 그러는 와 중에도 북한 정권의 지도자들과 평양의 시민들은 상대적으로 안정된 생활을 영위했다. 북한 사회 내 이와 같은 계층 간 경계선이 무수한 생명을 죽음으로 몰아가고 있음에도 불구하고, 북한 사회는 외부로 향하는 문을 철저히 봉쇄하고 통제하며 주민들에게 '자력갱생'을 주문하고 있다. 혹 북한 주민들 중에는 북한 사회가 외부와 통하는 문을 활짝 열고 남한 사회 및 국제 사회와의 대화와 소통, 교류와 협력을 통해 새롭고 풍성한 미래를 만들어갈 수 있을 것이라고 믿는 사람이 있지 않을까? 하지만 현실적으로 그러한 믿음을 공개적으로 표방하거나 실천에 옮길 수 있는 사람은 거의 없어 보인다.

남한과 북한의 두 관점에서 우리가 공통적으로 주목할 것은 적대적인 위협이 계속되는 상황 속에서 자신들을 보호하기 위한 울타리(장벽/경계선)을 확실하게 만들고 그 울타리 안에서 지속가능한 생존 전략을 모색하고 있다는 점이다. 조금 다르게 말하면, 체제 안과 밖을 나누는 경계선을 긋고 각기 고유한 안보 이데올로기로 그 경계선을 정당화하고, 이것을 모든 사람에게 세뇌시켜 체제 내 경계선들을 정당화하는 계기로 만든다. 물론 남한 사회와 북한 사회가 지키고자 하는 이데올로기는 서로 다를 뿐 아니라 서로 상충한다. 이 점에서 두 사회가 서로 대립하고 있고, 열차 안과 밖의 경계선이 바로 두 사회 사이를 가로질러 장벽을 형성하고 있다.

3) 닫힌 체계 속에 갇힌 상상력

우리는 지금까지 소개한 영화 〈설국열차〉 이야기를 최근 물리학 이론의 도움을 빌어 다음과 같이 이해해 볼 수 있다. 물리학의 열역학 이론은 외부와의 물질/에너지 소통이 가능한 '열린 체계'(open system)와 그러한 소통이 불가능한 '닫힌 체계'(closed system)을 구분한다. 영화 속에서 대부분의 사람은 열차가 열차 밖으로부터 어떠한 에너지 공급도 받을 수 없는 닫힌 체계라고 굳게 믿고 있다. 하지만 닫힌 체계 안에서는 소위 '엔트로피 법칙'에 의해 무질서도가 계속해서 증가해 지속적인 생존이 불가능한데, 이것을 극복하기 위해서는 자체적으로 에너지를 생산해서 공급하는 방법밖에 없다. 이것이 열차 안에서 유일하게 새로운 에너지를 생산하는 엔진이 마치 하나님처럼 신성한 존재로 경배를 받는 이유이다. 신학적인 언어로 말하면, 열차 내 세계는 스스로의 힘으로 생존하고자 애쓰는 가운데 엔진이라는 우상을 만들어 내고 신성화한 것이다.

한편, 열차 내 생존을 위해 몸부림치는 사람들의 모습에서 눈을 돌려 열차 밖의 환경을 가만히 살펴보면, 당장은 빙하기가 찾아와 어떤 생명도 살 수 없는 것처럼 보이지만 태양은 처음부터 계속해서 지구에 에너지를 공급하고 있었다. 태양으로부터 오는 지속적인 에너지 공급으로 눈이 녹기 시작하고 빙하기가 끝을 향해 가고 있었던 것이다. 대부분의 사람들이 열차 안의 세계를 닫힌 체계로 생각하는 한편 열차 밖의 세계에는 관심을 기울이지도 않았지만, 사실 열차 밖의 지구는 열차 안과 달리 외부(태양)으로부터 지속적인 에너지를 공급받는 열린 체계였던 것이다. 말하자면, 열차 밖 세계는 계속해서 에너지를 축적하고 있었다. 열차 안의 사람들이 조금만 여유를 갖고 열차 밖을 지켜볼 수 있었다면, 그래서 열차 밖에서 계속해서 축적되는 에너지를 열차 안으로 들여오는 가능성에 대해 진지하게 고민하기 시작했다면, 그래서 열차 안의 세계도 열차 밖의 세계와 에너지 소통이 가능한 열린 체계라는 사실을 일찍이 깨달을 수 있었다면, 만약 그럴 수 있었다면 열차에 탑승한 사람들의 삶의 방식이 영화에서 묘사한 것과 전혀 다를 수도 있지 않았을까? 열차 안의 사람들이 열차 엔진 외에도 다른 에너지 원천이 있을 수 있다는 사실, 그리고 그 에너지 원천은 열차 엔진보다도 더 풍부한 에너지를 값없이 지속적으로 공급한다는 사실을 알고 있었다면, 그들은 엔진을 우상화하거나 열차 밖으로 향하는 문을 굳게 닫아 스스로의 힘으로 자기 안전을 도모하기보다는, 열차 밖으로 향하는 그 문을 활짝 열어 밖으로부터 공급되는 풍부한 에너지를 받아들이는 전략을 선택했을 것이다. 만약 열차에 탑승한 사람들이 그러한 선택을 했다면, 열차 안과 열차 밖을 나누는 경계선도, 열차 안의 사람들을 구분하는 경계선도 비록 그 자체가 소멸되지는 않는다 하더라도 그 의미와 기능은 전혀 달라졌을 것이다.

닫힌 체계와 열린 체계의 비유는 분단 한국의 현실을 진단하고 통일 한국의 미래를 전망하는 일에 있어서도 매우 유용한 통찰을 제공한다. 광복 후 신탁통치와 더불어 시작된 한반도 분단의 역사는 남북한 단독정부의 출범과 한국전쟁을 거치면서 고착화되었다. 특히 한국전쟁을 치르면서 상호 간에 엄청난 사상자를 내는 오랜 전투를 경험하면서, 추가적인 희생을 막기 위한 최소한의 방책으로서 휴전선이라는 경계선을 서로 인정하기로 합의했다. 아마도 남북한 모두 휴전선을 영구적인 경계선으로 보기보다 잠정적인 경계선으로 보았을 것이다. 그리고 기회를 보아 이 잠정적인 경계선이 사라진 통일된 세상을 꿈꾸었다. 하지만 문제는 두 나라가 꿈꾸는 통일 세상의 체제와 모습이 서로 너무도 달랐다는 점에 있었다. 이 때문에 이 경계선은 두 나라 사이에 끊임없는 군사적 대결이 펼쳐지는 장이 되고 세계 그 어느 곳보다도 군사적 긴장이 높은 곳이 되었다. 하지만 60여 년이 지난 오늘날, 두 나라가 인정하든 인정하지 않든, 휴전선은 이제 두 나라 사이를 가르는 반영구적인 경계선이 되었다. 한반도의 대부분의 주민들 역시 이 경계선을 그 어떤 국경선보다 더 공고한, 그래서 누구도 함부로 넘을 수 없는 장벽으로 받아들이게 되었다. 남한 주민들은 그들 나름대로 이 경계선 안에서 곧 닫힌 세계로서 남한 사회 안에서의 생존 전략을 습득했고, 북한 주민들은 또 그들 나름대로 이 경계선 안에서 곧 닫힌 세계로서 북한 사회 안에서의 생존 전략을 습득했다. 결과적으로 한반도의 미래에 대한 남북한 주민들의 상상력은 휴전선이라는 경계선에 의해 제한되었고, 경계선을 가로지는 새로운 미래에 대한 상상력을 잃어버렸다.

6. 군사분계선을 가로지르는 상상력 : 다른 세상이 가능하다!

우리의 상상력이 그 어떤 장벽에 가로막혀 있다면, 우리는 새로운 미래를 열어갈 힘을 얻을 수 없다. 하지만 우리 그리스도인에게는 장벽을 넘어서는 꿈을 꾸었던 예수가 있다. 예수는 우리는 경계선을 가로지르는 새로운 세상을 꿈꾸도록 우리를 초청하고 도전한다.

1) 다른 세상을 꿈꾼 예수의 상상력[10]

예수는 사랑의 하나님이 다스리시는 생명과 평화의 새로운 세상을 꿈꾸었다. 예수는 그러한 새로운 세계가 이 땅에 도래할 것이라고 선포

---

10 이 단락의 글은 필자의 이전 글 "초월을 꿈꾸다" 〈새가정〉 (2015. 1)의 내용 일부를 가져와 수정한 것이다.

했다. 이것이 예수가 전한 복음의 핵심 내용이었다. 하지만 우리가 예수가 전한 하나님 나라의 복음을 진지하게 받아들이지 못하고 하나님 나라라는 새로운 세상에 대한 예수의 꿈을 공유하지 못하는 가장 큰 이유 중 하나는 미래 세상이 오늘의 세상과 별반 크게 다르지 않을 것이라는 통속적인 전망 때문이다. 이 전망은 단순히 비관적이지도 그렇다고 순전히 낙관적이지도 않다. 오늘 우리가 사는 세상의 어떤 측면을 강조하느냐에 따라 이 전망은 낙관적일 수도 있고 비관적일 수도 있다. 다만, 미래 세상이 오늘과 별반 다르지 않을 것이라는 세상 사람들의 상식적이고 합리적이고 과학적인 전망은 지금과는 전혀 다르게 죽음과 슬픔, 죄와 악이 사라진 새로운 세상으로서 하나님 나라를 꿈꾸는 그리스도인들에게 큰 도전이 아닐 수 없다.

사실 지금도 살아 역사하는 하나님을 믿는 그리스도인들에게 미래는 언제나 하나님의 새로운 일들에 열려 있다. 그런 의미에서 우리의 미래는 무한한 가능성의 보고이다. 하지만 많은 경우 우리는 우리의 미래에 열려 있는 무한한 가능성들을 보지 못한다. 그 이유 중에 하나는 우리의 빈약한 상상력 때문이다. 우리의 상상력이 우리 눈에 보이고 손에 잡히는 과거와 현재의 삶에 의해 제한되어 있기 때문이다. 그래서 미래 역시 과거나 현재와 별반 다를 것이 없다고 생각할 때가 많다. "해아래 새 것은 없나니." 이 체념 섞인 고백과 함께 우리는 과거로부터 내려오는 관성에 저항하기보다는 거기에 굴복할 때가 많다.

성경이 증언하는 하나님은 날마다 새 일을 행하시는 분이다. 또한 하나님은 우리에게 새로운 삶, 새로운 세상을 약속했다. 하나님의 약속을 믿는 그리스도인들에게 미래는 결코 과거나 현재의 삶의 단순한 반복이 될 수 없다. 미래는 과거나 현재의 삶과는 전혀 다른, 그것을 초월하는 새로운 삶의 가능성을 품고 있기 때문이다. 그래서 그리스도인들은 꿈을 꾼다. 다른 세상을 꿈꾼다. 지금 우리가 살고 있는 세상과는 전혀 다른 세상을 꿈꾸며 살아간다. 필자는 이 꿈이 허황되지 않다고 생각한다. 왜냐하면 이 꿈이 하나님의 꿈이고 하나님은 당신의 꿈을 반드시 이루실 것이기 때문이다. 그래서 필자는 지금 이 세상과는 다른 세상이 가능하다고 믿는다. 그리스도인들은 이 세상과 다른 세상을 꿈꾸면서 이 세상에 대한 초월을 경험한다. 또한 이 세상 속에서 다른 세상을 미리 맛보면서 초월의 내재를 경험한다. 요컨대, 이 세상(現世)의 반대말은 죽음 너머에 있는 저 세상(來世)이 아니다. 불의, 차별, 폭력, 질병, 고통, 죽음이 가득한 이 세상의 반대말은 달라진 세상 곧 그와 같은 부정적인 계기들이 모두 사라지고 그 빈자리가 정의와 평화와 생명으로 가득 찬 새로운 세상이다. 현세를 초월하는 세상은 죽음 너머의 저 세상이 아니라 미래에 펼쳐질 새로운 세상이다.

한편, 예수가 꿈꾼 하나님 나라, 하나님이 공평과 정의로 다스리는 세상, 그래서 생명의 기쁨이 넘쳐나는 세상을 꿈꾸는 일은 우리의 특별한 상상력을 필요로 한다. 하나님 나라는 이제껏 역사 속에 존재하지 않았던 전혀 새로운 세상이기 때문이다. 따라서 지금까지의 세상 역사를 연구하는 것만으로는 하나님 나라를 그릴 수 없다. 하나님 나라가 이 땅에서 완성될 때, 이 세상은 죄와 죽음이 지배하는 지금의 현실과는 전혀 다른 방식으로 움직일 것이다. 따라서 하나님 나라를 믿는다는 것은 이 세상 현실을 초월하는 다른 세상을 상상한다는 것을 의미한다. 지금과는 다른 세상을 머릿속에 그릴 수 있는 상상력이 없다면 하나님 나라에 대한 우리의 믿음은 그저 형식적인 믿음에 그칠 가능성이 많다.

지금 우리는 갖가지 경계선들에 의해 한계 지워진 세상만을 보고 그 속에서 각자 생존을 위해 몸부림치고 있지만, 혹 이 땅의 모든 사람이 〈설국열차〉의 남궁민수처럼 지금의 경계선들을 과감하게 넘어서는 전혀 새로운 세상을 향해 눈을 돌린다면 어떤 일이 벌어질까? 과연 그런 일이 가능할까? 어떻게 가능할까? 지금 한반도 주민들의 상상력이 군사분계선이라는 경계선에 가로막혀 있다면, 군사분계선을 넘어서는 새로운 세상을 우리가 상상해 볼 수 있을까? 군사분계선이 사라진 새로운 미래를 우리가 머릿속으로 그려볼 수 있을까?

이와 같은 질문 앞에서 우리는 지금까지 우리의 경험을 넘어서는 과감한 상상력을 필요로 한다. 지금까지 우리 삶을 지탱해 오던 것들을 포기할 수 있는 과감한 결단과 모험이 필요하다. 우리는 성서 기자들의 상상력으로부터 도움을 받아야 한다. 사나운 짐승과 온순한 동물이 어린아이와 함께 뛰어노는 모습, 사막에 물이 터져 나오고 꽃과 풀이 만발하는 모습, 사망의 골짜기에서 마른 뼈들이 다시 살아나는 모습에 대한 구약 예언자들의 환상의 도움을 받아 우리는 오늘 우리 시대 현실을 초월하는 새로운 세상, 전혀 다른 세상에 대한 우리의 상상력을 키울 필요가 있다.

2) 다른 대안은 없다? 다른 세상이 가능하다!

다시 〈설국열차〉의 이야기로 돌아가면, 영화는 앞서 언급한 두 가지 경계선(곧 열차 안과 열차 밖을 나누는 경계선과 열차의 서로 다른 칸들 사이를 나누는 경계선)을 배경으로 꼬리 칸에 탑승한 사람들이 정해진 경계선을 넘어서 엔진 칸을 향해 싸우며 나아가는 이야기를 중심 줄거리로 하고 있다. 이 이야기에서 필자는 특별히 다음 네 주인공의 네 가지 대사에 주목한다.

먼저, 꼬리 칸에 탑승한 사람들에 대한 통제를 책임지고 있는 메이슨은 "각자에게 정해진 위치가 있다."고 말한다. 열차세계 내에 운명과도 같이 고정된 위계질서가 있고, 그것을 변개할 수도 없고 변개해서도 안 된다는 것이다. 그 이유는 자칫하면 세밀하게 조정되어 있는 열차 내 생태계가 파괴되어 모두가 공멸할 수 있다는 우려 때문이다.

비슷한 맥락에서 어린 아이들에게 설국열차 이념 교육을 담당하고 있는 유치원 교사는 "엔진이 멈추면 우리는 모두 얼어 죽는다."고 역설한다. 여기에서 열차의 엔진은 신성하고 절대적인 그 무엇으로 이해된다. 이 신성한 엔진 이데올로기는 엔진 부속품을 대신해 어린 아이들을 희생시키는 관행을 정당화한다. 그렇게 해야만 다른 사람 모두가 살 수 있다고 굳게 믿기 때문이다. 그 외에 다른 대안은 없다(There is no alternative!)고 확신하기 때문이다.

한편, 영화의 주인공 커티스는 꼬리 칸에서 반란과 혁명을 주도하는 사람이다. "엔진 칸을 차지하기 전까지는 멈출 수 없다." 우여곡절 끝에 커티스는 결국 엔진 칸에 도달하고 결국 신성한 엔진의 통제권을 쟁취한다. 하지만 윌포드는 엔진 통제권을 넘겨주면서 의미심장한 말을 남긴다. 윌포드는 설국열차의 생태계가 지속적으로 유지되기 위해서는 자신이 지금까지 해왔던 것처럼 엄격한 통제와 누군가의 희생이 불가피하다는 것이다. 다른 대안은 없다는 것이다. 이 말에 커티스는 절망한다. 커티스 역시 다른 대안을 찾을 수 없다고 생각했기 때문이다.

사실, 이 영화에서 나의 마음을 가장 사로잡은 것은 또 다른 주인공 남궁민수이다. 그 이유는 단순히 한국 배우 송강호가 이 역을 연기했기 때문이 아니다. 전복을 꿈꾸는 커티스의 시선이 시종일관 앞쪽 엔진 칸만을 향하고 있었다면, 남궁민수의 시선은 항상 열차 창문 밖을 향해 있었다. "내가 정말 열고 싶은 문은 열차 밖으로 향하는 바로 저 문이다."

남궁민수는 그의 아내이자 요나(고아성)의 어머니로 추정되는 여인과 그 동료들이 열차에게 뛰어내렸다가 철로에서 멀리 떨어지지 않은 곳에서 얼음기둥이 된 지난날의 사건을 매년 곱씹으면서 여러 가지 생각을 했을 것이다. 한편으로는 일단 열차 밖에서의 삶을 꿈꾸며 열차 밖으로 나갈 궁리를 모색하면서, 다른 한편으로는 눈이 녹아내릴 정도로 열차 밖 온도가 내려갈 때까지 때를 기다려야 한다는 생각을 하지 않았을까. 불행하게도 때가 이르기 전에 성급하게 열차를 탈출한 아내와 동료들은 뜻을 이루지 못하고 얼어 죽었지만, 남궁민수는 반드시 그날이 올 것을 믿었다. 그래서 1년에 한 번 열차 밖 지구 환경을 관찰할 수 있는 때를 기다려 눈이 녹는 속도를 확인하며 지구의 현재 기온을 가늠한다. 말하자면, 유심히 밖을 내다보며 빙하기가 끝나갈 때를 기다린 것이다. 커티스를 비롯해서 열차 내의 모든 사람들은 열차 밖에서의 생존은 불가능하다고 믿고 있었지만, 남궁민수는 언젠가 때가 무르익으면, 열차 밖에서의 새로운 삶을 시작하겠노라 다짐하며 그날을 남몰래 준비하고 있었다. 열차 안의 억압적이고 폭력적인 세계와는 다른 세계가 열차 밖에서는 가능하다(Another world is possible!)고 믿었기 때문이다. 결국 열차가 폭발한 다음 살아남은 아이들이 저 멀리 살아있는 생명체(곰)를 확인하는 것으로 영화는 마무리된다. 이 엔딩은 새로운 땅에서 새로운 생명의 역사가 시작되었다는 놀라운 상징이 아닐 수 없다.

남궁민수가 꿈꾼 세상은 열차 내 제한된 자원을 두고 치열하게 생존 경쟁을 벌일 수밖에 없는 세상이 아니라고, 열차 밖의 무한한 자원을 마음껏 누리면서 사는 새로운 세상이었다. 메이슨과 윌포드가 철저하게 현실을 유지하고자 했던 보수주의자였다면, 커티스는 현실 권력 구조의 전복을 꾀한 혁명가였다. 하지만, 남궁민수는 그들 모두와 달랐다. 그는 커티스보다 더 근본적으로 새로운 세상을 꿈꾼 급진주의자였다.

3) 휴전선이 아니라면: 군사분계선에서 생명평화선으로

열차 밖에서의 새로운 세상을 꿈꾼 남궁민수의 이야기는 분단 한국에서 살고 있는 모든 주민에게 한반도를 둘로 나누고 있는 지금의 군사분계선을 가로지르는 새로운 세상, 새로운 미래를 상상하고 꿈꾸도록 도전한다.

여기에서 우리는 군사분계선을 '가로질러' 만들어가는 새로운 세상과 군사분계선을 '소멸시켜' 만드는 세상을 조심스럽게 구분할 필요가 있다. 군사분계선의 '소멸'에 대한 기대는 자칫 남한과 북한의 서로 다른 두 이념과 체제 중 하나만 남고 다른 하나는 사라지는 듯한 인상을 줄 수 있기 때문이다. 이 점에서 '통일'에 대한 섣부른 강조는 자기중심적이고 상대방에 대하여 폭력적인 태도로 비춰질 수 있다. 오히려 지금의 군사분계선을 사이에 두고 상대방의 이념과 체제를 존중하고 서로 대화하고 소통하면서, 서로 배우고 서로 닮아가고 그러는 가운데 전에 없던 새로운 세계를 만들어가는 과정으로서 '평화'에 대한 강조가 더 시급하다고 필자는 생각한다.

지금까지도 한반도 주민 대부분의 상상력은 군사분계선에 가로막혀 있다. 한편, 지난 1년 간 한반도 정세의 급격한 변화는 지구상 마지막 냉전 유산의 청산, 전쟁의 종식, 새로운 평화 시대의 도래 등을 꿈꾸게 한다. 아직 그 실현 가능성이 우리의 눈앞에 가까이 다가온 것은 아니지만, 지금 우리는 종전선언 이후를 준비해야 하는 시기임은 분명하다. 그런데 만약 한반도에서 종전이 선언된다면, 그래서 전쟁이 참으로 종식된다면, 지금 한반도를 반토막내고 있는 군사분계선은 더 이상 "휴전선"이 아니게 될 것이다. 만약 휴전선이 아니라면, 종전선언 이후 군사분계선은 어떤 성격의 경계선으로 탈바꿈하게 될까? 아니, 어떤 성격의 경계선으로 다시 만들어야 할까? 군사분계선의 새로운 성격 규정 및 그에 따른 새로운 명명은 종전 이후 한반도를 둘러싼 동아시아의 새로운 질서를 만들어가는 데 결정적인 중요성을 갖게 될 것이다.

신한대학교의 석좌교수이자 탈분단경계문화연구원 원장인 최완규는 연구원 홈페이지 인사말에서 "경계 연구"를 통해 한반도 평화공존의 새로운 패러다임을 모색할 수 있다고 역설한다.

> 남북관계의 역사는 성급하게 통일을 주장할수록 통일과 멀어지는 역설을 여실히 보여줍니다. 이는 통일 주장에 앞서 강고한 분단체제의 모순과 실체를 드러내, 역사 화해를 포함한 남북의 화해협력을 모색하고 평화와 공존 체제를 다져가는 것이 우선되어야 한다는 점을 시사합니다. 이런 의미에서 본 연구원은 '탈분단'과 '경계' 개념을 통해 남북관계 패러다임의 전환을 모색하고자 합니다. 평화로운 남북관계의 돌파구를 찾기 위해서는 무엇보다도 상대방을 타자화하는 대신 상대방의 언어로 대화하는 것이 필요합니다. '탈분단'은 남과 북의 국가이념과 체제의 차이를 인정하고, 이에 따른 고통과 아픔을 조금씩 완화하고 해결해 나가는 것을 의미합니다. 그리고 그 실천을 위해 남북 관계를 '경계' 개념으로 사고할 것을 제안합니다. 과거 경계 개념이 피아를 구분하고 불통의 공간이었다면 냉전이 해체된 지금은 새로운 방향으로의 변화가 진전되고 있습니다. 교류 협

력이나 경계 넘기를 통해 경계가 서로를 인정하면서 다양성을 풍부하게 하는 긍정적인 역할을 하고 있는 것입니다. 신한대학교 탈분단 경계문화연구원은 분단의 성격을 경계로 재규정하며, 경계의 역동성을 밝히며, 경계를 뛰어넘는 여러 실천에 주목함으로써, 남북한의 평화와 공존에 기여하고자 합니다.[11]

이러한 맥락에서 최완규는 휴전선을 국경선으로 인정할 때가 되었다고 주장한다.[12] 국경 없음이 내포하는 흡수통일과 적화통일 위협을 고려할 때, 오히려 정상국가 간의 국경선을 설정하는 것이 남북한 평화공존의 미래를 위해 필수적이라고 보는 것이다.

예일대학교의 신학자 미로슬라브 볼프의 표현을 빌어 쓰자면, 휴전선의 존재가 타자를 부정하고 배제하는 의미를 내포하고 있다면(exclusion), 휴전선이 사라진다는 것은 흡수통일이나 적화통일과 같은 포섭을 내포한다(inclusion). 하지만 서로 다른 이념과 체제와 문화 속에 지난 70년을 살아온 남북한이 앞으로의 평화로운 미래를 열어가기 위해서는 국경선을 경계로 서로의 다름을 인정하고 존중하면서도 상호 소통하고 교류하는 포용의 길이 필요할 것이다(embrace).[13]

한국전쟁 종전과 한반도 평화체제 수립 이후 휴전선으로서 지금의

---

11 탈분단경계문화연구원 홈페이지 참고: http://itbs.shinhan.ac.kr/ko/intro01.html (2019년 2월 28일 접속).

12 최완규 교수가 한겨레신문사와 인터뷰한 기사를 참고하라. 박경만, "휴전선 아닌 국경선으로 인정할 때 '평화' 시작할 수 있죠," 〈한겨레〉 (2018. 8. 1.).

13 비슷한 맥락에서 한국기독교교회협의회는 1995년 "평화와 통일의 희년선언"에서 "함께 사는 통일", "서로 배우며 닮는 통일", "새롭게 만드는 통일" 등 공생적, 수렴적, 창조적 통일의 세 가지 방향을 제시하였다.

군사분계선은 더 이상 의미를 상실하게 될 것이다. 이때 우리는 생명과 평화를 파괴하는 지뢰와 무기로 가득한 지금의 비무장지대와 군사분계선 주변 지역을 생명과 평화를 상징하는 새로운 땅으로 거듭나게 만들어야 할 것이다. 영토 분쟁의 과정에서 수많은 피를 흘렸던 과거의 역사를 그대로 간직하면서도, 더 이상 죽음이 없는 새로운 미래를 산출하는 모판으로 삼아야 할 것이다. 그때 전쟁의 휴식과 군사적 충돌의 장점 중단을 의미하는 지금의 군사분계선은 새로운 이름을 얻게 것이다. 예를 들어, 한반도와 동아시아에 생명과 평화를 가져다주는 최전선, 줄여서 생명평화선이라고 부를 수 있을 것이다.

물론 우리가 한반도 중심에 미래 생명평화선을 다시 그릴 때 지금의 군사분계선에 얽혀 있는 과거 뼈아픈 역사의 기억을 모두 지워버려서는 안 될 것이다. 미래 생명평화선은 과거의 아픈 역사를 간직함으로써 다음 세대에게 과거 세대와 동일한 잘못을 범하지 않도록 경종을 울리는 타산지석의 본을 보여주는 표지가 되어야 할 것이다.

동시에 미래 생명평화선의 가장 중요한 역할은 평화로운 미래, 새로운 세상의 방향을 제시하는 이정표나 방향표시판이 되는 것이다. 한반도에 생명과 평화를 가져오는 최전선은 이제껏 역사 속에 한번도 존재한 적이 없는 전혀 새로운 미래를 선취하는 공간, 남한과 북한의 기존 이념과 체제와 문화로 환원되지 않는 새로운 이념과 체제와 문화의 미래가 현실에서 펼쳐지는 장, 종말론적 하나님 나라의 비전에 조금 더 가까운 새로운 세계가 움터오는 원천이 될 것이다. 또한 군사적 긴장과 충돌로 점철되어 있던 한반도 및 동아시아의 새로운 미래 모습을 그려보고 실험하고 검증하는 곳이 될 것이다. 70여 년 간 보복의 폭력이라는 사실에 매여 있던 한반도에 희년의 복음이 가장 먼저 선포되는 곳이 되며, 하나님의 나라가 한반도의 역사와 만나는 지점, 하나님 나라가 이 땅에 돌입하는 통로가 될 것이다.

우리는 지난 역사에서 적대와 갈등의 상징이었던 베를린 장벽이 동서독 통일 이후 어떻게 평화와 소통의 상징이 되었는지 지켜보았다. 또한 유럽 열강의 틈바구니 속에서 용병을 팔아 생존하던 스위스가 영세중립국이 된 이후 유럽 국가들 간의 충돌을 완화시키는 버퍼존(buffer zone)과 같은 역할을 하는 한편, 대안적인 세계 질서를 모색하고 실험하고 검증하는 곳이 되었다는 사실은 오늘날 한반도에 살고 있는 우리에게 시사하는 바가 적지 않다.

7. 나가는 말

여전히 한반도는 군사분계선을 중심으로 두 이념, 두 체제로 나뉘어 서로 긴장 관계 속에 공존하고 있지만, 군사분계선을 가로질러 평화의 새로운 세상을 꿈꾸며 상상한 사람들이 전혀 없지 않았다. 우리는 군사분계선을 가로지르는 이 상상력의 전통을 소중하게 여기고 더욱 발전시킬 필요가 있다.

금세기 초반 대북포용정책으로 남북 관계에 숨통이 트여있던 2007년 당시 노무현 대통령은 서해평화협력특별지대 구상을 발표했다. 연평해전, 천안함 사건, 백령도 포격 등 한국전쟁 이후 남북 간의 군사적 충돌이 가장 극심했던 곳이 북방한계선(NLL)을 둘러싼 서해상이었다는 사실을 생각할 때, 폭력의 바다를 평화의 바다로 거듭나게 하겠다는 이 구상은 NLL을 더 이상 넘지 못할 경계선이나 장벽으로 생각하지 않는 참으로 기발하고 획기적인 상상력의 발현이다. NLL이라는 경계선 설정을 두고 남북 간에 서로 갈등하지 말고, 그 일대를 남북이 함께 공유하며 서로 협력하는 장으로 만들자는 생각은 장벽과 경계선을 가로질러 생명과 평화의 새로운 세상을 꿈꾸는 상상력을 통해서만 가능했을 것이다.

2007년 노무현 대통령이 서해상에서 무력 충돌의 근원이 된 경계선(NLL)에 대한 창의적인 상상력을 발휘했다면, 2012년 박근혜 대통령은 내륙에서 끊임없는 무력 충돌의 빌미가 된 군사분계선 주변의 DMZ에 대한 창의적인 상상력을 발휘하여, DMZ 평화공원 조성안을 발표했다. 비무장지대 일대가 의도하지는 않았지만 오랫동안 사람들의 손발이 닿지 않으면서 지구상에서도 보기 드문 야생 생태계를 보존하고 있다는 사실에 착안하여, 박근혜 정부는 서부에 습지보호지역, 중부에 생태경관보존지역, 동부에 야생동물보호구역 등을 구상하였다. 한국전쟁 이후 지뢰밭이 되어 수많은 사람과 동물의 생명을 앗아갔던 이 땅이 이제는 수많은 야생동물들이 사람들의 접근을 피해 안전하게 거처할 수 있는 특별한 생태계가 되었다. 비무장지대 평화공원 조성 구상은 이 점에서 생명과 평화의 새로운 미래를 열어갈 참신한 상상력의 발현이라고 평가할 수 있다.

보다 최근에는 한 동안 경직되었던 남북 관계가 부드러워지면서 과거에 상상력을 발휘하면서 꿈꾸었던 미래에 조금 더 가까이 다가서게 되었다.[14] 지난 해 문재인 대통령과 김정은 국방위원장의 판문점 회담에서 문 대통령이 군사분계선을 넘어 북한 땅을 밟았다가 다시 돌아오는

---

14 Cf. 김귀근, "남북 내달 장성급 군사회담서 DMZ · NLL 평화지대화 본격 논의," 〈연합뉴스〉(2018. 4. 29.). https://www.yna.co.kr/view/AKR20180428038700014 (2019년 2월 28일 접속).

장면은 전 세계인의 마음에 군사분계선의 미래 의미를 새롭게 바라보게 하는 계기가 되었다. 이후 비행금지구역 설정, 지뢰 제거, JSA 군대 철수, GP 철거 등 군사적 충돌로 점철되었던 군사분계선 주변 지역을 생명과 평화의 땅으로 바꾸어가는 일이 조금씩 진척되어 가고 있다. 이제 남북한 도로 연결, 철도 개통, 금강산 관광 재개, 개성공단 재가동 등을 통해 군사분계선이 더 이상 충돌과 대립과 적대의 상징이 되지 않고, 소통과 협력과 화해와 평화의 상징이 될 날이 멀지 않았다. 하나님 나라의 평화를 소망하는 한국교회의 그리스도인들은 이 시대의 징조를 바르게 분별하고, 성령에 충만하여 경계와 장벽을 가로질러 펼쳐지는 새로운 미래에 대한 환상을 보고, 그 환상을 이 땅 가운데 구현하는 일에 헌신해야 할 것이다.[15]

---

15 최근 문재인 대통령은 *Frankfurter Allgemeine Zeitung*에 기고한 글에서 휴전선을 넘어서는 상상력을 역설했다. "그동안 제가 안타깝게 생각했던 일은 한국의 국민들이 휴전선 그 너머를 더 이상 상상하지 않는 것이었습니다. 한반도에서 남과 북이 화해하고, 철도를 깔고, 물류를 이동시키고, 사람을 오가게 한다면, 한국은 '섬'이 아닌 해양에서 대륙으로 진출하는 교두보, 대륙에서 해양으로 나아가는 관문이 됩니다. 평범한 사람들의 상상력이 넓어진다는 것은 곧 이념에서 해방된다는 뜻이기도 합니다. 국민들의 상상력도, 삶의 영역도, 생각의 범위도 훨씬 더 넓어져서 그동안 아프게 감내해야 했던 분단의 상처를 치유할 수 있을 것입니다." Moon Jae-In, "Die Großartigkeit des Einfachen," *Frankfurter Allgemeine Zeitung* (2019. 9. 5); 한국어로 번역된 전문은 https://www.wikitree.co.kr/main/news_view.php?id=426177&fbclid=IwAR04oZJ7U vb8SEz3fcdhN2XHctbEIn34vx4z43gfVtM_RVvxitxs-GYIkhk (2019년 10월 6일 접속)에서 확인할 수 있다.

제3장
한반도 평화의 위기와 평화통일의 현실성 *

1. 들어가는 말

    1980년대 말 이미 자본주의와 사회주의 양 진영의 냉전구도가 종식되었음에도 불구하고 한반도는 여전히 진영대결에 따른 정치적 긴장과 적대적인 갈등상태가 지속되고 있다. 이것은 참으로 역설적이다. 한반도는 세계적 차원의 냉전구도에 의한 최대 피해자로, 탈냉전에도 불구하고 냉전이라는 괴물로부터 벗어나지 못했다. 특수한 지정학적 특성에 기인하는 동아시아의 구조상, 냉전의 시대가 퇴장하고 공존과 공동이익을 추구하는 세계사적 조류에도 역행하면서, 남북한은 자율적인 화해조차 선택할 수 없는 상태에서 상대방에 대한 불신과 비방, 군사적인 위협을 계속하며 팽팽하게 대치하고 있다. 그리고 오늘까지도 '평화가 없는 평화' 상태를 유지하면서 냉전의 대가를 지불하고 있는 엄청난 모순과 함께 살고 있다.

    돌이켜보면, 한국전쟁의 종결에 따라 1953년 산생된 정전체제 이

---

*   유영식(장로회신학대학교 교수, 북한학)

후, 한반도의 남북한은 자신들의 국내정치적 이익을 위해 상대방에 대한 적대감을 생산·확대했고, 상호 적대와 상호 의존의 부조(扶助)관계를 지속하면서, 적의 위치에서 상대의 존재논리를 제공해주고 공생하며 서로 부양해주는 동학을 지속해왔다.[1] 여기에 더해 남북한은 서로에 대한 상호멸절의 의지를 불태우며, 군사분계선을 중심으로 전후방에 세계 최고수준의 군사력을 집중하고 위기국면를 조성했다. 북한의 경우, 1960~70년대 이후 군사적 모험주의(military adventurism)를 반복하면서, 자신들의 필요에 따라 군사적 도발을 감행하여 한반도의 위기를 고조시키고, 미국의 대한반도 군사개입 가능성을 원천적으로 배제한 상황에서 대남 군사능력의 상대적 우위를 이용, 남한이라는 존재를 소멸해야 한다며 공공연하게 위협했다. 기실 한반도의 군사적 위기는 가장 휘발성이 높은 사안으로, 한반도 평화를 파괴하는 주범이다. 남북한의 군사적 긴장으로 남북한 관계가 냉각되고 악화일로를 걸을 때 마다 통일의 꿈은 점점 멀어져 가고, 한반도의 분단이 영구적으로 고착되는 것은 아닌지 걱정스러워했다.

이런 상황에서 북한의 핵은 한반도 평화에 있어 이전과 비교할 수 없는 차원의 위기로 부상하고 있다. 1993년 3월 북한의 핵확산금지조약(NPT: Nuclear nonproliferation treaty) 탈퇴선언을 시작으로 현재까지 계속되고 있는 북한의 핵위협은 한반도 평화의 기저를 뒤흔들고 있다. 구(舊)소련의 붕괴와 세계화의 영향으로 희망 없는 막다른 골목에 내몰린 북한은 국제사회의 계속되는 제재를 받으면서도 국가핵무력 완성에 매달렸

---

1   박명림, "한반도 정전체제: 등장, 구조, 특성, 변화,"『한국과 국제정치』 22-1 (2006), 12-13.

다. 북한으로서는 달리 다른 선택지가 없었다. 핵무력 개발이라는 북한의 벼랑 끝 전술(brinkmanship)이 계산되어진 레드라인을 스스로 넘어서지 않는, 지극히 계산적이며 합리적으로 행동이었다고 할지라도, 핵이라는 가공할만한 파괴력에 대한 두려움과 소멸의 공포는 근본적으로 사라질 수 없고, 또 전쟁이 엇갈린 의도와 오해, 부주의로 누구도 원하지 않았지만, 어느 순간 피할 수 없는 운명처럼 다가올 수 있기에 한반도의 항구적 평화정착은 시간을 다투는 중대한 과제이다.

한반도의 항구적 평화를 정착하는 최선의 방안이 남북한의 통일이라는 점은 너무나도 자명한 사실이다. 평화를 단지 개인적 폭력이 없는 상태 혹은 전쟁이 부재한 상태로 이해한다면, 현 정전체제의 안정적인 유지로 충분하다. 하지만 평화는 전쟁의 부재 이상으로 전쟁의 원인이 구조적으로 제거된 상태를 의미한다. 때문에 한반도에서 항구적 평화가 이룩되기 위해서는 하나의 통일국가를 만들어 전쟁의 위협을 구조적으로 제거해야 한다.[2]

이 글은 한반도 평화의 위기를 조성하는 동북아시아 질서와 북한의 군사화에 대한 인식 아래, 항구적 평화와 동치관계(同値關係)에 있는 한반도통일의 현실성을 모색하는 데 목적이 있다. 글의 구성은 우선 한반도 평화의 위기상황을 북한의 핵문제를 중심으로 짚어볼 것이다. 현재 한반도 평화를 위협하는 북한 군사화의 핵심은 핵(核)이다. 북한의 핵개발은 가장 현상타파적인 요인으로 부각되었고, 기존의 남북한 통일논의에 대한 재고의 필요성을 제기하고 있다. 다음으로, 최근까지 제안된 한반

---

2   조성렬, "한반도 문제의 해결과 3단계 평화론: 적극적 평화론을 중심으로," 『동북아연구』 30-1 (2015), 35-37.

도 통일논의들을 구체적으로 살펴볼 것이다. 통일논의는 크게 '통일은 왜 해야 하는가'하는 통일담론과 '통일은 어떻게 해야 하는가'하는 통일방안으로 나누어 생각해보고자 한다. 마지막으로는 한반도의 항구적 평화정착을 위한 통일논의들의 현실성에 대해 사고해 볼 것이다. 끝으로 평화적 통일방안의 한계를 지적하고, 남북한 상황을 고려하여 시론적 수준에서 대안을 제시하는 것으로 결론에 대신하고자 한다.

2. 북한 핵과 한반도 평화의 위기

한반도 평화의 위기는 한반도의 특수한 지정학적 위치에 따른 동북아시아 질서에서 기인하지만, 직접적으로는 한반도에서의 첨예한 군사적 긴장상태와 전쟁의 위험이 원인이다. 특히 북한의 핵은 한반도의 평화와 안전을 위협하는 심각한 우려사항이다. 북한 핵문제의 해결은 한반도의 항구적이고 공고한 평화를 위해 반드시 달성해야 할 최우선 과제이다.

1) 북한의 '사실상의(de facto) 핵보유국'에 대한 꿈

북한은 1950년대부터 군사용과 산업용의 미명하에 끊임없이 핵 프로그램을 추진해왔다. 1950년대 핵무기의 연구단계, 1960년대 소련의 지원에 의한 영변 실험용 원자로 건설 및 가동단계, 1970~80년대 핵무기 실험단계, 1990년대 핵무기 제조능력 및 보유단계를 거쳐, 2000년대 들어와서는 핵무기의 보유선언과 6차례의 핵실험, 국가핵무력완성을

선언할 수 있게 된 것이다.[3]

북한의 핵문제는 1993년 1차 북핵위기를 시작으로 국제사회의 관심사가 되었다. 2006년 10월 1차 핵실험과 2009년 5월 2차 핵실험 때부터는 북핵 위협이 대두되었고, 2012년 12월 장거리로켓 은하 3호(광명성 3호) 발사와 2013년 2월 3차 핵실험이 성공한 이후에는 북한 핵의 심각성이 구체화되었다. 1차 북핵위기 때부터 2006년 1차 핵실험 이전까지 북한은 핵개발을 경제적인 보상과 연계지었으나, 2006년 1차 핵실험 이후부터는 핵문제를 국제화하여 미국이나 중국의 개입을 유도하는 전략을 추구했다. 핵개발 능력이 변화함에 따라 대외정책을 수정한 것이다. 특히 3차 핵실험은 북한이 주장했던 단순한 '자위적 핵억지력(defensive deterrence)' 확보 수단으로서 핵무기가 아니라 사실상 핵보유국으로서 '공세적 핵능력(offensive nuclear power)'으로 진전되는 결정적인 계기가 되었다.[4] 여기에 2016년 1월 4차 핵실험 시 수소폭탄 실험 성공 주장이나, 2016년 9월 5차 핵실험의 폭발력이 4차 핵실험보다 2배 가량 되는 등의 지속적인 핵전력의 증강은 북한이 얼마든지 변화된 전략을 선택할 가능성이 있음을 예상하게 했다. 예상대로, 2017년 9월 5차 핵실험 보다 5~6배 더 강력해진 6차 핵실험의 성공에 이어, 동년 11월 대륙간탄도미사일(ICBM) 화성-15형 발사가 성공하자, 북한은 국가핵무력 완성을 대내외에 천명하면서 '사실상의 핵보유국'임을 과시하며, 핵 자주 국가로

---

3   김주삼, "북한의 전략무기 개발과 군사외교,"『통일전략』 4-2 (2004), 115-23; 윤황, "북한의 핵실험이 한반도 통일환경에 미치는 영향,"『국제정치연구』 10-1 (2007), 145.

4   김근식, "김정은 시대 북한의 대외전략 변화와 대남정책: '선택적 병행' 전략을 중심으로,"『한국과 국제정치』 29-1 (2013), 203.

서의 국가정체성까지 부여했다.[5]

　　북한의 사실상의 핵보유는 핵무기의 수평적 확산을 막고, 국제정치의 불안정성과 복잡성을 감소시키고자 하는 NPT 체제에 대한 심각한 도전이다. NPT 체제가 가지는 불평등성이 비판의 대상이 되는 현실을 인정하더라도, 북한의 핵은 한반도와 동북아시아 지역의 불안정성을 심화시키고 안보질서를 훼손하며 그에 따른 안보비용을 증가시키는 핵심적인 요인인 것은 부인하기 어렵다. 북한의 핵이 주변국들에게 '안보 딜레마(security dilemma)'[6]를 유발해 군비경쟁으로 비화될 가능성이 매우 크다는 점은 인정해야 한다. 가능성은 낮아 보이지만, 북한의 핵보유가 한국과 일본의 핵무장이라는 핵 도미노 현상으로 이어질 경우, 한반도는 냉전시기와는 비교할 수 없는 불안정성으로 압도될 것이다. 여기에 더해 만약 북한이 방어적인 현상유지 국가에서 현상타파 국가로 돌아서서 공격적인 의도를 가지고 계속적으로 핵전력을 고도화해 나간다면 한반도 정세는 한국전쟁 이후 최대의 전쟁위기로까지 비화되어 나갈 것이다.[7]

5　"조선민주주의인민공화국 정부 성명,"『로동신문』, 2017년 1월 29일. 북한은 대륙간탄도미사일 화성-15형 발사 성공을 "주체조선의 존엄과 위용을 만방에 과시한 특대사변"이라고 강조하고, "책임있는 핵강국이며 평화애호국가로서 세계의 평화와 안정을 수호하기 위한 숭고한 목적의 실현을 위하여 자기의 모든 노력을 다 기울일것이다."라고 밝혔다. 이는 결국 북한이 사실상의 핵보유국임을 과시한 것이다.

6　'안보 딜레마(security dilemma)'는 어떤 국가의 자신의 안보를 지키기 위한 행동이 다른 국가의 안보를 저해하는 상황을 말한다. 국가들은 자신의 안보를 추구하기 위해 개별적으로 군사력을 증강하는 것과 같은 행동을 취하지만, 이러한 행동은 다른 국가의 대응 조치를 불러오며, 전체적으로 개별 국가의 안보를 저해하는 결과를 초래한다. 이근욱,『왈츠 이후: 국제정치이론의 변화와 발전』(파주: 한울, 2009), 41-42.

7　이근욱, "국제체제의 안정성과 새로운 핵보유 국가의 등장: 21세기의 핵확산 논쟁,"『사회과학연구』15-2 (2007), 284.

국제사회는 북한의 핵능력 고도화에 대한 강한 우려를 표명하고, 단일 국가 혹은 다자간 차원에서 대북 제재를 결의했고, 북한은 국제사회의 전례 없는 초고강도 제재와 고립에 직면하고 있다. 시간이 거듭할수록 북한에 대한 제재는 점차 확대되고 북한의 고립은 강화되는 것을 확인할 수 있다. 6차례에 걸쳐 북한의 핵실험이 계속되는 동안 북한에 대한 제재에 소극적이었던 중국과 러시아도 국제사회의 대북제재에 동참할 수밖에 없는 국제정치적 여건이 조성되고 있다.

국제사회의 북한의 사실상의 핵보유 인정 불가와 비핵화에 대한 입장에도 불구하고 북한의 전략은 확고해 보인다. 국제사회가 북한을 핵보유국으로 인정하지 않는다면 인정할 수밖에 없도록 만드는 획기적인 기술적 진보를 달성해 나가겠다는 것이다.[8] 북한은 2012년 4월 최고인민회의 제12기 제5차 회의에서 개정한 헌법(김일성-김정일 헌법) 서문에서 '핵보유국'이라는 사실을 명기하였으며, 2013년 3월 조선노동당 중앙위원회 전원회의를 통해 '경제건설과 핵무력건설 병진노선'이라는 새로운 전략적 노선을 선언함과 동시에 핵보유국이라는 사실을 재확인하였다. 그리고 핵보유 문제를 법제화하겠다는 김정은의 확고한 의지에 따라 2013년 4월 최고인민회의 제12기 제7차 회의에서 최고인민회의 법령 「자위적 핵보유국의 지위를 더욱 공고히 할 데 대하여」를 채택하였다. 그리고 이어서 북한은 핵전력의 질과 양에서 고도화하고, 핵무기의 다종화, 핵탄두의 소형화와 융합기술의 획득 등 기술적인 진보를 거듭하고 있다. 만약 2018년 평창올림픽 이후 보인 북한의 화해 제스처를 전무

---

8   김보미, "핵확산 논쟁을 통해 본 북한의 핵전력 지휘통제체계," 『한반도 위기구조와 통일·평화 담론의 재구성』, 2016 북한연구학회 춘계학술회의 발표문 (2016. 4. 1), 207.

후무한 고립상황에서 지금까지 이룩한 핵무력 완성을 협상 카드화해서 북·미 수교와 한반도 평화협정 및 경제회복과 교환하고자 하는 전략으로 이해한다면,[9] 북한의 핵능력 고도화는 현 단계에서 정지할 것으로 확신할 수도 있겠지만 그동안 북한이 보여준 행태로 볼 때 전혀 다른 셈법도 얼마든지 가능하다.

2) 북한의 핵은 공격적인가?: 핵 평화(nuclear peace)와 핵 위협

북한의 핵과 관련하여, 핵개발이 협상을 위한 수단이냐 혹은 핵개발 자체가 목적이냐 하는 문제는 이제 더 이상 논쟁이 필요하지 않다. 이미 북한이 사실상의 핵보유국 지위를 확보했다고 주장하는 마당에 이제 초점은 북한이 핵을 보유한 궁극적 목적이 무엇이냐 하는 것에 모아져야 한다. 즉 현실문제에 비추어 볼 때 북한의 핵이 공세적인 의도에서의 공격용인지, 아니면 수세적인 차원에서의 방어용인지가 북한 핵문제의 본질이다.[10] 만약 북한이 핵전력을 통해 현상을 타파하려는 의도를 가지고 있고, 핵을 공격용으로 인식하고 있다면 한반도 평화는 엄청난 위기이다.

북한은 세 차례의 ICBM 시험발사와 수소폭탄 핵실험을 통해 핵과 미사일 능력을 고도화하고 국가핵무력 완성을 선포한 2017년까지도 자신들의 핵은 방어용이라는 입장이다. 북한의 주장을 빌리면, 북한

---

9   정성장, "김정은의 비핵화 협상 수용 배경과 한·미의 대북 전략," 정성장 편, 『한반도 비핵·평화의 길: 북한의 협상 수용 배경과 한국의 전략』 (서울: 세종연구소, 2010), 7-9.

10 곽승지, "김정은시대 북한의 국가전략: 변화양상과 전략적 함의," 한반도미래전략연구원 제3회 한반도 미래비전과 동북아 평화구축 전문가 정책 포럼 (2013. 10. 26), 27.

이 핵이라는 비대칭 전력에 주력하고 있는 것은 미국이 가지고 있을 수 있는 야심에 대한 두려움에 따른 체제안전을 위한 방어적 목적, 즉 생존권 보장을 위한 최소한의 억지(抑止)라는 것이다. 따라서 미국이 대북적 대시정책을 포기하지 않는 한 북한이 선제적으로 핵을 포기하지는 않겠지만, 더 이상 미국의 위협을 느끼지 않게 된다면 대화와 협상을 통하여 비핵화를 실현한다는 것이 변함없는 원칙적 입장이라는 것이다. 동시에 북한은 비핵화는 선대수령의 유훈이라는 점도 계속 강조하고 있다.

특이한 점은, 북한은 2006년 10월 1차 핵실험 이후 핵무력을 고도화하는 과정에서 '핵있는 평화(nuclear peace)'를 지속적으로 공언하고 있다. 북한은 시종일관 자신들의 핵무력이 한반도 평화와 안정을 수호하는 데 이바지하고 있다고 주장한다.[11] 미국이 제 2의 한반도전쟁의 위기를 강요하고 있는 상황에서 자신들이 강력한 핵 억지력으로 전쟁을 근원적으로 종식시켜 한반도의 평화를 수호하고 있다고 말한다. 핵무기는 미국으로부터 한반도를 평화롭게 지켜내는 억지력이자 핵전쟁을 막아내는 평화의 수단이라고 강변하고 있다.[12] 하지만, 북한이 주장하고 있는 핵 평화는 '공포의 균형(balance of terror)'에 따른 평화라는 측면보다는 북한의 핵개발과 핵보유를 정당화하는 논리로 작동하고 있을 뿐이다.[13]

다른 한편, 북한은 핵무력을 완성해 가는 과정에서 공격적인 모습

---

11 『조선중앙통신』, 2006년 10월 9일; 2016년 4월 16일.

12 북한의 주장은 핵확산(nuclear proliferation) 낙관론자들의 주장과도 일부 유사한 점이 있다. 낙관론자들에게 있어 핵무기는 보복당할 줄 알기 때문에 공격할 수 없는, 그래서 미치지 않고서는 사용할 수 없는 무기이다. 낙관론자들의 입장은 핵보유국들은 핵무기가 상호보복을 가져온다는 사실을 인지하고 있기 때문에 핵무기는 전쟁을 시작되기 어려운 조건을 형성한다는 것이다. 즉 핵을 통한 평화가 가능하다는 것이다.

13 김근식, "비핵화 모델의 사례와 교훈: 문재인 정부의 '코리아 모델'은 성공 가능한가?," 『한국과 국제정치』 35-1 (2019), 56.

을 보이기도 했다. 특히 3차 핵실험 직후에는 이전보다 공세적인 언사가 확대되었다.[14] 3차 핵실험 직후 북한은 이전처럼 자신들의 핵실험이 미국의 대북 적대시정책에 대한 자위적 수단이라는 주장을 동일하게 반복했지만, 다른 점은 자주권을 수호하기 위한 수단으로 핵 선제공격을 강조하기 시작한 점이었다. 외무성이 아닌 조선인민군 최고사령부의 성명이기는 했지만, 핵무력을 통한 선제공격을 위협했다는 점에서 보다 공세적인 레토릭으로 평가되었다.[15]

북한은 2013년 3월에는 정전협정 백지화를 선언하면서 미국에 대한 공세적인 핵전쟁 위협을 제기하기도 했다. 2013년 3월 8일자 노동신문을 통해, 북한은 "이미 타격 목표를 확정한 대륙간탄도미사일을 비롯한 각종 미사일은 경량화, 소형화되고 다종화된 핵탄두를 장착하고 대기상태에 있다"고 언급하면서 워싱턴을 불바다로 만들 수 있다고 위협했고, 남한에 대해서는 "제주도 한라산에 최고사령관기와 공화국기를 휘날리겠다는 것을 맹세한다"고 언급하며 2012년 9월 이후 등장한 '조국통일대전'의 위업을 앞당기겠다고 주장했다.[16] 또한 2016년 3월 이후 북한은 핵무기에 대해 '주체탄'과 '통일탄'으로 언급하며[17] 핵을 중심으로 한 공세성을 한층 강화한 바 있으며, 2016년 4월 조선노동당 제7차

---

14 『조선중앙통신』, 2013년 2월 12일; 2013년 3월 26일; 2013년 4월 18일.

15 황지환, "북한은 핵실험 이후 더 공격적인가?: 현상타파 대외전략과 현상유지 대외정책의 결합," 『한국정치학회보』 56-1 (2018), 138.

16 이경화, 『김정은 정권의 통일전략』, 2016년 통일부 신진연구자 연구용역 보고서, 19.

17 "조선민주주의인민공화국 외무성 대변인 담화," 『로동신문』, 2016년 3월 7일. 북한은 "우리는 임의의 시각, 임의의 장소에서 미국 땅덩어리를 마음대로 두들겨 팰수 있는 최첨단 공격수단들을 가지고 있으며 강위력한 주체탄, 통일탄을 쏠 수 있는 로동당시대 주체무기들을 부단히 개발완성하여 실전배치하고 있다"고 언급했다.

당대회 전후로 이런 공세적 태도는 더욱 확고해졌다.

이런 북한의 공세성 때문에, 북한의 핵실험과 장거리미사일 발사 자체가 상당히 도발적이고 공세적인 행동이라는 점은 분명하다. 북한이 핵능력 고도화를 통해 한반도의 세력균형을 뒤엎으려고 하는 정책을 구체화했다고 보기는 어렵다는 분석[18] 못지않게 북한의 핵능력은 실제 전쟁수행능력과 위협으로 존재하며 북한의 핵이 방어용으로만 쓰일 수 있다는 것은 억측에 불과하다는 논의가 우세하다는 지적[19]도 설득력을 얻고 있다. 심지어 4 · 27 남북정상회담과 6 · 12 북미정상회담에서 북한의 완전한 비핵화에 대한 확고하고 흔들림 없는 공약을 명문화하였음에도 불구하고, 북한의 공세성으로 해서 핵전쟁이 현실적인 시나리오로 자리 잡게 되는 것이 아닌지 두려움을 갖게 된다. 다른 재래식 무기와는 비교 불가한 핵무기의 파괴력과 핵의 비대칭성, 그리고 소멸의 공포는 이성적인 현실인식을 어렵게 한다.

3. 남북한 통일논의의 현실성 평가

한반도 평화의 위기상황에서 항구적이고 공고한 평화를 이룩하는 것은 한반도는 물론 동북아시아, 그리고 국제사회 평화에 직접 관련된 중대한 사안이다. 70년의 남북한 관계가 보여주듯이, 힘의 균형과 군사적 억지에 의해 전쟁이 발생하지 않는 정전체제의 유지만으로는 항구적

---

18 황지환, "북한은 핵실험 이후 더 공격적인가?," 141.

19 이경화, 『김정은 정권의 통일전략』, 16.

평화는 어렵다. 한반도의 항구적 평화는 결국 하나의 통일국가를 만들어 전쟁의 위협을 구조적으로 제거해야 한다. 최종적으로는 법적인 통일(de jure unification)과 제도적인 통일을 달성함으로써 항구적 평화를 실현할 수 있다.

1948년 이후 남북한의 다양한 통일논의는 법적·제도적 통일을 이룩하기 위한 적극적인 노력의 일환이다. 크게 보자면, 그동안 한반도통일문제는 기본적으로 자주화와 국제화라는 흐름을 가장 극명하게 반영해왔다. 다시 말해 국제적인 상황과는 별도로 민족의 자주적인 입장에서 통일문제를 해결하려는 흐름과 국제적인 맥락에서 문제를 풀어보려는 두 개의 흐름이 변증법적인 과정을 거쳐 왔다.[20] 그 과정에서 눈여겨보아야 할 통일담론과 통일방안이 제시되기도 했다.

1) 통일담론에 대한 평가

남북한 통일담론은 크게 3가지 정도로 대별된다. 민족주의 통일론과 실용주의 통일론, 그리고 시민주의 혹은 보편주의 통일론이다. 물론이 3가지 담론적 틀이 모든 복잡한, 내장된 개인들의 의식을 전체적으로 반영한다고 볼 수는 없다. 그리고 3가지 담론들이 상호 이항대립적인 속성을 갖는 것도 역시 아니다.

민족주의 통일론은 통일의 당위성 담론에서 가장 큰 비중을 차지한다. 민족주의는 "근대 세계사의 물질적인 현실의 운동방식에 근거를 갖는 것이라는 차원을 넘어서 현실에 대한 사유와 실천을 구성하고 생산

---

20   심지연, 『남북한 통일방안의 전개와 수렴』(서울: 돌베개, 2001), 19.

하는 현실 규정력을 지닌 담론"으로 "물질적 현실의 단순한 반영을 넘어서 현실을 만들어나가는 힘"이다.[21] 때문에 민족주의는 세계사적 동인으로서 역할을 수행해 왔고, 특수한 지역적 · 문화적 산물인 민족이라는 개념이 소멸되지 않는 이상 계속 존재할 것이다.[22]

민족주의는 이념으로 분단된 한반도 상황에서 대단히 큰 함의를 가지고 있다. 남북한이 이념과 체제가 이질적인 상황에서 통일을 추구하고자 한다면, 현재로서는 그 동인과 매개는 단일민족이라는 공통점 밖에 없기 때문이다. 단일민족국가를 형성해 온 역사적 정통성과 민족적 동질성 차원에서 보자면, 분단은 분명 비정상적인 현상임에 틀림없고, 때문에 한반도가 하나의 단일한 공동체를 이루는 일은 너무나 당위적인 과제라는 데는 이견이 있을 수 없다. 물론 통일 후에는 반드시 민족주의를 버리고 보편주의로 가야하겠지만 현 상황에서 민족주의는 통일을 추진할 중요한 동력인 것은 분명하다.[23] 하지만 오늘의 시점에서 통일이 단순히 분단 이전상태의 회복을 의미할 수 없다는 문제제기와 민족주의의 논리에 바탕하고 있는 통일의 이념을 한반도의 미래지향적 가치, 보편적 가치로 여길 수 없다는 반성으로 '민족주의는 곧 절대선'이라는 규범적 인식은 깨어지고 있고, 1990년대 후반이후 민족주의는 눈에 띄게 설 자리를 잃어가고 있다.[24]

---

21 임지현, "다시, 민족주의는 반역이다," 『창작과 비평』 33-3 (2002), 183.

22 정지웅, "민족주의 통일론의 의의와 한계," 경실련통일협회, 『통일 논의의 쟁점과 통일 운동의 과제』(서울: 선인, 2015), 19.

23 1972년 7 · 4 남북공동성명, 2000년 6 · 15 남북공동선언, 2007년 10 · 4 남북정상선언, 그리고 2018년 4 · 27 판문점선언에서도 민족주의가 강조되고 있다.

24 이병수, "통일의 당위성 담론에 대한 반성적 고찰," 『시대와 철학』 21-2 (2010), 366-79.

2000년대 들어, 민족주의에 입각한 통일의 당위성이 현저히 약화되어가는 상황에서 왜 남북한이 하나로 합쳐 통일국가를 이루어야만 하는지에 대한 새로운 정당화 작업 차원에서 등장한 것이 실용주의 통일담론이다.[25] 실용주의 통일론은 민족주의적 논리 중심에서 벗어나 실리주의적이고 개인적인 관점에서 통일이 가져다 줄 실질적인 이익과 편익을 강조하는, 통일의 당위성보다는 통일의 필요성 차원의 담론이다.[26] 다시 말해 실용주의 통일론은 통일을 당위적으로 달성되어야 할 '자기목적'으로 이해하는 것이 아니라 국가경쟁력을 최대한 발휘하고 가시적인 경제적 편익을 만들어내는 수단으로 보고 있다. 이렇게 되면 통일은 민족적 당위성이 아닌 현실성과 선택의 문제로 간주된다.[27]

통일의 필요성을 설득하기 위해 강조된 실용주의 통일론은 나름대로 의의가 있다. 민족과 국가 이념의 차원에서 통일이 거창하게 논의된 나머지 통일은 개인과 무관하다는 생각과 통일 무관심에 대해 통일이 개인의 삶과 밀접히 관련된다는 것을 인식시킨 점, 통일비용론이 통일에 대한 불신을 조장하는 이념으로 작용하는 상황에서 이를 역전시켜 통일이익론으로 전환시킨 점, 그리고 남북 공통의 경제적 이익을 위하여 이념적 접근보다는 평화와 공존을 강조한 점 등은 매우 의의가 있다.[28] 반면에, 실용주의 통일론이 공동체적 가치를 배제하고 모든 것을 경제력으로 획일화하는 현대판 부국강병의 논리를 정당화한다는 점, 남

---

25 최준영, "통일의 이익에 대한 차별적 인식과 통일의 필요성," 『국가전략』 22-3 (2016), 115.

26 고성준, "새로운 통일 필요성 논리의 개발: 청소년 대상 통일교육과 관련하여," 『JPI 정책포럼』 (제주평화연구원), 2011-8 (2011. 3), 3.

27 이병수, "통일의 당위성 담론에 대한 반성적 고찰," 368.

28 위의 글, 368-69.

북한의 경제주의적 관계가 북한의 내부 식민지화(internal colonization), 즉 북한에 대한 신자유주의적 흡수통합으로 귀결될 수도 있다는 점 등은 한계로 지적되고 있다.[29]

시민주의 통일론과 보편주의 통일론 역시 민족 우선의 통일론에 대한 대안으로 논의된 담론이다. 1990년대 이후 한국 사회의 민주화의 진전과 냉전의 해체에 따른 이념적 지형의 변화, 시민사회의 활성화, 세계화에 따른 보편주의적 가치관 등의 변화가 발생하면서 시민주의 통일론 혹은 보편주의 통일론이 등장하였다.

시민주의 통일론은 남북한에서 동시적으로 개인주의적 삶의 양식이 확산되고 있다는 점에 주목하고, 기존의 통일론에서 종종 등장하는 공동체라는 개념보다는 '시민적 가치'에 기반을 두고 있다. 시민통일론은 시민적 가치를 온 민족에 확산시키는 것을 목표로 하여, 통일과정에서 그리고 통일 이후 차별받지 않는 능동적인 시민을 형성하는 것이 중요하다고 강조하고 있다. 여기서 시민을 형성한다는 것은 국가가 개인에게 행하는 부당한 억압도, 남한의 우수한 기술력과 북한의 풍부한 노동력이라는 개인 없는 개발주의도 지양하고 개인의 시민적 권리가 통일과 조응하는 과정을 말한다.[30] 통일은 시민과 시민적 가치가 한반도에 형성되는 것이어야 한다는 입장이다.

보편주의 통일론은 간단하게 요약하면, 통일과 평화를 분기(分岐)하고 한반도 통일을 인류 보편적인 가치를 한반도 전역에 달성하는 과정으로 이해하고, 민족통일이라는 형식에 보편가치를 내용으로 담고자 하

---

29 위의 글, 369-72.

29 위의 글, 369-72.

30 노현종, "민족통일론에서 시민통일론으로: 민족주의 통일론의 위기와 대안," 『사회사상과 문화』 21-3 (2018), 10-15.

는 담론이다.[31] 이 통일론에 담길 보편적 가치로는 평화와 인권, 정의와 화해, 민주주의와 인도주의, 지속가능한 발전 등이며, 통일과정에서 이들 보편가치들 사이의 상호의존성에 유의해 조화롭게 담아내는 노력이 필요하다고 본다.[32] 하지만 보편주의 통일론 역시 기존의 통일론과 마찬가지로 지나치게 '남한'을 중심으로 접근하고 있다는 한계를 보인다. 특히 보편주의 통일론이 주장하는 통일과정에서의 보편적 가치의 확산은 자칫 '보편'이라는 명분을 앞세운 패권적 형태로 치우칠 수 있는 가능성을 배제할 수 없다.[33]

2) 통일방안에 대한 평가

한반도 평화의 위기를 구조적으로 해결하고 항구적인 평화를 이룩하기 위해서 통일은 시급한 문제이다. 때문에 남북한 모두 각각 헌법 4조와 헌법 9조에서 상호간에 상대방을 통일대상으로 상정하고 통일을 위한 의지를 명문화해 두고 있다.[34] 하지만 남북한은 다양한 방해요인들로 평화적 통일에 심각한 어려움을 겪고 있다. 통일을 저해하는 요인들로는, 남북한의 역사적 정통성 강화와 이에 기인한 상호 적대성의 증가, 대

---

31 서보혁, "보편주의 통일론과 인권 · 민주주의 친화형 남북관계의 탐색," 경실련통일협회,『통일 논의의 쟁점과 통일운동의 과제』(서울: 선인, 2015), 59.

32 서보혁, "보편주의 통일론의 탐색,"『한국국제정치학회소식』149 (2014. 3), 24.

33 정영철, "국가-민족 우선의 통일론에 대한 성찰,"『통일인문학』74 (2018), 251-52.

34 남한의 헌법 제4조는 "대한민국은 통일을 지향하며, 자유민주적 기본질서에 입각한 평화적 통일정책을 수립하고 이를 추진한다"라고, 북한의 헌법 제9조는 "조선민주주의인민공화국은 북반부에서 인민정권을 강화하고 사상, 기술, 문화의 3대혁명을 힘 있게 벌려 사회주의의 완전한 승리를 이룩하며 자주, 평화통일, 민족대단결의 원칙에서 조국통일을 실현하기 위하여 투쟁한다"라고 명시하고 있다.

립적인 체제이데올로기와 경제적 비대칭성의 확장, 세계화와 탈민족화에 기인한 통일의식의 약화, 한반도 주변국가의 통일에 대한 비협조, 남북한 각자의 가치와 기준으로 마련된 통일방안의 비현실성 등이 있다.[35]

남북한의 통일방안의 경우, 한쪽의 체제와 이념을 한반도 전체로 확장하려는 여전히 상대방에 대한 부정을 염두에 둔 국가주의 통일방안이 주된 방안이었다. 또한 남북한은 경제력에 있어 상대방보다 우위에 있을 때는 서로의 체제 우월성을 자신하면서 현상을 변경시키기 위한 공세적인 통일론을 전개시켜왔다.[36] 그런가 하면, 남북한이 각각 상대방에게 제시했던 통일방안이 자신에게 불리하게 작용함에도 불구하고 기존의 관성 때문에 그대로 주장하는 자가당착적 역설 현상이 나타나기도 했다.[37]

(1) 협상모델

남북한 통일방안에서 가장 큰 비중을 차지하는 것은 남북한 양측이 정치협상에 의해 통일하는 방안으로, 남북연합제 방안과 고려민주연방제, 그리고 영세중립화 통일방안이 여기에 포함된다.

남북연합제는 남한 정부의 공식적인 통일방안으로 핵심적인 위치를 차지하고 있다. 1989년 9월 노태우 정부는 '한민족공동체통일방안'을 제시했다. 이 방안은 자주 · 평화 · 민주의 3원칙을 근간으로 하며, 통일과정으로 화해협력단계 · 남북연합단계 · 1민족 1국가의 통일국가 단

---

35 박민철, "연방제 통일방안에 대한 인문적 성찰과 통일론의 방향성," 『통일인문학』 61 (2015), 7.

36 김형기, 『남북관계변천사』 (서울: 연세대출판부, 2010), 373-75.

37 이종석, 『분단시대의 통일학』 (서울: 한울아카데미, 1998), 128-29.

계의 3단계를 설정하고 있다. 이러한 3단계의 통일방안은 김영삼 정부가 1994년 8월 제시한 '한민족공동체 건설을 위한 3단계 통일방안'으로 이어졌고, 김대중은 3단계통일론에서 남북연합단계 · 연방단계 · 완전통일단계로 나아간다는 평화통일방안을 제시했다.[38] 결국 남한정부 방안들 모두에서 남북연합의 건설단계는 핵심적인 위치를 차지하고 있다.

일반적으로 국가연합(confederation)은 국제법상 독립국가가 상호 대등한 국제법적 지위를 보유하면서 공동 이익을 위하여 예외적으로 조약에 의해서 합의한 범위 내에서 협력하는 국가결합 형태로, 국가연합의 구성국(component)은 그들의 주권과 독립권을 국가연합에 이양함이 없이 연합한 것에 불과하므로 구성국은 완전한 주권국가로서의 지위를 갖게 되는 특징을 갖는다.[39] 남북연합(Korean Commonwealth)은 국가들 사이의 느슨한 결합의 한 형태인 국가연합과 비슷하다. 현실적으로 남북한이라는 분단국가와 이질적인 두 체제가 존재한다는 점을 인정하고 평화적으로 공존하는 방법을 모색하기 위하여 제시된 방안이다. 즉 남북연합은 완전통일단계인 1국가-1체제-1중앙정부로 나아가기 위한 과도적 단계로 남북협력을 제도화하려는 것이다. 문제는 한국전쟁을 경험하고 적대적인 상호작용을 되풀이해 온 남북한 사이의 협력을 제도화하는 것은 현실적으로 어렵다. 북한에 비해 경제력 면에서 남한이 압도적인 우위를 점하고 있고, 그래서 힘의 불균형이 현저한 상황에서 남북협력은 순조롭게 이루어지기 쉽지 않다.

---

38 김대중의 3단계 통일론에 대해서는, 아태평화재단, 『김대중의 3단계 통일론: 남북연합을 중심으로』(서울: 아태평화재단, 1995) 참조.

39 장명봉, "「國家聯合」(Confederation)에 관한 研究: 우리의 統一方案의 發展과 관련하여," 『국제법학회논총』 33-3 (1990), 32-34.

남한의 연합제 통일방안에 대해 북한은 일관되게 연방제를 주장하고 있다. 북한의 공식적 통일방안인 연방제는 1960년 8월 14일 김일성이 8·15 15주년 경축대회 연설에서 처음 제안했다. 당시 김일성은 동독이 1957년 분단된 독일을 재통합할 방법으로 제안했던 연방제 안을 한반도의 실정에 맞게 제안한 것으로 알려져 있다.[40] 이후 북한은 시기와 대내외적 여건의 변화에 따라 연방제의 내용과 강조점을 달리해왔다. 1960년 8월 처음 제안된 북한의 연방제는 남북총선거를 통해서 통일을 성취할 때까지만 실시하는 과도적 단계로서의 연방제였다.[41] 이후 북한은 1973년 박정희 정부의 6·23선언에 대응하여 과도적 성격을 갖는 연방제이긴 하지만 연방국호를 '고려연방공화국'이라고 호칭하고 이 단일국호로 유엔에 가입하자고 제안했다. 1980년 10월 조선노동당 6차 대회에서 김일성은 '조국의 자주적 평화통일을 이룩하자'는 제목의 보고를 통해 고려민주연방공화국(Democratic Confederal Republic of Koryo) 창립 방안과 구체적인 실천방안으로서의 10대 시정방침 등이 제시된 체계적인 통일방안을 내놓았다. 아울러 연방제의 선결조건으로 남한사회의 민주화, 긴장상태 완화와 전쟁위협 제거, 미국의 남한에 대한 내정간섭 배제를 제시했다.[42] 이 연방제 안은 김일성 사후에도 북한의 공식적인 통일방안으로 채택되었으며,[43] 김정은 시대 역시 연방제 통일방안을 여전

---

40 유석렬, "남북연합 개념 및 추진방안," 『남북연합의 개념과 추진과제』, 통일연구원 2001년 협동연구 제1차 워크샵 (2001. 4. 30), 5.

41 "조선 인민의 민족적 명절 8.15 해방 15주년경축 대회에서 한 김일성 동지의 보고," 『로동신문』, 1960년 8월 15일.

42 "조선노동당 제6차대회에서 한 중앙위원회 사업총화 보고," 『로동신문』, 1980년 10월 11일.

43 "위대한 수령 김일성 동지의 조국통일유훈을 철저히 관철하자," 『로동신문』, 1997년 8

히 계승하고 있다.[44]

국제법상 연방제(federation)는 일반적인 의미에서 구성국들이 국가로서의 자격을 잃고 연방정부만이 국가의 자격을 갖게 되는 국가결합으로, 구성국들이 주권을 완전히 포기하고 구성국 전체를 포괄하는 영토와 주민에 대해서 대내외적 주권을 행사하는 중앙정부를 건설할 때 성립된다. 그런데 북한의 연방제는 남북한이 현재 가지고 있는 두 개의 이질적 체제의 존재를 허용하는 연방국가(1국가-2체제)를 통일국가의 최종 단계로 제안하고 있다. 그러나 하나의 연방국가에 두 개의 이질체제의 존재를 허용하는 방안은 실현가능성이 없다. 상대 체제의 존재 자체가 자신의 체제 유지에 직접적인 위협이 되기 때문에, 역사적으로도 체제와 이념을 달리하는 사실상의 두 국가가 비록 매우 느슨한 형태라고 하더라도 연방정부를 구성해 본 사례를 찾기 어렵다.[45] 1국가-1체제-2지역정부의 연방제 국가는 수립될 수 있어도, 1국가-2체제-2지역정부의 연방제국가란 수립이 불가능하다. 남북한 두 국가를 기본단위로 하는 연방제 하에서 두 지역정부의 의견 차이나 분쟁이 평화적으로 해결되지 못할 경우 이를 조정하고 중화할 수 있는 완충지대가 없기 때문에 결국 연방이 붕괴되거나, 혹은 예멘(Yemen)의 경우처럼 내전으로 비화할 가능성이 있다.[46] 더구나 북한은 연방제를 제기할 때, 남한이 도저히 수용할

월 15일.

44 "고려민주련방제창립방안을 실현하기 위한 투쟁에 온 민족이 떨쳐나서자," 『로동신문』, 2014년 10월 11일.

45 최완규, "남북한 통일방안의 수렴가능성 연구: 연합제와 낮은 단계의 연방제," 『북한연구학회보』 6-1 (2002), 17.

46 남궁억, "남북한 통일방안 재고찰: 연합제와 낮은 단계의 연방제," 『통일경제』, 2000-1 (2000. 9), 92. 예멘은 1990년 통일의 결과를 1:1로 균등하게 나누어 갖는 방식으로 통

수 없는 전제조건을 내걸음으로써 "아무리 구체적인 설명이나 논리적 설득을 한다 하더라도 연방이라는 명칭이 남아 있는 한 그것은 북의 통일방안이고 그것과 공통성을 인정한다는 것은 북의 통일전선전술에 놀아나는 것이라는 이념적 꼬리표에서 자유롭지 못하게 되어 있는" 상황을 만들었다.[47] 여기에 더해 북한의 연방제 통일방안이 남한의 현행 헌법 하에서 위헌성까지 제기되면서 상당부분 현실성을 상실했다.[48]

남북한 양측의 정치협상에 의한 통일은 영세중립화방안도 가능하다. 영세중립화 통일방안이란 통일을 위해 한반도를 영구적으로 중립화한다는 견해이다. 중립화(neutralization)란 자위를 위한 경우를 제외하고는 타국에 대하여 무력을 행사하지 않으며, 외국과 군사동맹을 맺지 않고, 외국군의 주둔을 허용하지 않는 의무를 지는 조건하에 그 국가의 정치적 독립과 영토의 보전을 강대국의 집단적 합의에 의하여 영구적으로 보장받는 것을 의미한다. 역사적으로 볼 때,[49] 한반도 중립화는 구한말부터 시작되어, 한국전쟁 휴전과 제네바 정치회담 과정에서 구체적으로 논의되고, 4·19 직후에는 국내에 확산되었다. 하지만 한반도 중립화 방안은 중립화 결과 자국 군의 철수를 두려워하던 미국과 민족주의를 내세운 보수 세력, 중립화는 외세의존이라는 시각을 가지고 있던 남북협상론자들의 반대에 부딪혀 주춤하게 되었다. 이후 1961년 5월 군사

일하였으나, 1993년 총선결과 남예멘이 의회의 1/5밖에 차지하지 못하는 상황이 벌어지자 1994년 전면적인 내전이 시작되었다.

47 김근식, "연합과 연방: 통일방안의 폐쇄성과 통일과정의 개방성-6·15 공동선언 2항을 중심으로," 『한국과 국제정치』 19-4 (2003), 165.

48 북한의 연방제 통일방안의 위헌성에 대해서는, 제성호, "대한민국 헌법 하에서 북한식 연방제 통일의 위헌성," 『법학논문집』 40-2 (2016) 참조.

49 홍석률, "중립화통일 논의의 역사적 맥락," 『역사문제연구』 12 (2004. 6), 55-86.

정부가 들어서자 정부가 통일 논의를 배타적으로 독점하고 민간차원의 통일논의를 철저히 탄압하면서, 1970년대 데탕트 분위기에도 불구하고 중립화 방안 논의는 더 이상 진척이 없었고, 남한에 영향력을 행사하고 있던 미국도 한반도 분단상태의 현상유지 또는 분단의 제도화라는 정책을 실질적으로 고수했다. 1980년대 이후에는 남북한의 체제통합 문제가 통의논의의 중요 의제로 부각되면서 중립화 통일방안은 전반적으로 그리 관심을 끌지 못하였다.

사실 중립화 방안은 한반도가 분단상태에 놓여 있는 상황에서 한국이 동북아시아에서 상대적인 약소국이라는 점을 인정한다면 주변 강대국의 우려를 불식할 수 있는 통일방안 중의 하나로 시도될 만한 측면도 있지만, 중립화통일에 대한 찬반입장은 극명하게 대립하고 있다.[50] 중립화의 조건[51]에서 보자면, 1955년 중립화 통일을 이룬 오스트리아(Austria)와 달리, 현재 남한은 중립화에 대한 국민적 합의가 부재하다.[52] 국민들이 중립화를 실현하고 중립화에 따른 제반 국내적·국제적인 규정을 준수하려는 의지는 분명 약해 보인다. 객관적·지리적 조건은 중립화에 유리해 보이지만, 중립화에 대한 국제적인 보장은 확신할 수 없다. 한반

---

50 중립화 통일방안 찬반에 대한 자세한 내용은, 윤태룡, "국내외 한반도 중립화논쟁의 비교분석: 찬반논쟁을 넘어서," 『평화학연구』 14-3 (2013), 92-96; 강종일, "한반도 영세 중립통일방안 연구," 『국제정치논총』 41-1 (2001), 97-106 참조.

51 한반도 중립화의 조건에 대한 더 자세한 내용은, 정지웅, "한반도 중립화 통일의 조건과 실현가능성 검토," 『국가전략』 12-1 (2006), 39-51 참조.

52 1955년 통일에 성공한 오스트리아 중립화 사례가 주는 가장 중요한 교훈은 오스트리아는 통일을 위해 국내정치세력들이 단결을 유지한 점이다. 분단을 고착시킬 가능성이 있는 강대국들과의 조약을 회피하고 오스트리아는 분단될 수 없고 통일체로 남아야 한다는 국민적 합의가 있었다. 더 자세한 내용은, 박정원, "한반도 통일모델의 탐색: 중립화통일론의 적용가능성," 『통일정책연구』 16-2 (2007), 88-90 참조.

도가 중립국으로 통일되기 위해서는 필수적으로 이해관계가 있는 주변 4강으로부터 협정에 의한 영세중립을 보장받아야 하는데, 4강의 한반도 통일에 대한 편익이 상이하므로 일치된 견해에 합의한다는 것은 현실적으로 가능성이 떨어진다. 특히 자위적 차원에서 중립화된 한반도가 강력한 군사력을 보유하는 과정에서 안보딜레마가 발생할 가능성도 있다. 북한의 경우 1980년 제시한 고려민주연방제 안에 근거해 중립화통일에 적극적이지만, 북한의 중립화 주장은 남한이 미국과의 군사동맹을 계속해서 유지하지 못하도록 하겠다는 전략적 의도가 강하게 반영되어 있는 것으로 보인다.

(2) 흡수모델

한반도통일의 협상모델은, 복잡한 정치공학적 변인들로 인해 사실상의 실현가능성은 낮다. 그런 관점에서 볼 때 고려해 볼 수 있는 것은 흡수모델이다. 흡수모델은 사회와 경제, 군사체제가 압도적으로 우세한 일방이 취약한 타방을 흡수하는 사례로, 이를 한반도에 적용해 본다면, 남북한 어느 일방에 의한 단일국가의 형성은 무력전쟁 또는 남북한 어느 한 국가가 내부모순에 의해 붕괴되어 타방에 흡수되는 경우가 있다. 무력전쟁에 의한 통일사례는 베트남의 경우가, 일방의 붕괴에 따른 통일사례는 독일의 경우가 해당된다. 이 중 독일의 통일은 서독이 동독을 일방적으로 흡수한 통일은 아니다. 동독의 민주화시민운동과 정당체제의 변화, 1990년 3월 동독 자유총선거에서의 조기통일 지지와 양독(兩獨)의 합리적인 합의에 따라 동독의 5개 주가 서독연방에 '편입'한 통일이다.[53]

---

53 김용욱, "예멘과 독일의 통일사례 비교와 시사점: 통합 합의과정 및 통일방식을 중심

무력에 의한 통일의 가능성은 현실적인가? 한반도는 일방이 타방을 군사력으로 이용하여 점령하는 방식으로 단일국가를 형성하려고 한 시도가 실패한 역사가 있다. 이승만의 북진통일론과 김일성의 민주기지론이 충돌해 발발한 1950년 한국전쟁은 무력에 의한 통일은 불가능하다는 것을 말해주고 있다. 해방 이후 정국에서 남북은 모두 자신의 정통성을 주장하면서 무력사용도 불사하겠다는 상황에서 대화와 정치협상은 이루어질 수 없었고 단지 상대방을 제압하기 위한 기회만을 엿보던 차에 먼저 행동으로 옮긴 것이 북한의 민주기지론이었다. 그 결과 동족상잔의 비극이 초래되었고 회복이 불가능한 남북한통합 위기를 유발시켰다. 무력에 의한 통일은 어떠한 경우에도 정당화될 수 없다. 현재 남북한이 상대방을 압도할 수 있는 군사력을 보유하지 못하고 있고, 주변 강대국들도 한반도의 현상변경을 원하지 않고 있으며, 무력에 의한 전쟁이 발발할 경우, 지난 70년간 건설해 놓은 모든 것을 포기해야 하기 때문에 무력에 의한 단일국가 형성은 전혀 생각할 수 없다.

흡수모델의 또 하나의 가능성은 북한의 붕괴, 즉 급변사태를 전제로 한 단일국가로의 통일이다. 시기적으로 보면, 3차에 걸쳐 북한급변의 가능성이 제기되었다. 그때마다 북한이 내란이나 무정부 상태(entire anarchy)가 악화되어 외부의 지원 없이는 회복이 불가능한 정도로 혼란이 커질 것이라고 예측했었다. 1차는 1990년대 후반으로, 사회주의권의 몰락과 북한을 통치해 온 카리스마적 지도자 김일성의 사망, 그리고 최악의 경제난과 '고난의 행군'은 체제위기로 이어지며 북한의 안정성에 의

으로," 『한국정치외교사논총』 28-1 (2006), 271-79; 김국신, "독일·베트남·예멘 통일사례," 『분단국 통합과 평화협정』, 통일연구원 제42차 국내학술회의 발표논문집 (2001. 10. 19), 5-7.

심을 갖게 했다. 2차는 2000년대 중반으로, 2008년 8월 김정일의 건강 이상과 2010년 튀니지로부터 시작된 이른바 중동의 재스민 혁명(Jasmine Revolution)에 때맞춰 북한의 붕괴론은 다시 공론의 장으로 부상하였다. 김정일의 와병은 북한의 미래와 관련한 최대의 변수였던 후계 문제에 대한 관심을 촉발시켰고, 중동의 재스민 혁명이 아랍권으로 확대되자 북한에서도 유사한 체제변화가 가능할 것이라는 주장이 대두되었다. 3차는 2011년 이후로, 김정일 사망과 김정은의 등장으로 붕괴론은 재등장하였다. 북한 최고지도자의 유고와 후계자의 리더십에 대한 문제가 제기되는 상황에서 2013년 장성택의 숙청이 단행되면서 북한체제의 취약성이 다시 논란이 되었다. 그러나 북한이 자신들만의 '우리식 사회주의'를 고수하며 '그럭저럭 버티기(muddling-through)'에 성공하면서, 3차에 걸친 북한 붕괴 가능성은 과도한 가정에 근거한 비현실적이고 희망적인 바램(wishful thinking)에 불과한 것으로 결론 났다.[54]

북한의 정권안정성과 체제내구성은 비교적 강고하다. 무엇보다 북한은 권력엘리트의 응집력을 바탕으로 체제위기와 정치적 도전을 극복하면서 권력을 유지하고 있다. 수령중심의 유일체제인 북한은 최고통치자가 구사하는 권력의 크기가 개별 권력엘리트의 권력 총합을 능가하고 있는 상황에서 쌍방은 통치연합(winning coalitions)을 구성하고 있고, 일반적인 독재자의 경우처럼 최고통치자는 '지대(rent)'[55]를 창출하여 핵심 지배층인 권력엘리트들에게 할당함으로써 수직적 충성을 유지하고 있

---

54 안경모, "북한 급변사태 논의의 역설: 간과된 변수로서의 '북한'," 『국제관계연구』 21-2 (2016), 43; 정지웅, "북한 붕괴론 논쟁 탐구," 『통일과 평화』 9-1 (2017), 185.

55 지대(rent)는 비생산적인 경제행위를 통해 재부를 획득할 수 있도록 정치적으로 만들어진 기회를 의미한다. 북한의 지대는 주민으로부터의 추출된 잉여와 상납된 충성자금, 혹은 독점적 사업권을 분배하는 방식으로 제공된다.

다.[56] 또한 북한은 조선노동당이라는 단일정당체계를 바탕으로 주민 집단을 선별 포섭하고, 감시와 억압, 공포를 유발하여 수직적 충성을 강제하고 있다.[57] 그러다 보니, 정치변동 주체는 부재하고 정권의 대응 능력은 더 강화되는 현상을 보인다.[58] 외부 정보유입, 경제위기의 지속, 시장의 확대로 인한 빈부격차, 부정부패의 만연 등으로 북한내부적으로 불만이 축적되더라도 이를 조직적인 저항으로 이끌 수 있는 시민세력의 부(不)존재로 정권이 안정되고 있는 것이 북한의 현실이다.

북한의 붕괴가 전혀 가능성이 없는 것은 아니지만, 현실적으로는 어렵다고 판단된다. 그런데도 북한의 붕괴에 따른 흡수통일을 '실질적인' 통일방안으로 생각하는 견해들이 많다.[59] 그러나 흡수통일은 가능성과 능력의 측면에서 부정적인 정책이다.[60] 북한의 붕괴에 의한 남한으로의 흡수통일은 가능한가? 가능하다면 그런 형태의 통일이 바람직한가? 두 질문에 대한 답은 '아니다'이다. 북한이 붕괴된다고 해도 곧바로 남한 주도의 흡수통일로 자동적으로 이어진다는 보장은 없다. 동북아시아의

---

56 Alastair Smith and Bruce Bueno de Mesquita, *The Dictator's Handbook: Why Bad Behavior Is Almost Always Good Politics*, 이미숙 역, 『독재자의 핸드북: 사상 최악의 독재자들이 감춰둔 통치의 원칙』 (서울: 웅진지식하우스, 2012), 214; 강명세, 『북한독재체제는 왜 붕괴하지 않는가?』, 세종정책연구 2013-12 (분당: 세종연구소, 2013), 20-38.

57 오경섭, 『정치엘리트 응집력과 김정은 정권 안정성』, 세종정책연구 2013-11 (분당: 세종연구소, 2013), 30-36.

58 박형중, "북한은 왜 '붕괴'도 '개혁·개방'도 하지 않았을까?," 『현대북한연구』 16-1 (2013), 57-60.

59 2014년 일민국제관계연구원에서 실시한 설문조사에서 다수 전문가들은 한반도 통일 방식에 대해, 북한 붕괴(61.5%), 남북합의(30.4%), 무력충돌(3%) 순으로 응답했다. 일민국제관계연구원, "『북한의 미래』 전문가 설문조사 보고서," 『국제관계연구』 19-2 (2014), 15.

60 최완규, "남북한 통일방안의 수렴가능성 연구," 8.

정치역학적 관계로 볼 때 강대국들이 북한의 내란이나 무정부 사태 시 남한의 주도적 역할을 허용할 가능성은 낮고, 북한의 정부나 어떤 정파가 남한의 지원을 우선적으로 요청할 가능성도 높지 않으며, 북한의 급변사태에 남한이 개입하는 데 대하여 남한국민들이 절대적으로 지지할 것으로 자신할 수도 없다.[61] 만에 하나 이런 제반적 요인들이 해소되어 남한 주도의 흡수통일이 가능한 여건이 조성된다 해도 흡수통일은 남한의 경제와 사회통합 능력을 고려할 때 전혀 바람직하지 않다.

4. 평화공존모델과 '두 개의 조선' 전략

1) 평화공존모델

지금까지 논의한 협상모델이나 흡수모델에 의한 통일은 단일국가 형성을 목표로 하고 있지만 현실적인 실현가능성이 매우 낮다. 종국적으로는 어느 한쪽이 다른 한쪽을 흡수하는 방식으로 분단 상태의 현상 변경을 시도하려는 것이다. 상대적으로 비교했을 때 1%라도 가능성이 더 높은 경우는, 남한에 의한 북한 흡수통일로 이 경우 북한 주민의 상대적 박탈감을 심화시키고, 북한의 내적 식민지화의 위험을 높이며, 최악의 경우 한반도를 내전으로 몰아넣어 남북한 모두 회복불능의 상태로 전화(轉化)될 가능성이 매우 높다. 단일국가 통일이 남북한 모두에게 '불

---

61   박휘락, "북한 급변사태와 통일에 대한 현실성 분석과 과제," 『국가전략』 16-4 (2010), 75-77.

행하고 고통스러운' 통일이 될 수도 있다.

이런 가능성을 감안할 때, 보다 실천가능한 현실적인 통일방안을 위해서는 통일은 반드시 단일국가를 형성하지 않더라도 가능하다는 사고의 전환이 보편화되어야 한다. 한반도의 통일을 남북한이 단일국가를 수립하는 것으로만 보는 고정관념에 대한 재평가가 필요한데, 상대방을 타자화시키고 권력에서 배제하는 단일국가 방식의 평화적인 통일은 사실상 불가능하기 때문이다.[62] 통일은 "분단 이전 상태로의 회귀가 아니라 서로 다른 역사의 길을 걷고 있는 남북한의 두 종족사회가 새로운 조건과 상황에서 다시 하나의 사회로 되게 만드는 창조작업"이라는 지적은 매우 적절하다.[63]

통일은 분단상태의 현상변경을 목표로 하되 평화적이고 장기적인 공존의 방식으로 추진되어야 한다.[64] 분단이냐 통일이냐의 양자택일적 관점을 버리고, 하나의 국민국가를 당위로 전제하는 통일보다 평화공존을 지향하는 탈(脫)분단이 더욱 현실적이다. 통일의 최대 목표를 단일국가 형성보다 상호공존에 두고, 교류협력을 통한 항구적인 평화정착과 공고한 평화시스템을 제도화하는 것이 오히려 더 구체적으로 통일로 가는 길이 될 수도 있다. 바람직한 통일은 단일국가 형성을 당위로 설정하여 남북한의 체제를 해체하는 것이 아니라, 두 체제를 있는 그대로 인정하고 각 체제가 더 자주적이고 민주적인 체제로 변혁되어 가면서 최대한 수렴되어 가는 통일이다.[65] 장기적인 평화공존 이후의 한반도지형은

---

62 이종석,『분단시대의 통일학』, 18-20.

63 이상우, "남북한 정치통합: 전망과 과제,"『국제문제』24-3 (1993. 3), 53.

64 정영철, "국가-민족 우선의 통일론에 대한 성찰," 247.

65 김세균, "남북한의 정치통합과 민족공동체 건설의 방향,"『한국과 국제정치』16-1

어떤 형식이든 그 가능성을 열어두는 것이 더 현실적이다.

이렇듯 무조건적인 통일보다 항구적이고 공고한 평화공존이 더 중요하다는 인식은 통일이 남북한 주민들의 삶의 질 향상을 위한 선택적 과제라는 인식 때문이다. 통일을 통한 한반도 평화가 의심없이 동의되던 이전과 달리 지금은 '당장의 통일'보다는 '당면의 평화'가 더욱 중요한 것으로 변모되었다. 특히 남북한의 군사적 긴장에 따라 한반도의 평화공존의 가치가 중요하게 부각되고 있고, 무엇보다 북한의 핵무력 완성은 통일의 절대적 당위성보다 평화적 공존으로의 이행이 더 시급하다는 인식을 확산시키고 있다.[66]

2) '두 개의 조선' 전략

북한의 국가핵무력 완성은 한반도 평화의 위기이면서 동시에 통일방안에 대한 근본적인 수정을 요구하는 계기가 되고 있다. 국가핵무력을 완성한 북한은 과연 통일을 원할까? 사실상 핵을 보유한 북한의 생각은 핵이라는 상대적 우위의 군사능력으로 대남 적화통일을 노릴 것인가? 아니면 사실상의 핵보유로 미국을 위시한 국제사회로부터 체제안전에 대해 보장을 받고, 통일 없는 각자도생(各自圖生)으로 남북관계를 끌고 갈 것인가?

북한은 김정은 시대에도 민족의 분단을 외세의 개입에 의한 결과로 인식하고 통일을 외세의 간섭 없이 남북한이 주도적으로 상호 협조하여

(2000), 222.

66 이 점에 대해서는, 정영철, "한반도의 평화와 통일: 이론의 긴장과 현실의 통합," 『북한연구학회보』14-2 (2010) 참조.

해결해 나가자는 입장이다.[67] 반면 점차 북한은 '우리 민족끼리'를 강조하기보다 '두 개의 조선', 즉 남북한이 각각의 국가로 유지되길 희망하는 입장을 공식화하고 있다. 1973년 6월 박정희 정부는 '평화통일 외교정책에 관한 특별성명'(6 · 23선언)을 통해 남북한 유엔 동시가입을 제의한 바 있다. 여기에 대해 북한은 김일성의 '조국통일 5대방침'을 발표하며, 연방제 실시와 단일국호에 의한 유엔가입을 주장했다. 두 개의 조선 정책 반대를 분명히 한 것이다. 그러다 북한은 1990년대 들어 사회주의권의 붕괴와 탈냉전의 영향으로 수세적인 입장에 놓이게 되자, 1991년 김일성의 신년사를 통해 느슨한 연방제를 주장하며, 통일을 장기적 과제로 돌리고 남한과의 공존에 무게를 두는 방향으로 전환했고, 탈냉전의 흐름에 부합하면서 1991년 9월에는 남한과 동시에 유엔에 가입했다. 사실상 '하나의 조선'을 포기하고 '두 개의 조선' 전략으로 선회한 것이다.[68]

김정은 시대 들어 북한은 '두 개의 조선' 전략을 활용해 남북한 상호인정을 추구하고 있는 것으로 보인다. 북한은 수세적으로 몰린 상황에서 체제를 유지하기 위해 어쩔 수 없이 두 개의 조선 전략을 활용하고 있다는 분석과, 경제여건의 호전과 권력장악 성공, 그리고 핵 보유와 미사일 발사 기술의 고도화로 인한 김정은의 자신감이 그 배경이 되고 있다는 분석이 있다.[69] 흥미로운 것은 북한은 2017년 11월 ICBM 화성-15

---

67 "민족운명의 주인은 민족자신이며 모든 민족은 자기 운명을 자기의 의사에 따라 자주적으로 개척해나가야 한다. 조국 통일은 우리 민족자신의 문제이며 민족의 자주권에 관한 문제이다. 따라서 우리 민족은 통일 위업의 주인이 되어 자기의 의사와 요구에 맞게 민족자체의 힘으로 통일을 이룩해나가야 한다"『로동신문』, 2014년 3월 14일.

68 최완규 · 이수훈, "김정일 정권의 통일정책: 지속성과 변화,"『통일문제연구』 13-1 (2001), 162.

69 "북한은 '두 개의 조선' 원한다,"『자유아시아방송』 https://www.rfa.org/korean/in_focus/nk_nuclear_talks/twokorea-12242015085028.html (2019년 6월 8일 접속).

형 발사에 성공하고 국가핵무력 완성을 선포하면서 '우리국가제일주의'를 연일 강조하고 있다. '민족공조'라는 표현은 줄어든 대신 '강성국가건설', '애국열', '국가의 위대성에 대한 긍지와 자부심' 등과 같은 국가주의 담론을 연일 선전하고 있다.[70] 현재로서는 이런 전략이 통일방안에 어떻게 반영될 것인지 단정하기 어려우나, 북한도 완전한 정치적 통일이나 당장의 통일보다는 남북한의 국가적 실체를 상호인정하는 것을 기초로 하여 장기적인 공존의 제도화를 희망할 것으로 전망된다.

5. 나가는 말

한반도는 국제법적으로, 그리고 정치상황적으로 전쟁상태(state of war in international law)에 있다. 그러다보니, 한반도의 '오늘 하루의 평화'는 언제든 위기에 직면할 수 있는 상황이다. 역설적인 것은 냉전체제의 최대 희생양이었던 한반도가 탈냉전에도 여전히 '평화가 없는 평화' 속에서 고통하고 있다는 것이다. 특히 북한이 "현대판 선악과 사건"[71]으로 비

---

70 "조국청사에 길이 빛날 민족의 대경사, 위대한 조선인민의 대승리," 『로동신문』, 2017년 11월 30일; "주체 조선의 공민된 긍지 드높이 사회주의 강국건설을 힘있게 다그치자," 『로동신문』, 2018년 11월 26일; "위대한 영도자 김정일동지의 애국념원을 받들어 사회주의 강국건설위업을 빛나게 실현내나가자," 『로동신문』, 2018년 12월 17일; 김정은, "신년사," 로동신문, 2019년 1월 1일; "우리 국가제일주의의 본질," 『로동신문』, 2019년 1월 8일; "우리 국가제일주의의 사상정신적기초," 『로동신문』, 2019년 1월 20일; "우리 국가제일주의를 높이 들고 사회주의강국건설을 힘있게 다그쳐나가자," 『로동신문』, 2019년 1월 21일; "우리 국가제일주의의 중요한 내용," 『로동신문』, 2019년 1월 22일; "우리 국가제일주의를 구현하기 위한 근본담보," 『로동신문』, 2019년 1월 29일.

71 "핵과 평화 사이에서," 『국민일보』 http://news.kmib.co.kr/article/view.asp?arcid=

유되는 핵개발에 성공하고 핵무력을 완성하면서, 한반도는 핵에 대한 공포가 고조되고, 북한의 비핵화를 둘러싼 동북아시아 질서가 충돌할 때마다 전쟁의 위험이 거론되면서 평화의 위기를 맞고 있다.

평화를 단순히 전쟁이 일어나고 있지 않은 소극적 상태로 본다면, 한반도 평화를 위해서는 현 정전체제를 안정적으로 관리하는 것이 무엇보다 중요하다. 하지만 70년의 남북한 관계에서 보듯이, 결국 한반도의 항구적이고 공고한 평화는 하나의 완전한 통일국가를 만들어 전쟁의 위협을 구조적으로 제거하는 것이 가장 최상의 방안이다.

이런 관점에서 이 글에서는 1948년 남북한에 별도의 정부가 수립된 이후 남북한이 공식적으로 제안했거나 내부적으로 논의되었던 통일담론들과 방안들을 살펴보았다. 결론적으로, 가능성이 아닌 현실성 차원에서 평가해 볼 때 그동안의 통일논의는 실현가능성이 매우 낮다. 남북한은 통일을 지상과제로 내걸고 이를 실현하기 위해 통일방안들을 경쟁적으로 제안해 왔지만, 대부분의 통일방안은 상대방의 존재를 부정하거나 대립적이고 배타적인 통일방안들이었다. 남북한이 제시한 통일담론과 방안들은 종국적으로는 단일국가 형성을 목표로 하고 있다는 공통점이 있다. 통일을 이념이 서로 다른 두 개의 국가가 하나의 국가로, 서로 다른 두 개의 경제정치체제가 하나의 체제로 결합하는 것으로 이해하고 있다. 실제로 이런 통일은 가능하지도, 바람직하지도 않다.

평화통일은 반드시 단일국가를 형성하지 않더라도 가능하다는 인식에서 출발해야 한다는 것이 이 글이 주장하는 바다. 평화적인 통일은 장기적인 공존을 필수적으로 요구한다. 남한의 정치경제적 환경과 북한

0923800178 (2019년 6월 8일 접속).

의 국가핵무력 완성에 대한 자신감에 따른 두 개의 조선 전략을 고려한다면, 당위의 통일보다 당면의 평화가 우선이고 때문에 남북한의 장기적 공존이 현실적이다.

제4장

교회와 국가의 관계에 비추어 본 그리스도인의 정치참여 : 칼 바르트와 몰트만 신학을 중심으로[*]

1. 들어가는 말

본 논고의 목적은 최순실 사건으로 야기된 국정혼란 한가운데서 무엇이 교회와 국가의 바른 관계이고, 과연 교회는 국가에 대하여 어떤 태도를 가지고 참여해야 할 것인가를 논하려고 한다. 하여 전반부에서는 세계교회사를 통해서 '교회와 국가'의 관계가 어떤 패러다임들을 보여 왔는가를 논하고, 후반부에서는 20세기의 대표적인 개혁신학 전통의 칼 바르트의 '교회와 국가'의 패러다임을 제시하려고 한다. 그리고 이어서 몰트만의 신학이 칼 바르트의 '교회와 국가'에 대한 신학을 어떻게 비판하고 넘어서려고 하는가를 논구할 것이다. 결론 부분에서는 한국 장로교가 나가야 할 방향을 제시하려고 한다.

---

[*] 이형기(장로회신학대학교 명예교수, 역사신학)

2. 세계교회사를 통해서 본 '교회와 국가'의 관계사

1) 콘스탄틴 제국으로부터 발원하는 '기독교 세계'(the Christendom 혹은 the Imperial State Church) 이전과 이후의 '교회와 국가'의 관계

신약성서시대로부터 이레니우스와 테르툴리아누스에 이르는 시기는, 기독교가 로마제국의 박해를 받던 시기로서, 국가참여와 정치참여보다는 장차 도래할 천년왕국과 하나님 나라를 기다렸다. 그러던 중 박해가 끝나고 콘스탄티누스 황제의 보호를 받는 제국의 교회(an Imperial State Church)가 등장하면서, 유세비우스와 같은 어용 교회사가가 등장하여 '콘스탄틴 제국의 기독교'를 천년왕국과 하나님 나라의 선취라고 하는 신학을 주장하였다. 그리하여 박해시대에는 '순교'라고 하는 것이 정치참여의 형태였으나, 이제는 공적인 영역에서 사회와 국가를 섬기는 것이 정치참여의 형태가 되었다. 이와 같은 역사적 맥락에서 이레니우스와 테르툴리아누스의 천년왕국과 유세비우스의 콘스탄틴적 '기독교 세계'(the Christendom)을 넘어서는 아우구스티누스의 『두 도성』은 큰 역사적 의미를 갖는다. 당시 상황에서 『두 도성』은 천년왕국론에 따른 미래지향적 종말론과 제국의 교회를 통하여 미래의 하나님 나라가 실현되었다고 하는 나름의 실현된 종말론을 극복하고, 교회와 국가를 엄격히 구별하고 교회와 국가가 모두 미래 하나님 나라를 바라보아야 함을 일깨웠다. 하지만 아우구스티누스는 국가의 존재이유가, 악을 억거하는 데에 있다고 보아(살후 2:7-8), 국가를 본성상 악한 것으로 보는 소극적 국가론을 암묵적으로 주장하여, 기독교의 적극적인 정치참여를 유도하기보다는 국가에게 국가가 할 일을 맡기고 기독교인들로 교회 안으로 내향

(內向)하도록 만들었다.

2) 종교개혁 시기의 '교회와 국가'의 관계

아우구스티누스의 『두 도성』은 일종의 국가교회인, '콘스탄티누스적 기독교 세계'(the Constantinian Christendom)와 더불어 교황 중심의 혹은 황제 중심의 중세적인 '기독교 세계'(the medieval Christendom) 형성에 크게 기여하였다. 니콜라스 1세는 교황중심의 '기독교 세계'를, 샬르만뉴는 황제 중심의 '기독교 세계'를 형성하였다. 그러는 가운데 교황이 제국을, 그리고 황제가 교회를 간섭하는 일이 일어났다. 중세 말의 오캄과 파쥬아의 마르실리우스는 그의 『평화의 변호자』(Defensor Pacis)에서 교회와 국가의 분리가 없는 한, '평화'는 없다며, 교회와 국가의 엄격한 분리를 주장하였다.

(1) 르네상스 인문주의

플로렌스와 베네치아 등 이탈리아의 도시들에서 일어난 르네상스 인문주의는 중세의 기독교 전통이 '참 인간'의 문예와 역사를 망가트렸다고 보고, 고대 희랍-로마문명의 부활을 열망하였다. 이들은 기독교의 천년왕국과 아우구스티누스의 '두 도성'은 물론, 유세비우스 이래의 '기독교 세계'에 대한 야망도 없었다. 이들은 이성과 의지의 인간의 주체성이 교육을 통하여 자신의 능력을 최대한도로 발휘하여 아름다운 문화와 세계를 만들 수 있다고 보았다. 마키아벨이의 '군주론'과 18세기 계몽주의 시대 이후의 민족국가주의는 바로 르네상스 인문주의로부터 연원한 것이다.

(2) 루터

기본적으로 루터는 오캄과 파쥬아의 마르실리우스를 따라서 아우구스티누스의 '두 도성'사상을 따랐다. 그리하여 그의 '두 나라 사상'(Zwei Reichenlehre)은 아우구스티누스의 '두 도성'에서처럼 국가를 주로 악의 제어에 기여하는 것으로 본 나머지, 교회의 정치참여를 구조적으로 제한하였다고 보인다. 루터의 '율법과 복음'이라고 하는 신학적 주제가 중세기의 율법주의적 상황에서 큰 의미를 갖고 있었으나, 기독교인들과 교회로 하여금 공적영역에서의 사회 및 정치참여를 소극적이게 만들었다. 우리는 아욱스부르크 신앙고백(제XVI항)에서 기독교인들의 정치참여가 예언자들의 목소리와 산상수훈과 사도적 훈령들의 실현이라기보다는, 개인적 이웃사랑으로부터 출발하는, 주어진 실정법을 지키는 것에 불과한 것을 발견한다. 즉 "복음은 국가 혹은 가정을 파괴하지 않는다. 반대로 특히 그것들은 하나님의 제정들로서 사랑의 실천을 위하여 보존될 것을 요청한다."고 루터교는 주장하였다. 여기에서 루터는 국가, 경제생활, 그리고 가정을 '신적 제정들'(divine ordinances)로 보아, 복음신앙에 근거하여 개인적 이웃사랑 차원에서 그것에 순응(conformity)해야 한다고 주장하였다. 결국 루터는 그의 '복음의 재발견'과 '복음'에 대한 철저한 이해에 대한 신학적 기여에도 불구하고, 그것을 사회 및 정치참여에 적용하는 일은 어느 정도 칼뱅에게 그리고 나아가서 칼 바르트와 몰트만에게 맡겨야 했다.

(3) 칼뱅과 존 녹스

개혁주의 신학의 정치윤리의 큰 틀은 대체로 루터의 '두 왕국' 사상이다. 그런데 그것이 루터와 루터교의 그것과 다른 점은, 칼뱅과 녹스 등은 국가의 존재이유가 단순히 악의 세력을 제어하는 것이 아니라 하나님의 주권(a theocracy) 하에서 하나님 나라를 매개하는 적극적인 의미를 갖는다. 칼뱅은『기독교 강요』(1559) 최종판에서 그의 교회론의 제목을 , '하나님께서 우리를, 그리스도의 공동체로 부르시고 그 안에서 지탱시키시는, 외적인 수단 혹은 보조수단'이라 하였는데, 이 교회론 안에서 맨 끝장에서 논하는, '시민 정부'에 관하여도 그는 국가를 교회와 더불어 하나님의 은총의 수단으로 본 것이다. 따라서 이들에게 있어서 국가의 공직자들은 적극적인 의미에서 하나님의 일꾼들이요 하나님 나라에의 봉사자들이다. 이들은 하나님 나라를 매개하는 사역자들이라고 한다는 말이다. 그리고 개혁주의 신학은 '복음과 율법' 그리고 '율법의 제3사용'이라고 하는 신학적인 주제를 강조하여 기독교인들과 교회로 하여금 공적 영역으로서의 사회 및 국가참여에 적극적이게 만들었다. 이들에겐 예언자들의 목소리와 산상수훈과 사도들의 훈령들이 교회와 기독교인들의 사회 및 정치참여에 있어서 설 자리를 확보하였다. 프랑스 개신교도들인 유게노들(Huguenots)은 로마가톨릭교회 편에 서서 종교개혁을 근절시키려고 자신들을 박해하는 프랑스 당국에게 집단적인 폭력으로 항거하는 상황에서 '성 바돌로메오 축일의 대학살'(1572)[1]로 알려진 집단학살을 당하였지만, 대체로 개혁주의 전통은 언약신학에 근거하는 언약 공동체의 언약의무를 중요시 여겨, 훗날 왕정시대나 봉건사회의 신분적 계층질서가 아니라 언약에 따른 법 앞의 평등주의를 강조하는 민주주의 발전에 기여하였다.

---

1   참고: Kenneth Scott Latourette, *A History of Christianity, vol.* II (New York: Harper & Row, 1975), 766-769.

(4) 과격파 종교개혁

이들은 재세례파로 불렸다. 이들은 '콘스탄티누스의 기독교 세계' 이전, 초기 기독교세계로의 회귀(primitism)를 주장하여, 국가교회의 회원 자격을 얻기 위하여 베풀어지는 '유아세례'를 반대하고 '성인세례'(adult baptism 혹은 believer's baptism)를 주장하여, 16세기 당시 가톨릭교회로부터는 물론, 루터교회와 개혁교회로부터도 분리해 나가는, 분리주의(separatism) 노선을 선택하였다. 이들은 루터와 칼뱅이 공유하고 있는 '복음'에 대한 바른 신앙보다는 예언자들의 목소리와 산상수훈과 사도적 훈령들(물론, 개혁교회는 이를 믿는 자들이 실천해야 할 하나님의 뜻으로 보았지만)에 주목하였다. 이들은 '완전주의'를 추구하였으니, 그 때문에, 기성교회들과 분리하여, 자신들의 공동체의 가시적 거룩 성과 폐쇄성을 강조하였다. 이들은 교회와 기독교인들의 적극적인 사회 및 정치참여가 아니라 교회 자체를 거룩하게 지키는 것이, 이 세상을 변혁시키는 일이라고 보았다. 따라서 이들은 성서의 과격한 명령들을, 보편적인 세계, 곧 일반사회와 국가에 적용하는 일에는 실패하였다. '특수'에서 '보편'으로 나가는 일에 실패하였다. 즉, 이들에겐 '중간 공리'(the middle axioms)[2]와 같은 것이 없었다. 오

---

2 본 개념은 라인홀드 니버에 의하여 제안 된 것으로서, 옥스퍼드 제2차 '삶과 봉사'세계 대회에서 사용되었는데, 그 요지는 성서의 높은 하나님의 뜻을 세상현실에 적용할 때에, 실제로 그것이 실현되기 어려운 점들이 많다고 하는 사실을 감안하여, 중간 정도의 도덕과 윤리의 가치들을 찾아야 사용해야 한다고 보는 입장이다. 참고: *The Ecumenical Movement: An Anthology of Key Texts and Voices,* ed. by Michael Kinnamon and Brian E. Cope(Geneva: WCC, 1997), 277. 베넷(John C. Bennett)은 "중간 공리들"에 근거하여, 경제제도에 관련된 다섯 가지 원리들을 "옥스포드 삶과 봉사 세계 제2차 대회" 문서로부터 요약 소개한다.
① 인간이 하나님과 누리는 코이노니아에 근거하여 사람과 사람 사이의 바른 관계가 형성되어야 한다. 모든 경제적인 활동은 이에 준하여 변형되어야 한다.
② 인종과 계층에 관계없이 모든 어린이와 청소년에게는 그들에게 주어진 특별한 능력들을 충만히 계발하기에 적절한 교육의 기회들이 주어져야 한다.

늘날 이 전통을 따르는 신학자들로서는, 요더(H. Yoder)와 하우워와쓰(S. Hauerwas) 등이 있다.

3. 칼 바르트

1) "칭의"와 하나님 나라

바르트는 『복음과 율법』(1935), 『칭의와 정의』(1938), 그리고 『그리스 도인들의 공동체와 시민 들의 공동체』(1946)[3]에서 '이신칭의'와 '하나님 나라'의 관계를 논한다. 바르트는 『복음과 율법』에서 참 인간이시고 참 하나님이신 하나님의 아들 예수 그리스도 안에서 인류에 대한 하나님의 '칭의'가 일어났다고 한다. 즉, 이 예수 그리스도 안에 있는 우리 인류의 인간성이 그의 십자가 사건에서 '율법'의 고발과 저주와 유죄판결과 사

---

③ 질병이나 연약성이나 나이로 인하여 경제활동을 할 수 없는 사람들(persons)은 그들의 무능력 때문에 경제적으로 궁지에 몰리게 되서는 안 되고 반대로 특별한 보살 핌의 대상이 되어야 한다.

④ 노동은 인간의 복지를 위하여 하나님께로부터 계획된 본유적인 가치와 존엄성을 지니고 있다. 따라서 인간의 노동의무와 권리가 보장되어야 한다. 산업화 과정에서 노동은 결코 하나의 단순한 상품으로 여겨져서는 안 될 것이다. 일상적인 노동에서 사람들은 하나의 기독교적 소명을 인정해야 하고 성취해야 할 것이다.

⑤ 땅과 광물자원과 같은 땅의 자원들은 모든 인류에게 주어진 하나님의 선물들로 인식되어야 하고 현 세대와 미래 세대들의 필요를 위한 적절하고 균형 잡힌 고려로써 사용되어야 한다.

John C. Bennett, *Christian Ethics and Social Policy,* New York: Charles Scribners' Sons, 1994, 17-18.

3　Karl Barth, *Community, State, and Church: Three Essays*(Gloucester, Mass.: Peter Smith, 1968).

형 선고를 받았으며, 또한 예수 그리스도는 그의 아버지의 뜻에 죽기 까지 순종하셨으니, 이는 하나님께서 우리 인류에 대한 저주와 형벌을 그의 성육신 하신 아들에게 내리신 것이요, 인류의 하나님에 대한 모든 순종을 인류를 대신하여 성취하신 것이다(74).

그래서 구원이란 바로 하나님께서 예수 그리스도 안에서 율법의 규정을 받은 인류를 은혜로 해방(칭의)시키신 것에 대한 성육신 하신 하나님 아들의 응답인 것이다. 즉, 바르트는 로마서 3장 22절과 갈라디아서 2장 16절(pistis iesou)(주격적인 소유격)에 근거하여 우리의 믿음을 먼저 내세우지 않고, 하나님의 아들 예수 그리스도께서 믿음으로 '율법'의 고발과 저주와 유죄판결과 사형 선고를 받았으며, 아버지의 뜻에 죽기 까지 순종하셨다고 하였다. 바르트는 이렇게 말한다.

이 신앙으로 그는 우리의 형벌을 감당하셨다. 하지만 그는 우리에게 모범을 보여주시려고 그렇게 하신 것이 아니다. 그것은 참으로 진정한 모범이었으나. 무엇보다도 그것은 모든 인류를 대신하여 일어난 것이다. 다음의 사실은 전적으로 하나님의 은혜이다. 즉, 우리의 인간성은 그것이 우리의 것인 한 우리의 죄로 인하여 정죄를 받았고 상실되고 말았으나, 동시에 그것이 예수 그리스도의 인간성인 한 그것은 하나님에 의하여 의롭다 하심을 받은 것이요 심판과 상실 됨에도 불구하고 용납된 것이다. 예수 그리스도께서 믿음을 가지셨기 때문이다. 그는 오직 영원한 하나님의 말씀으로서 이것을 하실 수 있었다. 즉, 그는 하나님의 은혜와 인간의 심판 받고 상실된 상태에 대하여 '아니요'라고 하시지 않고 '그렇습니다'라고 응답하셨기 때문이다. 그러나 우리의 인간성에 대한 이와 같은 칭의와 용납은 예수 그리스도의 죽은 자들로부터의 부활에서 진정으로 성취되었다.

(Ibid., 74-75)

하여 바르트는 우리가 '복음' 설교를 통하여 성령으로 "복음"을 믿고 받아들여 회개하고 구원을 얻기 전에, 이미 예수 그리스도 안에서 믿음으로만 의롭게 된다고 하는 사건이 일어난 것이라 한다. 결국, 하나님께서는 그의 아들 예수 그리스도 안에서 모든 인간을 보편적으로 칭의하신 것이고, 교회란 이것을 믿음으로 받아들여 '이신칭의'를 얻는 것이다. 하여 예수님 자신의 신망애(信望愛)가 온 인류의 구원을 위해서 주어진 것이고, 그것은 교회의 그것에 선행(先行)하는 것이리라.

바르트는 『칭의와 정의』(Rechtfertigung und Recht)에서 교회와 국가의 관계를 장차 하늘에서 내려 올 '거룩한 성 새 예루살렘'에 비추어서 이해한다(빌 3:20; 히 11:10, 13-16; 12:22; 13:14). 특히, 그는 계시록 21:1절에 주목하면서, 여기에는 그 어떤 손으로 만든 성전도 없다며, "주 하나님 곧 전능하신 이와 및 어린 양이 그 성전이심이라"(21:22), 이 '거룩한 성 새 예루살렘'이 다름 아닌 '국가'(politeuma) 혹은 '도시'(polis)라고 한다.(122)

이어서 바르트는 미래에 다가올 그 나라란 '하나의 정치적 질서'를 지니고 있다고 한다. 그도 그럴 것이 '하나님의 나라 혹은 하늘나라'에서 메시아와 주님(kurios)과 같은 "이 영역의 왕이 지닌 정치적 칭호" 때문이다. 그리고 계시록 21장은 '참 교회'(ecclesia)를 말하는 것이 아니라 '참 도시'(polis)를 말하고 있으니, 교회는 그것의 참 미래상을 참 교회가 아니라 "진정한 하늘의 국가"(the real heavenly State)에서 찾는다. (122) 바르트는 '교회 그 자체가 이스라엘의 복지공동체'(a commonwealth of Israel)로 불리고(엡 2:12), 동시에 '오직 성도들과 동일한 시민'(엡 2:19)이라며(125), 장차 "만국이 그 빛 가운데로 다니고 땅의 왕들이 자기 영광을 가지고 그리로 들어오리라 성문을 낮에 도무지 닫지 아니하리니 거기는 밤이 없음이라 사람들이 만국의 영광과 존귀를 가지고 그리로 들어오겠고 … ”(21:24-27)라고 할 때(122), 이와 같은 주장은 그의 『복음과 율법』에서 제시한 그리스도 예수를 통한 하나님의 죄인들에 대한 보편적인 칭의를 배경으로 하고 있는 것으로 보인다. 바르트는 예수 그리스도 안에서 일어난 인류 전체에 대한 보편적인 칭의가 보편적인 하나님 나라를 기대(anticipate)하고 있다는 말이다. 그리고 바르트는 이와 같은 칭의가 영원한 법의 도시인 '진정한 하늘의 국가'를 기대하고 있으니, 그는 칭의를 종말론적 비전에서 보고 있다(124). 바르트는 기독교인들은 현 세상 속에서도 이와 같은 “칭의의 복음 안에서 모든 인간적인 법보다 무한히 더 좋고, 참되며 오직 진정한 원천과 규범”(126)을 본다고 주장한다.

끝으로 그의 저서 『기독교 공동체와 시민 공동체』에서 바르트는 우리가 그의 저서 『칭의와 정의』에서 본 대로 교회 공동체의 궁극적인 목표와 희망은 영원한 교회(the eternal Church)가 아니라 하나님에 의하여 지음 받은, 하늘에서 내려온 도시(polis = city)로서 민족들이 그것의 빛 가운데 살고 땅의 임금들이 그들의 영광과 영예를 그리로 가지고 들어 올 것인바(계 21:2, 24), 이는 하늘의 국가(politeuma)(빌 3:20)요, 하나님의 나라(the basileia of God)요, 여기에서는 영광의 보좌에 앉아 계신 왕이 심판을 행하실 것이라고 하였다(153-154).

바르트는 교회가 순종해야 할 국가의 “외적이고 상대적이며 임시적인 법질서”의 “오리지날 패턴과 궁극적인 패턴은 “하나님의 영원한 나라”요, “그의 은혜의 영원한 의”(die ewige Gerechtigkeit seiner Gnade)라고 주장한다. 따라서 그는 교회와 국가를 하나님 나라의 시각에서 보고 있는 것이요, 따라서 교회와 국가는 각각 그리고 그 둘의 관계가 장차 도래할 하나님 나라와 비슷하게 되기 위하여 모든 힘을 경주해야 한다고 하는 주장이나 마찬가지이다. 바르트는 국가를 영원한 하나님 나라의 "외적이고 상대적이며 임시적인 모습"이라고 주장한다.

> 교회는 이 '하나님의 영원한 나라'와 '그의 은혜의 영원한 의'를, 이
> 와 같은 영원한 형태(Gestalt)로 설교한다. 그러나 교회는 또한 하
> 나님의 나라가 '아직 구속받지 못한, 구속을 기다리고 있는 이 세
> 상' 안에서 하나의 외적이고 상대적이며 임시적인 모습 혹은 체현
> (Gestalt = embodiment)을 가지고 있다는 사실에 대하여 감사한다. 이
> 는 시민 공동체 혹은 국가가 전혀 예수 그리스도에 대한 지식과 믿
> 음 위에 서 있지 않을지라도 그렇다(154).

이처럼 바르트는 교회는 물론이고 국가도 장차 도래할 하나님 나라의 외적이고 상대적이며 임시적인 형태(Gestalt)로 보는데, 이미 논한 대로 교회에게 주어진 하나님 나라의 빛이 시민 공동체 혹은 국가로 비추인다고 하여 그는 교회가 좀 더 하나님 나라를 더 잘 반영해 주는 것으로 본 것으로 판단된다. 어쨌거나, 바르트는 교회와 국가를 새로 지음 받을 도성과 하늘의 국가에 비추어서 본 것이니, 그는 개혁주의 교회의 신앙과 신학전통을 따라서 국가에 대한 적극적인 이미지와 교회의 국가에 대한 적극적인 참여를 논한 것으로 보인다. 아우구스티누스나 루터와 달리, 바르트는 국가가 단순히 사탄마귀의 악을 제어하는 수단과 도구에 지난다고 보지 않고, 그것의 적극성을 제시한 셈이다.

2) 생명공동체인 하나님 나라의 유비(analogia)[4]로서 '교회와 국가'

바르트에 따르면, "정치적인 조직체는 교회의 반복체도 아니고 하나님 나라에 대한 선취(Vorwegnahme)도 될 수 없다. 국가는 교회와 관련하여 하나의 독립된 실체요, 하나님 나라와의 관계에서도 (교회 그 자체와 마찬가지로) 무상(無常)한 세상의 낙인을 지닌 하나의 인간적 실재이다."[5](168)

---

4 바르트는 '괴팅겐 교의학'(1924~25)시기로부터 시작하여 확정적으로는 『교회교의학, I』(1932)에서부터 칼케돈 정통 기독론(두 본성론)와 삼위일체론을 그의 교의학의 중심으로 삼았는데, 벤더는 " … 바르트의 고전적 기독론에 대한 관심은 성육신이 그의 신학의 중심적 '지레의 받침대'가 되면서 증가하였다."고 한다.(Kimlyn J. Bender, *Karl Barth's Christological Ecclesiology*(Burlington, VT: Ashagte Publishing Company, 2005)(63) 그리고 멕도웰에 의하면, "바르트는 괴팅겐 시기 혹은 그 직후 시기에 자신의 입장을 확립하여 그것을 '기독론적 집중'이라 하였고, 그의 사고가 초점을 로고스에 두는 것이 아니라 구체적으로 그리스도 중심주의적이 된 것은 『교회교의학, I』이후였다. 혹은 더 정확히 말한다면, 바르트의 입장은 성육신적인 근거를 가진 삼위일체론적 방법론이 되었다."(John C. McDowell, *Hope in Barth's Eschatology*(Burlington, VT: Ashagte Publishing Company)(98) 하여 바르트는 로마서강해 제2판에서는 하나님과 인간 사이, 하나님과 교회 사이, 그리고 하나님과 세상 사이의 심연을 주장하면서 그 둘 사이의 그 어떤 유비도 허락하지 않았으나, 바야흐로 성육신을 강조하면서, 즉 하나님의 세상 안에 들어오심을 강조하면서, 그리고 이에 따라 칼케돈 정통기독론과 니케아의 삼위일체론을 따르면서부터 그리스도와 교회 사이, 그리고 영원과 시간 사이의 '유비'를 주장하기 시작하였다. 허나 이것은 '신의 존재증명' 차원에서 존재(아래)로부터 출발하여 신에게로 올라가는 토마스 아퀴나스 계통의 '존재의 유비'가 아니라, 그 둘 사시의 비유사성에도 불구하고 유사성을 찾는 바, 계시로부터 출발하여 우연성과 구체성으로 하향하는 '유비'(analogia fidei)이다. 벤더는 성육신이야 말로 '유비'의 근거라고 주장한다. 즉 "그도 그럴 것이 성육신은 유일무이하고 흉내 낼 수 없으며 대체될 수 없는, 그리스도 안에서 하나님과 인간의 연합(unity)인데, 이 성육신 논리는 유비들을 위한 하나의 패러다임이요 다른 관계들에 관한 유비들의 근거로서 유용하다. 즉 그리스도와 교회의 관계뿐만 아니라 하나의 교회 안에서 불가시적 교회와 가시적 교회 사이의 관계 같은 것 말이다."(65) 이로써, 지금 필자는 『그리스도인들의 공동체와 시민들의 공동체』(1946)가 주장하는 국가와 하나님 나라 사이의 유비를 주장하고 있는 것이다.

5 Karl Barth, *Community, State, and Church: Three Essays*(Gloucester, Mass.: Peter Smith, 1968).

때문에 국가와 교회의 동등시나 국가와 하나님 나라의 동등시는 말이 안 된다. 물론, 교회와 국가의 단순한 동질화나 단순한 이질화도 아니다. 즉, "국가는 하나님의 특별한 제정하심에 근거하고, 그것이 하나님 나라에 속하기 때문에 그것은 교회와 하나님 나라에 대하여 자율적인 것도, 하나의 독립된 실체도 아니라"(169)는 것이다. 따라서 남은 가능성은, "교회가 국가의 실존을 자신이 설교하고 믿는 하나님 나라의 은유(allegory)요, 상응(correspondence)이요, 유비(analogue)로 보는 것이다."(169) 두 동심원의 관점에서 교회는 비록 그것의 과제가 국가의 그것과 매우 다르지만 그럼에도 불구하고 동일한 동심원을 가지고 있기 때문에 "국가는 기독교 공동체를 구축하고 있는 진리와 실재(복음과 하나님 나라: 필자 주)를 간접적으로 반사시킬 수가 있다."(169)고 하는 것이다.[6]

하지만 하나님 나라의 은유와 비유와 상응으로서 국가는 역사적 상황들 속에서 구체적으로 기독교인들에 의하여 추구되어져야 한다. 국가는 하나님 나라의 비밀, 동심원의 중심, 복음과 신앙에 대하여 알지 못하기 때문이다. 그런즉, "국가는 교회의 전적으로 파격적인 현존, 직접적으로 공통의 중심을 맴도는 행동, 곧 정치적 책임수행에 대한 기독교적 공동체의 동참을 필요로 하는 것이다."(170) 그리하여 "교회가 정치적 영역에서 행하는 분별과 판단과 선택은 항상 국가가 신적 구원과 은혜와 연관이 있다고 하는 사실을 조명하기 위하여 의도된다 … "(170) 그런즉,

---

6 바르트는 『교회 교의학, I/1』에서 말씀의 3중적 형태만을 주장하였으나, 『교회 교의학, IV/3-1』에서는 인류의 보편사 속에서도 "말씀들", "빛들", 그리고 "진리들"이 발견된다고 한다. 물론, 그가 "신앙의 지식추구"를 포기하고 "존재의 유비"로 입장을 바꾼 것은 아니지만 말이다.

교회는 교회 밖의 정치적 영역을 포함하는 전체에 대한 예수 그리스도의 주권을 흐릿하게 하는 것이 아니라 밝히 드러내는 편을 항상 지지할 것이다. 그리고 교회는 이와 같은 무상(無上)한 세상 속에서 국가의 모습과 실재가 하나님 나라를 가리켜야 할 것을 갈망한다 … (170)

교회는 하늘로부터 계시된 하나님의 적극적인 은혜가 정치적 공동체의 외적이고 상대적이며 잠정적인 행동들과 양상들의 지상적인 모든 것들 속에 반사되어지기를 갈망하는 것이다. (171)

끝으로 바르트는 교회의 정치참여는 결국 기독교적 신앙의 공적인 고백이라고 본다.

그러므로 교회의 정치적 활동까지도 그것의 기독교적 신앙의 공적인 고백이다. 교회는 자신의 특수한 사명에 계속하여 신실하게 머물러 있으면서도 국가를, 그것의 중성적 성격과 무지와 이교적 본성으로부터 하나님 존전에서의 공동 책임으로 부른다. 교회는 국가를, 하나님 나라에 유사하게 형성하여 국가 자체의 의로운 목적들을 성취하게 하는 것을 목표로 하고 내용으로 하는 역사적 과정을 작동시킨다. (171)

그런즉 교회는 복음에 대한 신앙과 복음이 지향하고 있는 하나님 나라에 대한 희망 가운데 정치 · 경제 · 사회 · 문화 · 다문화 속에서 '유비'를 발견하고 발견하여야 하는 바, 동일한 그리스도의 주권 아래 있는 국가(세상)에 참여하는 것이다.

3) 칼 바르트에 있어서 하나님 나라의 유비(類批)와 상응의 예들

첫째로 교회는, 영원하신 하나님께서 성육신하시어, 긍휼을 가지고 사람을 대하시는 그와 같은 사람을 위한 한 이웃이 되신 것에 유비하여 "정치적 영역 안에서 … 항상 그리고 모든 상황에서 우선적으로 인간들에게 관심을 가져야 한다고 한다." 즉, 바르트에게 있어서는 국가라든지 자본이라든지 나라의 명예라든지 문명과 문화의 발전이라든지 인류의 역사적 발전에 대한 이념이라든지 등과 같은 추상적인 대의(cause)보다, 인간에 대한 관심이 결정적으로 앞선다. (171) 상론하면, 영원하신 하나님께서 성육신하시어, 긍휼을 가지고 사람들을 대하시는 바, 사람을 위한 이웃이 되신 것에 '유비'하여, "정치적 영역 안에서 교회 역시 항상 그리고 모든 상황에서 우선적으로 '인간'이 되어, 인간들에게 관심을 가져야 한다고 한다."

둘째로 교회는, 신적 칭의에 대한 증인들이다. 하나님께서는 예수 그리스도 안에서 인간에 대한 근원적인 권리(Recht)와 인간을 죄와 죽음으로부터 막아주는 권리(Recht)를 수립하시고 확인하시는 칭의 행동을 하셨고(『복음과 율법』을 참고), 교회가 기다리는 미래는 이와 같은 신적 칭의의 결정적인계시이다. 바르트는 이와 같은 하나님의 예수 그리스도 안에서의 인간 칭의(Rechtfertigung)에 뒤 따라야 할 정의(Recht)에 유비하여 교회와 국가의 관계를 논한다. 따라서 교회는 결코 '무정부주의'나 '폭군' 편에 설수 없고, "항상 시민 공동체로 하여금 법의 추구에 의해서 그리고 법의 확립을 위하여 인간을 제약하고 보존하는, 국가의 근본적인 존재목적을 진지하게 받아들이도록 해야 할 것이다." 하여, 교회란 국가의 질서가 공정한 법에 근거하고 있고, 모든 정치적인 활동이 이 법에 의하여 이루어지며, 헌법에 근거한 국가이기를 멈추지 아니하는 한 존립할 수 있다고 하였다. (172) 예수 그리스도 안에서 일어난 하나님의 보편적인 인류에 대한 칭의에 뒤따라야 할 정의(正義)에 유비하여 교회는 결코 "'무정부주의'나 '폭군' 편에 설수 없고, 항상 시민 공동체로 하여금 법의 추구에 의해서 그리고 법의 확립을 위하여 "인간을 제약하고 보존하는, 국가의 근본적인 존재 목적을 진지하게 여기도록 해야 할 것이다." 우리는 이로써 바르트가 루터의 '율법과 복음'(the law and Gospel)의 신학 논리보다 칼뱅의 '복음과 율법'(the Gospel and law)논리를 따른다고 하는 사실을 발견한다.

셋째로 교회는, 인자가 잃어버린 자들을 찾아오신 사실에 대한 증인이다. 이것에 유비하여, 교회는 모든 거짓된 편파성을 버리고 무엇보다도 인간사회 가운데 더 낮은 자들과 더 낮은 층의 사람들을 긍휼히 여겨야 할 것이다. "가난하고 사회경제적으로 약하고 위협을 받는 사람들이 항상 교회의 우선적이고 특별한 관심사이고, 교회는 사회의 이와 같은 약한 지체들을 돌봐야 할 국가의 특별한 책임을 주장할 것이다."(173) 바르트는 국가가 이와 같은 사람들에 대한 긍휼을 제도화할 것을 주장하고 있다. 그리고 교회는 항상 정치적 영역에서 사회정의를 위해서 헌신하고 투쟁하지 않으면 안 된다 고하면서(173), 다름과 같이 말한다.

> 그리고 교회는 여러 가지 사회주의적 가능성들(사회적 자유주의, 협력주의, 노동종합주의, 자유무역, 온건한 혹은 과격한 마르크스주의) 가운데서 항상 사회정의를 최대한도로 기대할 수 있게 하는 운동을 선택할 것

이다(다른 모든 고려들은 접어두고). (173)

즉, 인자가 잃어버린 자들을 찾아오신 것에 유비하여 교회는 모든 거짓된 편파성을 버리고 무엇보다도 인간사회 안에서 낮은 자들과 더 낮은 층의 사람들을 긍휼히 여겨야 할 것이다. "가난하고 사회경제적으로 약하고 위협을 받는 사람들이 항상 교회의 우선적이고 특별한 관심사이고, 교회는 사회의 이와 같은 약한 지체들을 돌봐야 할 국가의 특별한 책임을 주장할 것이다." 넷째로 "교회는, 은혜의 말씀과 성령과 하나님의 사랑에 의하여 하나님의 자녀들로 자유롭게 부름 받은 공동체이다."(173) 하여 바르트는 이에 유비하여 "교회는 정치적으로 합법적인 영역에서 자신의 통찰과 선택에 따라서, 독립적으로 자신의 결단들을 실행할 자유와, 가정, 교육, 예술, 과학, 종교, 문화와 같은 영역에서 법의 규제가 아니라 법의 보호를 받으면서 살아갈 자유를, 각 시민이 국가에 의하여 보장받아야 할 기본적인 권리라"(173-174)고 말한다.

다섯째로 교회는, 그리스도를 머리로 하는 이 그리스도의 몸의 지체들로서 주님을 통하여 자유함을 얻은 자들로서, 다른 분이 아닌 그들의 이 주님께 매여 있고 헌신하고 있다. 이와 같은 기독교적인 자유와 속박에 유비하여 바르트는 '자유'와 '책임'의 관계를 말한다. 즉, 교회는 국가가 개별 시민들에게 보장해야 할 정치적 자유와 기본법을 개별 시민에게 요구되는 기본적인 책임으로 이해한다. "시민들은 정치적이든 비정치적이든 자신의 자유의 전 영역에서 책임을 진다. 그리고 시민 공동체는 전체로서 자신의 자유를 주장함에 있어서 물론 책임을 진다."(174) 바르트는 그리스도의 몸의 지체들이라고 하는 교회의 본질적 속성에 유비하여 개인주의도 집단주의도 모두 비판하면서, 개인들과 전체(the whole)의 이익을 인정해야 하지만 개인이든 전체이든 결코 최종적인 결정권을 가질 수 없다고 본다. 즉, "교회는 이 둘을 모두 시민의 존재, 곧 법 앞에 서 있는 시민 공동체의 존재에 종속시킨다."(174)

여섯째로 "교회는 한 성령으로 세례를 받아 하나의 신앙 안에서 살고 있는 사람들의 공동체로서, 국적과 인종과 성별과 계층을 초월하여 실존하고 있기 때문에, 모든 성인 시민들의 자유와 책임의 평등성을 주장한다. 물론, 인간적인 필요들과 능력들과 과제들의 다양성은 인정을 해야 하지만. 바르트는 여기에서 세례를 통하여 기독교인들은 하나님의 자녀들로서 하나님 앞에서 동등한 신분을 지녔다고 하는 평등의 원리에 유비하여, 국가의 시민들은 법 앞에서 평등하고, 이 시민들은 이 법을 수립하고 시행하는 작업을 함께 함에 있어서 평등하며, 법이 확보해 주고 있는 인간의 생활의 제한과 보존에 있어서도 평등하다고 한다.(175) 하지만 바르트는 이와 같은 평등의 원리와 함께 다양한 은사에 따른 다양성의 원리를 제시한다. 교회는 자신의 영역에서 한 성령의 다양한 은사들과 이에 따른 다양한 과제들이 있음을 인식하면서 정치지적 영역에서 "입법과 행정과 사법과 같은 다양한 기능들과 '권력들'의 분권을 말한다. 교회 안에서도 여러 섬김들이 여러 다른 사람들에게 주어지는 것처럼 시민 공동체 안에서도 그래야 한다는 것이다. 한 사람에게 모든 것이 집중될 때, 교회든 국가든 공동체의 일을 망가트릴 것이기 때문다.(175-176)

일곱 번째로 바르트는 밝은 빛 가운데 사는 교회에 유비하여 시민 공동체 안에서 그 어떤 비빌 정책들도 비밀 외교들도 있어서는 안 된다고 말한다.

교회는 참 하나님과 그의 자기 계시, 곧 어둠의 권세를 파멸시키기 위하여 예수 그리스도 안에 불 밝혀진 빛이신 그 하나님으로부터 빛을 얻어서 살고 있다. 그리고 교회는 이 주님의 날의 동터 오름 속에서 살고 있으니, 세상과의 관계에서 교회의 과제는 이 날이 밝아온다고 하는 것은 일깨우고 말하는 것이다. (176)

여덟 번째로 바르트는 말씀의 자유와 그것에 대한 증언(설교와 가르침 등도)의 자유에 유비하여 정치적인 영역에서의 말과 언론의 자유를 주장한다. "교회는 자신이 성경에서 증명되는 하나님의 말씀의 자유에 의해서 세워졌고 양육되고 있는 것으로 보고, 자신의 영역에서 인간의 말이 이 자유로운 하나님의 말씀의 자유로운 통로요 대변자라고 하는 사실을 믿는다."(176-177) 교회는 정치적 영역에서 바른 말을 하여 바른 결정에 이르게 해야 하고, 공개토론의 기회들을 권장해야 한다고 한다. 여기에 더하여 바르트는 여론에 대한 잘못된 통제와 제어와 조종과 억압에 대하여 언급하고 있다.(177)

아홉 번째로 교회의 구성원들은 그리스도의 제자들로서 통치가 아니라 섬김을 위하여 부름 받았다며, 이것에 유비하여 시민 공동체 안에서도 섬김이 모든 것의 바탕이 되어야 한다고 한다. 여기에서 바르트는 'potestas'와 'potentia'를 구별한다. 전자는 법을 따르고 법을 섬기는 좋은 국가요, 후자는 법에 선행하는 초법적인 나쁜 국가라고 한다. 그런즉, 히틀러는 물론, 비스마르크도 역시 나쁜 국가의 예증에 속한다.

열 번째로 교회는, 그 기원에서부터 '에큐메니칼'하기 때문에, 정치적 영역에서 일어나는 모든 좁은 지역에 한정되는 것에 저항한다. 교회의 에큐메니칼 성격처럼 국가도 자국의 경계를 넘어 다양한 나라들과 다양한 문화들과 관계를 가져야 한다고 하는 것이다.

열한 번째로 교회는 하나님의 진노와 심판을 알고 있으나, 그의 자비는 영원하고 그와 같은 진노와 심판은 잠시 잠깐이라고 하는 것을 안다. 바르트는 하나님의 진노와 심판이 정치적 영역 혹은 시민 공동체에서도 일어나지만, 그것은 잠깐이고 정의와 평화와 인간다움의 상태가 더 오래 지속될 것이라고 하는 것이다. 즉, 교회는 "검찰의 조치로부터 법정의 결정에 이르기 까지, 그리고 그것의 과제수행에 있어서 자격미달인 정부에 대한 무장봉기로부터 합법적인 국가에 대한 외부적 위협을 막아내는 방어전쟁에 이르기 까지 정치적 공동체 안에서 일어나는 강제력과 폭력을 통한 갈등해소들을 인정해야 하지만, 가능한 한 이와 같은 폭력적인 수단을 끝까지 삼가면서, 최선의 해결책을 추구해야 할 것이다. (178-179)[7]

다시 말하면, 『기독교인들의 공동체와 시민들의 공동체』(1946)에선 교회와 국가를 하나님 나라(the eternal State 혹은 the universal Kingdom of God)에 대한 희망 안에서 두 개의 동심원으로 보아, 교회와 국가가 동일한 중심이신 예수 그리스도의 주권(a Christocracy) 하(下)에 있다고 하였다. 바르트는 '복음과 율법' 그리고 '율법의 제3사용'이라고 하는 '특수'에서 출발하여 보편(실정법과 헌법 등)으로 나갔다(continuum). 하여 우리가 이미 지적 한 대로 개혁교회 전통의 '복음과 율법' 그리고 '율법의 제3사용'은 칼 바르

---

7   칼 바르트는 1915년에 스위스의 '사회 민주당에 그리고 1931년엔 독일의 '사회 민주당'에 각각 가입한 바, 그는 '사회 민주주의'가 가장 하나님 나라에 가까운 정치이념으로 생각했던 것으로 보인다. 그리하여 그는 '하나님과 인간' 혹은 '하나님 나라와 세상' 사이에 그렇게나 큰 단절과 불연속성이 있다고 주장한 제2판 『로마서 강해』(1921)와는 달리 KD Ⅳ/3, 1에 가서는 인류 역사와 사회와 문화 속에도 하나님의 '빛과 말씀과 진리'(Light, Word, and Truth)에 상응하는 '빛과 말씀들과 진리들'(lights, words, and truths)가 있다고 하였다.

트의 정치윤리에도 영향을 주었다. 칼 바르트는 '복음과 율법'(1935)에서 '복음' 안에서 이미 이루어진 '율법'이, 이 '복음'(Gabe 혹은 Indikativ)을 믿는 사람들에 의하여 실현되어야 할 과제(Aufgabe 혹은 Imperativ)로 보았고, '칭의와 정의' 혹은 '교회와 국가'(Rechtfertigung und Recht, 1938)에서는 국가 자체의 법을, 인간에 의하여 제정된 것으로 보면서, '이신칭의'받은 기독교인들의 '정의'실현의 범위 안에 있는 것으로 보았다. 즉 그는 국가권력을, 신성성이나 '왕권신수설' 차원에서가 아니라, 죄인들의 권력체로서 보편적 '하나님의 칭의' 아래 있는 것으로 보았던 것이다.

4) 칭의의 종말론적 텔로스

하나의 복음 이야기가 드라마틱하게 완성될 하나의 종말론적인 완성을 바라볼 때, 그것은 그것의 역동성과 긴장을 더해준다. 어떤 이야기이든지 그것의 끝이 얼마나 역동적인 긴장을 보여주는가에 따라서 그것의 역동성과 긴장이 더 할 것이다. 바르트 화해론의 목적은 새 하늘과 새 땅(새 창조의 세계)이다. 바르트는 화해론 마지막 부분인 『교회교의학』 IV/4 세례론에서 화해론의 '목적'에 해당하는 미래 종말론 혹은 새 하늘과 새 땅을 힘주어 주장한다.

장차 나타날 예수 그리스도의 계시에서 밝히 밝혀질 것 혹은 교회와 이 교회 안에 있는 개개 기독교인이 예수 그리스도의 부활에 근거하여 기뻐하고 또 기뻐하고 있는 바는 "의(義)의 거하는 새 하늘과 새 땅"(벧후 3:13)이다. 그것은 새 모습으로 변화되는 우주(cosmos)의 영화롭게 됨인데, 이것이 일어나는 것은 하나님께서 (예수 그리스도 사

건에서: 필자 주) 이 우주와도 화해하셨기 때문이다. "모든 사람이 구원을 받으며 진리를 아는데"(딤전 2:4)이르러야 하는 것은 하나님의 뜻의 성취이다. 이와 같이 만유(萬有)를 포용하는 영화롭게 됨은 교회와 각 기독교인의 영화롭게 됨을 포함한다. 그러나 이것이 교회와 이 교회 안에 있는 각 기독교인이 자기 자신들의 미래의 영화롭게 됨만을 바라보면서 살 수 있고 살아야 되는 것을 의미하는 것은 아니다. 그들은 세상의 소금으로, 언덕 위에 건설된 도성으로 살아야 한다. 그래서 그들은 세상 속에서 사는 것이고, 평지로부터 보일 수 있는 자리에서 살아야 한다. 또한 그들은 말 아래 있지 아니하고 등경 위에 있는 빛(마 5:13이하. 비교: 엡5:8)으로 살아야 한다. 그들은 하나님의 놀랍고도 훌륭한 행동들을 선포하도록 위임받은 것이다. … 이것이 바로 예수 그리스도의 교회인바, 이 교회는 이 세상을 위해서 이 세상 속으로 파송 받은 선교하는 교회이다. 그 이외에 다른 무엇이 아니다. 기독교인이 이와 같은 선교에 동참할 때, 그는 그의 세례의 시점으로부터 그의 미래의 삶의 도상으로 전진하고 있는 것이다. 그가 주님의 형제와 자매요, 하나님의 자녀라는 것은 바로 이것을 위한 것이다. 다른 그 무엇을 위한 것도 아니다.[8]

다음의 인용은 위에서 지적한 객관적이고 보편적이며 종말론적인 우주적인 새 하늘과 새 땅을 바라보고 나가는 희망의 공동체로서 세례 공동체의 특수성을 말하고 있다.

---

8   Karth Barth, *The Christian Life(Fragment), Baptism as the Foundation of the Christian Life* (CD Ⅳ/4), 199.

교회는, 세상을 사랑하는 하나님의 뜻의 목적 안에서, 역시 특별한 의미에서 하나의 세례 공동체이다. 교회는 각 개별 세례 때마다 하나님의 보편적인 은혜와 구원의 뜻에 대한 증거를 제공한다. 교회는 밖으로부터 곧 흑암의 세상으로부터 교회 안으로 들어오는 어떤 사람에게 세례 베풂으로써 교회가 자기 자신이나 특정 개인들을 위해서 실존하는 것이 아니라 모든 인간들을 위해서 실존한다는 사실을 선포한다. 교회는 피조물의 탄식 소리를 듣고, 그것을 자체 내에 받아들일 준비가 되어 있으며, 이미 그와 같은 탄식 소리가 예수 그리스도 안에서 들려졌다는 사실을 피조물에게 말하고 보여줄 준비가 되어 있는 열린 교회이다. 물론 이런 사실은 세상과 자신으로부터 아직 감추어져 있고, 새벽별이 기독교인들의 가슴들을 포함하는, 모든 사람들의 가슴들에 떠오를 그 날이 아직 동 터 오르지 않고 있지만(벧후 1:19) 말이다. 그래서 교회는 세례 때마다 교회 자체의 경계선을 넘어서 흑암 속에서 생활하는 사람들의 영역으로 돌입한다. 교회는 비록 자신이 세례를 베풀 때에도, 그렇게 오직 그렇게만 자기 자신을 영화롭게 하실, 자신의 주님의 최종적인 사역과 말씀을 희망 가운데 기다릴 자유를 가지고 있는 것이다.[9]

물론, 우리는 바르트의 교회론의 교의적 전제가 말씀론(CD, I), 신론과 선택론(CD, II), 창조론과 인간론(CD, III), 그리고 화해론임을 알고 있다. 특히 바르트가 '세 계기의 화해의 복음'의 'de iure'[10] 차원을 마주

---

9   Ibid., 200.

10   'de iure'는 '원칙적으로' 혹은 '법적으로'를, 그리고 'de facto'는 '실제로'를 의미라는 바, 예컨대 하나님 아버지께서 그의 아들 예수 그리스도 안에서 이룩하신 화해사건은 '원

하는, 'de facto'차원의 신망애의 공동체를 주장할 때, 교회론은 그의 보편적이고 객관적이며 종말론적인 '화해사역'에 포함된 것이나 마찬가지이다. 그런데 바르트는 'de iure' 차원에서 미래 지향적인 보편적인 화해로서 하나님 나라를 결코 배제하고 있는 것이 아니다.

4. 몰트만의 칼 바르트 넘어서기

1) 하나님 나라의 정치적 비유들

바르트의 『기독교인들의 공동체와 시민들의 공동체』라고 하는 책제목은, 위로부터 출발하는 위계질서가 아니라 밑으로부터 출발하는 공동체를 암시한다. "정치적 공동체는 법이지 권력이 아니기 때문이고, 권력의 독점은 법에 종속하지 않으면 안 되기 때문이고, 기독교인들의 공동체는 '시민들의 공동체'를 하나님의 은혜의 질서로 그러나 하나님 나라의 한 설명으로 보기 때문이다. 기독교인들의 공동체에게는, 국가는 기독교 공동체 밖에 있으나 그리스도의 주권 밖에 있는 것은 아니다." [11]

바르트에게 있어서 '기독교인들의 공동체'와 '시민들의 공동체'는 두 개의 동심원이다. "그 중심은 예수 그리스도이시고(Christocracy), 그리스도께서 통치하시는 내부 원은 그리스도의 자유케 하시는 주권과 하나

칙적으로' 모든 인간들과 나머지 모든 피조물들을 위한 것인데, '실제'로는 역사적으로 구현된 것은 '신망애'의 교회 공동체요, 이 교회는 저 보편적이고 객관적이며 종말론적인 사건을 선취하고 있다고 하는 것이다.

11 Jürgen Moltmann, *Ethics of Hope*, trs. by Margaret Kohl(Minneapolis: Fortress Press, 2012)(독일어 초판, 2010), 21.

님의 도래할 나라에 대한 희망을 선포하는 믿음의 공동체이고, 바깥의 원은 정의에 따라서 사회적 정치적 삶을 영위해야 하는 시민 공동체이다."(Ibid., 21)라고 하였다. 헌데 몰트만은 그 두 원의 관계 그리고 국가와 하나님 나라의 관계에 대하여 이렇게 언급한다.

> 하지만 바깥의 원은 교회와는 독립적으로 그 자신의 과제들을 위하여 책임이 있는 것이지, 교회가 되도록 의도된 것이 아니다. 국가는 하나님 나라가 아니라 도래할 보편적 평화와 공의와 정의의 약속 안에 있다. 바르트는 국가와 하나님 나라의 관계를 묘사하기 위하여 비유(a parable)라는 개념(혹은 analogia: 필자 주)을 사용한다. 비유와 유비뿐만 아니라 상응과 반향 등도 유사성과 비유사성 사이를 가교(架橋)한다. 바르트는 이미 1928년에 문화가 비유를 필요로 하고 비유에 열려있어야 한다고 생각하였다. 기독교 공동체는 그리스도의 주권과 시민공동체 안에서의 희망되어 진 하나님 나라의 비유들에 근접하도록 매진해야 한다. 기독교 공동체는 국가의 인간의 법이 신적인 공의에 상응하도록 해야 한다. 그것과 모순되어서는 안 된다. 기독교 공동체는 인간들과 시민의 법들이 하나님의 자녀의 자유에 상응하기를 원한다."[12]

하여 바르트에게 있어서 확실한 것은, "정치는, 교회가 믿고 있는 그리스도의 주권과 모든 창조세계를 새롭게 할, 희망되어 진 하나님 나라를 위한 하나의 비유로 행동할 수 있다고 하는 사실이다."(64) 하여 바

---

12   Ibid., 21-22.

르트에게 있어서는, '참 국가는 참 교회 안에서 그것의 원형과 모델을 가지고 있음에 틀림없다.

몰트만은 이상과 같이 바르트에 대한 자신의 이해 혹은 해석을 소개한 다음에, 바르트의 주장에 대한 비판적 질문을 제기한다. 몰트만에 따르면, 우리는 시민 공동체와 국가에게 '원형과 모범'이 되는 '올바른 교회'를 찾기 어렵고, 혹 있을 경우에 그것은 하나님의 섭리에 따른 행운일 것이다. 하지만 '올바른 교회들'이라고 생각되는 교회들이 짧은 순간들 속에서 있었다고 해도 그것은 정치적 책임에는 아랑곳하지 않았다고 한다. 그리고 근대에 와서 정치적 참여를 한 교회들 중에는, 권위적이고 보수적이며 비민주주의적인 경향(스페인과 포르투갈)의 교회들도 있었다고 한다. 프랑스 혁명 이래로 교회는 문화적으로 선구자적이기보다는 흔히 뒤에 처졌으나, 이런 상황에서도 오히려 국가가 제 길을 바르게 걸었던 경우들도 있었다. "그와 같은 교회의 뒤처짐은, 사회정책과 평화정책의 형태로의 정치가 기독교인들이 희망하는 하나님 나라의 비유들일 수 있고, 정치가 역사적 예증들에서보다 좀 더 하나님 나라에 근접하는 비유들이 되어야 한다고 하는 견해를 결코 반박하는 것이 아니다. 국가는 교회와 나란히 하나님 나라의 한 형태이니, 교회에 의하여 존중되어야 하고 영향을 받아야 한다.(23-23) 다시 말하면, 몰트만은 국가가 교회에 종속하든가(중세기의 어떤 시기에서처럼) 혹은 교회가 국가에 종속하든가(콘스탄틴적 기독교 세계) 혹은 두 공동체의 그 어떤 정교협약(a concordat)이르든가 혹은 분리주의적 정교분리도 거부하는 입장이고, 정치 · 경제 · 사회 · 문화 · 다종교가 각각 '특수들'(particulars)로서 삼위일체 하나님의 선교에 따라서 하나님 나라를 향하여 운동하는 것으로 본다.

하여 바르트의 신학에 대한 몰트만의 가장 근본적인 비판은, 모든 죽은 자들의 부활과 새 하늘과 새 땅 등에 대한 그의 미래 지향적 종말론에 있다. 그는 바르트의 종말론을 '종말론적 기독론'이라 하였고, 자신의 종말론을 '기독론적 종말론'이라 하여, 바르트는 종말론(하나님 나라의 복음)의 '이미'를 강조하였고, 자신은 그것의 '아직 아님'을 강조하고 있다고 하는 것으로 판단된다. 이제 몰트만은 구약이 바라보았고, 신약이 계속하여 희망하고 있는 미래 종말론에 입각하여 바르트의 '종말론적 기독론'을 비판한다.

> 칼 바르트의 기독론적 종말론은, 하나님께서 이미 그리스도 안에서 이룩하신 바를 보편적으로 열어 보이는 것을 제외하면 미래 종말론을 위하여 그 무엇도 남아있는 것이 없는, 하나의 실현된 혹은 현재적인 종말론이다. 이것은, 신약이 증언하고 있는 그리스도의 오심 너머에 있는, 구약의 약속의 잉여가치를 폐기시켜 버리는 것을 뜻한다. 또한 그것은 이스라엘이 이미 오신 그리스도께로 회심함 이외에 그 어떤 다른 미래도 갖지 않음을 의미한다. 그러나 죽은 자들의 부활과 만유의 새 창조, 이스라엘의 미래와 의가 깃들여 있는 새 땅 위에 건설될 하나님 나라가 아직 우리 앞에 있다. 기독교적 삶은 확실히 그리스도의 제자의 도이지만, 그것은 또한 그와 같은 제자의 도에 있어서 도래하는 하나님 나라와 만유의 새 창조의 선취이기도 하다. 따라서 하나의 희망의 윤리를 위해서, 하나의 미래주의적 종말론이 필수 불가결하다.[13]

---

13 Ibid., 23.

몰트만은 그의 정치신학에 있어서 칼 바르트의 정치신학과 그 출발점을 공유하면서, 그것을 보완하였다. 하지만 비록 칼 바르트 신학에 있어서, 곧 그의 교의학에 있어서 그 중심이 이미 일어난 '화해의 복음'에 있는 것이 사실이지만, 그에게 있어서 미래 지향적인 보편적 만유 화해가 결코 없는 것은 아니다.[14] 반면에 몰트만이 그렇게나 미래 지향적인 새 하늘 새 땅을 강조하고 있는 것이 사실이지만, 그에게 있어서 『십자가에 달리신 하나님』(1972)과 『예수 그리스도의 길: 메시아적 차원들을 지닌, 기독론』(1989)은 그의 종말론이 얼마나 기독론에 무게를 두고 있는가를 우리는 확인할 수 있다.

2) 신정과 민주주의

이어서 몰트만은 칼 바르트와 본회퍼와 더불어 "민주주의란 하나님의 주권에 대한 신앙과 이로 인한 모든 인간권력들에게 가해지는 제약들로 특징이 지워진다."(23)고 하는 입장을 고수하면서, 오늘날 사람들이 신정이란 말을 잘못 사용하고 있다고 비판한다. 즉 그는 많은 사람들이 주장하는 것처럼 그것이 하나님의 이름으로 모든 것을 지배하려고 하는 종교적 독재가 아니라고 말한다. 그도 그럴 것이 신정이란 하나님의 주권에 대한 신앙에 근거하여 모든 독재와 소수자들의 권력독점을 제한하며, 계약에 입각하여 인간의 의하여 만들어진 법의 통치를 주장하고 있기 때문이라고 한다. 하여 몰트만은 신정을 나름대로 정의하고,

---

14   John C. McDowell, *Hope in Barth's Eschatology*(Burlington, USA: Ashgate Publishing Company, 2000), 58ff.

이어서 칼뱅의 신정을 하나님 나라의 관점에서 이해하면서 민주주의를 천거하고 있는 것으로 보인다. 몰트만은 모든 권력행사란 하나님으로부터 위탁된 것이어서, 그 어떤 왕권신수설도 허용될 수 없고, 모든 권력행사가 하나님의 통치와 직결된 것으로서 하나님 앞에 책임을 진다고 주장한다(Ethics of Hope, 23). 하여 그는 아래의 인용에서 칼뱅의 신정을 '헌법적 민주주의'의 근본으로 보고, 민주주의의 근간인 '보편적 인권들'이야 말로 '하나님의 보편적 평화의 나라와 하나님의 공의의 비유들'이라고 못 박는다.

> 칼뱅주의적 신정은 이와 같은 국가의 절대적이고 전적인 신격화들에 대한 절대적이고 전적인 저항을 가르치면서, 근대의 대안(代案), 곧 헌법적 민주주의를 마련하였다. 이미지들과 우상숭배에 대한 반대투쟁 역시 정치에 영향을 주었다. 미국에선 민주주의란 항상 기독교 형태의 국가로 여겨졌고 하나님 나라와의 관계에서 보여졌다. … 다른 사람들에 대한 배려로부터 나오는 진정한 관용은, 인간으로 하여금 다른 사람들 혹은 한 국가의 절대주의적 요구로부터 벗어나게 하는 한, 신정에 뿌리를 내리고 있는 것이다. 근대 민주주의는 보편적인 인권들에 기초되었기 때문에, 그것은 인류를 위한 한 책무와 선교적 성격을 지니고 있다. 즉 '민주주의를 위하여 세상을 구원하라.' 이와 같은 슬로건에는 하나님의 보편적인 평화의 나라와 그분의 공의의 비유들(parables)이 명백하게 드러나고 있다. (Ethics of Hope, 23-24)

하여 필자는 이상과 같은 몰트만의 '신정'에 대한 설명으로부터 그가 본회퍼와 칼 바르트의 그리스도 주권론(Chrstocracy)을 보완하고 있는 것으로 본다. 즉 몰트만은 하나님의 초월성과 하나님 나라의 미래성(초월성)을 확보하면서, 역사와 창조세계 속에서의 삼위일체 하나님의 선교를 주장하고 있는 것으로 보인다. 하여, 몰트만은 하나님의 통치 혹은 삼위일체 하나님의 역사와 창조세계 안의 내주와 그의 통치(주권)를 염두에 두고 있는 것으로 보인다. 무엇보다도 몰트만은 앞에서 언급한 대로 미래 지향적 하나님 나라의 정치적 비유들을 강조하여, 다분히 바르트의 기독론에 근거하는 '유비와 비유와 상응'을 넘어서려고 한 것으로 판단된다.

3) 힘과 강제력(Macht und Gewalt)

강제력(Gewalt)은 여러 가지 모습으로 나타난다. "인간관계 속에서, 연약한 생물과의 관계 속에서, 여성, 아이, 장애인, 병자에 대한 강자의 관계 속에서, … 우리로 하여금 비인간적이고 삶을 견딜 수 없게 하는 강제력도 있다."(333) 몰트만은 '힘'을 '강제력'으로부터 구별한다.

힘을 지니는 것은 좋은 일이다. 사랑의 힘, 이해의 힘, 비폭력으로 의사소통하는 힘도 존재한다. 우리는 하나님을 '전능하신 아버지'로 일컬으면서 그의 임재 안에서 창조의 생명력(대체로 하나님의 영 혹은 루아흐 야훼의 현존과 사역: 필자 주)을 경험한다. 그러나 강제력에 관하여 우리는 생명력의 왜곡과 함께 파괴의 충동, 급기야 죽음의 충동과 관계를 맺는다. 강제력은 우리로 하여금 비인간적이고 굴욕적으로 만들며 우리 자신 안에 있는 좋은 힘을 파괴하는 데 사용된다.

(Ethics of Hope, 190)

하여 몰트만은 어떻게 우리는 부정적인 강제력(Gewalt)을 힘(Macht)
으로, 예컨대 죽음의 문화를 생명의 문화로 그리고 죽음으로부터 생명
과 평화로 전향시킬 수가 있는가를 묻고 있다. 그는 이사야 2:4에 나오
는 '보습'을 민족들 사이의 평화를 나타내는 상징으로 본다.

4) 정의로운 권력: 강제력의 독점과 저항권

민주적으로 선거된 국가가 정의와 정의로운 법에 따라서 자신의 권
력을 행사할 경우에, 기독교인들조차도 그와 같은 국가에 저항할 필요
가 없을 것이다. 이런 경우, 국가의 안전과 평화와 복지를 위하여 국가
자신의 힘(Macht)을 사용하거나 어떤 경우에 강제력을 사용하는 것은 좋
은 것이고 마땅한 것일 것이다. 그리하여 국가는 이와 같은 정의로운 강
제력(Gewalt) 사용의 대가로 공공의 안전(public security)을 보장해야 한다.
하지만 본 섹션에서 몰트만은 정상적인 국가의 정의로운 강제력 사용이
불가능한 상황을 지적한다. 예컨대, 이태리의 마피아와 같이, 사람들을
등쳐먹는 사사로운 악당들의 경우, 근대 도시들의 슬럼가에서 더 이상
안정을 지켜 주지 못하여 정글의 법칙이 지배하는 경우, 아프카니스탄,
파키스탄, 소말리아, 예멘과 같은 국제 테러 조직들의 경우, 국가의 정
의로운 강제력 사용은 불가능하게 된다. "20세기의 정치적 문제는 위로
부터의 테러요, 21세기의 문제는 문명사회를 겨냥한, 범죄 집단들과 종
교 집단들의 국제적 테러이다."(194) 그리고 국가의 강제력 독점은 국가
의 경찰조직을 무시하고 사사로운 경비회사들을 통하여 자신들의 안전

을 추구하는 부자들의 집단들에 의하여 붕괴되는 경우가 있다. 몰트만은 국가의 정당한 강제력 사용에 대하여 다음과 같이 변호한다.

> … 이와 같은 상황들에서 중요한 것은, 국가의 강제력 독점을 변호하고 회복하며 모든 사람들을 위한 안전을 보장하는 것이다. 폭력이 법에 의하여 제어될 수 있는 것은 오직 국가가 그 폭력을 제어할 경우이다. 국가의 강제력 독점이 없으면, 권력을 정의롭게 사용하는 방법들이 없다. … 그것은 무정부주의에 다름 아니다. 그러나 국가가 자신의 권력을 남용 혹은 오용할 경우 그리고 위로부터의 테러가 자행될 경우, 이에 대한 저항권이 개입하여야 하는데, 이는 세 가지 차원에서 일어나야 한다. (Ethics of Hope, 194)

① 만약에 라틴아메리카에서처럼 한 나라의 경찰들과 군인들이 국가의 법을 위반한다면, 이들은 법정에서 그것에 대한 책임을 져야 하고, 선출된 정부가 저들로 법을 지키도록 보장하지 않으면 안 된다. 만약에 저들이 그렇게 하지 않고 할 수 없으면, 백성들과 이들의 대표들의 저항이 정당화될 뿐만 아니라 법과 정의를 회복하기 위하여 그렇게 행하지 않으면 안 된다.

② 만약에 정부가 나라의 헌법에 위배되는 법들(laws)을 통과시킨다면, 그것은 나라의 헌법 제판소에서 탄핵되어야 한다. 만약 이것이 불가능한 경우엔, 백성들과 그들의 법적인 대표들이 헌법 질서를 회복하기 위하여 저항권을 실행하지 않으면 안 된다. (195)

③ 만약에 내부의 쿠데타로 혹은 외부로부터의 점령을 통하여 정부가 권력을 장악한다면, 우리는 모든 차원에서 저항해야 한다. 로

마가톨릭 전통에서는 이에 대하여 수동적이고 능동적인 저항이 요청되었다. 루터교의 아욱스부르크 신앙고백(제16항)은 기독교 인들은 정부당국이 죄스러운 그 무엇을 요구하지 않는 한, 그것에게 순종해야 한다고 한다. 1560년 스코틀랜드 신앙고백(제14항)은 우리 이웃에 대한 기독교적 사랑은 우리들에게 '죄 없는 자들의 생명을 구하고 폭군을 억누르며 억압 받는 자들을 변호 할 것을 요청한다.'고 한다. 이상과 같은 상황에서 저항권을 주장하는 것은 또한 하나의 시민적 의무이다. 도움을 거절하는 것은 벌을 받을 만한 잘못이다. 이와 같은 권리는 또한 하나의 기독교적 의무이다. 이웃사랑이란 기존 권력들에 순응하는 것보다 더 중요하기 때문이다. (195)

끝으로 몰트만은 '시민 불복종'에 대하여 언급한다. 그는 1970년대의 학생 저항운동과 1980년대의 평화운동의 결과로 시민 불복종의 정당성이 발전되었다고 본다. 몰트만은 정부의 부정의(不正義)에 대한 '시민 불복종'을 주장한다. "그것이 오직 합법적이 되려면, 그것이 정부 기관들에 의하여 부정의 한 행동들, 정부에 의한 범법, 그리고 모든 인권 침해에 반대하여 일어날 경우이다. 이 경우에 법적 정의(legal justice)의 이름으로 법이 파기되는데, 그것은 법을 강행하거나 회복하기 위한 것이다."(195) 하지만 몰트만은 국가권력이 명령하는 그 어떤 폭력과 전쟁도 거부한다. 이에 관하여는, 그가 과격파 종교개혁의 평화주의에 가까운 '정의로운 평화'를 지지한다.[15]

---

15 Jürgen Moltmann, *Ethics of Hope*, trs. by Margaret Kohl(Minneapolis: Fortress Press,

5. 나가는 말: 칼 바르트와 몰트만 신학에 비추어 본 한국개신교의 나아갈 길

한국개신교의 사회참여의 역사는 그 동안 역사적으로 하나님의 일 터인 이 세상에서 공적인 책임들을 많이 수행해왔다. 일찍이 한국의 기독교는 계몽차원에서 민족의 희망이었고, 한글을 보급하였으며, 최초의 근대식 병원을 세웠고, 평등사상을 고취시켰으며, 교육에도 적지 않은 기여를 해왔다. 그리고 일부일처제와 여권신장에 힘써 왔고, 3 · 1운동과 같은 나라 살리기 운동에도 동참하였으며, 신사참배 거부운동도 일으켰다. 나아가서 1970년대의 반독재운동과 1980년 남북평화통일운동에도 앞장섰고, 장기기증운동과 태안 앞바다 기름제거 운동에도 두각을 나타냈다. 한국교회의 공적책임의 예는 허다하다.

이상과 같은 한국개신교의 사회참여의 역사를 배경으로, 2008년 우리 공적신학연구소는, 여러 '이정표들' 가운데 다음과 같이 선언한 바 있다. 우리는 아래에서 그 동안 우리 한국개신교가 얼마나 정치참여를 소홀히 해 왔고, 잘못 해 왔으며, 정치참여의 신학이 부재해 왔던가를 짐작할 수 있다.

1) 교회의 공적 책임수행을 방해하는 요소들

우리 한국교회는 '이기적이고 배타적인 교회중심주의', '영혼과 몸

2012)(독일어 초판, 2010), 196 이하. 참고: *J. Moltmann's Lectures in Dialogue with Mennonite Scholars*, ed. by Willard M. Swartley(Eugene, Oregon: Wipf & Stock, 2006), 56-68.

을 갈라놓는 이분법', '물량적 교회성장주의', 그리고 '맘몬의 지배로 하나님 나라의 사유(私有)화로 인하여 하나님의 드넓은 작업장인 이 세상에서의 교회의 공적책임 수행에는 너무나도 미흡하였다. 이와 같은 요소들은 교회의 공적책임 수행에 대한 저해요인들이다.

(1) 교회와 세상의 적대관계

한국개신교는 교회를 노아의 방주 유형이나 구명(救命)선으로 여기는 경향이 짙다. 이러한 경향은 '교회와 세상을 분리'시켜서 교회를 "세상이라는 바다"에 떠 있는 외딴 섬으로 만들어 왔다. 또한 한국개신교는 죄와 죽음의 힘이 세상을 지배한다고 가르치며, 사단과 마귀가 판을 치고 있는 이 세상은 최후심판과 지옥을 향하여 내달린다고 보면서 이러한 세상과 단절해야만 하나님의 은혜로 구원을 받는다고 가르쳤다(요 7:7; 요 8:23; 요 17:16). 이것이 이기적이고 배타적인 교회중심주의로 이끌어 갔다.

하지만 하나님께서는 세상을 이처럼 사랑하사 독생자를 보내주셨다. 예수 그리스도께서는 교회의 머리이신 동시에 창조의 중보자시요, 온 인류와 우주만물의 화해자시요, 인류와 우주만물의 새 창조자이시요, 따라서 역사와 우주만물의 주님이시다.

(2) 영혼과 몸을 갈라놓는 이분법

한국개신교는 영혼구원을 강조하면서 복음전도를 "구령사업"이라 가르쳤다. 그러다보니 개인의 영혼구원에 치우쳐서 몸과 육체의 영역을 소홀히 여겼다. 전인(全人)의 구원이 아니라 영혼만의 구원을 강조했다. 영혼과 몸을 분리하는 이분법적 사고가 신앙을 지배한 결과, 영혼과 영

적인 것의 가치를 높이는 동시에 몸의 영역에 속한 역사적이고 사회·
문화적인 가치를 업신여기거나 소홀히 여겼다. 이러한 이분법이 교회의
공적인 책임수행을 방해했다.

(3) 물량적 교회성장주의

한국개신교는 특별히 산업화시대(1960~90년대)의 시대정신인 성장
이데올로기와 맞물려서 교회성장에 몰입하며 외형적으로 그 몸집을 불
려왔다. 그러다보니 교회가 물량적 성장주의를 벗어나지 못했다. 이러
한 성장주의는 하나님 나라의 자람(마태 13장)에 역행하는 것이었다.

(4) 맘몬의 지배로 사유화되려는 하나님 나라

한국개신교의 성장은 자본주의 사회체제 속에서 진행되었다. 권력
의 비호아래 권력과 결탁해 온 한국 자본주의체제는 공공(公共)의 안녕
(安寧)과 질서를 추구하기 보다는 대체로 특권층을 양산하고 기득권층을
보호해왔다. 이러한 사회현실을 향해 교회가 예언자적 사명을 감당해야
하는데, 오히려 한국교회 대다수는 맘몬의 지배에 예속되어서 자주 기
득권층을 대변하였다. 이러한 교회는 이 세상에서 하나님 나라를 위한
공적책임을 결코 수행할 수 없었다.

예수님이 보여주신 작은 자들에 대한 긍휼(compassion), 예언자들이
선포한 공의와 정의의 나라, 레위기 25장의 희년에 대한 비전과 누가복
음 4장의 은혜의 해는 결코 맘몬의 지배를 허락하지 않는다. 교회와 세
상에서 사랑과 공의와 정의가 강같이 흐르는 샬롬 공동체 형성은 전적
으로 공적인 일이다. 우리는 하나님의 선교(missio trinitatis)에 동참하여 공
공(公共)의 샬롬 공동체 형성에 헌신해야 할 것이다.

(5) 교회지도자들의 정치세력화와 청년 선교

지난 참여정부에 대한 사회 보수층의 인식은 소위 "좌파정권"이었다. 특별히, 민주화 이후의 사회개혁과 남북관계 진전을 위한 정부의 정책에 대하여 이들은 강한 거부감을 드러냈다. 이러한 "보수층"의 입장에 적지 않은 기독교 지도자들이 동의하며 적극 동참했다. 이 점이 의식 있는 교회 청년들에게 실망감을 안겨주었고, 이 사실은 교회 밖 일반 청년층에게 교회가 보수 세력으로 비쳐졌다. 이에 청년 선교를 가로막기도 하였으며, 교회의 공적책임수행을 방해하였다.

그러나, 참여정부의 여러 정책들은 기대와 달리 '신자유주의'를 따르는 결정을 내렸다. 따라서 양극화의 심화와 맞물려, 청년실업문제와 소위 "88만원 세대"의 생성은 계층 간의 갈등은 물론 세대 간의 갈등도 빚어냈다. 이 현상은 교회로 하여금 청년 선교를 새롭게 생각하도록 촉구하였고, 교회의 공적책임 수행을 다시 생각하게 하였다.

2) 두 신학자가 공유하는 '칭의와 하나님 나라', '칭의의 종말론적 텔로스', 그리고 '교회의 특수성'

(1) 몰트만의 입장

대체로 칼 바르트는 칼뱅과 존 녹스 등 개혁교회의 전통을 매우 존중한다. 칭의의 종말론적 텔로스로서 하나님 나라와의 관계에서 교회를 보는 것은, 두 신학자의 고유한 주장이다. 이 두 신학자에 따르면, 교회는 '하나님 나라의 복음'을 믿음으로 받아 칭의를 얻고 국가와 사회 안에서 사랑 가운데 정의를 행하며, 하나님 나라를 희망하는 가운데 교회와 국가 안에서 그의 나라를 구현한다. 헌데 몰트만은 칼 바르트보다 장차 도래할 하나님의 나라 혹은 새 하늘과 새 땅에 더 큰 무게를 두면서 하나님 나라의 아방가르드(avant-garde)로서 교회의 특수한(메시아적) 정체성과 적실성을 더 힘주어 주장하였다. 그런즉 몰트만은 "교회의 믿음이, 국가와 하나님 나라의 '유비, 비유, 상응'을 분별하고 만들어가야 한다고 하는 칼 바르트의 주장에서 한 걸음 더 나아가, 교회와 국가 모두 안에서의 하나님 나라의 선취를 강조한다." 아마도 몰트만은 정치신학, 해방신학, 여성신학, 아시아-아프리카 신학, 사회주의 신학, 민중 신학, 평화신학, 생태신학의 주장들을 하나님 나라의 파편들, 표지판들, 도구들, 징표들, 혹은 담보들로 보았다. 이것이 다름 아닌 그의 하나님 나라의 신학의 예증들로서 공공성을 그 특징으로 한다.

나아가서 몰트만은 교회의 정체성을 예수님의 메시아적 사명에서 찾았다. 우선 그는 제2 이사야서에 비추어서 예수님의 메시아적 미션을 밝혀내고, 그와 같은 전망 하에서 복음서들이 제시하는 바, 그의 메시아적 미션을 언급한다. 몰트만은 '선재, 성육신, 메시아적 미션, 수난과 십자가, 부활과 승귀', 곧 '그리스도의 역사'로서 혹은 그것을 전제하는 '사도적 선포'에서, '예수님의 메시아적 선교'에 주목한다. 이미 지적한 대로 전자가 성령의 사역에 의한 칭의로부터 만유의 새 창조에 이르는 하나님 나라를 목적으로 한다면, 후자는 메시아적 교회를 통하여 매개되어야 할, 보편주의적인 하나님 나라를 목적으로 할 것이다. 교회는 하나님 나라를 매개하는 메시아적 공동체라는 말이다. 그러니까, '예수님의 메시아적 선교'는 사도적 선포와 함께 교회의 특수성의 범주에 속하는 것이니, 그는 신약성서가 부활 후 케뤼그만적 모티프에 의하여 기록되었다고 보면서도, 복음서 기자들이 이야기하는 메시아와 그분에 대한 사역을 강조하고 있는 것이다. 우리는 이 맥락에서 복음서들에 나타난 메시아 예수님의 말씀들에 주목하는 것이다.

공관 복음서들은 예수님의 메시아적 미션에 비추어서 그분의 전(全) 출현과 역사를 묘사한다. 복음서들은 그분의 선포의 측면 하에서 그분의 메시아적 미션을 그린다. 그분의 선포는 가난한 자들에게 복음을 전하시면서 회개를 촉구하신다. 그러므로 그의 설교는 '복음화'이고 그 자신은 마지막 때의 '복음전도자'이다. 누가복음 4:18 이하는 이사야 61:1 이하의 말씀으로 그분의 미션을 요약한다. '주의 성령이 내게 임하셨으니 이는 … ' 마태는 예수님으로 하여금 세례자 요한의 질문에 대답하게 한다. '맹인이 보며 못 걷는 사람이 걸으며 나병환자가 깨끗함을 받으며 못 듣는 자가 들으며 죽은 자가 살아나며 가난한 자에게 복음이 전파된다 하라'(마 11:5이하). 마태복음 10: 7-8에 따르면, 제자들은 동일한 미션을 가지고 이스라엘의 잃어버린 양들에게로 파송된다. '가서 전파하여 말하되 천국이 가까웠다 하고 병든 자를 고치며 죽은 자를 살리며 나병환자를 깨끗하게 하며 귀신을 쫓아내되 너희가 거저 받았으니 거저 주라.' 예수님의 메시아적 미션은 그분의 활동 전체를 포함하고 그분의 제자들을 위한 모든 것을 포괄하는 의미를 가지고 있다. 복음을 전한다고 하는 유앙겔리제인은 그와 같은 활동의 맥락 안에서 뚜렷이 한정된 의미를 가지고 있다. 예수님과 제자들의 선포는 미션이다. 그러나 그분의 미션과 제자들의 미션은 단순히 선포만이 아니라, 병든 자를 치유하고, 갇힌 자를 해방시키며, 의(義)를 목말라 하는 것도 포함하고 가난한 자들에 대한 복음 선포도 포함한다.[16]

그리고 몰트만에게 있어서 종말론적 성령의 능력과 현존 안에 있는 메시아적 교회는 이 세상의 다른 공동체들과 구별되는, 특수 공동체로서 세상의 타 공동체들과 더불어 동일한 성령의 현존과 역사 속에서 이 땅 위에 하나님 나라를 구현해 가는 삼위일체 하나님의 선교에 동참해야 한다고 한다. 하여 교회와 이 세상의 모든 생명 과정들(정치·경제·사회·문화·다종교)은 하나님 나라를 지향한다고 하는 말이다. 하여 우리는 몰트만이 국가를 이와 같은 모든 생명과정들 가운데 하나로 보고 있음을 발견한다. 물론 몰트만은 메시아적 교회로서 메시아 왕국을 교회 안에서만 아니라 역사와 창조세계의 지평 안에서 성취시켜야 한다고 하지만 말이다. 물론, 이는 국가에 대한 참여를 포함한다. 이와 같은 맥락에서 몰트만은 바르트의 '유비와 비유와 상응'과 구별되는, '선취'에 대하여 상세하게 설명한다.

이와 같은 선취들은 아직 하나님 나라 그 자체가 아니다. 그러나 그것들은 제한된 가능성들 안에서의 하나님 나라에 대한 진정한 매개들(mediations)이다. 바울의 말로 하면 그것들은 인간역사 한 복판에 있는 하나님 나라의 담보(arrabon)요 첫 열매들이다. 이 윤리는 기독론적으로 기초되었고 종말론적으로 정향되었으며 성령론적으로 구현된다. 이 세상은 '하나님 나라를 기다리는 공간'이 아니다. 비록 이 세상이 하나님 나라가 아직 아니지만, 그것은 하나님으로부터 이 땅 위로 도래하는 하나님 나라를 위한 싸움터요 건축공사장이다. 우리는 이미 지금 새로운 순종과 창조적 '제자의 도'를 통하여 이 하나님 나라의 영으로 살고 있다. … 비

---

16 Jürgen Moltmann, *The Church in the Power of the Holy Spirit: A Contribution to Messianic Ecclesiology*(New York: Harper & Row, 1975)(독일어 초판, 1975), 76.

록 우리의 사랑이 계속하여 파편적으로 남아 있지만 말이다. (Ibid., 46)

끝으로 몰트만은 오늘날 메시아적 활동은 근본적으로 다차원에서 일어나야 한다고 본다. 그 이유는, 오늘날 인간(the human person)은 "단일 차원이 아니라 복합적인 상호 관계로 되어 있는 역사적 과정들과 인간 경험의 다차원들에 참여하고 있기 때문이다."[17] 다음과 같은 그의 주장은, 모든 국가들 안에 있는 정치·경제·사회·문화·다종교 안에서 일어나야 할 '아라본'일 것이다.

① 다른 사람들에 의한 어떤 사람들에 대한 착취에 반대하는 경제적 정의를 위한 투쟁

② 다른 사람들에 의한(가부장주의이든 민족주의이든 혹은 그 어떤 다른 주의들) 어떤 사람들에 대한 정치적 억압에 반대하는 인권들과 자유를 위한 투쟁

③ 사람들로부터 사람들의 문화적 소외에 반대하는 인간적 연대 투쟁

④ 인간들에 의한 자연에 대한 산업적인 파괴에 반대하는 자연과의 생태학적 평화를 위한 투쟁

⑤ 개인적인 삶에 있어서의 무감각에 반대하는 삶의 의미를 위한 투쟁[18]

---

17 *J. Moltmann's Lectures in Dialogue with Mennonite Scholars,* ed. by Willard M. Swartley(Eugene, Oregon: Wipf & Stock, 2006), 46-47.

18 Ibid., 47. 몰트만의 교회론이 복음서의 '메시아적 기독론'에 근거하고 '메시아 왕국'을 바라보고 있는 것처럼 그의 정치신학 역시 그렇다. 그리고 여기에서 나열한 5가지 '오늘날의 메시아 활동'은 결국 교회와 세상이 공유하는 활동영역이다. 그러니까, 교회와 세상은 공히 '메시아 왕국'의 선취를 위해서 실존하여야 하는 것이리라.

대체로 몰트만은 칼 바르트보다 더 미래 지향적 하나님 나라를 주장하였고, 이 하나님 나라를 세상의 다양한 생명과정들과 연대하여 선취시켜야 한다(『성령의 능력 안에 있는 교회』, 1975)고 하였으며, 후기 저서들(The Open Church, 1978과 Ethics of Hope, 2012)[19]에서는 이를 더 강조하였으니, 그는 바르트와 달리 교회가 복음서들의 예수님의 메시아 사역이 내다보는 메시아 왕국을 이 세상에 선취시켜야 할 것을 힘주어 주장하였다. 그런즉 그는 16세기 '철저한 종교개혁'(The Radical Reformation)의 제자도(discipleship)에 대한 강조를 긍정하였다.

(2) 세상을 위한 기독교적 책임인가? 아니면 그리스도의 제자의 도인가? 종교개혁에 대한 숙고

몰트만에 따르면, 루터교의 아욱스부르크 신앙고백의 제16항이 슐라이트하임 신앙고백의 제6항("칼은 그리스도의 완전성 밖에 있는 신적인 질서이다.")(52)에 대한 응답인데, 16세기 당시 루터교는 로마가톨릭교회와 더불어 재세례파 사람들을 공히 정죄하고 박해하는 상황에서 이들과의 대화보다는 황제와 영주들을 지지하는 입장에서 이 과격파들을 대하였다. 우선 몰트만에게 있어서 과격파의 주장은 아래와 같다. 이들은 "그리스도의 완전성"(the perfection of Christ) 밖에 있는 정치와 사회질서 역시 하나님의 질서인긴 하지만, 기존 교회와 기독교인들로부터는 물론, 국가와 사회질서로부터 분리주의(Absonderung)를 지향하면서 주로 "한 분 주님" 아래 "갈라지지 않은 양심을 가지고" 산상수훈 안에서의 제자의 도를 따

---

19 참고: 이형기, 『교회론의 패러다임 전환』(여울목, 2016), 126 쪽 이하; 이형기, 『몰트만 신학의 여러주제들』(여울목, 2017), 99쪽 이하.

라 살았다. 즉 이들은 군복무를 비롯한 "폭력"사용과 연루될 수밖에 없는 국가와 사회질서에 결코 동참하지 않고, 가시적 거룩성을 추구하는 그리스도의 몸을 주장하였다.

> 그리스도의 완전성은 오직 형제자매들의 자발적 공동체 안에서만 실천될 수 있다. 신앙과 제자의 도와 세례에 의하여 구축되는 자발적 공동체는 그리스도의 참되고, 가시적인 몸이다. 이 믿는 사람들의 가시적이고 거룩한 공동체 안에서는 강제력이나 폭력이 아니라 용서가, 그리고 심판이 아니라 오직 사랑이, 그리고 계산이 아니라 오직 순종이 권고된다. … 그것은 법들과 강제력들의 사회에 대한 가시적 대안이다. 후터 형제단들과 메노나이트 계통의 공동체들이 이와 같은 전통을 따른다.(52-53)

이들은 국가와 사회에 대한 참여를 거부하고, 평화사역에서 당하는 고난에 대하여 일관성 있는 무방비성(defencelessness)을 추구하고, 심지어 국가의 공직자가 되는 것까지도 철저히 거부하였다. 그리고 순교를 감수하는 비폭력의 삶을 살았다. 이들은 제6항에서 이 세상질서를 하나님의 질서라고 하면서도 그리고 이 세계를 하나님의 창조의 질서라고 하면서도 이 세상과 창조세계에 대한 책임으로부터 자신들을 완전히 분리하였다. 이들은 이 세상에 대하여 "과격하게 거부(great refusal)"하는 삶을 살았다.

이어서 몰트만은 " … 모든 기존의 통치와 법들은 하나님에 의하여 세워진 것이고 제정된 것이다. … "(제16항)에 근거한, 루터교의 기독교적 책임에 대하여 소개한다. 루터교는 세상의 모든 법과 제도들이 하나님께로부터 온 것이라며, 군복무와 공직생활 등 모든 국가와 사회의 기존 규범들을 "하나님의 참된 질서들"(as true orders of God)로 보존하고 지키면서 살아야 한다고 본다. 이 맥락에서 국가권력의 강제력을 사용해서라도 사회적 평화와 정치적 정의가 실현되어야 한다고 한다. 그리고 기독교인들은 복음을 통하여 내면적으로 구원을 받았으나, 국가와 사회를 향한 외면적인 차원에서는 그 속에서 '이웃사랑'을 실천할 뿐이라고 한다. 따라서 이들은 "철저한 거부"(great refusal)가 아니라 "책임적 협력"을 추구하였다.(54) 그러면 이들은 어떤 표준에 따라서 국가와 사회에 참여한다고 하였는가? "이들이 믿는 복음은 구조의 변혁을 위한 그 어떤 새로운 전망들을 제공하는 것이 아니고 단지 기독교인들로 '구조들 안에서 개인적인 이웃사랑을 실천하게 한다."(55) 이는 몰트만의 루터와 루터교에 대한 부분적 인정과 비판에 해당한다.

결국 루터와 루터교는 하나님께서 국가와 사회에 대하여 책임을 지신다고 생각하면서 그리고 하나님께서 시간의 끝에 이르기까지 신적으로 제정된 권위들에 의하여 이 세상을 보존하시기를 원하신다고 하면서, 복음에 의한 마음의 의롭게 됨을 인정하지만, 외적인 세상은 하나님에 의하여 세워진 법과 제도에 내맡기고 만다. "특수하게 기독교적인 정의에 대한 특별하게 기독교적인 관점과 같은 그 무엇이 없다."(55) 즉 이들에겐 정치와 사회와 경제 문화 등의 차원들에도 적용되어야 할 "제자의 도"와 같은 것이 없다. 물론, 이들은 이 세상과 창조의 세계를 하나님 나라와 비슷하게 만들어야 한다고 하는 희망과 열망도 없다. 그리하여 몰트만은 이렇게 결론을 맺는다.

재세례파들이 정적주의자들(quietists)로서 이 세상으로부터 퇴거할

위험에 처하고 국가와 사회에 대한 비판을 그만두는 것처럼 루터교
인들은 이 세상과 함께 걸어가고 무비판적으로 이 세상과 협조할
위험에 처해 있다. 결국, 전자는 '시골에서 조용히 지내는 자들'이
고 후자는 '경건한 국가의 속물들'인 바, 이 두 가지 길은 모두 세상
안에 있는 경제와 정치를 위한 평화와 정의에 거의 공헌을 할 수 없
다.(Ibid., 55-56)

하여 루터교는 로마서 13장을 '제자의 도'에 포함되는 것으로 보기
보다는 국가론 차원에서 이해한다. 즉 루터교는 아우구스티누스의 원죄
교리에 따라서 국가가 악한 본성을 지녔다고 보고, 모든 권세가 이를 제
어하기 위하여 하나님에 의하여 제정된 것이어서, 국가와 세상의 악은
이 하나님의 국가의 공직자에 의하여 어거되어야 한다고 보는 것이다.
그러니까 국가와 국가의 공직자를 존재론적으로 이해하고 있는 바, 이
는 왕권신수설에 가깝다. 하지만 필자 생각엔, 국가에 세금을 바치는 등
국가의 정의로운 제도를 따르는 것은, 국가에 대한 존재론적 이해에 근
거한 것이 아니라 기독교인들의 이웃사랑에 따른 '제자의 도'에 다름 아
니라고 본다. 이웃 사랑(롬 13:8-10)이야말로 십계명의 두 번째 돌비가 요
구하는 모든 것을 지키고도 남음이 있다고 하는 '제자의 도'의 실천이다.
이 이웃 사랑은 산상수훈과 원수사랑까지 포함하는 '제자의 도'로서 하
나님 나라의 여명을 바라보고 나가야 하는 교회의 특수성에 해당한다.
'또한 너희가 이 시기를 알거니와 자다가 깰 때가 벌써 되었으니 이는
이제 우리의 구원이 처음 믿을 때보다 가까웠음이라. 밤이 깊고 낮이 가
까웠으니 그러므로 우리가 어둠의 일을 벗고 빛의 갑옷을 입자.'(롬 13:11-
12) 그러니까, 몰트만은 교회가 보편적인 윤리도덕에 해당하는 이웃사

랑을 실천하면서도, 16세기 '철저한 종교개혁'이 강조했던 '제자의 도'를 수용하였다. 그런즉, 그는 '정의로운 평화' 추구에 있어서 메노나이트 등 종교개혁 좌파 전통의 '역사적 평화주의'를 추구한다.

(3) 우리는 '교회와 국가'의 다양한 유형들 가운데 어떤 것을 택할 것인가?

H. 리처드 니버의 '그리스도와 문화'는 그리스도와 세속문화의 관계유형을 5가지로 보았다. 하나는 '그리스도와 문화'의 적대 관계(Christ against Culture)이다. 이는 16세기 과격파 종교개혁에의 하여 예증된다. 둘은 '복음을 세속문화 속에 용해시켜버리는 '문화의 그리스도'(The Christ of Culture)로서 19세기 자유주의 기독교를 말하고, 셋은 '문화를 초월하고 비판하면서도 문화와 종합하는 그리스도'(Christ Above Culture)로서 로마가톨릭교회가 그 유형이다. 넷은 그리스도와 문화를 단절의 관계로 보면서도 동시에 이 둘을 연결시키는 루터교의 "역설 속에 있는 그리스도와 문화"(Christ and Culture in Paradox)요, 다섯은 문화의 변혁에 방점을 두는 개혁교회의 '문화변혁자로서 그리스도'(Christ the Transformer of Culture)이다.

우리는 '교회와 국가'(세상)의 관계 역시 위와 같은 유형들을 참고하여 생각할 수 있다. 첫 번째 유형은 교회가 국가와 단절하는 관계요, 두 번째는 혼합하는 관계요, 세 번째는 자연과 초자연의 종합인데, 이는 교회의 절대 우월성을 주장하는 관계요, 네 번째는 루터교의 유형으로서 앞에서 몰트만이 비판하는 그런 유형이요, 다섯 번째는 대체로 칼 바르트와 몰트만의 '교회와 국가'의 프레임으로서 교회의 정체성을 매우 강조하면서도 교회의 국가에 대한 가장 적극적인 참여를 내세우는 유형이다. 물론, 몰트만이 칼 바르트보다 더 적극적인 참여를 주장하지만 말이다.

헌데 이상과 같은 니버의 '그리스도와 문화'의 관계유형들에 빗댄

'교회와 국가'의 유형들은 '교회 대 세상'이라고 하는 대립관계를 기본으로 하고 있는 데 반해, 칼 바르트와 몰트만은 교회와 국가를, 미래 지향적인 하나님 나라와의 관계에서 보기 때문에 우리의 주목을 끈다. 물론, 몰트만의 '기독론적 종말론'이 바르트의 '종말론적 기독론'보다 좀 더 미래 지향적이고, 전자가 '종말'(the Ultimate)과 '종말 이전'(the pen-Ultimate)의 시간적 긴장을 더 강하게 주장한다면, 후자는 교회와 국가(세상)의 공간적 구조(두 동심원)를 더 강조한다. 하여 필자는 몰트만의 종말론이 바르트의 종말론보다 좀 더 미래 지향적인 차원을 가지고 있다고 보면서[20], 바르트의 '교회와 국가'의 관계유형을 출발점으로 하고 그것을 넘어서려고 하는 몰트만의 입장을 더 선호한다. 끝으로 중요한 것은, 교회의 정치참여 등 세상참여 차원에 있어서 몰트만이 칼 바르트보다 훨씬 더 철저하다. 그도 그럴 것이 몰트만은 앞에서 본 대로 예수님의 메시아 선교에 입각한, 교회의 메시아적 정체성과 적실성을 힘주어 주장한다면, 칼 바르트는 다분히 사도들의 복음과 종교개혁의 복음이해에 치중하고 있기 때문이다.

(4) 하나님 나라의 절대적 가치들(정의, 평화, 생명, 자유, 사랑, 화해, 치유 그리고 빛과 말씀과 진리 등)과 이 하나님 나라의 가치들의 선취들로서 상대적 가치들의 관계

칼 바르트가 주장하는 '유비, 비유, 상응'은 하나님 나라의 절대적 가치들에 상응하는 역사 내적인 상대적 가치들의 실현에 다름 아니다.

---

20 참고: John C. McDowell, *Hope in Barth's Eschatology* (Burlington, USA: Ashgate Publishing Company, 2000), 58ff.

우리는 '자유민주주의', '사회민주주의', '따뜻한 시장경제' 등에서 하나님 나라의 상대적 가치들을 실현시켜야 한다. 그리고 몰트만 역시 예수님의 메시아사역(산상수훈의 평화주의와 원수사랑, 그리고 '죄인과 세리' 및 가난한 자 병든 자 소외된 자 억눌린 자에 대한 우선배려)에 따른, 교회의 메시아적 정체성과 적실성, 그리고 위에서 언급한 교회와 세상의 다섯 가지 메시아적 활동을 통하여 역사와 창조세계 내에서의 하나님 나라의 선취를 역설하였다. 하여 우리는 이와 같은 하나님 나라의 가치들을, 이념과 정파를 초월하여 구현해 나가야 할 것이다. 그리고 이와 같은 가치들은, 성경의 하나님 나라 가치들로부터 출발하여 일반 도덕과 일반 사회윤리학이 알고 있는 도덕적 윤리적 가치들로 이어져야(continuum) 할 것이다. 물론, 후자가 전자에 종속하는 것이 아니라, 각각 나름대로 하나님 나라의 가치들을 가리키는 표지판들이어야 하지만 말이다.

하여 우리는 촛불집회에 참여하든 태극기집회에 참여하든 위에서 언급한 절대적 하나님 나라의 가치들의 '유비들'과 '선취들'로서 지상적이고 역사적인 상대적 가치들을 파악하고 붙들어야 할 것이다. 그리고 어느 정당의 정치적 혹은 정책적 가치들을 지지할 경우에도 마찬가지인 것이다. 그리하여 우리 기독교인들은 항상 하나님 나라를 가리키는 파편들 혹은 표지판들로서 '상대적 진리들'에 있어서 믿지 않는 사람들과 동일성(identity)을 추구하면서도 '차이'(difference)를 붙들고 있어야 한다. 예컨대 '정의'에 있어서 우리 믿는 사람들은 구약이 증언하고 있는 '츠다카'와 '미쉬파트'로 표현된 하나님의 '공의와 의'[21] 그리고 바울의 '복음

---

21 참고: 김명용, 『현대의 도전과 오늘의 조직신학』(서울: 장로회신학대학 출판부, 2011) (개정증보(초판은 1997), 제2부의 제7장: 기독교와 정의(153-173)).

162 제1부: 하나님 나라의 정치

에 계시된 하나님의 의(디카이오슈네)'(롬 1:17)를 염두에 두면서, 세상 사람들이 알고 있는 일반윤리 수준의 '정의'를 이해하고 포착해야 할 것이다.

(5) 교회의 정치참여와 그리스도인의 정치참여

우리는 한 교단으로서 교회의 정치참여와 개인으로서 기독교인의 정치참여를 구별해야 한다. 우리는 한 기독교인이나 한 목사로서 정치에 참여할 수 있다고 본다. 이는 이신칭의를 받고 개인적이고 사회적인 성화과정 속에 있는 개인들이 모든 직업의 세계에서 하나님의 소명 혹은 하나님의 뜻을 수행해야 한다고 하는 신학논리에 걸맞다. 우리는 몰트만이 가르치는 하나님 나라에 대한 희망을 품으면서, 정치·경제·사회·문화·다종교의 세계 속에서 방금 위에서 기술한 하나님 나라의 절대적 가치를 바라보는 상대적 가치들을 구현해야 할 것이다. 이 경우, 야당이든 여당이든 문제가 될 수 없다. 그리고 어떤 이념을 따르든지 헌법에 어긋나지만 않으면 될 것이다. 허나 교회의 경우, 다르다. 우리는 이념이나 정파의 문제로 교회가 분열될 수 있다고 보기 때문이다. 여기에 더하여 교회들은 다른 교회들과 더불어 에큐메니칼 대화와 연대를 추구해야 하기 때문이다. 그리고 무엇 보다고 교회는 공동체로서 하나님 나라의 가치들을 구현해야 하기 때문이다.

몰트만은 세상의 구조 악들에 대항하는, 하나님 나라 혹은 하나님의 의를 말한다. 여기에는 그리스도의 의로 믿음에 의하여 의롭게 된 자들(이신칭의 받은 자들)의 구조 악에 대한 저항과 구조적인 정의추구가 포함되어 있는 것으로 보인다. 이와 같은 구조적인 악에 대항하고 구조적인 의를 추구함에 있어서 믿는 자들은 하나님 나라 선취를 위한 하나님의 모든 다른 파트너들과 협력하고 협동해야 할 것이다. 믿는 자들은 다른 파트너들과 더불어 구조 악의 피해자들 편에 선다. 하나님 나라와 그의 의는 세상의 구조 악에 항거하고 새 창조의 선취들과 그의 의에 대한 실천을 요구한다.

> 만약에 우리가 제도화된 부정의를 구조적인 죄라고 부를 경우, 우리는 '이 세상'(구조 악: 역자 주)에 대한 하나의 모순으로서 하나님의 의(구조적인 의: 역자 주)를 경험한다. 오늘날 제3세계의 부채는 하나님 나라를 위하여 무관심 거리가 아니다. 하나님의 의는 이 위기의 피해자들과 함께 거하고 권리들을 빼앗긴 자들을 위하여 정의를 절규한다. 연대성의 그리스도는 형제자매들 가운데 작은 자들과 연대하신다. 하나님의 의는 이와 같은 위기를 만들어 내고 그것으로부터 이익을 얻어내는 자들의 잘못을 틀렸다고 하고 이들을 해방시키어 신앙(이신칭의: 역자 주)을 갖게 함으로써 그리스도의 구속하시는 고난을 통하여 회개하도록 한다. 그리스도의 고난과 죽음 안에서 자신들의 의(칭의: 역자 주)를 인정받은 사람들은 이 부정의한 세상에 대하여 죽기 시작한다. 그들은 사실상 억압적 체제의 요구들과 보상들에 대하여 죽는다. 그들은 구조적 폭력의 법들을 더 이상 인정하지 않는다. '우리를 위하여' 십자가에 달리신 그리스도 안에서 그들의 의를 발견한 사람들은 부정의의 세상과 단절한다. 그들은 그리스도 안에서 칭의를 받았다. 인종이나 계층이나 소유에 의해서 의롭다함을 받은 것이 아니다. … (55)(History and the Triune God: Contributions to the trinitarian Theology)

제5장
한국교회와 개신교인들의 정치의식 *

1. 종교와 정치

근대 이후 사회 분화가 이루어짐에 따라 여러 사회 제도들도 세분화되고 전문화되어서 과거에는 거의 모든 사회적 기능을 담당하다시피했던 종교로부터 많은 사회 제도들이 분화되어 나갔다. 이에 따라 종교와 정치의 결합도 무너지고, 대부분의 세속화된 사회에서 '종교의 자유' 기치 아래 종교와 정치는 분리되어 왔다. 그럼에도 종교의 사회적 기능 중의 하나는 그 사회의 의미와 가치를 확립하고 사회질서를 유지하여 전통을 강화시키는 데 있기 때문에 종교는 언제나 정치와 서로 영향을 주고받아 왔다.

뿐만 아니라 종교는 그것이 추구하는 가치를 현실에서 추구하기 위해 다양한 방식으로 정치에 개입하려고 하고, 정치 과정에서도 종교는 주요 요인으로 작용한다. 흔히 정치를 "정권을 획득하기 위한 활동"이라고 하는 좁은 의미로만 생각하지만, "믿는 바에 대한 실천"이라고 하는

---

* 　정재영(실천신학대학원대학교 교수, 종교사회학)

보다 넓은 의미의 정치를 생각한다면 종교는 정치성을 띨 수밖에 없는 것이다. 많은 종교들이 나름대로의 신념을 바탕으로 하여 사회 질서를 바꾸고자 하는 의도를 가지고 있기 때문이다. 또한 정치 체계는 종교를 통해 정당화의 입지를 굳히려 하고, 정치인 입장에서는 종교 단체가 사회의 주요 세력이 되기 때문에 선거철에 표를 얻기 위해 종교 단체에 호소하기도 한다. 이와 같이 대부분의 현대 사회에서 종교와 정치는 여전히 매우 밀접한 관계에 놓여 있다.

이러한 점에서 종교와 정치의 관계는 종교사회학에서 말하는 종교의 사회적 기능과 관련해서 크게 두 가지 특징으로 구별될 수 있다. 하나는 뒤르케임이 강조한 종교의 사회 통합 기능과 관련해서 현 정권이나 정치 질서를 정당화하는 측면이다. 다른 하나는 베버가 강조한 종교의 사회 변형 기능으로 기존 질서에 도전하고 돌파하여 새로운 질서를 창출하는 측면이다. 앞의 경우를 사제의 기능이라고 하며 보수적인 특성을 갖고, 뒤의 경우를 예언자의 기능이라고 하며 진보적인 특성을 가질 만큼 두 역할은 매우 상반된 특징을 갖는다.

우리 사회에서도 종교 단체들은 기본적으로 정교분리의 원칙을 고수하면서도 실제로는 정치 사회 이슈들에 대하여 발언권을 행사하거나 행동으로 참여하는 등 현실 문제에 다양한 입장을 표명해왔다. 천주교 정의구현사제단은 1970년대에 구성되어 여러 가지 이슈에 적극적으로 개입하였고 명동성당은 민주화 운동의 성지로 여겨질 정도로 우리 사회에서 정치 현장의 중심에 서 있었다. 불교는 정치에 직접적인 개입을 한 경우가 많지 않았으나 개신교인 대통령의 종교 정책에 반발하여 정치적 입장을 강하게 드러내기도 하였다. 개신교 역시 다양한 방식으로 정치에 관여해 왔는데, 진보 성향의 교회들은 민주화 운동 등 사회 운동을 하면서 사회 변혁적인 정치 참여를 해왔고, 보수 성향의 교회들은 대체로 정교분리 전통을 고수하여 왔다.[1] 그러나 참여정부 이후에는 보수 교단도 정치적인 입장을 적극적으로 표출하고 있다.

그렇다면, 한국교회와 개신교인들의 정치의식은 어떠한가? 보수 성향의 교회들은 주로 개인 구원에 초점을 맞추어 신앙생활을 추구해왔고, 진보 성향의 교회들은 여러 사회 문제들에 적극적으로 참여하며 우리 사회의 삶의 조건을 개선시키고자 하는 노력을 지속해왔다. 이렇게 성향에 따라 양분된 교회들과는 별개로 각각의 기독교인들은 나름의 정치관 또는 정치의식을 가지고 있다고 판단된다. 그러나 기독교와 정치에 대한 이론적 연구들은 어느 정도 이루어져왔으나 정치의식에 대한 경험 연구는 그리 많지 않은 실정이다.

이 글에서는 이러한 한국교회와 개신교인들의 정치의식을 파악해보고자 한다. 이를 위한 선행 연구로 한국 사회에서 교회와 정치에 대하여 간략하게 살펴보고, 기존에 나온 경험 자료를 바탕으로 한국 개신교인들의 정치의식을 분석한 후에 바람직한 정치 참여에 대하여 제안하고자 한다. 이 글에서는 천주교와 구별하여 말할 때는 '개신교'라고 표기하고 포괄적으로 말할 때는 '기독교'라는 표기를 같이 사용할 것이다.

2. 한국 사회에서 교회와 정치

우리 사회에서는 개국 초기부터 교회와 정치가 긴밀한 관계를 유

---

1   김성건, "기독교와 정치: 미국과 한국의 복음주의를 중심으로," 『담론201』, 15권 2호 (2012년), 121쪽.

지하면서 크고 작은 이슈에 연루되어 왔다. 초대 이승만 대통령이 개신교 신자였고 제헌 국회는 목사의 기도로 개회되었을 정도로 자유당 정권 하에서 한국 개신교는 정권과 긴밀한 유착관계를 유지하였다. 그러나 장로 대통령에 대한 전폭적인 지지로 인해 3·15 부정선거에도 관여했다는 비판을 교회 밖으로부터 받게 되었다. 그러다가 4·19 혁명 이후 한국교회 일각에서는 반성의 목소리가 나오기도 하였으나 5·16 군사정변이 일어나자 한국기독교연합회는 정권 지지 성명을 발표하여 개신교계 내부에서조차 큰 갈등을 유발하였다.

이때부터 보수 진영의 교회들은 엄격한 정교분리를 주장하면서도 실제로는 정권을 옹호하였고, 진보 진영의 교회들은 사회참여와 정권 반대 운동을 하면서 대립 양상은 더욱 심화되었다.[2] 이 때 개신교 진보교단에 속한 교회들은 민중교회들을 중심으로 민중운동에 참여하였고, 영등포산업선교회를 중심으로 노동운동에도 적극적으로 개입하였다.[3] 사실, 개신교가 전래된 이후에 한국교회가 의식 개혁 운동이나 독립 운동에 적극 참여하기는 했으나 대체로 순수한 종교 활동의 특징이 강했고 정치적인 목적을 띠지는 않았다.

그러다가 65년 한일회담 비준 반대 성명서를 발표한 것을 시작으로 이에 서명한 목회자들은 예언자적 사명을 자임하며 정치에 적극적으로 참여하기 시작하였고, 이러한 의식은 70년대 민주화 운동에 참여한 인사들에게서 지속적으로 나타나게 된다.[4] 이들은 보수 개신교인들과

---

2 이진구, "현대 한국 종교의 정치참여 형태와 그 특성," 『종교문화연구』, 제10호, 2008년 6월, 12-13쪽.

3 김성건, 윗글, 122쪽.

4 전명수, "한국의 종교와 정치 참여," 송재룡 외, 『종교와 사회 진보』(서울: 다산출판사,

교회로부터 교회의 본질에 어긋나는 활동을 한다고 비난을 받기도 했지만, 이러한 활동이 하나님의 창조질서를 회복하고 고통받는 사람들이 하나님의 형상을 회복하도록 하는 데 일조하는 것이라는 신념을 가지고 사회참여를 한 것이다.

한국교회의 정치 참여가 가장 큰 논란의 중심에 서게 된 것은 5공화국 시절의 조찬기도회 사건 때문이었다. 군사정변을 통해 집권한 부정한 정권에 대해 한국 보수 교회의 유력 지도자들이 국가조찬기도회에 참석하여 정권을 위해 기도를 해준 것이 결과적으로 정권을 정당화 해준 행동으로 여겨져서 개신교 내부뿐만 아니라 전국민들의 비난을 사는 결과를 낳았다. 조찬기도회는 미국의 국가조찬기도회와 국회조찬기도회를 담당했던 목회자들의 제안을 받고 김준곤 목사가 정치권의 동의를 받아 성사시킨 것으로 알려져 있다. 이 기도회는 개신교 측에서는 대형 집회 등의 개최 허가와 지원을 받음으로써 교세 확장에 기여했고, 정부 측에서는 이 기도회를 통해 정권의 정당성을 인정받았다는 것이 연구자들의 일치된 견해이다.[5]

이승만 대통령을 비롯하여 우리 사회에서는 개신교인 장로 대통령이 세 번 선출되었는데, 이에 대해서는 일부 찬반양론이 있기는 하지만 대체로 부정적인 평가가 주를 이루고 있다. 뒤에서 살펴보겠지만 2000년대 이후 연구에서는 선거에서 종교는 큰 변수가 되지 않는 것으로 나타났다. 그러나 대부분의 교회에서 전폭적으로 장로 대통령 후보를 지지하였다는 사실은 부정하기 어렵다. 그럼에도 불구하고 세 장로 대통

2015), 68쪽.

5 윗글, 58쪽.

령 모두 사회에서 그리 높은 평가를 받지 못하고 있다는 것은 개신교의 역량 부족을 드러내는 일이기도 하다.

이승만 대통령은 최초로 기독교 정신을 현실 정치에서 구현하고자 했다는 점에서 높이 평가되기도 하나 결국 부정 선거의 여파로 물러남으로써 큰 오점을 남기게 되었다. 김영삼 대통령에 대해서는 IMF 외환위기와 관련하여 크게 부정적인 평가가 잇달았다. 또한 김영삼 정부 때에는 유래 없는 대형 사건이 잇다라 발생하자, 개신교 장로인 김 대통령이 청와대 뒷산의 불상을 없애서 사고가 난다는 소문이 돌며 불교계의 여론을 악화시키기도 하였다. 이에 김 대통령은 극비리에 승려 7명을 초청해 청와대 뒷산에 있는 통일신라시대의 불상을 보여주어 무마하였다는 일화도 있다. 김 대통령의 취임 초에는 군부대의 불당 폐쇄사건이 불거지기도 하였고, 조계종 총무원장 비리 의혹으로 폭력 사태가 발생하자 경찰이 이를 강제 진압하면서 개신교 장로가 불교를 탄압한다는 반대 여론에 휩싸이기도 하였다.[6]

이명박 대통령 역시 재임 시절에 종교 편향과 관련되어 여론의 좋지 않은 반응에 부딪혔다.[7] 이 대통령은 서울시장 재임 시절에 서울 장충체육관에서 열린 '청년·학생 연합기도회'에 참석하여 "수도 서울을 하나님께 봉헌"한다고 말한 것이 알려지면서 종교 편향 논란의 중심에 섰다. 이명박 정부 출범 이후에도 초기에 청와대 경호처 처장이 "정부 부처를 복음화 하는 것이 꿈"이라고 공언했고, 비서실에선 정무직 공무원

6   박찬수, "대통령이기 이전에 기독교인," 『한겨레21』, 2009년 2월 12일.

7   이와 관련하여, 한국의 개신교 출신 대통령이 기독교 자체를 절대화하면서 기독교 근본주의의 주체가 되는 등 구원귀족의 역할을 보여주었다는 정태식, "종교와 정치의 긴장과 타협: 한국 개신교 대통령의 구원귀족 역할," 『신학사상』, 156집, 2012년 봄호를 볼 것.

의 종교 성향을 분석했다는 보도가 나오기도 하였다. 특히 2008년 미국산 쇠고기 수입 과정에서 광우병 문제가 불거지면서 3대 종교계의 일부가 미국산 소고기의 수입을 반대하는 시위를 벌였을 때 '한국기독교총연합회'(이하 한기총)는 서울광장에서 미국 성조기를 흔들며 구국기도회를 열어 종교 갈등 양상을 일으키기도 하였다.

이러한 한국교회의 상반된 정치 참여는 앞에서 말한 종교의 사회적 기능과 관련해서 볼 때 자연스러운 결과로 볼 수 있다. 이것은 한국뿐만 아니라 미국을 포함한 서구의 경험과도 비슷하다. 그러나 보수적인 교회들이 종교의 '순수성'을 강조한다고 할 때 그 순수성은 제한되고 왜곡된 의미의 순수성에 지나지 않는다는 지적이 많다. 종교 목적을 위해 정권을 이용하거나 영합하는 것은 '정치적'이지 않다는 자의적인 해석에 지나지 않는다는 것이다. 또한 진보적인 교회들이 정치 참여를 할 때에는 일반적인 정치 활동과 구별되는 '종교적'인 현실 참여를 어떻게 규정할 것인가 하는 문제가 남는다. 특히 정권의 쟁취와는 무관하게 종교적인 초월성을 어떻게 담보할 것이냐가 관건이 될 것이다. 이 문제에 대해서는 이 글의 마지막 부분에서 더 논의하도록 하겠다.

3. 한국 개신교인의 정치의식

1) 이념 성향과 지지 정당

앞에서 언급한 바와 같이, 한국교회와 개신교인들의 정치의식을 한 마디로 규정하기는 매우 어렵다. 따라서 여기에서는 기존에 조사된 경험 자료들을 통해 한국 개신교인들의 정치의식의 일면을 살펴보고자 한다. 먼저 우리나라 개신교인의 이념 성향은 대체로 보수적이라고 할 수 있다. 2004년 '한신대학교 신학연구소'에서 실시한 조사에서는 전체의 70.8%가 스스로 "보수적"이라고 평가한 데 반해 29.2%만 "진보적"이라고 평가하였다. 이 조사에서의 문항은 4점 척도로 구성되어 '보통이다'와 같이 중도에 해당하는 선택 항목이 없었다. 이 조사에서는 교단에 따른 차이를 파악할 수 있는데, 평균보다 보수적이라는 응답이 많은 교단은 예장 합동(76.8%), 예장개혁(76.7%), 기장(75.4%), 기감(75.1%)이었고, 침례교가 평균과 비슷한 69.8%였으며 성결교(67.4%), 기하성(66.2%), 예장 고신(65.9%)이 평균보다 보수적이라는 응답이 낮았으며 가장 낮은 교단은 예장 통합(62.7%)이었다.[8]

이 조사에서 기독교인들이 평소에 정치 · 사회 문제에 얼마나 관심을 갖고 있는지에 대하여 질문하였는데, 〈표 1〉과 같이 "약간 관심을 갖고 있다"(56.2%)를 포함하여 "관심을 가지고 있다"는 응답이 64.7%로 "관심이 없다"(26.9%)는 응답보다 2배 이상 많았다. 관심이 많다는 응답이 많은 교단은 예장 고신으로 77.6%였으며, 관심이 없다는 응답이 가장 많은 교단은 한국 기장이 52.6%로 대비가 되었다. 또한 출석 교회 목회자가 설교 중에 정치나 사회 문제에 대해 얼마나 자주 이야기하느냐에 대하여 "자주 이야기한다."는 응답이 31.7%, "이야기 하지 않는다"는 응답이 65.7%로 두 배 이상 많이 나왔다. 교단별로 예장 개혁(46.0%)과 함께 예장 고신(38.8%)에서 "자주 이야기 한다"는 응답이 높게 나왔으며,

---

8   한신대학교 신학연구소, 『한국 기독교인의 정치 · 사회 의식 조사』(서울: 한울아카데미, 2004), 57쪽.

(단위 %)

		사례수(명)	관심을 갖고 있다	관심이 없다
전체		2,015	64.7	26.9
교단	예장고신	85	77.6	14.1
	한국침례	139	72.7	23.0
	예장개혁	215	72.6	22.3
	기하성	204	64.2	25.5
	예장통합	461	64.0	27.3
	예장합동	466	63.3	26.4
	기감	293	61.1	30.4
	성결	37	57.9	32.6
	기장	57	45.6	52.6

한국 기장(19.3%)에서 가장 낮게 나왔다.

　따라서 이 조사 결과에 따르면, 가장 진보적인 교단이라고 알려진 한국 기장의 목회자들이나 교인들의 정치적 관심이 가장 낮고, 가장 보수적인 교단이라고 알려진 예장 고신의 목회자들이나 교인들의 정치적 관심이 가장 높다고 볼 수 있다. 이것은 앞에서 살펴본 이념 성향에서도 예장 고신에서 보수적이라는 응답이 가장 낮게 나오고 한국 기장에서 상당히 높게 나온 것과 무관하지 않을 것이다. 교단에 대해서 보수적이라거나 진보적이라고 말하는 것은 주로 신학 측면에서 말하는 것인데, 이들의 정치 · 사회적 성향은 오히려 반대일 수 있다는 연구 결과이므로 매우 흥미롭게 여겨지며 추가적인 연구가 필요하리라 생각된다. 한 가지 고려해야 하는 것은 목회자가 아닌 일반 성도들의 경우 자신들이 출석하는 교회의 소속 교단을 정확하게 모르는 경우가 많아서 일반 성도들

9　윗글, 206쪽.

과 교단에 대한 조사 결과를 해석하는 데에는 신중해야 한다는 점이다.

2012년 '한국기독교목회자협의회'의 조사에서는, "매우 보수적이다"(6.1%)와 "다소 보수적인 편이다"(41.2%)를 합하여 47.3%가 스스로 보수적이라고 응답하였고, 진보적이라는 응답은 16.7%로 거의 3분의 1 수준이었다. 비종교인이나 다른 종교에 비해서도 더 보수적인 성향을 나타내었다.[10] 이것은 2015년 한국갤럽 조사 결과와도 크게 다르지 않다. 다음 〈표 2〉와 같이, 개신교인은 보수가 32%로 진보 17%보다 2배 가까이 많았다. 이 조사에서 불교는 보수라는 응답(44%)이 매우 높지만, 개신교(32%)와 가톨릭(31%)의 경우에는 평균과 비슷한 정도로 불교보다 낮다. 반대로 진보 성향은 불교(14%)에서 가장 낮고, 가톨릭(23%)이 가장 높았으며, 개신교(17%)는 중간 수준을 보였다. 종교인들은 비종교인에 비해 대체로 보수적인 성향을 나타내는데, 이 조사에서도 같은 결과를 나타냈으며 개신교 역시 대체로 보수적인 성향을 나타내었다.

〈표 2〉 종교인의 이념적 성향[11]

(단위 %)

	보수	중도	진보
개신교	32	52	17
불교	44	42	14
가톨릭	31	47	23
종교인 전체	37	47	16
무종교인	27	48	26
전체	32	47	21

---

10   한국기독교목회자협의회, 『한국기독교 분석리포트: 2013 한국인의 종교생활과 의식조사 보고서』(서울: 도서출판 URD, 2013), 219쪽.

11   한국갤럽, 『한국인의 종교 1984-2014』(서울: 한국갤럽, 2015), 146쪽.

보다 구체적으로 정치의식을 알아보기 위한 방법은 정당 선호도를 살펴보는 것이다. 정치 태도가 보수적인가 진보적인가 하는 것은 정권의 성격에 따라 달라지는 경우가 많기 때문이다. 우파정권에서는 진보집단이 비판적이지만, 좌파정권에서는 보수집단이 비판적이다. 또한 커다란 정치 사건이 일어나면 정치적 태도는 바뀌기도 한다. 따라서 정치 성향에 대해서 알 수 있는 가장 좋은 방법은 정당 선호도를 알아보는 것이다.[12] 민주 국가에서 정당들은 각기 이념적 색깔을 가지고 있고 이것은 쉽게 바뀌지 않는다. 미국의 경우 보수적인 공화당을 선호하는 것은 침례교나 남침례교와 같은 보수 교파 사람들이며, 반대로 진보적인 민주당을 선호하는 것은 성공회나 그리스도 연합교회와 같은 진보 교파이다.

다음 〈표 3〉은 한국 종교인과 지지 정당의 관계를 보여주고 있다. 2012년 당시 각각 보수와 진보를 나타내는 두 정당인 새누리당과 민주통합당 지지율을 살펴보면, 불교(47%)에서 새누리당의 지지율이 가장 높고, 개신교(40%), 가톨릭(37%) 순이다. 민주통합당은 불교(24%)가 가장 낮

〈표 3〉 종교와 지지 정당[13]

(단위 %)

	새누리당	민주통합당	지지정당 없음
개신교	40	30	24
불교	47	24	24
가톨릭	37	27	30
종교인 전체	43	27	25
무종교인	29	29	34
전체	37	28	29

---

12 이원규, 『종교사회학의 이해』(서울: 나남, 2015), 590쪽.

13 윗글, 592쪽.

으며 다음이 가톨릭(27%), 개신교(30%) 순이다. 불교는 대체로 보수적이고 가톨릭은 평균과 비슷한 중도 성향이라면, 개신교는 보수 정당을 지지하는 사람도 많고 진보 정당을 지지하는 사람도 많은 이중적인 특징을 나타내고 있다.

이러한 이중성은 선거에서도 나타나는데 대체로 보수적인 성향을 띠기는 하지만 상황에 따라서 진보적인 후보를 지지하기도 한다. 국회의원 선거 시에 투표 고려 요인에 대하여 가장 많은 40.4%가 "후보의 정치 성향"이라고 응답했고, 다음으로 "시민단체 및 주변 평가"(16.5%)였으며 "후보의 소속 정당"이라는 응답은 13.3%로 그다지 높지 않았다. 또한 "후보의 종교"도 8.0%에 불과하여 기독교인이라고 해서 무조건 기독교인 후보를 찍는 것은 아니라는 것을 보여준다. 이것은 기존의 정당 지지와 국회의원 선거에서 후보의 선택은 다를 수 있다는 것을 보여주고, 특히 시민단체나 주변 평가도 고려하겠다는 것은 정치 성향이 같더라도 후보 선택은 달라질 수 있음을 의미한다.

따라서 우리 사회에서 종교와 지지 정당은 서양에서와 같이 밀접한 관계를 갖는다고 보기 어렵다. 그것은 우리 사회에서 정당 정치의 역사가 길지 않은 것이 그 이유 중 하나가 될 것이고, 우리나라 정당들이 철저하게 이념 정당의 특징을 갖지 못하기 때문이기도 할 것이다. 그간의 선거와 관련된 경험에서 보듯이, 우리나라 정당들은 당시에 이슈가 되는 사안에 대하여 당의 이념 노선과 무관하게 선거에 유리한 정책을 내놓는 경우들이 많았다. 18대 대선에서는 경제 민주화가 이슈가 되면서 보수 정당이 내놓기 어려운 정책들을 마구 쏟아내었고, 19대 대선에서는 복지가 이슈가 되면서 진보 정당의 정책이 무색할 정도로 보수 정당들이 내놓은 정책들은 매우 진보적인 내용들이었다. 그리고 선거철마다

(단위 %)

	사례수 (명)	후보의 정치성향	시민단체 및 주변평가	후보의 소속정당	후보의 선거공약	후보의 종교	후보의 정치경력	사회적 명성
전체	2,015	40.4	16.5	13.3	12.9	8.0	6.6	1.2
20대	432	44.2	15.5	6.7	15.5	11.1	4.9	0.9
30대	568	38.4	18.8	12.5	15.7	7.2	6.0	0.7
40대	564	42.7	16.5	15.2	10.1	7.3	5.3	1.6
50대 이상	451	36.4	14.6	18.4	10.2	7.1	10.6	1.6

자신의 이해관계에 따라서 당을 옮기는 국회의원들도 많기 때문에 보수 정당에 상당히 진보 인사가 입당하기도 하고 반대인 경우도 다반사다.

따라서 〈표 4〉와 같이, 유권자들의 입장에서는 정당을 후보 선택의 기준으로 삼기가 어려울 수밖에 없고, 후보 개인의 정치 성향을 중시하면서 주변의 평가를 고려하게 되는 것이다.

2) 종교와 선거

앞의 〈표 4〉에서 후보의 종교가 투표 고려 요인에서 큰 비중을 차지하지는 않았다. 그리고 실제로 직선제 개헌 이후 다섯 대통령에 대한 유권자의 선택은 대통령의 종교가 아니라 그의 정치 이념과 노선에 따라 갈렸다. 노태우는 불교 신자였지만 많은 보수 기독교인이 그를 지지했고, 김영삼과 이명박은 개신교 신자였지만 많은 보수 불교인들이 그를 선택했다. 그 이유는 그 후보자들이 보수 성향의 우파였기 때문이다. 반대로 김대중과 노무현은 종교와 상관없이 진보 성향 유권자들의 지지

---

14 한신대학교 신학연구소, 윗글, 180쪽.

를 받았다. 정치에 관한한 종교보다는 이념이 중요한 것이다.[15]

그러나 선거철마다 종교는 중요한 변수가 되기도 한다. 우리나라에서 종교 인구가 아주 많다고 할 정도는 아니지만, 선거 결과가 대개 득표율 5%라도 당락에 크게 영향을 미친다는 점을 생각해 보면 종교인들의 투표 성향은 매우 중요한 변수라고 할 수 있다. 특정 종교가 독점적 지위를 가지고 있지는 않지만, 앞에서 살펴본 대로 종교 편향 문제로 비난의 화살을 맞기도 하고 이미지가 훼손되어 지지율 하락을 가져오기도 했으며, 최악의 경우에는 종교계 지지 세력이 대거 이탈하여 낙선 원인을 제공하기도 하였다. 이러한 점에서 종교인들의 투표 성향이 선거 결과에 일종의 캐스팅 보트 역할을 할 수도 있다. 또한 한 사회조사 결과에 따르면, 한국의 종교 조직과 종교 단체가 많은 권력을 가지고 있는가에 대하여 59%가 동의했고, 10%만 동의하지 않는다고 응답했다.[16] 따라서 정치인들이 각 종교단체에 공을 들이는 것은 당연한 일이다.

2007년 17대 대선에서는 개신교 장로인 이명박 후보가 한국교회의 전폭적인 지지를 업고 대통령으로 당선된 바 있다. 물론 앞에서 말한 바와 같이, 이명박 후보가 당선된 것이 교회의 지지 때문만은 아니지만, 자신이 개신교인이라는 것을 드러내며 교계에 지지를 호소하였고 많은 교회에서 장로 대통령이 나와야 한다며 이 후보를 적극적으로 지지했던 것은 사실이다. 16대 대통령 선거와 관련해서는 천주교와 기타 종교를 믿는 사람들의 정치적 관심도가 기독교나 불교를 믿는 사람들이나 종교

---

15 이원규, "종교와 정치, 그리고 사회통합," 한국종교사회학회 엮음, 『한국의 종교사회학』(서울: 늘봄, 2013), 39쪽.

16 김상욱 외, 『한국종합사회조사 2008』(서울: 성균관대학교출판부, 2009), 48쪽.

를 믿지 않는 사람들보다 더 높았다는 연구 결과도 있었다.[17]

18대 대통령 선거의 경우, 박근혜 후보가 한기총과 '한국기독교교회협의회'(NCCK) 등 개신교계 단체를 방문하여 지지를 호소하였고, 이에 대해 한기총 회장은 "해외투표에 교회 연합회를 활용해야 한다."는 등 노골적인 지지를 표명하기도 하였다.[18] 그러나 한기총은 개신교를 대표할 만한 단체는 아니고 그나마 단체 회장의 비리가 드러나 교계에서 큰 파장을 일으켰으며 현재는 교단 회원을 비롯하여 많은 회원이 탈퇴한 상태이다. 지난 19대 대선에서도 극보수 후보인 홍준표 후보는 보수 기독교 단체를 찾아가 지지를 호소하였고, 기독자유당이 홍준표 후보 지지를 선언하기도 하였다.

기독자유당은 지지선언에서 "1200만 기독교인과 30만 목회자, 25만 장로님, 50만 선교가족분들, 기독자유당 등 범 기독교계는 19대 대선에서 홍준표 후보 지지를 선언한다"고 밝히자 개신교 단체와 개신교인들이 반발하였고, 초청 단체로 들어간 한기총과 한국교연합은 특정 후보를 지지하지 않는다며 반박 성명을 내기도 하였다. 또한 지난 서울시장 선거에서도 일부 보수 교회 목회자들이 당시 박원순 후보를 "종북 좌파"라며 노골적으로 반대 의사를 나타내기도 했지만, 박 후보는 20~40대의 전폭적인 지지를 힘입고 서울시장에 당선되어 개신교계 내부의 정

17　송근원, "16대 대통령 선거에서의 정치적 관심도," 『사회과학연구』, 19권 여름호 (2003), 65-66쪽.

18　한기총은 초기 60개 이상의 보수 교단으로 이루어졌지만 이 조직을 실제로 주도하는 것은 소수 대형교회 목회자들이었다. 교단이나 개교회 회원들의 의견이 결집되어 전달되는 것이 아니라 소수의 지도급 인사들의 정치적 판단이 한기총의 이름으로 선언되는 구조인데 대부분 정치적으로 보수 우파에 수구적인 성격을 띠고 있었다. 이에 대하여는 이진구, 윗글, 21-22쪽을 볼 것.

<표 5> 박근혜-문재인 구도에서 대학생들의 종교별 지지도

(단위 %)

		사례수 (명)	새누리당 후보 박근혜	야권통합 후보 문재인	모르겠음/미정	계
전체		(1000)	21.4	30.1	48.5	100.0
종교	개신교	(172)	19.0	33.0	48.0	100.0
	천주교	(73)	26.3	27.3	46.4	100.0
	불교	(88)	27.6	26.6	45.7	100.0
	종교 없음	(667)	20.6	30.1	49.3	100.0

<표 6> 박근혜-안철수 구도에서 대학생들의 종교별 지지도

(단위 %)

		사례수 (명)	새누리당 후보 박근혜	야권통합 후보 안철수	모르겠음/미정	계
전체		(1000)	16.8	44.0	39.2	100.0
종교	개신교	(172)	15.5	51.8	32.7	100.0
	천주교	(73)	19.5	41.8	38.7	100.0
	불교	(88)	25.1	37.4	37.5	100.0
	종교 없음	(667)	15.7	43.1	41.1	100.0

치 성향에서 분열 양상을 드러내었다.

18대 대선 당시 개신교인의 성향을 파악할 수 있는 조사로 '학원복음화협의회'가 전국 대학생 1천 명을 대상으로 조사한 〈한국 대학생의 생활과 의식 조사〉에 따르면, 박근혜-문재인 구도에서 개신교 대학생들은 평균보다 약간 높은 33.0%가 문 후보를 지지하였다. 그러나 이 수치는 당시 야권의 후보 통합이 이루어지기 전으로 박근혜-안철수 구도에서 평균보다 훨씬 높은 51.8%가 안 후보를 지지한다고 응답한 것과 비교하면 문 후보에 대한 지지는 그다지 높지 않은 것으로 볼 수 있다.

이것은 개신교 대학생이 다소 보수적이기 때문이라고 해석된다. 이 조사에서 개신교 대학생들은 앞에서 살펴본 전체 성인들의 이념 성향

(단위 %)

		사례수	새누리당	민주통합당	통합진보당	자유선진당	기타	없음	모르겠음	계
전체		(1000)	14.3	18.3	3.8	0.7	0.3	50.6	12.0	100.0
종교	개신교	(172)	12.7	22.5	4.0	0.3	0.2	52.4	7.9	100.0
	천주교	(73)	16.4	28.8	1.5	0.0	0.0	42.3	11.0	100.0
	불교	(88)	25.6	15.7	1.2	1.3	0.0	44.5	11.7	100.0
	종교 없음	(667)	13.0	16.4	4.3	0.7	0.4	51.9	13.2	100.0

과 달리 진보(21.5%)와 보수(22.8%)가 비슷한 비율로 나타났다. 그러나 전체 평균이 진보 26.1%, 보수 19.9%인 것과 비교하면, 개신교 대학생들 역시 일반 대학생들보다 보수적인 성향을 갖고 있다는 것을 알 수 있다. 그러나 〈표 7〉과 같이, 지지 정당에 대해서는 민주통합당에 대한 지지가 22.5%로 평균보다 높아서 이념적 성향과 지지 정당의 성향이 일치하지 않았다.

그리고 지지하는 정당이 없다거나 정치 태도가 중립적(55.7%)이라는 개신교 대학생들의 정치의식은 경제활동의 위축과 취업 준비로 인해 정치에 대한 관심이 적기 때문인 것으로 여겨진다. 정치학자인 로버트 퍼트넘은 경제적인 제약이 사회 활동을 위축시키고 이것은 사회 자본의 쇠퇴를 가져온다고 경고하였는데 우리 사회에서 대학생들의 정치에 대한 관심이 부족한 것이 이러한 현상의 단초로 해석될 수 있어 우려가 된다.[19] 이러한 상황에서 정치인의 정책이나 정치 노선을 중시하기보다는

---

19 사회 자본이란 협력 행위를 촉진해 사회 효율성을 향상시킬 수 있는 사회 조직의 속성을 가리키는 말로, 사회학자인 퍼트남은 사회 자본은 생산성이 있기 때문에 특정 목표를 달성하는 것을 가능하도록 해 준다고 말한다. 로버트 퍼트남, 『사회적 자본과 민주주의』(안청시 외 옮김)(서울: 박영사, 2000), 281쪽.

(단위 %)

		문재인	홍준표	안철수	유승민	심상정
전 체		41.0	24.0	21.4	6.8	6.2
종교	개신교	39.3	21.5	25.9	6.7	6.0
	천주교	46.6	20.1	21.8	4.9	6.6
	불교	33.7	35.5	18.7	6.8	4.8

당시에 젊은이들과의 소통을 중시하는 인물, 거액 기부활동으로 노블레스 오블리주를 실현하는 인물이라는 이미지로 젊은 층들의 멘토로 여겨지는 안철수 후보에 대한 지지가 높았던 것으로 해석된다.

후보자의 종교와 관련하여, '한국기독교언론포럼'과 '한국크리스천기자협회'가 개신교인들을 대상으로 〈2017 대선에 대한 인식과 정치참여〉에 관해 실시한 설문 조사에서 "기독교인은 기독교 신앙을 가진 후보에게 투표하는 것이 좋은가"란 질문에 전체 응답자의 63.3%가 '그렇지 않다'고 답했고 '그렇다'는 응답은 34.6%로 나와 3분의 2 가량이 무조건 기독교인 후보에게 투표할 필요가 없다는 견해를 보였다.[20] 또한 '한국기독교언론포럼'이 2015년에 실시한 설문조사에서 기독교인 정치인이 기독교 가치를 구현하면서 청지기로서의 사명을 잘 감당하는지 파악하기 위해 비기독교인 정치인과 비교 평가를 하였는데, "큰 차이 없다"는 응답이 71.7%로 높게 나왔고, "더 잘 한다"는 응답은 15.5%에 불과하였다. 이와 같이 기독교인 정치인을 높게 평가하지 않는 것이 기독교인이 반드시 기독교인 후보에게 투표할 필요가 없다고 생각하는 이유

---

20   출처: 지상파 3사 출구 조사 결과. 전체는 실제 득표율이고 종교별 득표율은 출구 조사 결과임.

라고 할 수 있다.[21] 지난 19대 대선에서는 개신교인 후보가 없기도 했지만, 개신교인들의 투표는 전체 후보자별 득표율과 큰 차이를 보이지 않았다. 다만 천주교인들은 같은 천주교인 문재인 후보에게 평균보다 많은 투표를 했고, 불교인들은 홍준표 후보에게 가장 많은 투표를 하였는데, 앞에서 말한 바와 같이 이것이 종교의 영향이라기보다는 이념 성향의 영향으로 해석된다.

4. 교회와 정치 참여

이러한 교회와 정치의식을 살펴보면서, 한 가지 의문이 드는 것은 대부분의 한국교회가 정교 분리의 입장을 취하고 있고, 교회에서 정치 이야기 하는 것을 금기시하는 분위기인데 정작 교인들은 정치에 관심이 많고, 선거철마다 교회 밖에서는 정치 이야기로 이야기꽃을 피운다는 것이다. 또한 2011년 한미 FTA나 미국산 쇠고기 문제, 그리고 2016년에 일어난 국정농단 사태를 거치면서 많은 기독교인들이 광장으로 몰려나가 다양한 방식으로 자신의 정치적인 의사 표현을 했다. 두 번에 걸친 촛불 집회는 한국 사회뿐만 아니라 한국교회까지도 벌집 쑤시듯이 엉망으로 만들어놓은 큰 사건이었다.

2011년의 촛불 집회는 문제의 발단이 '장로 대통령'의 정책 결정과 관련되어서 한국교회까지도 논란의 대상으로 만들었다. 뿐만 아니라 교

21　한국기독교언론포럼, 『2015 10대 이슈 및 사회의식 조사』(서울: 2016, 예영커뮤니케이션), 366쪽.

회마다 촛불 집회에 대한 입장 차이로 교인들 사이에 갈등을 일으키기도 하였다. 어느 교회에서는 "촛불 집회에 참가한 사람들은 유황불의 저주를 받을 것이다."라는 목사님의 말씀에 순수한 동기로 집회에 참가한 그 교회 일가족이 다른 교인들로부터 심한 따돌림을 당했다는 일화도 있었다. 또 어느 교회에서는 촛불 집회를 비난하는 설교에 성가대 지휘자가 지휘봉을 집어던지고 밖으로 나가버렸다는 이야기도 있었다. 특히 2016년에는 입장에 따라 서로 다른 광장에 나가서 집회에 참여하였고, 이것이 교회 안에서도 크고 작은 갈등의 요인이 되기도 하였다.

한국교회의 정치 참여와 관련해서 가장 분명한 사례 가운데 하나는 선거철마다 불거지는 기독 정당의 문제이다. 개신교 목회자들이 주도한 기독교 정당은 70년대 후반 처음 가시화되었다. 강신명, 배명균, 안도명, 김월환, 민승 목사 등 교계인사들은 1978년 9월 8일 기독당(당시 한국기민당)을 출범시키고 3차례의 총선을 치르면서 대표적인 기독교 정당으로 자리 잡았다. 하지만 이후 당 운영을 둘러싼 갈등으로 김충립, 전광훈 목사 등이 2008년 총선 이후 분립을 선언하였다. 2008년에 출현한 기독사랑실천당은 10명의 비례대표 후보 모두가 국회에 진출하는 것이 목표라며 야심찬 포부를 밝혔지만, 결국 중앙선거관리위원회 발표 기준 44만 3705표를 얻어 2.59%의 정당 득표율을 기록한 것으로 끝을 맺었다. 이전 총선 당시 얻은 1.1%보다는 많지만, 비례대표를 선출하는 기준인 3%에는 미치지 못한 것이다.

이것은 어느 정도 예견할 수 있는 결과였는데, 앞서 소개한 바와 같이 '한신대학교 신학연구소' 조사에서 국회의원 투표 기준으로 종교는 중요한 기준이 아니었으며, 기독교인들이 직접 정당을 결성하여 정치를 하는 것이 우리나라 정치 발전에 도움이 되는지에 대한 질문에서

도 도움이 될 것이라는 응답(38.3%)보다 도움이 되지 않을 것이라는 응답
(56.8%)이 더 많았다. 또한 기독교인들은 목회자들이 국회의원 선거에 출
마하면 어떻게 하겠느냐는 질문에 "출마하지 않도록 적극 만류하겠다."
는 응답이 40.6%로 가장 많았으며, "목회자에게 투표하진 않겠다."는 응
답이 30.2%로 부정적인 견해가 70%를 웃돌았다.[22]

　　이러한 실패에도 불구하고 2011년에는 비슷한 성격의 기독자유민
주당이 창당대회를 갖고 2012년 총선에 후보를 내어 당선시키겠다는
계획을 밝혔다. 그러나 당시 기독자유민주당이 내건 공약을 보면, 첫째
가 종북 좌파 척결이고, 둘째가 좌파정권이 저지른 반국가, 반교육, 반기
업, 반언론을 척결한다는 것이었다. 그 밖에 반 복음적인 법을 저지하고,
교회가 납부하는 은행이자를 낮춘다는 내용도 포함되어 있다. 그러나
기독자유민주당 역시 정당 득표율이 3%를 밑돌았고, 이로써 기독교 정
당이라고 하는 정치 실험은 매번 실패로 끝이 났다.

　　이러한 개신교 목회자들의 기독교 정당 활동을 어떻게 이해해야 할
까? 정당은 사전적 의미로 일정한 정치 이상의 실현을 위해 정치권력의
참여를 목적으로 하는 정치 단체를 가리킨다. 그리고 정당은 이익단체
나 당파와는 달리, 국민 전체의 이익을 도모해야 한다. 그렇기 때문에 정
당들은 주요 현안이 있을 때마다 아전인수 격으로 왜곡할지라도 '국민
의 뜻'을 외치는 것이다. 그러나 앞서 기독사랑실천당은, 교회건축기반
시설분담금 부과를 교회건축을 방해하는 반 복음적인 악법으로 규정하
며 강력하게 대처할 각오를 내보임으로써, 법을 만드는 과정에서부터
개신교의 이익이 반영되도록 직접 개입하고자 하는 의지를 밝혔다. 이

22　한신대학교 신학연구소 엮음, 윗글, 177-179쪽

것은 기독자유민주당도 다르지 않다. 이러한 모습이 일반 국민들에게는 이 정당이 국민들을 위한다기보다는 현실 국가에서 신정정치를 실현해보려는 개신교인들에 의한, 개신교인들을 위한 정당으로 비춰질 것이다. 게다가 기독사랑실천당과 같이, 스스로 통일교에 대한 대항세력으로서의 존재이유를 밝힌다면 국민들은 종교적인 목적으로 정치를 이용한다는 의심의 눈초리를 보낼 것이다.

물론 종교적인 신념을 바탕으로 정치 활동을 하는 것 자체가 문제는 아니다. 외국의 경우, 종교에 기반을 둔 정당이 나름대로의 정치적 성공을 사례를 거둔 경우도 있다. 독일의 사민당과 기민당이 대표적인 경우라고 할 수 있는데, 이들의 경우 종교적인 목적을 실현하기 위해 정당을 세웠다기보다는 정당을 통해 종교적 가치를 실천하려고 하는 것으로 이해해야 한다. 다시 말해서 자신의 교세 확장이나 자신들의 이익을 위해서가 아니라 종교적인 가치를 실현하여 더 나은 사회를 이루기 위한 공익적 목적을 가지고 정당을 만들고 노력했다는 것이다. 자신들의 이익을 확장하려고 하는 것은 정당이 아니라 이익단체의 목적이다. 우리 사회와 같은 다종교 사회에서 각각의 종교가 자신들의 이익을 위해 정당을 설립하여 영향력을 행사하려고 한다면, 정치판은 자신들의 종교를 위한 종교집단 이기주의의 대결장이 될 것이다. 정당은 소수 집단이 아니라 국민을 품을 수 있도록 훨씬 더 넓은 공익성을 추구해야 한다.

또한 기독교 정치인이라고 해서 이들이 실제로 기독교적인 가치 실현을 위해 정치에 뛰어들었다고 보기도 어렵다. 매번 국회의원 당선자 중 30% 이상이 개신교인이라고 알려져 있고 20대에도 마찬가지이다. 우리는 기독교인 국회의원이 기독교인다운 정치를 펼치기를 기대하지만, 대부분의 국회의원들은 정치판의 논리가 그렇게 만만치 않다고 말한다. 현실 정치가 그렇게 합리적으로 돌아가는 것도 아니고, 정치라는 것이 어차피 일종의 술수나 공작이 개입될 수밖에 없다는 식의 반응을 보이기도 한다. 실제로 우리의 정치 현실을 보면 이것이 과연 바람직한 대의 정치의 모습인가 하는 데에 회의를 느낄 수밖에 없다.

그래서 대부분의 기독교인들은 교회의 정치 참여에 대해 부정적인 입장을 가지고 있다. 최근에 '한국기독교언론포럼'에서 실시한 조사 내용 중에 한국교회가 정당 활동 등 정치에 직접 참여하는 것에 대해 일반 성도의 79.6%가 반대하였고, 목회자의 71%가 반대하는 것으로 나타났다. 그러나 한국교회의 정치적 의견 표명에 대해서는 일반성도의 58.8%가 반대하였으나 목회자는 74.0%가 찬성하여 큰 의식 차이를 나타냈다. 교회가 정치적인 목소리를 내는 것에 반대하는 일반 성도의 의견은 50대 이상 장년/노년층과 학력이 낮을수록 높은 경향을 보였다. 또한 직분별로는 중직자를 제외한 서리집사 이하층에서 높은 것으로 나타나 기독교에 대한 지식이 많지 않은 부류에서 정치적인 의견 표명을 더 많이 반대하는 것임을 알 수 있다.[23] 목회자 개인 차원에서의 정치 참여와 정치적 의견 표명에 대해서도 비슷한 결과가 나왔다.[24]

앞에서도 말했듯이, 좁은 의미의 정당의 목적은 '정권의 쟁취'이겠지만, 진정한 의미에서 정당은 '믿는 바에 대한 도덕적 실천'을 목적으로 해야 한다. 정권 쟁취를 위해서 온갖 비합법적인 수단을 동원하는 것을 합리화하기보다 설령 정권 쟁취를 못하더라도 자신들의 정치 신념을 도덕적으로 실천함으로써 국민들의 공감을 끌어낼 수 있어야 한다. 그런

---

23   윗글, 386쪽.

24   윗글, 394쪽.

점에서 기독교 정당의 설립이 전혀 바람직하지 않은 것은 아니다. 앞에서 말한 바와 같이 기독교 정당이라고 해도 자신들의 이익이 아니라 기독교 정신에 터하여 국민들의 공익을 위해서 활동한다면 현실 정치에서도 존재 의미가 있을 수 있다고 본다. 그러나 지나치게 집권을 목적으로 하는 정당 활동보다는 기독교 정신을 정치적으로 실천하기 위한 활동을 하는 것이 바람직하다. 그리고 기독교 정당 후보로 당선이 되더라도 기독교인에게만 유리한 정치를 할 것이 아니라 국민들이 기독교 가치에 따라 의미 있게 사는 데 기여하도록 노력해야 한다.

교회의 정치 참여와 관련하여 또 하나의 문제는 한국교회의 사회의식이 매우 보수적이라는 것이다. 보수적인 것 자체가 문제가 되는 것은 아니지만, 지나치게 보수적인 사회관은 현실 유지와 기득권 수호에 일차적인 관심을 두기 때문에 건전한 비판마저도 결여되기 쉽다는 점에서 문제가 된다. 한국교회는 교단을 보더라도 보수 교단의 비중이 높으며, 신앙의 측면에서도 복음주의를 표방하는 기독교인들이 다수를 차지한다. 복음주의권이 모두 보수적이라고 일반화할 수는 없으나 한국 교계에서 보수 성향의 복음주의 신앙이 다수인 것은 분명한 사실이다. 특히 정치나 사회에 대한 입장에서는 보수적인 입장이 더욱 두드러진다. 이렇게 보수적인 성향을 띠게 된 데에는 몇 가지 역사적인 경험이 영향을 미쳤다고 판단된다.

첫째는 개신교 전래 초기의 대부흥운동이다. 1907년 당시 대부흥운동은 세계 교회에서 일어난 부흥운동의 '조선 현상'으로 이해되며, 한국 개신교가 신앙의 측면을 확립하면서 사회 문제보다는 개인 내면의 문제에 치중하는 특징을 띠고 있었다는 것이 대부분의 역사학자들의 공통된 견해이다. 세계 교회에서 부흥운동은 사회복음과 대비되는 것으로 교회의 사회적 책임보다는 개인 영혼 구원에 초점이 맞춰져 있다. 한국에서도 이 부흥운동이 한국교회의 '비정치화'나 '비사회화'의 길로 들어서는 전기가 되었다는 것이다. 집회, 결사, 언론의 자유가 박탈당하여 사회, 정치 조직과 활동이 금지되었던 일제 초기에 나름대로 반일 민족운동의 거점 조직으로서의 역할을 한 것은 사실이나 순수한 신앙체험과 성령 체험에 의한 개종 사례 등이 보고된 점으로 보자면 이 시기에 보수 신앙이 확립되기 시작한 것으로 볼 수 있다. 이러한 점 때문에 일부 개신교 지도자들은 개신교의 사회적 기능 상실에 실망하여 교회를 떠나는 사례도 보였다.[25]

둘째는 3·1 운동이다. 3·1 운동 이후 조선의 독립운동은 이념적, 조직적으로 나뉘기 시작한다. 이념적으로는 오른편에 문화적 민족주의 그룹이 있었고, 왼편에는 공산주의 세력이 있었다. 전략적으로는 외교 노선이 있는가 하면 무장 투쟁 노선도 있었다. 그런데 3·1 운동 이전까지 개혁 정치와 독립운동 전선의 맨 앞에 서 있던 개신교는 '순수 종교화' 작업에 열중하고 교회의 '비정치화'에 더욱 몰두하면서 민족의 문제를 외면하기 시작하였다. 이제 교회는 이 세상 문제를 논의하는 곳이 아니라 '저 세상'을 바라보는 곳이 되어갔다. 진보적인 입장을 취하던 목사들도 교회와 사회, 정치 문제를 분리하고자 했다.

교회와 독립운동이 분리되기 시작한 이유는, 일제가 '문화 정치'라는 이름으로 집회, 결사, 언론의 자유를 제한적이나마 허용하면서 독립운동가들은 더 이상 종교의 보호벽이 필요하지 않게 되었고, 교회 공동체에 기댈 필요가 없어졌기 때문이기도 하다. 그러나 무엇보다도 교회

---

25 민경배, 『한국 민족교회 형성사론』(서울: 연세대학교출판부, 1974), 48쪽.

지도자들이 사회 문제로부터 관심을 돌리기 시작하면서 민족주의 좌파 뿐만 아니라 우파도 교회에 등을 돌리고 교회에 대하여 날카로운 비판을 하는 일들이 일어났다.[26] 이러한 일들과 일제의 잔재를 제대로 청산하지 못한 결과로, 해방 후 한국교회는 심한 분열 현상까지도 경험하게 되었다.

셋째는 한국전쟁이다. 분단과 한국 전쟁은 우리 민족사뿐만 아니라 기독교사에서도 똑같이 비극적인 경험이다. 그리고 이념에 터한 역사의식이 가장 극명하게 갈라지게 된 계기가 되었다. 또한 전쟁을 경험한 세대와 그렇지 않은 세대 사이에도 뚜렷한 의식의 차이를 낳게 되었다. 전쟁을 경험했다고 하여 모두 보수 성향을 띠는 것은 아니지만, 사선을 넘어 생명을 부지한 사람이나 북한 공산주의로부터 피해를 입은 경험의 영향으로 대부분 강한 친미반공의 성향을 띠게 된다. 그래서 오늘날에도 선거철마다 이념에 바탕한 색깔논쟁이 벌어지고 더 풍부한 사상이 발전하는 데 걸림돌이 되고 있는 것이다.

또한 한국전쟁 이후에는 국토 전체가 폐허가 된 상황에서 국가를 재건하고 생활 기반을 다지는 데 몰두를 하게 되는데 이 과정에서 무엇보다도 '잘 사는 것'이 중요한 가치로 자리 잡게 되고 이른바 경제주의식 사고가 우리 국민 모두에게 깊숙이 뿌리를 내리게 된다. 이것은 교회에서도 마찬가지여서 물량주의와 교회 성장의 결합 그리고 기독교인들에게는 출세와 성공을 위한 기복신앙이 공고화되면서 사회에 대한 관심은 점점 더 약해지게 되는 결과를 낳는다. 이러한 사회적인 경험들이 한국교회와 기독교인들로 하여금 보수적인 사회관을 갖게 하는 데 상당한

---

26   박정신, 윗글, 97-105쪽.

영향을 끼치게 되었다고 볼 수 있다. 이러한 보수 편향의 사회관을 극복하는 것이 한국교회와 개신교인들이 균형 있는 정치의식을 갖고 바람직한 정치 참여를 하기 위한 전제 조건이 될 것이다.

5. 바람직한 교회와 정치의 관계

위에서 살펴본 바와 같이, 대통령 선출이나 기독교 정당과 같이 직접 정치 관련 활동을 하는 경우가 아니라도 교회는 여러 가지 모양으로 현실 정치에 깊이 관련되어 있다. 가장 쉽게 접할 수 있는 것이 설교이다. 목회자들은 설교 때 여러 가지 사회적인 이슈나 정치 사건들을 자주 언급한다. 그런데 종종 왜곡된 사회 인식으로 사회 문제나 정치 문제에 대해서 편향된 설교를 하는 경우가 있어서 물의를 빚곤 한다. 특히 선거철마다 여러 교회에서 이러한 문제로 시끄러워지는 경우가 많다. 장로 대통령 후보가 나올 때마다 장로를 대통령으로 뽑아야 한다고 강단에서 선포되기 일쑤였고, 이에 대해 다른 의견을 가진 사람들은 그들의 신앙심을 의심받기도 하였다. 장로 대통령이 나와야 기독교에 유리한 정책을 펼칠 것이고, 그래야 전도의 문도 크게 열릴 것이라고 기대한 것이다. 한미 FTA에 대해서는 학자들조차 찬반 의견이 갈리고 있었음에도, 강단에서는 너무나 확신에 찬 말씀이 선포되었다.

이러한 문제가 발생하는 이유는 앞에서 살펴본 바와 같이 한국교회의 사회의식이 지나치게 보수적이라는 것과 함께 공공성이 결여되었기 때문이다. 한국교회는 우리 사회에서 일어나고 있는 공공의 문제에 대해 관심을 갖고 책임 있는 역할을 감당하기보다는 교세 확장과 교회 건

물 건축, 교권 유지 등 세상과는 벽을 쌓고 자기들만의 왕국을 건설하는 데에만 급급하고 있는 인상을 주고 있다. 그리고 교회의 현실 참여도 이러한 태도의 연장선상에서 이루어지기 때문에 공공성과는 거리가 먼 방향으로 이루어지는 것이다. 교회의 현실 참여는 공공성이 담보되어야 한다. 이것은 교회뿐만 아니라 모든 집단에 대해서도 마찬가지이다. 어떤 사회 운동이나 사회에 대한 의사표현도 단순히 자기 집단의 이익을 위한 것이라면 다른 사회 구성원들의 공감을 얻을 수 없다.

종교사회학자인 로버트 벨라(Robert N. Bellah)는 초월의 이상과 경험 현실 사이에 적절한 긴장 상태를 유지하는 '창조적 긴장'(creative tension) 관계일 때에라야 종교가 현실 사회에 의미 있게 기여할 수 있다고 말하였다.[27] 종교의 생명력은 현실에 대한 '초월성'에 있다. 현실 세계에 동화되어 세속 가치에 매몰되어 버린다면, 종교의 본질인 초월의 이상은 아무런 의미를 가질 수 없기 때문이다. 창조적 긴장 관계를 유지해야만 종교는 초월의 기준을 가지고 현 사회에도 기여할 수 있게 되는 것이다. 여기서 말하는 초월의 이상은 기독교식으로 표현한다면, 성경의 정신 또는 성경의 가르침에 다름 아니다. 교회는 이 세상에 속한 그 무엇이라도 성경의 정신과 그 가르침에 비추어 판단할 수 있어야 한다. 심지어는 교회 자체도 '성경'이라고 하는 절대적인 기준에 따라 스스로 반성하고 끊임없이 갱신해야만 한다. 이것이 교회가 참 교회되게 하는 길이다.

이와 관련하여 한 가지 생각해야 할 점은, 기독교적인 명분을 내세우고 활동한다는 것은 자신들의 모든 활동에서 반드시 기독교 정신에 합당하게 하겠다는 것인데 그것이 현실적으로 장애가 되기도 한다는 것

---

27   로버트 벨라, 『사회 변동의 상징 구조』(박영신 옮김)(서울: 삼영사, 1981), 174쪽.

이다. 기독교 정신에 대한 이해는 기독교인 사이에서조차 다를 수 있기 때문에 그릇된 성경 해석에 기초해서 활동을 할 수도 있다. 특히 기독교 단체나 인사의 활동은 비기독교인들에게는 그것이 기독교 정신과 가치를 대변한다고 하는 인상을 줄 수도 있다. 실제로 한국교회는 개신교인 대통령을 배출한 것에 대해 커다란 책임감과 함께 부담을 졌다. 의도했든 하지 않았든 개신교인 대통령 선출에 직간접으로 관여한 한국교회는 그에 대한 국민의 평가에 따라 한국교회마저도 같이 평가 받는 상황에 처했기 때문이다. 현실 정치가 매순간 절대 진리에 부합할 수는 없으므로 한국교회는 현실 정치에 대해서는 일정 정도 거리를 두고 바라볼 필요가 있다. 그렇게 해야 장로 대통령이라고 해도 기독교 정신에 부합하지 않는 정책 결정을 할 때에 비판의 목소리를 낼 수 있기 때문이다. 이것은 참여 정부가 들어섰을 때 많은 교계 진보 인사들이 현실 정치에 참여하면서 발생한 딜레마를 극복하기 위해서도 마찬가지이다. 종교란 무릇 현실 너머의 보다 숭고한 가치를 추구하고 이를 제시할 수 있어야 하기 때문이다.

마지막으로 언급하고자 하는 것은 지나치게 제도 정치에만 몰두하는 것은 바람직하지 않다는 것이다. 대의 정치로 표현되는 오늘날의 제도 정치는 현실과 동떨어지고 정치 대리인에 의해서 시행되는 데 많은 문제를 안고 있다. 일부에서는 기독교인들의 정치 참여를 부정적으로 보기도 하지만, 정치에 지나치게 무관심한 것이 오히려 더 많은 문제를 낳고 있다. 선거철에만 정치에 관심을 갖고 평상시에는 정치를 잊고 사는 것이 아니라 오히려 생활 정치에 관심을 가져야 한다. 정치는 정치인들만의 전유물이 아니다. 앞에서 말한 바와 같이 정치가 '믿는 바에 대한 도덕적 실천'이라면 모든 국민은 철저하게 '정치적'이어야 하고 그것은 기독교인들에게도 마찬가지이다. 정치는 정치인에게만 맡긴다고 생각할 것이 아니라 국민들 스스로도 자신의 신념을 실천하기 위해 노력해야 한다. 각자의 영역에서 보다 나은 삶의 조건을 위해 참여하는 생활 정치에 관심을 가질 필요가 있다. 일상생활과 사회생활의 모든 영역에서 기독교 정신을 실천하는 것이야말로 기독 시민의 참모습일 것이다.

제 II 부

하나님
나라의
문화

제6장

미투(#MeToo) 운동에 대한 기독교 윤리적 고찰: 사회변혁과 여성주체성 형성의 상관관계를 중심으로*

1. 들어가는 말

2017년 10월 15일, 배우 알리사 밀라노(Alyssa Milano)는 세계적인 영화 제작자 하비 와인스타인(Harvey Weinstein)의 성추문 사건이 터지자 SNS에서 해시태그(#)로 "나도 피해자다(me too)"라는 의미의 '#MeToo 운동'을 시작하였다.[1] 성범죄를 당한 사람들이 똑같이 글을 쓰면, 주변에 얼마나 피해자가 많은지 경각심을 불러일으킬 수 있을 것이라고 생각해 시도한 일이었다. 그 결과 24시간 만에 8만여 명이 자신의 성범죄

---

* 김은혜(장로회신학대학교 교수, 기독교와 문화)

　이 글은 같은 제목으로 「신학연구」 55-2 (2018), 369-396에 게재된 논문임을 미리 밝힌다.

1　혹자는 우리나라에서 일어난 미투 운동이 할리우드에서 시작되었다고 여기지만, 그보다 훨씬 이전에 우리나라는 1992년 8월 14일 고(故) 김학순 할머니가 일본군 '위안부' 피해사실을 최초로 폭로한 '미투'의 역사를 가지고 있다. 최근 들어서는 2015년 젊은 여성들을 중심으로 페미니즘에 관심이 늘어나던 중에 2016년 '강남역 살인사건'이 분기점이 되었다. 이후 영화, 문단, 미술, 웹툰 등 문화예술계에 성폭력 고발운동이 확산되던 차였다.

피해경험을 폭로했다. 그 후 미국의 다양한 분야에서 폭로가 이어졌으며 이 과정에서 전 세계적으로 여성들과 남성들의 뜨거운 연대와 지지가 이어졌다. 할리우드 여배우들의 용기에서 시작된 운동은 구체적으로 직장 내 성폭력을 예방하고 지원하는 단체인 '타임즈업'(Time's up, www. timesupnow.com)의 설립에 이르렀다.[2]

'미투'란 이름으로 진행된 성폭력의 실상은 한국사회의 근간을 흔드는 사회적 문제가 되었지만, 해결되어야 할 많은 문제들만을 남긴 채 여전히 진행 중이다. 사실 한국 사회의 미투 운동은 일본군에 의한 위안부 피해로부터 새롭게 밝혀진 5·18 계엄군 성폭력 사건에 대한 진상조사까지의 긴 역사를 가지고 있고, 이러한 문제들의 공통점은 가해자 처벌의 어려움과 그로 인해 피해자들이 침묵을 강요당했던 부당함이라는 점에서 공통분모를 가지고 있다. 한국의 미투 운동은, 2018년 1월 29일 서지현 검사의 고백[3]으로 새로운 전환점을 맞았다. 한국의 미투 운동 역

---

2   미투 운동은 2006년 여성인권 운동가 타라나 버크(Tarana Burke)에 의해 시작되었다. 버크는 '미투'에 "여성을 도울 힘"이 있다고 생각했다. 2017년 10월 19일자 〈워싱턴포스트〉 기사에 따르면, 그는 여성과 소녀, 특히 유색인종 여성과 소녀를 돕기 위해 '마이스페이스'(MySpace)라는 페이지를 만들어 많은 사람에게 큰 반향을 일으키기도 했다. 할리우드에서는 2005년 유명 코미디언 빌 코스비(Bill Cosby)의 성폭력을 폭로하는 여성들의 증언이 이어졌고, 배우 엠마 왓슨(Emma Watson)으로 대표되는 'HeForShe' 캠페인 등이 있었다. 또한 #WhatWereYouWearing(너는 무엇을 입고 있었니), #YouOkSis(자매여, 당신에겐 문제가 없다), #SurvivorPrivilege(살아남은 자들의 특권) 등 피해자의 '행실'을 탓하는 성폭력에 대한 편견, 길거리 괴롭힘, 성폭력 2차 피해 등에 맞서는 해시태그 운동이 지속되고 있었다. 이 상황에서 배우 알리사 밀라노가 영화 제작자 하비 와인스타인의 성폭력을 문제제기 하면서 10년 전 버크가 사용했던 '미투'에 영감을 받아 미투 운동(#MeToo)이 시작되었다. 이렇게 미투 운동은 영화계에서 시작하여 체조, 영화, 정치영역으로 번졌을 뿐 아니라 전 세계로 확산되었다. 김보화, "[2018 미투, 세상을 바꾸다]이제 가해자에게 질문하자," 「한겨레21」[On-line], http://h21.hani.co.kr/arti/cover/cover_general/44873.html, [2018. 3. 12].

3   서지현 검사는 2018년 1월 29일, "2010년 10월 30일, 한 장례식장에서 당시 법무부 간부 안태근 검사로부터 강제 추행을 당했다"라는 제목으로 검찰 내부통신망 이프로스

시 피해여성들이 스스로 성폭력 경험과 그 심각성을 폭로했다는 점에서 중요하다. 그러나 사회이슈로서 성폭력 피해자들이 이제야 피해 사실을 말하기 시작하게 된 것은 아니다. 피해자들은 자신의 경험을 계속해서 말하고 있었지만 그들이 아무리 말해도 세상은 듣지 않았으며 그들은 지지받지 못하고 심지어 사회에서 매장당하기까지 했다. 다시 말해 성폭력 피해자들은 할 말이 없어서 말을 하지 않은 것이 아니다. 그들은 오랜 세월 동안 사회 속에서 자신의 목소리가 얼마나 무기력한지 경험해왔다. 피해 사실을 말했다 하더라도 사람들에게 지지와 위로를 받기는 고사하고, 가족을 포함해서 오히려 "왜 거부하지 않았느냐"와 같은 질문들과 불편한 시선 등 2차 가해를 받는 경우가 많았다. 그렇기 때문에 어떤 누구도 그녀들의 침묵을 비난할 수 없다. 말하는 것과 듣는 것은 상호 소통 과정이다. 들을 준비가 안 된 사회가 '왜 그동안 말하지 않았느냐'고 다그치는 것은 피해자에게 책임을 전가하는 무책임한 행동일 뿐이다.

미투는 용기다. 온 국민을 대상으로 '문화 혁명'에 가까운 서지현 검사의 고발을 지켜보면서, 많은 피해자들이 자신을 드러내고 세상에 말할 수 있는 용기를 얻게 되었다. 그들은 자신의 아픔과 수치심을 뒤로하고 다음 세대의 변화를 기대하며 '딸에게 부끄럽지 않는 엄마가 되기 위해' 용기를 내어 저항으로서의 '말하기'를 시작했다. 한 여성학자는 한국 사회의 가부장성을 인지한다면 미투의 용기는 경이로움을 넘어서 두렵기까지 한 것이라고 말한다.[4] 이제 여성들은 이전 시대에서처럼 침묵하

(e-Pros)를 통해 상사 검사로부터 성추행당한 사실을 8년 만에 용기 내 폭로했다.

4   유지영, 김윤정, "권김현영 '미투 피해자들의 폭로, 경이롭지만 두렵다'," 「오마이뉴스」[On-line], http://star.ohmynews.com/NWS_Web/OhmyStar/at_pg_w.aspx?C

지 않을 것이다. 피해자가 부끄러워하지 않는 세상을 희망하는 미투 사태의 본질은 더 이상 성폭력을 비도덕적인 '개인의 비행' 혹은 '일탈'로써 보기보다는 오래된 침묵과 은폐, 그리고 성차별적 폭력문화의 일상화의 결과물로 보아야 한다는 것이다. 이러한 사회적 인식의 변화는 다양한 영역에서 서로 다른 이슈를 가지고 젊은 여성들의 집단적 목소리를 활발하게 내며 공적인 이슈로 부각되게 하였다. 미투 운동은 여전히 진행 중이며, 더욱 복잡하고 다양한 양상을 띠고 있다.[5] 그런 점에서 이제는 사회와 교회에서 책임적으로 응답할 차례이다.

본 논문은 기독교 윤리적 관점에서 아직도 진행 중인 미투 운동에 대한 분석과 성찰을 통하여 미투 운동의 의미를 생각해보고자 한다. 미투 운동은 성폭력 피해가 더 이상 피해자의 개인의 문제가 아님을 인식하고, 공론의 장에서 성에 대한 새로운 담론으로 정착되어가는 중요한 변화를 이끌고 있다. 이러한 현실에서 성폭력 문제에 대해 비껴갈 수 없는 한국교회도 적극적이고 책임적으로 응답해야 한다. 이러한 사회변화의 과정에서 한국교회는 침묵과 무지를 드러내는 방관자가 될 것인지, 아니면 지지와 변화를 추구하는 연대자가 될 것인지 선택해야 한다. 특별히 본 논문은 그 과정에서 미투 운동을 여성주체성이 형성되는 정치

NTN_CD=A0002423214&CMPT_CD=P0010&utm_source=naver&utm_medium=newsearch&utm_campaign=naver_news, [2018. 4. 30].

5 2015년 이후 새로운 세대의 페미니즘 운동이 활발해지면서 SNS 상에서 해시태그(#)를 달고 자신의 경험을 말하는 새로운 폭로 방식이 등장했다. 문학계, 음악계, 영화계, 연예계, 게임계, 스포츠계, 종교계 등에서 시작된 수많은 해시태그 운동으로 피해자들의 말하기가 이어졌다. '데이트폭력' 폭로와 함께 영화감독이나 남자배우, 유명 연예인, 대기업 상사 등 권력에 의한 성폭력이 계속 폭로됨으로써 많은 변화가 일어났다. 그 중에서도 대표적으로 '찍는 페미', '페미라이터', '믿는 페미', '전국디바협회', '소라넷 폐지 운동'등이 인터넷 상에서 자생적으로 일어났다. 이러한 결과로 출판계, 문학계, 영화계에서 자체적인 사건 처리 매뉴얼을 만들거나 작가 서약서를 받는 곳도 생겨났다.

화의 과정으로 평가하면서 그것을 사회변혁운동으로 자리매김하고자
한다. 마지막으로 사회의 다양한 변화에도 불구하고 광범위한 성폭력
피해자의 호소가 공정하게 해결되지 않는 현재의 원인들을 규명하여 미
투 운동의 기독교 윤리적 의의와 우리에게 남겨진 과제를 제시해 보고
자 한다.

2. 미투 운동과 여성의 정치화

미투 운동은 시대착오적이고 위선적인 그러나 우리의 정신과 몸을
피폐하게 만들었던 이 땅의 성문화를 변화시키는 거대한 전환의 기폭제
가 되었다. 더욱이 이러한 사회적 변화 속에서 성폭력의 수많은 피해자
들의 폭로의 과정은 여성을 피해자의 자리에 고정시키려는 왜곡된 구조
에 저항하며 여성이 적극적으로 변혁의 과정에 참여하는 주체성의 형성
과정으로 분석할 수 있다. 그러나 이러한 변혁의 힘으로부터 여전히 매
우 느린 반응을 보이는 한국교회의 성인식에 대해 반성하면서, 미투 운
동으로 인한 사회의 법적인 재정립과 제도적 보안이 교회의 성폭력예방
과 정의로운 해결 과정에 의미 있는 도전이 되기를 바란다.

1) 미투 운동에서 '말하기'의 함의와 주체성

미투 운동의 의미는 한국 사회에 마치 공기처럼 우리를 둘러싸고
있는 일상의 폭력 경험들을 성찰하게 하고 그러한 의식과 구조를 바닥
에서부터 개혁하려는 노력이다. 특별히 구조적 성폭력과 일상의 성폭력

이 정확하게 일치하는 공적 공간과 사적 공간을 동시에 지배하는 이러한 성차별적이며 폭력적인 문화야말로 사회와 여성의 일상을 지배하고 있었던 어두운 그림자이다. 이러한 현실에서 폭로는 피해자들의 최후의 수단이었다. 한국의 미투 운동은 피해자가 '폭로'라는 수단에 의존하지 않고서는 사회 시스템에서 자신의 피해를 제기할 수 있는 문화적·제도적·인식적 기반이 전혀 없었음을 드러낸다. 성폭력 피해의 깊이를 조금이라도 인식하는 사람이라면, 누가 폭로 이후의 더욱 지독한 고통이 기다리고 있는 피해자에게 실명과 얼굴을 공개하는 폭로를 권할 수 있을까?

미투 운동을 성폭력 피해자들의 말하기, 폭로, 스피크 아웃(Speak Out) 운동이라 정의 내린다면, 사실 한국 여성운동의 역사는 수많은 피해자들의 '말하기'로 이루어져왔다고 볼 수 있다. 대표적으로 1986년 부천경찰서 성고문 사건[6], 1991년 일본군 '위안부' 피해를 당한 고(故) 김학순 할머니의 기자회견, 1993년 서울대 교수의 성희롱, 2000년대 초 한국 시민단체에서 벌어진 여러 성폭력 사건, 2009년 고(故) 장자연씨의 성접대 등 한국 사회의 굵직한 사건들은 모두 피해자들의 주체적 말하기를 통해서 일어났다.[7] 한국 사회의 성폭력 관련법이 제정·개정되어온 역사는 그나마 이러한 피해자들의 말하기가 있었기에 가능했다. 이처럼 성폭력과 관련된 고백적 폭로가 없었던 것은 아니지만, 미투가 가지는 특별한 의미는 피해 당사자가 직접 미디어에서 자기 자신을 드러내어[8] 자신의 이야기를 했다는 점이다. 이러한 폭로 행위는 이전과는 비

---

6 군사독재정권에 대한 민주화운동 세력의 저항이 심화되던 시기인 1986년 노동현장에 위장취업한 여대생이 부천경찰서에 연행되어 성적 고문을 당한 사건.

7 김보화, "[2018 미투, 세상을 바꾸다]이제 가해자에게 질문하자," [2018. 3. 12].

8 안전상의 이유로 소속만 밝히는 경우도 있지만, 대부분의 경우 실명과 얼굴을 드러내

교할 수 없을 정도의 큰 힘을 발휘했다. 즉, 피해 당사자가 주체로서 자기 자신의 이야기를 직접 말하는 이 행위가 정치적으로 가장 큰 힘의 원천이 된 것이다.

　미투 운동의 확산은 성범죄 사건이 피해자의 잘못으로 인해 일어난 것이 아니며 명백하게 가해자의 잘못이라는 것을 인식하는 사회적 분위기를 형성시키면서 피해자로 하여금 말하게 하였다. 이처럼 "나도 말한다"[9]와 같이 여성들의 주체적 '말하기'는 피해자에게 중요한 치유의 방법임에도 불구하고, 대부분의 경우는 자신의 경험을 이야기하지 못해왔다. 성폭력 경험은 가부장적인 문화와 남성중심의 사회 안에서 여성에게는 '수치심'과 '주홍글씨'와 같은 문화로 읽혀지기 때문이다. 그러므로 피해자가 '나(피해자)에게 원인이 있다'고 내재화한 인식과 왜곡된 관점은 해체되어야 한다. '한국성폭력상담소'는 성폭력 피해자에 대한 대중의 왜곡된 시선과 피해자가 말하기를 주저하게 만드는 사회적 인식에 저항하면서 2003년부터 "성폭력생존자말하기 대회"[10]를 개최해왔다. 그 과정에서 우리사회는 '잘 말하는 법'이 아니라 '잘 듣는 법'을 배울 필요성을 인식하게 되었다. 지금껏 우리 주변의 수많은 성폭력 피해자의 목소리를 지나쳐 왔다는 것은, 우리가 스스로 '잘 듣지 못했음'을 드러낸 일이다. 우리가 이러한 과거의 잘못을 뉘우치면서 뿌리 깊은 성차별의

고 있다.

9　미투 운동을 종종 "나도 당했다"라고 번역하여 말하는 경우가 있는데, 필자는 미투가 "나도 말한다" 운동으로 이해되어야 한다고 생각한다. "당했다"라는 말은 피해여성의 수동성과 함께 부정적 함의가 내포되어 있지만, "나도 말한다"는 피해를 극복하고자 하는 여성의 주체성과 능동성, 연대를 긍정적 차원에서 드러내기 때문이다.

10　'피해자' 대신 사용한 '생존자'라는 용어는 폭력적 상황에서 단순히 '피해를 겪었다'는 의미를 넘어서서 "살아남았다"는 의미를 담고 있다.

문화를 넘어 안전하고 유의미한 가치공동체를 형성할 수 있게 된다면, 성폭력 피해자들은 더 이상 폭로로 인해 자신에게 불이익이 생길 것이라는 두려움을 갖지 않게 되고 그들의 목소리는 더욱 확산될 수 있게 될 것이다.

또한 성폭력 피해자는 '평소 행실'에 대한 비난은 물론, 개인의 성(性)이력이 어떠한지 등의 질문을 이겨내며 성폭력에 대한 사회 통념과 맞서야 했다. 이처럼 우리 사회에서는 성폭력 사건에 대해서 성차별적 구조나 문화, 그리고 뿌리 깊은 인식들을 지적하고 개선하려는 노력 대신에 개인의 행실 및 성격을 문제 삼아 비난하고 몰아세움으로써 본질적 문제는 덮고 넘어가는 패턴에 익숙하다. 더욱이 한국교회의 많은 성폭력 피해여성은 이러한 비주체적 성문화와 오랜 시간 동안 전통신학이 정당화시켜온 '육욕적 상징'으로서의 여성 이미지를 통해 성폭력에 대한 2차, 3차 피해를 받아왔다. 이 방식은 교회에서 가장 흔하게 일어나는 현상으로 피해여성으로 하여금 더욱 '말하기'를 어렵게 하는 인식구조가 되었다. 성폭력 피해자로 호명되는 시작에서 2차 피해에 가까운 부당함과 불편함이 기다리고 있다는 말이다. 기독교의 오랜 전통은 여성을 죄의 원인 제공자로서의 수치와 죄의식의 강고한 결합 속에 가두어 두었고, 이에 따라 여성주체성은 형성되기 어려웠다. 여성이 온전한 주체로 형성되지 못하는 한국교회 문화 속에서 교회여성은 여전히 무거운 '침묵'으로 '말하기'를 대신하고 있으며, 여성주체성 형성의 결핍으로 교회의 성인식은 사회보다 더욱 어두운 현실을 가지고 있다.

미투 운동의 발생 원인을 분석하는 가운데, 정재원 국민대 교수는 남성중심 조직의 성매매 문화를 통해 "여성의 성은 쉽게 살 수 있는 것"이라는 뿌리 깊은 인식이 생기면서 여성을 동등한 구성원으로 존중할 줄 모르는 '불완전한 남성 시민'이 만들어진다고 말한다.[11] 남성 권력도 여성에 대한 성폭력을 가능하게 하는 심각한 문제이지만 사회문화를 통해 심각하게 '왜곡된 남성의 성의식'은 여성의 주체성뿐 아니라 남성의 주체성도 불완전하게 하는 왜곡의 과정이라 것을 우리는 인식해야 한다. 즉 남성은 가부장적인 성차별 구조에서 여성과 위계적 관계로 존재하며, 거기에 조직 내에서 권력 관계가 결부되면 문제는 더욱 심각해진다. 문단과 연극계의 미투 운동 피해자들은 가해자들이 '여성의 이해관계를 쥐고 있는 남성 권력자'임을 명시했다. 남성 교수가 여학생들을, 남성 정치인이 여성 비서에게 성폭력을 저지른 사건 등이 잇따라 폭로되면서 힘을 가진 남성과 상대적 약자인 여성 사이의 문제라는 유형이 그대로 드러났다. 이러한 위계적 권력관계 속에서 말하기는 더욱 어려워진다. 그러나 서지현 검사의 폭로 이후 미투는 성폭력의 수치와 책임이 피해자가 아닌 가해자에게 지워지는 계기가 되었다. 이러한 여성들의 주체화 과정은 남성 역시 책임적 주체가 되는 과정이기도 하다.

여성의 주체성을 새롭게 발견하는 '말하기'를 통하여 전개되는 미투 운동이 '마녀사냥'에서 멈추지 않기를 바란다면, 동시에 가해자로 지목된 사람을 악마화하고 비난하는데 그치지 않기를 원한다면 미투 운동이 진행되고 있는 현재에도 이 사회는 왜 성폭력 범죄가 끊임없이 일어나는지, 왜 이렇게 광범위한지, 그 구조와 나는 어떻게 연결되는지, 그리고 근본적인 해결책은 무엇인지를 그리스도인들은 기독교 윤리적 관점에서 적극적으로 응답해야 한다. 성폭력 피해여성의 고통과 고난이 피

---

11 김지혜, 남지원, "[미투의 혁명, 혁명의 미투](4)성추행 고발서 남과 여 일상화된 모순 흔드는 바람으로," 「경향신문」[On-line], http://news.khan.co.kr/kh_news/khan_art_view.html?artid=201804252203005&code=210100, [2018. 4. 25].

해자로서의 인식을 넘어 한국사회 속에서 여성을 말하는 주체로 세우는 정치적 공간이 될 때 우리 사회는 변화될 수 있다.

2) 기독교 미투 운동의 한계와 침묵하는 교회여성

미투 운동 전부터 이미 다양하게 폭로되었던 교회 성폭력은 그 수법이나 파렴치성에서 시민들을 경악케 하였다. 종교인들의 성폭력이 예전처럼 사이비 교주들 가운데서 일어나는 일이라고 치부할 수 없을 만큼 대표적 기독교 교단들과 교계에 중요한 영향을 미치는 목회자들에 의해 벌어지고 있다는 사실은 묵과할 수 없는 현실이다. 경찰청 통계에 따르면 2015년까지 5년간 발생한 전문직 종사자의 성범죄 총 3,050건 중 종교인이 442건으로 가장 많았다. 그러나 이러한 일들이 세상에 드러날 때마다 오히려 교회 성폭력 피해자의 죄의식과 수치심을 강화하는 교회의 문화는 더욱 성폭력 피해자들을 침묵하도록 한다.

실제로 교회 성폭력은 성서에 대한 자의적 해석과 잘못된 이해를 기초로, 영적이고 절대적 권위를 이용하여 자신을 신의 대리자로 미화하거나 정신적 남편, 혹은 상징적 아버지로 섬기게 만드는 특수한 메커니즘[12]을 가지며, 일반 성폭력과는 매우 다른 구조로 여성들의 '말하기'를 불가능하게 하는 구조를 지닌다. 이렇듯 때로는 무소불위의 힘으로 군림하는 목회자들의 성적 요구와 폭력 앞에서 신도들은 자신들의 기본적인 판단력조차 잃기 십상이다. 이는 피해자로 하여금 그 요구와 폭

---

12 이원규, "교회 내 성폭력에 대한 종교사회학적 분석," 「한국여성신학」 제38호(1999. 6), 65.

력을 신적인 권위와 요청으로 오인하며 잘못 판단하게 만들었고, 이러한 종교적 왜곡이 지속적이고 다수의 피해자를 양산하는 교회현실을 가능하게 했다.[13] 기독교여성상담소는 교회 내 성폭력의 양상을 살펴보면, 대부분의 피해자들이 이상하다고 느끼면서도 쉽게 거부하지 못하고 지속적으로 당하는 경우가 많다고 한다. 이러한 현상을 소위 '그루밍(grooming)'[14]이라고 말한다. 교회 내 성폭력은 대부분 화간의 형태를 띠는 강간인 경우가 많다. 피해자들이 강간을, 주의 종을 기쁘게 한다거나 목회자들을 특별한 방식으로 섬기는 신앙의 행위로 생각하게 만든다는 것이다.[15] 이러한 과정에서 교회여성은 주체적 여성으로서의 자아 형성을 철저하게 차단 받고 침묵 속에 고통 받고 있다.

　최근 젊은이들이 한국교회를 떠나면서 교회의 적응하기 어려운 문화를 강한 배타성과 가부장적인 질서로 꼽았다.[16] 한국기독교 130년의

13　이은선, "교회 내 성폭력추방과 '성직'의 '비신화화'," 「한국여성신학」 제65호(2007/7), 12-13.

14　영어 단어 'groom'에는 손질하고 다듬는다는 의미 외에 특별한 목적이나 행동을 위해 누군가를 준비시키거나 교육한다는 의미가 있다. '그루밍'은 후자에서 파생된 단어다. 성범죄자가 자신의 성적 욕구를 충족하기 위해 피해자를 고르고, 피해자 신뢰를 얻고, 성폭력을 가한 후 피해자를 통제하는 모든 과정을 그루밍 혹은 길들이기라고 부른다. 청소년 지원 기관 탁틴내일(이현숙 대표)은 2017년 11월, 그루밍이라는 개념을 정리해 발표하는 자리를 마련했다. 아동·청소년성폭력상담소를 운영하는 탁틴내일은 2014년 7월부터 2017년 6월까지 의뢰받은 20세 미만 성폭력 피해 상담 78건을 분석한 결과, 가해자의 행동에서 일정한 패턴, 즉 그루밍을 발견했다. 성적 학대가 본격적으로 발생하기 전에 가해자가 취하는 일련의 행동 단계다. 잠재적 가해자는 피해자 신뢰를 얻기 위해 필요를 충족해 주고, 신뢰를 쌓으면서 학대 기회를 노린다. 이 과정을 통해 성적 학대가 쉽게 이뤄지도록 하며, 나중에 피해자가 학대를 폭로하는 것도 통제한다. 이은혜, "[길들이는 목회자들①]'그루밍'이란 무엇인가," 「뉴스앤조이」[On-line], http://www.newsnjoy.or.kr/news/articleView.html?idxno=215672, [2018. 1. 31].

15　이은선, "교회 내 성폭력추방과 '성직'의 '비신화화'," 12.

16　김은혜, "한국교회 청년문제를 통해 본 한국교회의 위기와 기독교윤리적 대안," 「기독교사회윤리」 제30권(2014. 12), 7-36쪽 참조.

역사를 돌아보면 선교 초기만 해도 오히려 신앙은 여성을 차별하는 한국사회의 관습과 전통문화를 비판적으로 바라볼 수 있게 하였으나, 시간이 지날수록 교회는 여성문제에 있어서 한국사회의 어느 조직보다 뒤쳐지게 되었다. 그 이유를 여러 가지로 분석 할 수 있겠지만 간단히 말하면, 남존여비의 유교적 전통과 남성중심의 가부장적 기독교가 만나면서 한국기독교 안에 그 어떤 사회 조직 보다도 심각한 여성 차별적 문화가 뿌리 깊게 형성되었기 때문이다.[17] 이러한 한국교회의 역사적 과정을 반성하면서 교회 내에서조차 지속적으로 발생하는 다양한 성폭력을 근절하기 위해 기독교 성문화와 성의식 전반을 돌아보아야만 한다. 교회의 건전한 성윤리를 확립하기 위해서 뿌리 깊이 내재하고 있는 신학적 전제에 대한 철저한 반성과 왜곡된 성서해석에 대한 재교육 그리고 고통과 침묵 속에 사라져간 수많은 피해자들을 회복하고 보호할 수 있는 교단들의 정책적 입법화와 제도적 보완도 절실하다.

한국교회의 현실은 사회와 비교해 보았을 때 우선 성폭력 예방과 처벌에 대한 최소한의 정책과 제도의 필요성도 강조해야하지만 동시에 그 과정에서 피해자들이 가해자를 일상의 삶의 자리에서 만나고 수치의 순간을 떠올려야하는 것이 두려워 도망치듯 살게 만드는 2차 피해와 가해자 중심의 교회문화를 뿌리부터 변화시켜야 한다. 최근까지도 교회성폭력이 일어났을 때 정의롭게 해결된 경우가 공식적으로는 전무하다는 사실은, 교회 성폭력 문제는 피해자들의 폭로가 더욱 어렵다는 현실과

---

17 심지어 2세기 터툴리안(Tertulian)과 같은 교부는 "여자는 악마의 출입구"라고 설교했으며, 어거스틴(Augustine)은 '하나님의 형상을 닮은 남자는 혼자서도 하나님의 형상이 되지만 여성은 죄악에 빠지기 쉬운 열등한 육체를 대변하기 때문에 남편과 함께 있어야 하나님의 형상이 된다'고 가르쳤다.

해결과정에서 드러나는 2차 피해가 여성들의 말하기 자체를 위축시키는 현실을 보여준다. 사실 경험이 없는 사람들은 피해자의 경험을 이해하기 쉽지 않다. 그러므로 남성 뿐 아니라 여성들 역시도 피해자들의 고통을 이해해야 한다. 성폭력 문제에 대한 올바른 인식을 갖는 것은 모든 사회 구성원이 공유해야 하는 책임이기 때문이다. 이는 성폭력에 대한 신앙인들의 시선을 변화시키는 급진적 인식의 전환이 이뤄져야 함을 뜻한다.

지난 몇 년간 페미니즘에 대한 관심이 높아지면서, 이에 대한 다양한 갈등도 제기되는 현실에서, 그리스도인들은 제2, 제3의 서지현 검사와 아직도 자신의 피해를 '말하지 못하는' 수많은 여성들의 목소리에 귀를 기울여야 한다. 이러한 교정은 급진적 변화를 가능하게 하는 문화변혁의 시작이다. 한국교회의 성문제의 해결과정에서도 피해자가 도망치듯 공동체를 떠나는 것이 아니라 가해자가 부끄러움으로 피해자 앞에 나타나기를 주저하는 정의로운 문화가 형성되어야 한다. 이제 피해자의 개인적 고발이나 투쟁을 넘어서, 사회 전반의 다양한 현장에서 남성과 여성이 상호 주체적 관계성에 기초한 열린 대화를 이어가야 한다. 신앙공동체로서 교회문화 역시 동의 없는 접촉은 물론, 인식하지 못하고 던졌던 농담과 행위들도 범죄라는 인식이 확산되어야 한다. 이처럼 한국교회의 문화 속에 미세한 세포조직처럼 곳곳에 깊숙이 뿌리박혀 있는 성차별적 의식과 구조를 개혁하는 데 에너지를 쏟을 때 문화적 변혁이 가능하다. 또한 기독교 미투 운동 역시 사회변혁운동으로 발전하기 위해서는 남녀가 따로 없이 상호 주체적으로 변화되어야하기 때문에 미투(#MeToo)는 위드유(#WithYou)와 함께 가야 한다.

3) 미투 운동과 성정의(Gender Justice) 실현을 위한 법적 · 제도적 개선

　　정치적 민주주의, 언론의 자유와 집회결사의 자유가 보장된다고 해서 모든 이들이 제 몫의 권리를 동등하게 누리는 것은 아니다. 그런 의미에서 미투 운동은 여성들에게 '민주화 혁명'을 넘어선 또 다른 '일상의 혁명'이 필요하다는 것을 일깨웠다. 나는 이렇게 폭발적으로 터져 나온 미투 운동을 촛불혁명의 과정을 통하여 형성되어 온 젊은 여성들의 정치적 주체화의 과정 속에서 평가한다. 미투 운동은 한국 역사상 처음으로 여성들이 성폭력과 그 밑에 깔린 성차별이라는 중요한 문제를 연결하여 여성을 정치적 공론의 장에서 저항한 정치적 주체로 세운 사건이다.[18] 공적으로 말하는 주체로서 여성들이 한국 사회의 민주주의가 완성되어 가는 과정에서 정치적으로 집단적으로 목소리를 낸 것이다.

　　성(性/sexuality)과 여성에 대한 구성원의 생각과 가치관 변화 등 문화 전반의 의식변화 뿐 아니라 법 정의를 실행할 수 있어야 미투 운동을 통한 진정한 사회개혁이 이루어질 수 있다. 문화변화는 항상 제도와 법의 올바른 정립 속에 그 질적인 변화가 가능해왔다. 한국 사회에 정치적 민주주의는 어느 정도 자리 잡았고 인권과 평등이라는 가치도 제법 뿌리를 내렸다. 하지만 성평등 문제는 언제나 부차적이었으며 민주주의, 인권과 평등을 중시해야 한다고 말하는 사람들조차 성평등 혹은 여성과 관련된 문제는 '나중에 해결하면 되는 일' 쯤으로 치부해왔다. "저출산이나 여성 노동력 미활용, 성별 임금격차 같은 구체적인 현상으로 이미

18　김지혜, 남지원, "[미투의 혁명, 혁명의 미투](4)성추행 고발서 남과 여 일상화된 모순 흔드는 바람으로," [2018. 4. 25].

성차별 구조의 문제가 드러나고 있는데도 이에 대한 사회의 인식 수준은 여전히 매우 낮다."[19] 이제 성정의의 실현은 한 공동체의 성숙을 나타내는 바로미터이다.

이러한 법의 한계와 함께 늘 언급되는 문제는 성에 대한 폭력을 둘러싼 '남성 연대'이다. 특별히 한국사회에서 남성 간의 연대(male bonding)가 절댓값으로 존재한다. 필연적으로 위계가 발생하며 권력을 가진 남성들은 여성을 동등한 존재라고 생각하지 않는다.[20] 따라서 미투 운동은 자신이 남성이라는 이유 하나 때문에 이 남성중심주의사회에서 누리게 되는 특권과 의식적/무의식적으로 갖게 될 수 있는 가해자성에 대해 고민하는 데까지 나아가야만 변혁으로 이어지게 된다.[21] 우리는 지금 유난히 낮은 젠더 감수성과 성평등 인식을 '남성성'으로 감추며 살아왔던 우리들의 한 시대를 짚고 있다. 생존을 위해 남성 문화를 적극 받아들이고, 받아들이지 않더라도 묵인하고 동조하는 자세를 의식적/무의식적으로 훈련받는다. 이러한 한국사회의 성문화에 대해 박일준은 생물학적 남성들 중 가부장적 체제의 '가부장'(patriach)이 되는 것이 불가능한 상황에 놓인 사람들이 대부분이라고 주장한다.[22] 남성성 역시 거대자본주의의 상품이라는 것이다. 어쩌면 지구촌 소비자본주의 시대에 가부장은 실제로 존재하는 것이 아니라, 시스템이 설정한 가상의 존재인지도 모른다.

---

19 *Ibid*.

20 김완, "[2018 미투, 세상을 바꾸다]'가공된 인격이 괴물 낳아'," 「한겨레21」[On-line], http://h21.hani.co.kr/arti/cover/cover_general/45046.html, [2018. 3. 15].

21 한국 남성들이 누리고 있는 밤의 문화와 가정은 이중적 윤리적 관점에서 전형적인 창녀와 성녀 나누기로 상징된다. 내 어머니, 내 누이, 내 애인과 창녀는 다른 여자다. 이 둘은 분명하게 구별되는 존재로 여겨진다.

22 한국문화신학회 엮음, 『소수자의 신학』(서울: 동연, 2017), 117.

그럼에도 불구하고 가부장적 시스템은 남성들로 하여금, 가부장이 되기 위해 무한히 경쟁하고 생존하라는 명령을 내린다.[23]

우리는 이러한 비판적 사고에 귀를 기울이고 여성과 남성의 대결로 왜곡되는 현실을 극복하고 함께 연대를 향해 나아가야 하지만, 거대 자본의 체제와 작동방식을 인식하는 것이 뿌리 깊은 성차별의 위계적 현실을 축소시키는 관점으로 해석되어서는 안 된다. 지금까지 최소한의 제도가 없었던 것이 아니다. 그럼에도 불구하고 법과 제도가 법에 준하는 평등을 보장하지도 않았고 광범위한 성폭력을 중지시키지도 못했다. 몰랐던 것도 아니다. 생소한 현실도 아니다. 만연한 성폭력의 현실을 방치했고 방관하여 왔고 그저 무감각했고 참아내야 했다. 무엇이 문제인가? 여성에게 불리하고 가해자를 처벌하기 어려운 법과 제도부터 검토해야 한다. 이는 검찰 내 성폭력 예방뿐 아니라 사회에서 발생하는 성폭력에 대한 왜곡 없는 판단과 처벌을 위해 필수불가결한 일이다.

변화는 진행 중이다. 역사상 처음으로 범정부 차원의 성희롱 · 성폭력 근절추진 협의회가 만들어졌고 정부가 공공 · 민간부문 성폭력 예방 대책을 잇달아 내놨다. 실효성이 얼마나 있을지 아직은 알 수 없지만, 정부가 나설 주된 사회이슈로 부상한 것만은 틀림없다. 전문가들은 한국의 성범죄 신고율을 대략 10% 수준으로 추정한다. 피해자 10명 중 9명은 신고하지 않거나 못한다는 뜻이다. 여성정책연구원 장미혜 선임연구위원은 "성폭력을 뿌리 뽑으려면 '가해자는 처벌 받는다'는 사회의 합의가 깔려 있어야 한다"고 말했다. 신고율을 높이고 가해자 처벌이 이루

---

23 박일준, "나 역시 남자가 아니다: 포스트휴먼 시대의 성(性)과 젠더에 대한 성찰," 「한국연구재단 후원 한-미 인문학 특별협력 국제 학술대회자료집」(2017/10), 52-57.

어지려면, 성범죄의 원인을 피해자의 '행실 탓'으로 돌리지 못하도록 하는 제도적 대안을 마련해야 한다. 미국과 영국 등은 이미 수십 년 전부터 '방패법'을 두고, 피해자에게 과거에 성과 관련된 어떤 이력이 있었는지에 대해 재판 과정에서 묻지 못하도록 보호한다. 이번 기회에 무고죄와 '사실적시 명예훼손죄'의 적용 범위를 손질해야 한다는 지적이 많다. 이러한 법적인 재정립과 제도적 보안은 성폭력 예방 뿐 아니라 정의로운 성폭력 해결 과정에 대단히 중요한 변화를 제공할 것이다. 이러한 모든 변화의 중심에 '말하는' 여성들의 주체적 행위가 전제된다. 미투 운동은 여전히 진행 중이고 미완성의 운동이지만 여성들이 한국사회 모든 영역에서 폭로라는 말하기를 통하여 침묵해왔던 성폭력에 대해 적극적으로 공론의 장을 형성하고 주체적으로 정치화되는 과정이다. 즉 미투 운동은 침묵과 수치와 은폐 속에 개별화되었던 성폭력 문제를 공론화하면서 여성의 행위적 주체형성의 과정을 통하여 한국사회 변혁운동 속에 새롭게 자리매김하는 사건이 되었다는 점을 적극적으로 평가해야 한다.

3. 미투 운동과 기독교 여성 주체성(Subjectivity)

1) 여성 신학적 관점에서 새롭게 구성하는 여성 주체성의 발전과정

1960년대 이후 초기 여성신학은 여성의 불평등과 억압을 극복하고 인간이라는 의미를 획득함으로 평등을 추구하였다. 서구여성신학 형성의 과정에서 어머니와 같은 역할을 했던 로즈마리 류터(Rosemary R. Ruether)는 여성신학의 목적을 "모든 여성의 온전한 인간성(full humanity)

을 지향하는 것"이라고 말했다. 이렇게 근대 여성신학자들이 추구했던 성불평등과 성적 억압으로부터의 해방은 근대인간주의의 발전과 맞닿아있다. 근대 인간이해는 여성신학적 담론에도 영향을 미치며 여성신학의 시대적 한계의 근본적 원인이 되었다. 이 시기의 여성신학(second wave: 1960~80년대)은 가부장적 질서에 저항하기 위하여 여성(Women)이라는 보편 개념에 정초하고 모든 여성들을 위한 신학을 추구하였다. 이러한 과정에서 여성신학은 여성신학자들 간의 경험의 차이 그리고 문화적 다양성으로 인한 여성들 간의 다른 목소리들을 간과하면서 근대의 보편적 인간 이해에 기초한 여성일반의 평등을 이루어내는 것을 그 정치적 목표로 삼았다. 그러나 여성신학은 80년대에 대표적 여성신학자들인 류터의 관계적 자아(relational self)와 캐서린 켈러(Catherine Keller)의 연결된 자아(connective self) 등의 개념으로 이미 고정된 자아의 신학적 터전을 허물고 있었다. 이러한 여성신학은 90년대 이후 포스트모더니즘 그리고 후기구조주의 이론들과 대화하면서 그리고 여성의 해방과 사회변화를 위한 책임적 행위주체(agent)[24]로서의 여성의 가능성에 대한 연구를 본격화하면서 비서구 여성들이 겪은 또 다른 억압에 주목하였다.

그 후 여성신학(third wave)은 여성들 간의 차이에 집중하면서 성차별과 여성들 간의 차이를 분리하여 흑인여성신학, 남미여성신학, 그리고 아시아여성신학 등 다양한 여성신학적 건설을 시도하였다. 같은 여성이지만 페미니스트(feminist), 우머니스트(womanist), 그리고 무헤리스타

---

24 행위주체(agent)라는 개념은 주체(subject)가 이전의 전통 철학이나 신학담론에서 지극히 추상화된 개념으로 쓰여왔던 위험성을 피하게 하고, 보다 윤리적 행위와 책임성을 드러내게 하는 용어라는 점에서 차이가 있다. 강남순, 『페미니스트 신학: 여성.영성.생명』 (서울: 한국신학연구소, 2002).

(mujerista) 신학적 관점에서 계급과 인종, 성정체성, 나이, 그리고 문화와 종교에 따른 여성신학적 담론들의 차이를 성찰하기 시작하였다. 그러한 특수한 주체의 위치성(positioning)은 서로 다른 주체의 형성의 과정을 겪으면서 사실 근대의 여성신학이 서구 백인여성중심의 담론임을 인식하게 만들었다. 이후 포스트모던시대의 신학과의 대화를 통하여 여성신학은 여성들 간의 차이와 다름을 긍정하는 주체성 담론의 새로운 지평을 열었다. 이렇게 성적 차이와 더불어 여성들 간의 차이들을 새롭게 바라보면서 주체성 형성의 다양한 사회문화적, 정치적 맥락들을 진지하게 고려하였다.

물론 이러한 과정에서 여성신학은 위기와 균열 그리고 정치적 전선의 분열을 보이기도 했으나, 90년대 이후 여성신학은 여성주체성의 형성의 과정을 동일하지 않고 다양한 정치 경제 문화적 요인들과 복잡하게 얽혀 있는 되기의 과정(becoming women)으로 이해하고 이러한 복잡한 지형을 창조적으로 발전시켜왔다. 사실 이렇게 여성신학은 근대성의 위기와 함께 발생하고 포스트모더니즘과의 상호영향 속에서 주체의 이질성과 다중성과 복잡성을 수용하며 발전해왔다. 특별히 관계적 차이를 강조하는 켈러는 최근 저서[25]들을 통하여 인간의 자아는 항상 자기를 형성해 가는 과정 중에 있기 때문에 젠더, 성, 계급, 인종 간의 단순한 경계가 있을 수 없고 이 모든 것이 장구한 역사 속에서 억압과 투쟁의 과정 속에 얽혀있음을 주장하였다. 여성신학이 강조한 이 관계성은 무엇보다도 차이를 전제한 관계성이다. 즉 여성주체성은 차이를 기반으로 하는

---

25 Catherine Keller, *Intercarnations: Exercises in Theological Possibility* (New York: Fordham University Press, 2017).

형성의 과정이며, 동일성을 향하는 끊임없는 동화의 반복이 아니라 차이의 변화를 가져오는 형성의 과정임을 강조한다. 이러한 주체성에 대한 이해는 서구 근대성이 제시한 표준적, 본질적 혹은 독립적인 개별주체가 분리된 대상들의 환경을 관장한다는 근대적 사상과 정면으로 충돌한다.[26]

특별히 포스트휴먼 여성주체성의 논의의 최전선에 있는 로지 브라이도티(Rosi Braidotti)는 이러한 존재론적 차이에 대한 깊은 이론적 성찰을 통하여 여성의 주체성은 다층적이고 횡단적이며 비위계적으로 변화되어감을 보이고, 이러한 주체성을 일찍이 '유목적 주체(nomadic subject)'로 탁월하게 명명한다. 그 주체는 삶의 수많은 조건들과 복잡하게 얽혀서 되어가는 존재이다. 이런 복잡성을 잘 표현해주는 주체성의 새로운 개념은 정체성이론을 거쳐서 수많은 다양한 요인들과 만나면서 차이의 주체성들의 개념으로 발전해 나아간다. 그러나 이러한 차이의 주체성은 파괴적이거나 부정적이거나 이항 대립적이지 않으면서 자신의 정치 문화적 조건을 수많은 타자들과의 관계성을 통하여 창조적으로 형성해 나아가는 관계의 존재론을 기반으로 한다. 따라서 미투 운동이 사회변혁 운동으로 발전하기 위하여 한국여성들의 행위적 주체성은 정치적 문화적 성적인 다면적 상황을 고려하면서 수많은 소수자들 뿐 아니라 남성들과도 연대하는 관계적 존재론에 기초해야 한다. 이러한 정치적 주체성의 형성의 과정에 대한 이해는 불필요한 여남 대립구조를 해소시키고 창조적으로 변혁의 임무를 수행할 수 있도록 한다.

---

26 Catherine Keller, "Entangled Hope: Transfeminist Theological Im/possibility," 안종희 역, "얽힌 희망: 트랜스페미니스트 신학의 불/가능성," 「한국연구재단 후원 한-미 인문학 특별협력 국제 학술대회자료집」(2017. 10), 27.

이러한 여성 주체성은 존재론적 차이에 대한 숙고, 그 수많은 차이들의 관계성, 그리고 그 관계들을 둘러싸고 있는 정치적 상호작용의 과정 속에서 형성된다. 미투 운동은 그저 침묵 속에 영원히 갇힐 수 있었던 여성들의 목소리가 정치적 전선을 형성하고 윤리적 실천을 수행하기 위해 여성들 스스로 자신에 대하여 말함으로 형성되는 자기 긍정의 주체성이 얼마나 중요한지를 보여주었다.[27] 따라서 이러한 여성 주체성은 개념과 사유 안에 머무르지 않고 궁극적으로 새로운 여성주체성의 형상화의 작업과 사유의 이미지의 변형을 창출할 수 있는 정치적 조건을 만들어 내도록 돕는다. 이러한 여성의 체현된 인식론은 잘못된 보편주의와 남성적 합리주의에 함몰되지 않고 차이를 긍정적으로 보는 차이의 주체가 되어가는 방식으로, 차이의 긍정성을 전제로 한다. 특별히 브라이도티는 이러한 차이 주체를 being이 아니라 becoming 즉 생성으로, 신체적이고 정서적(affective) 존재자로, 이 주체는 육체적, 물질적, 사회적, 상징적으로 복잡하게 얽혀지는(entanglement) 터전으로 정리한다. 따라서 이 육체에 뿌리내리는 정서적 공감은 감정적 이해가 아니라 집단적 정치를 가능하게 하는 정치적 주체성을 형성하게 한다는 것이다.

이러한 여성 주체성은 사변적 혹은 개념적 주체성이 아니라 실생활의 여성들의 실재를 담론적 주체로 올려놓기 위해 성차화된 존재로서 여성들의 존재론적 욕망에 대한 적극적 긍정이며 여성 스스로를 행위의 주체로 위치시키는 윤리적 의지이자 정치적 결단이 된다는 측면에서 여성 주체성을 강조한다. 즉 내면화되어 있었던 억압된 자아를 인식하고 가부장적 이데올로기를 비판하기 위하여 여성주체의 정립이 필연적으

---

27   로지 브라이도티/이경란 옮김, 『포스트휴먼』 (서울: 아카넷, 2015), 132.

로 요구되는 것이다.[28] 여성신학적 관점은 이렇게 형성된 현실의 주체성은 결정론적인 것도 운명적인 것도 아니며 역사적으로 변용 가능한 긍정의 형성대상으로 본다. 즉 여성들의 일상의 경험 그리고 살아있는 육체의 특수성을 정치적 집단적 의지의 토대로 격상시킨다. 따라서 여성신학적 관점은 성차로 인해 발생하는 존재론적 여성 주체성 담론을 정치적 출발점으로 생각한다.

특별히 존재론적 차이를 전제하는 여성들의 주체성은 후기구조주의자들과 같이 구성된 주체가 아니라 정치적 힘을 실어주고 정치적 의지로 긍정적으로 형성되어가는 주체로 고려한다. 이러한 여성 주체성은 성차의 존재론적 차이를 긍정하는 인식론을 기초로 유목적 되기를 기획하고 정치적 변화를 집단적으로 이끌어내 사회변혁을 이루어내는 윤리적 방향을 가진다. 여성신학적 관점에서 관계적 차이의 주체성을 강조하는 이유는 새로운 개체성의 발견에도 불구하고 집단성과 개인성이 정치적 연대를 통해서 이루는 공동체 개념의 중요성을 간과하지 않기 때문이며, 여성주체성 형성의 과정을 상처받고 박탈당하는 과정에서 겪기 마련인 수동성과 체념을 넘어 연대하며 정치화하는 과정으로 보기 때문이다. 미투 운동의 과정에서 함께 하는 다양한 여성들에게 정치적 주체성은 여성적 부정성을 극복하는 윤리적 태도로서 연대하고 책임적으로 행동하는 주체로 공동체를 지속 가능하게 하는 힘과 궁극적으로 연결되게 한다.

---

28 진미리, "엘리자베스 쉬출러 피오렌자의 해방을 위한 '비판적' 여성주체의 인식론적 배경," 「신학연구」 제50집 (2007. 6), 184.

2) 미투 운동을 통한 정치적 주체성 형성의 의미와 여성신학적 성찰

한국의 미투 운동을 일으킨 여성의 주체성의 형성은 2007년으로 거슬러 올라간다. 당시 광우병 촛불시위에서 여학생들이 변화의 주체로 나타나기 시작했다. 특히 그전의 촛불시위와 지난해 2017촛불혁명과 비교하면 20/30대 여성들의 참여가 괄목할만하게 증가했다. 강남역에서 확인된 무차별적 폭력은 촛불혁명을 통해 여성들을 진정한 정치적 주체로 발전시켰다. 불법촬영(몰카) 등의 범죄에 대한 수사가 남성중심적으로 이루어지는 것에 대해 반발하며 모인 혜화역 시위에는, 네 번째 집회(2018. 8. 4.)에서 주최 측 추산 7만 명이 모여서 공정한 수사를 촉구했다. 촛불혁명에 적극 참여한 여성들이 '촛불이 해소하지 못한' 성차별을 고발하고 나섰다. 민주주의가 성숙되어가는 과정에서 이에 동참한 여성들이 차별을 발견했고, 촛불혁명으로 역사를 바꾼 시민들은 이제 '일상 속 적폐'를 직시하기 시작했다. 이렇게 여성들의 정치적 주체로서의 경험이 쌓이기 시작했다. 한국 사회의 여러 현상들은 이러한 연관된 맥락에서 봐야 한다. 남성이든 여성이든 성폭력에 반대하고 범죄자를 처벌해야 한다고 주장하는 데 큰 차이가 없지만, 미투 운동의 파급력이 어느 때보다 컸던 이유에는 이러한 맥락이 배경에 있다.

권력을 쥔 남성들을 향해 '말'하기 시작한 여성들의 용기가 새로운 정치적 주체로서의 행동과 몸짓으로 이어졌고, 자신의 운명이라고 생각했던 성(性)에 대한 곤고한 벽을 허물기 시작했다. 국가와 정권에 대한 정치적 불만들은 촛불을 들어 정권을 바꾸었고, 모든 분야에서 '적폐청산'을 시작하면서 정치적 민주주의를 이뤄낸 후 일상의 모순에 눈을 돌리기 시작하였다. 결국 미투 운동은 정치적 주체로서 2030 여성경험의 축척을 통한 집단적 의식 고양의 결과이다. 몇몇의 여성학자들은 이러한 현상을 아고니즘[29]의 정치를 경험하는 역사적 순간으로 분석하기도 한다. 한국의 미투 운동은 정치적 행위주체인 여성들이 사회적 공론의 과정을 통하여 다양한 요인들과 상호작용하는 역동적이며 때로는 이질적이고 분열되는 주체임을 인식하는 계기가 되었다. 많은 여성들이 함께 했으나 일관된 이데올로기도 공통의 신념적 토대도 없이 다양한 생각과 의견을 개진하면서 흩어졌다 모였다를 반복하고 있다. 촛불혁명을 통하여 사회변화 전면에 등장하기 시작한 여성들의 정치적 주체화는 하나의 대안적 정치세력으로서 생활세계 속에서 민주정치의 비전을 실현하고자 하는 의미 있는 움직임으로 볼 수 있다.[30]

최근 여성주의 실천이론은 이미 존재하는 추상적 '여성'에 기반 하는 것이 아니라 구성원들에 의해 그 주장이 받아들여짐으로써 구성되는 '여성'으로의 실천적 전환을 주장한다. 즉 여성주체는 "억압의 굴레로부터의 해방이라는 실천적 행위로 자신을 재산출"하는 것이다.[31] 이러한 정치적 실천이 확보되는 공간은 아고니즘 정치를 통해 구현될 수 있다

---

29 민주주의의 위기에 대한 우려의 목소리가 커지고 있다. 민주적 소통과 대화는 위축되어 가는 반면, 적대와 불신의 문화는 확대되고 있다. 위기에 처한 민주주의를 어디서부터 다시 시작해야 하는가? 이러한 물음에 맞서 민주주의 정치 이론의 대안들 가운데 하나로 주목받아 온 "아고니즘", 즉 '경합적 민주주의'를 소개한다. 벨기에의 정치철학자 샹탈 무페(Chantal Mouffe)가 주장하는 정치이론으로서, 민주주의 정치의 핵심으로 '다원주의'와 그룹간의 차이들을 중요하게 고려한다. 모든 사람이 각자의 입장을 적극적으로 주장해서 갈등이 겉으로 드러나야 소리치고 싸우고 대화하고 논박하며 사회적 합의점을 찾을 수 있다고 주장한다. 유용민, 『경합적 민주주의』(서울: 커뮤니케이션북스, 2015).

30 김영옥, "여성주의 관점에서 본 촛불집회와 여성의 정치적 주체성," 「아시아여성연구」 제48권 2호 (2009. 11), 7-34.

31 진미리, "엘리자베스 쉬출러 피오렌자의 해방을 위한 '비판적' 여성주체의 인식론적 배경," 177.

고 본다. 이렇게 여성의 정체성은 고정되는 것이 아니며 구성원들과의 상호작용을 통해 끊임없이 재구성된다. 그렇기에 아고니즘 정치를 통하여 무엇보다 구성원간의 관계의 망을 유지하는 것이 중요하다. 즉 정치적 공론의 장에서 여성들이 진정 원하는 바가 무엇인지에 초점을 맞추며 자유로운 대화와 토론, 설득을 통해 대안적 공동체를 유지 · 강화해 나가야 한다. 서로의 욕구가 논의될 수 있는 열린 커뮤니티의 구축이라는 실천을 통해 차이를 가능성으로 전환하는 것이다.

여성들의 행위적 주체성은 통계에서도 나타난다.[32] 변혜정 한국여성인권진흥원장은 "미투 운동에 힘을 받은 여성들이 성폭력을 더 이상 용납하지 않겠다는 집단적 움직임을 보이고 있는 것"이라고 평가했다. 민주주의가 진전을 이루면서 부당한 권력관계에서 나타나는 문제들이 줄고 있다고 여겼으나 성차별이라는 불균형한 권력관계가 남아있다는 사실이 폭로된 것이기도 하다. 여성들이 행위주체성과 존재론적 관계성을 통해 집단적 힘을 발휘할 수 있음을 경험해가는 것이다. 이러한 과정은 여성신학적 관점에서 여성들의 긍정의 주체성 형성의 과정으로 평가할 수 있는 지점이다.

사실 세계를 흔든 미투 운동의 원조는 일본군 성노예제로 고통당하셨던 김학순 할머니의 커밍아웃이다. 가해자의 지속적인 부인에 분통을 터뜨리며 세상에 나왔다고 했던 할머니의 증언은 반세기 가까이 봉인되

---

32 2018년 1분기 한국여성인권진흥원 여성 긴급전화 1366에 접수된 성폭력 상담건수는 지난해 같은 기간 대비 51%나 늘었다. 해바라기센터와 여성가족부 성희롱 · 성폭력 특별신고센터, 고용노동부, 교육부 등에서 운영하는 신고센터 접수건을 포함하면 2018년 들어 석 달 동안 1만 2천 건이 넘는 신고와 상담을 통한 '미투'가 이뤄졌다. 김지혜, 남지원, "[미투의 혁명, 혁명의 미투](4)성추행 고발서 남과 여 일상화된 모순 흔드는 바람으로," [2018. 4. 25].

었던 끔찍한 성노예제의 실상을 폭로하며 전 세계 시민들을 무지의 늪에서 일깨웠다. 가부장제와 식민주의 지배체제하에서 여성들에게 가해진 중층적 부정의와 싸우며 피해자에서 생존자로, 다시 활동가로 변화하던 할머니들의 모습 덕분에 한국의 시민의식도 함께 성숙해졌다. 이러한 과정은 할머니들 스스로가 단순한 피해자로서의 의식을 극복하고 정치적 주체로 형성되어가는 과정이 되는 것이다.

한국의 미투 운동을 바르게 분석하기 위하여 1980년대 민주화운동 시기에 본격화된 진보여성운동 단체들의 형성과 반성폭력운동, 여성인권운동, 최근 '강남역 10번 출구' 앞에서 진행된 '성폭력 필리버스터', '#○○계_내_성폭력' 해시태그 운동에 이르기까지 한국여성운동의 오랜 역사를 먼저 봐야 한다. 어느 날 갑자기 돌출된 운동이 아니라, '관습'과 '문화'란 이름으로 정당화되어 왔던 차별구조와 남성중심적 언행과 폭력에 지속적으로 의문을 던지며 저항하고 시대를 거슬렀던 여성들의 역사 속에서, 이번 '미투 운동'은 맥락화 과정에서 새롭게 나타나는 여성주체성 형성의 과정으로서 의미 있게 평가되어야 한다. 역사적으로도 여성들의 주체적 행동과 여성들의 목소리가 들려지고 정치화되었을 때 제도와 법은 개정되고 개선되어왔다.

여성신학적 관점에서 담론적 주체성을 넘어 행위적 주체성 형성을 통하여 일구어낸 미투 운동의 역사적 의의는 오랜 고질적, 성차별적, 억압적 권력관계 안에서 여성 스스로가 주체적으로 자신의 삶을 선택하고 구성해 나아간다는 점에 있다. 더욱이 정치적으로 주체화된 여성들이 형성되면서 성폭력이 일어나고 은폐되는 가장 근본적인 문제인 '권력'에 대하여 인식하기 시작하였다. 나아가 피해자들은 자신들의 경험에 대한 근본적인 치유를 위해 사회적인 변화를 이끌어낼 행위주체가 되고 있다. 오랜 침묵을 깨고 억압된 자아를 넘어 행동하는 주체로, 자신의 잘못이 아니라는 피해자 스스로의 주체적 자각에만 머물지 않고 행동으로 말하기 시작했다. "내 잘못이 아니었다." 서지현 검사의 말이다. 이러한 주체적 각성은 다른 이들의 상처도 다시 돌아보게 한다. 사회를 바꾸는 힘은 갑작스럽고 우연한 힘에서만이 아니라 개인의 주체적 행위와 집단적 목소리에서 나오는 정치적 신뢰 · 지지 · 연대 속에서 만들어진다.

한국사회의 모든 사람은 차별과 편견, 부당한 특권과 억압이 뿌리 깊게 자리 잡은 사회에서 자랐고 오랜 시간 사회화되어왔다. 우리가 인지하고 있는 성별은 이미 존재하는 권력관계의 효과이며 새로운 권력관계를 생성하는 원인이다. 남성(性)만 인간의 기준이 되는 사회에서, 여성(性)은 열등한 것, 부차적인 것, 성적인 것, 심지어 '낮은 사회적 지위' 자체를 의미한다.[33] 물론 그 남성과 여성은 성별 질서뿐 아니라 계급, 인종, 성적 정체성, 장애 여부 등 다양한 차이들로 구성되어 있다. 그러므로 성폭력은 기본적으로 성별 권력 관계에서 파생하지만 다른 차별구조와 만나 더 심화되거나 약화되기도 하며, '성폭력은 구조적 성차별의 문제'라는 인식으로부터 출발해야 조직 및 집단 간 차이와 특수성을 더 선명하게 볼 수 있다.

따라서 여성신학적 관점에서 여성의 정치적 자아는 근대의 보편적이고 중립적이며 젠더에서 자유로운 존재가 아니다. 사유란 사변적 행위가 아니라 변혁을 지향하는 육체적 활동이며, 이 육체는 진리에 도달하고자 하는 형이상학적 추구가 아닌 욕망의 표현이 되는 것이다.[34] 이

---

33 중학교 남학생이 여성 교사를, 남성 환자가 여성 의사를 성희롱 할 수 있는 이유가 되기도 한다.

34 로지 브라이도티/박미선 옮김, 『유목적 주체』 (서울: 여이연, 2004), 179.

육체에 뿌리내리는 정서적 공감은 감정적 이해가 아니라 집단적 정치를 가능하게 하는 정치적이고 집단적 정체성의 일시적 형성을 만들어 내는 것이다. 즉 이 행위적 주체는 성차의 긍정성 뿐 아니라 다양한 문화적 계급적 인종적 차이가 차별로 전화되지 않도록 동화의 과정과 보편화의 과정 속에서 간과하는 다양한 작은 그룹들의 소리들에 귀를 기울이고 더 예민하게 지배와 억압의 구조를 들여다보도록 자신의 존재론적 인식을 확장시킨다. 미투 운동을 통하여 형성된 한국여성들의 행위 주체로서의 각성은 한국사회 전반의 다양한 억압과 성적 차별에 더욱 예민하게 반응하고 더욱 구체적으로 생활현장에서의 억압에 대항하도록 만들었다.

우리는 의식적으로나 무의식적으로 차별적이거나 폭력적인 사고 또는 언행에 동참하고 있다. 이러한 현실을 변화시키기 위하여 일상성의 정치에 참여해야 한다. 매일의 행동을 분별하기 위해 배우고 자신을 돌아보며 훈련해야 한다. 그러므로 미투 운동에 직간접적으로 참여하게 된 모든 시민들은 이제 권력과 위계로 움직이는 사회가 아니라 모든 사람이 동등한 주체로 살아갈 수 있는 평등한 사회를 만들기 위해서 자신의 할 일이 무엇인지 고민해야 한다. 특히 자신이 남성, 비장애인, 중장년, 고학력, 고소득 등의 특권그룹에 속해 있는 정체성이 있다면 그 정체성의 자리에서 더 많이 고민해야 한다. 사회적 편견과 그릇된 위계, 그리고 권력에 대해 보다 더 성찰적인 사유가 가능해지도록, 지속적인 교육과 훈련을 받을 수 있는 교육적 환경들이 다양하게 제도화되어야 한다.[35]

---

35 한국다양성연구소, "#MeToo 운동이 가지는 파급력의 원인과 나아가야 할 방향-2,"

지금의 미투 운동과 이전의 여성들의 폭로와 고발 사이에 다른 중요한 정치적 의미가 있다. 그것은 불평등을 해결하려는 노력이 인권이나 법을 중심으로 한 형식적 제도적 변혁을 넘어서, 행위주체에 의한 실질적 실천을 통해 거대한 사회구조를 변화시키고 있다는 것이다. 한 사람의 침묵을 깬 작은 행동이 들불처럼 번져나갔다. 한 사람의 용기 있는 행동이 미투를 통해 수많은 피해자들에게 목소리를 내게 하였다. 여성들의 주체적 말하기는 성정의 실현의 중요한 방법이 되었다. 침묵하지 않은 폭로의 행위적 주체들이 야만의 세월을 끝내고 우리 모두가 여전히 존엄한 생명임을 말하고 있다. 이렇게 정치적 행위주체성은 또 다른 행위들과의 연대 속에서 점차 확산되고 강력한 힘을 발휘하게 될 것이다.

4. 나가는 말: 미투 운동에 대한 기독교 윤리적 성찰과 한국 교회의 과제

미투의 한복판에서 이미 도덕적 문제를 지속적으로 일으켜 온 교회가 뿌리 깊은 성폭력 현장 중 하나라는 사실에 대한 깊은 자괴감과 우려의 소리가 높다. 한국교회 현장이 오히려 '신앙이라는 명목' 하에 다양한 성폭력들이 발생하는 공간으로 변질되는 것은 기독교 윤리적 관점에서 간과할 수 없는 심각한 문제이다. 그만큼 교회의 성의식에 대한 변화의 목소리와 자성의 소리도 들려온다. 2015년 예장통합은 목회자 윤리강

「허핑턴포스트코리아」[On-line], https://www.huffingtonpost.kr/entry/story_kr_5aa62710e4b07047bec7eb2d, [2018. 3. 12].

령을 발표하고 2017년 총회에서 성폭력예방교육의무화를 통과시켰다. 또한 보다 구체적인 매뉴얼 작성과 교단사이트에 성폭력 접수를 게시하는 교단 내 제도적 개선을 진행하였다. 기장도 2018년 총회에서 성폭력과 관련된 여러 헌의안을 통과시켰는데, '성폭력대책위원회'의 신설, 매년 노회·신학생을 대상으로 하는 성폭력 예방 교육의 진행, '성 윤리 강령 제정'의 결의 등이 그것이다.[36]

　　이제 한국교회 여성들과 남성들은 우리 안에 존재하는 뿌리 깊은 성차별 의식을 비판적으로 검토하고, 교회여성은 스스로를 일방적인 피해자이자 수동적인 성도로 생각하는 것을 넘어서서 긍정적 주체성을 지니고 행동하는 한 사람의 그리스도인으로서 바로 서서 말할 수 있어야 한다. 남성 목회자에 대한 무비판적인 신격화와 여성의 영적 리더십 부정은 모두 남성 중심적인 신학전통에 근거해 여성에 대한 부정적 이해를 전제하고 여성을 주체로 인정하지 않는 것이다. 전통적 신학이 말해온 남성적 하나님 이해로부터 형성된 교회여성의 전통적인 자아이해로부터 벗어나, 남성 뿐 아니라 다양한 여성에 대한 존재론적 차이, 그 존재론적 관계성, 그리고 온전한 인간됨을 위하여 기독교 여성의 주체성을 다양한 정치적 맥락 속에서 창조적으로 만들어가야 한다. 미투 운동은 성불평등을 해결하고 폭력에 저항하기 위하여 법을 중심으로 한 형식적 제도적 변혁을 넘어서 행위주체에 의한 구체적 실천이며 거대한 권력에 대한 저항이라는 사실을 기억할 필요가 있다. 한 사람의 침묵을 깬 작은 행동이 마치 들불처럼 번졌다. 한 사람의 용기 있는 행동이 미투

36　이은혜, "[총회 결산①] 교회 성폭력 대처 극과 극," 「뉴스앤조이」[On-line], http://www.newsnjoy.or.kr/news/articleView.html?idxno=220049, [2018. 9. 22].

를 통해 수많은 피해자들에게 목소리를 내게 하였다.

한국교회는 수직적 위계구조와 가부장적 문화가 맞물려 낳은 교회 문화 속에서 무감각해진 성도덕과 다양한 성폭력 사건을 극복하기 위해 무엇보다 교회여성들의 적극적 주체성을 형성시키는 다양한 노력들을 시도해야 한다. 그 시작은 교회 안에서 폭력과 차별을 폭로하고 말할 수 있는 안전한 공간과 폭력을 방지하는 문화를 형성하는 것이다. 이와 함께, 교회 여성의 자기이해를 규정하는 뿌리 깊은 신학적, 성서적 토대를 해체하기 위하여 교회 여성들의 억압과 차별을 말할 수 있는 주체적 행위가 필요하다. 교회 여성들의 정치적 행위를 가능하게 하는 이러한 주체성의 정립은 여성들의 간의 차이의 긍정성을 기반으로 하는 것임을 깊이 인식하고, 하나님 나라의 비전을 공유한 집단적 주체성을 형성하기 위하여 다양한 여성들 간의 연대를 통한 교회변혁의 길을 모색해야 한다.

제7장

방탄소년단을 신학하다: 주변부를 듣는 BTS의 음악을 통해 '주변부로부터의 선교' 패러다임을 성찰하다[*]

문화의 근본적 힘은 '탈자'(脫自, ec-stasy)이다. 익숙한 자신의 바깥으로 나아가, 타자적 존재와의 일체감을 통해 희열을 느끼는 것은 자기의 확장이라는 느낌을 가져다주기도 하지만, 타자와의 공감을 통한 연대 속에서 자신에 대한 성찰과 새로운 의미의 인간-됨을 경험하게 된다. 그래서 인간(人間)은 '사이'(間)로서 인간인 것이다. '사이'는 홀로 존재할 수 없다. 사이의 기본조건은 그래서 '둘'이다. 중국어에서 인간성 (humanity)을 의미하는 단어가 '인'(仁)인데, 어원적으로 사람(人)과 '둘'(二)로 이루어져 있다. 그 사이에 어떤 관계가 설정될 수 있는지를 결정하는 것은 이성적 판단이 아니라, 감정이다. 동북아시아 문화에서는 그 감정을 대개 칠정(七情)으로 규정하는데, 『예기』 "예운"편은 이를 기쁨(희,喜), 노여움(노,怒), 슬픔(애,哀), 두려움(구,懼), 사랑(애,愛), 싫어함(오,惡), 바람(욕,欲)으로 규정한다. 감정(憾情)이란 둘 사이 즉 사람 사이에서 이것을 느끼

---

[*] 박일준(감리교신학대학, 기독교통합학문연구소)

229

는 것을 통해 작동하며, 그것이 바로 인간이다. 즉 인간의 고유한 특성은 이성이나 합리성으로 보던 서구의 전통과 달리 동북 아시아의 전통은 감정에 인간-됨의 핵심을 놓았고, 조선조 성리학은 이 칠정이 '사단'(四端)[1]으로 발전될 수 있어야 인간됨을 이룰 수 있음을 강변하며, 이 사단과 칠정의 관계를 규정하는 데 매우 큰 노력을 쏟았다. '문화'(文化)란 감정의 힘이다. 그리고 인간도 기본적으로 감정의 힘을 통해 형성된다. 인간다운 감정을 갖고 있지 않은 관계란 결코 올바른 관계가 될 수 없기 때문이다. 감정의 힘을 가지고 둘 사이에서, 즉 사람 사이에서 관계를 일구어 나가는 것이 인간인 것이다. 문제는 어떤 감정을 '사이'에서 형성하느냐의 문제일 것이고, 유교문화는 이를 '사단'이라는 개념으로 제시한 셈이다.

방탄소년단은 자신들의 음악과 활동을 통해 '사람 사이'에서 형성되어야 할 감정의 방향성을 제시하면서 메시지를 전했고, 이런 그들의 마음에 지구촌 사람들의 마음이 움직이면서, 하나의 지구촌 현상이 되었다. 감정의 운동에서 핵심적인 것은 이 '운동'이 주체/대상의 이분법을 넘어간다는 것이다. 심지어 대상(對象, object)을 객체(客體, object)로 고쳐 번역한다해도 마찬가지이다. 감정의 운동에서 소위 '주체'는 오히려 수용자이다. 예를 들어보자. 텍스트는 사실 문자 그대로 전달되지 않는다.

---

1 사단(四端)은 사람의 본성에서 우러나온다는 네 가지 마음씨를 가리키는데, 곧 인(仁)에서 우러나오는 측은지심(惻隱之心), 의(義)에서 우러나오는 수오지심(羞惡之心), 예(禮)에서 우러나오는 사양지심(辭讓之心), 지(智)에서 우러나오는 시비지심(是非之心)을 이름하여 '사단'이라 하는데, 이 마음들이 인의예지로 우리를 이끌어가는 출발점이기 때문이다. '인의예지'는 자유지정(自有之情), 즉 사람이 나면서부터 지니고 있는 '정'(情)이지만, 사단을 일으켜 혹은 발아시켜 세우지 않으면, 푯대없이 방황하는 무분별한 감정의 힘에 휘둘리게 된다.

텍스트의 수용자는 "해석행위"[2]를 통해 텍스트와 수용자 사이의 빈 공간을 메운다. 해석행위를 통해 텍스트의 수용자들은 "텍스트의 이데올로기적 의미를 받아들이며 대안적 의미를 형성하기도 하고 자신들이 공유하는 지배적 가치관을 내보이기도 한다."[3] 이런 맥락에서 방탄현상에서 주체는 방탄소년단이 아니라, 어쩌면 방탄소년단을 문화적으로 수용한 수용자 즉 팬덤 혹은 아미일 것이다. 대중문화에서 팬 혹은 '팬덤'이라는 것은 "보다 자발적이고 주체적인 문화실천자이자 의미생산자로서"[4] 능동적 수용자를 가리킨다. 이 수용자 혹은 팬의 주체성은 대중문화가 갖는 매우 중요한 특성들 중 하나이다. 이 수용자 중심의 감정운동을 대중문화의 핵심으로 보게 된다면, 지금까지 공급자 중심의 문화분석은 그 적실성을 상당부분 잃는다. 예를 들어, 문화를 만들어내는 공급자나 제작자가 어떤 문화적 행위에 이데올로기적 의도를 개입시켜 조작하려는 시도를 한다 하더라도, 그 의도가 그대로 관철되는 경우는 거의 없다. 수용자인 문화 대중은 그것을 곧이곧대로 받아들여 반복 재생하는 것만은 아니기 때문이다. 물론 이데올로기나 가짜뉴스가 일시적으로 조작의 힘을 발휘할 가능성이 농후하며, 누가 그런 의도를 가지고 조작을 하느냐에 따라 영향력도 달라지는 것은 분명하다. 하지만, 다른 한편으로, 문화 수용자는 그에 대한 참여를 통해 주체적으로 대안적 문화를 팬덤을 통해 형성해 나아갈 역량이 존재한다. 이런 맥락에서 적어도 소위 '문

---

2 정수영, "일본 내 한류 지형의 탐색 및 한류 수용자의 문화적 실천에 관한 연구: 한류 전문가와 시민그룹 KAJA의 심층인터뷰를 중심으로", 「미디어, 젠더 & 문화」, no.22 (2011), 214.

3 위의 글, 215.

4 위의 글, 215.

화 시장'에서는 생산자와 소비자의 이분법이 잘 작동하지 않는다. 이런 맥락에서 한류든 신한류든 우리는 "한류 수용자에 대한 시선을 능동적 수용자라는 관점에서 적극적 팬덤의 실천이라는 관점으로 확장"[5]하여, K-Pop을 통해 어떤 대안적 문화가 출현하고 있는지를 주의깊게 성찰해 보아야 한다. 말하자면 비록 K-Pop이 국내 연예기획사의 철저한 기획과 의도 아래 소개 전달되고 있다고 해도, (일본의) 팬들은 그러한 콘텐츠의 수동적 수용에 그치지 않고 오히려 "스스로가 호감을 느끼는 대상을 적극적으로 홍보하고 추천하는 양태"[6]를 보이고 있으며, 여기에는 어떤 주체적 의도나 목적이 작용하기 보다는 재미있고 끌리는 내용 위주로 K-Pop 문화를 소비하고 있다. 즉 팬들은 "적극적이고 능동적이며 생산적인 주체"[7]의 모습을 보여주고 있다. 현재 세계로 퍼져 나가는 '한류'라는 흐름 속에는 이런 불일치 즉 공급자의 의도와 기획과 수용자의 참여와 재창조의 간격이 고스란히 드러난다. 본고는 이 간격의 자리에서 방탄소년단 현상을 신학한다. 방탄소년단 현상을 신학적 현상으로 보는 것이다.

방탄소년단을 신학한다는 것은 곧 방탄소년단의 음악과 활동을 신학적 활동으로 간주한다는 것인데, 특별히 "주변부로부터의 선교"(Mission from the margain)라는 W.C.C.의 새로운 선교 패러다임은 방탄현상을 신학하는 데 좋은 통찰을 제공한다. 방탄소년단은 세계화된 경제로 지구촌 모든 곳이 획일적으로 경쟁의 장으로 돌변한 세계 속에서

---

5   위의 글, 216.

6   위의 글, 228.

7   위의 글, 228.

주변부로 밀려난 이들의 소리를 자신들의 음악 속에 담아내고자 했고, 자신들 스스로 그 주변부의 주체가 되어 목소리를 냈다. 바로 이점이 방탄소년단이 다른 K-Pop 음악인들과 달랐던 방탄의 특별한 점이다. 대부분의 K-Pop들은 '주변부'를 상품판매의 대상으로 삼아, 철저히 시장경제체제의 열렬한 투사가 되었다는 것과 달리, 방탄은 주변부의 목소리를 주체로 삼았다.

1. 한류와 K-Pop에 대한 신학적 성찰

K-Pop이 신학적 성찰의 주제로 삼는다는 것은 무엇을 의미하는가? 요즘 우리에게 익숙한 대한민국의 음악들은 대체로 3대 대형연예기획사, SM 엔터테인먼트, JYP 그리고 YG 엔터테인먼트를 통해 만들어진다. 그들이 국내 오디션 프로그램의 정점에 서 있다. 그들의 입맛에 맞게 만들어진 이들을 처음부터 세계시장을 염두에 두고, 음악과 춤뿐만 아니라 어학까지도 준비시키는 철저한 기획을 통해 만들어지는데, 이 대형연예기획사가 주도하는 아이돌들이 K-Pop을 세계시장에서 인정받게 만들었다. 이러한 대형기획사의 문화상품을 우리는 한류라고 부르지만, 그들이 한국적인 어떤 것에 사명이 있어서 그랬던 것은 아니다. 단지 그들의 사업을 위해 한류를 상품화했을 뿐이다. 하지만 그들이 세계시장에서 성과를 내자 '한류'라는 이름이 거기에 붙어 회람된다. 거기에는 장단점이 분명히 존재한다. 그런데 방탄소년단 현상은 이런 K-Pop의 흐름들과 매우 다른 결을 갖고 일어났다. 이 차이점이 본고에서 '방탄소년단을 신학'하는 이유이다. 신학은 이 땅에 "아무것도 아닌 것들의

기쁨"[8]을 회복시켜, 하나님 나라를 이 땅에 실현하려는 노력이다. 말씀이 육신이 되셨기 때문이다. 대중음악의 목적은 무엇일까? 그런 것이 있을까? 음악성이란 무엇일까? 사실 대중음악의 목적과 같은 것을 획일적으로 정의하기란 불가능할 것이다. 하지만 여러 다양한 가능한 목적들 가운데, 대중음악이 이 땅의 '아무것도 아닌 존재들'에게 희망과 기쁨을 회복시키는 역할이 있지 않을까? 본고는 이러한 관점으로 신학적 렌즈를 통해 한류와 K-Pop을 먼저 분석해 본다.

2013년(동연) 한국문화신학회가 출판한 『한류로 신학하기: 한류와 K-Christianity』는 신학계에 처음으로 K-Christinity라는 화두를 던졌다. 이는, 문구에 바로 알 수 있듯이, K-Pop이라는 유행어를 모방한 것이다. K-Pop이 아시아를 넘어 세계와 소통하는 "새로운 문화선택"[9]이듯이, 한국의 기독교도 K-Christianity의 가능성을 모색할 수 있을 것인가 하는 문제의식과 희망을 던져본 것이다. 아마도 여기서 K-Christianity의 가능성을 말하는 것은 민망한 이야기인지도 모른다. 현재 우리 한국 교회가 보여주고 있는 모습이 사회에 권장하고 희망이 될만한 모습인지에 대한 염려가 많이 들기 때문이다. 그럼에도 불구하고『한류로 신학하기』의 저자들은 K-Christianity의 가능성과 희망이 있다고 보았다. 본고가 '방탄소년단의 신학'이나 방탄소년단에 '대한' 신학이 아니라 '방탄소년단을 신학한다'는 의미도 같은 맥락이다. K-Pop을 신학화한다는 것이 아니라, 신학의 한 주제와 소재로 K-Pop을 택한다는 뜻이다.

---

8   김학철,『아무것도 아닌 것들의 기쁨: 사도 바울과 새 시대의 윤리』(경기, 파주: 문학동네, 2017), 12.

9   한국문화신학회 역음,『한류로 신학하기: 한류와 K-Christianity』(서울: 동연, 2013), 58.

즉 K-Pop의 신학이 아니라, K-Pop을 신학하는 것이다. 이는 방탄소년
단과 K-Pop의 활동과 현상들을 신학적 활동으로 유비적으로 성찰하면
서, 그 안에서 신학하는 우리가 성찰하고 참조할 내용들을 채근하기 위
함이다.

최근 소위 '케이-팝'(K-Pop)에 대한 인기가 "전 세계적으로 하늘을
찌를 듯이 높다."[10] 2011년 9월 세계적으로 유명한 미국의 대중음악 차
트지 'Billboard'에 K-Pop 부문이 신설된 사건이 이를 방증한다. K-Pop
은 더 이상 내수용이나 상품수출용이 아니라, 국내외를 가로질러 넘나
드는 지구적 문화의 힘이 된 것이다. K-Pop을 통한 한류의 열풍을 이제
"신한류" 혹은 "제2의 한류"라 이름하기에 이른다.[11] 혹은 이를 "한류3
기"[12]라 칭하기도 한다. 이 신한류의 흐름 속에서 큰 역할을 감당하는 것
은 첨단 디지털 기술인데, 예를 들어, "유튜브, 페이스북, 트위터와 같은
다양한 소셜 네트워킹 서비스"[13]를 들 수 있다.

한류란 "초국적 문화교류인 동시에 문화 간 커뮤니케이션"[14]이다.
즉 '한류'란 국가 '사이' 그리고 민족 '사이' 또한 인종 '사이' 더 나아가
계급 '사이' 또한 '성' 사이를 가로지르고 교차하는 문화적 힘에 관한 것
이라는 말이다. 따라서 K-Pop의 힘은 국가나 민족의 힘이라기 보다는
근대 이래 각 민족과 국가를 경계하던 소위 '정체성'의 벽들을 넘는 힘으

---

10 나민구, "신한류의 리더, K-Pop의 '수사학적 힘' 분석", 『수사학』, 제15집(2011), 135.

11 정수영, "일본 내 한류 지형의 탐색 및 한류 수용자의 문화적 실천에 관한 연구", 208.

12 강현구, 고훈준, "K-Pop의 음악패턴 분석", 「디지털 정책 연구」, 11권 제3호 (2013),
    95.

13 위의 글, 96.

14 정수영, "일본 내 한류 지형의 탐색 및 한류 수용자의 문화적 실천에 관한 연구", 236.

로부터 유래한다고 보여지는데, 이를 "문화 정체성"[15]이라 할 수 있을 것이다. 즉 기존의 정체성의 기본요소였던 민족, 혈연, 인종, 국가, 성 등을 가로질러 교차하는 힘으로서 문화 말이다. 물론 문화는 각 정체성의 경계 안에서 그들 고유의 문화를 만들어가면서 유지·발전되기도 하지만, 동시에 문화는 그 경계들을 가로질러 교차하고 교류하고 뒤섞이고 혼종화되면서, 새로운 문화들을 끊임없이 창출해 나아간다.

하지만 이런 반응 속에서 국내 미디어와 정부의 정책들은 "한류 마케팅의 지나친 상업주의나 애국 마케팅, 자국중심주의나 국수적 문화 민족주의 경향"[16]을 보이고 있을 뿐만 아니라, 오히려 부추기고 있다는 비판을 받은 바 있다. 즉 국내 당국과 미디어는 "한류 상대국과 수용자를 한류 문화상품의 소비 및 마케팅 대상으로 바라보는 경향"[17]을 지속적으로 보인다는 것이다. 이는 K-Pop을 중심으로 하는 '신한류' 현상이 "기획사 및 매니지먼트사의 철저한 기획과 경제산업적 의도에 의해 성공"[18]했다는 분석을 기반으로, 이를 국가경제와 상품생산과 수출의 관점에서 편향되게 조망하는 것이다.

이 편향성의 문제 이면에 놓여있는 근본적 문제는 이 문화를 넘어 새로운 문화 정체성을 창출해 나아가는 K-Pop의 힘을 자꾸 근대 시대의 민족적 정체성의 틀로 바로보고 선전하고 광고한다는 것이다. 예를 들어 2011년 6월 11일 파리에서 열린 'SM타운 월드투어 인 파리'를 보도하는 〈조선일보〉의 제목은 이렇다: "코리아, 문화 선진국을 문화로 지

---

15 나민구, "신한류의 리더, K-Pop의 '수사학적 힘' 분석", 135.

16 정수영, "일본 내 한류 지형의 탐색 및 한류 수용자의 문화적 실천에 관한 연구", 208.

17 위의 글, 210.

18 위의 글, 214.

배하다," "K-Pop 인베이전" 등.[19] 이 기사 제목들에서 보여지는 인식은 K-Pop이 지닌 문화적 힘을 우려스럽게도 그리고 역설적으로 잘 못 인식하고 있다. 즉 '한류'가 지구촌 시대의 새로운 문화적 힘이 된 것은 기사 제목들이 암시하고 있는 바와는 반대로 민족의 경계를 넘었기 때문이지, 결코 우리 민족의 어떤 고유한 것이 그 자체로 세계적인 것이기 때문이 아니다. 다시 말해서, 그들이 한민족이기 때문에 세계적으로 인기가 있는 것이 아니라, 그들은 자신들만의 고유한 매력 혹은 (문화적) 상품성을 갖추고 있기 때문에 세계적인 인기를 얻고 있다고 보아야 한다는 것이다. 더구나 〈조선일보〉의 제목은 '문화적 지배'나 '인베이전' 같은 용어를 사용함으로써, 한류와 K-Pop이 마치 민족적 침략과 같은 것인 듯한 암시를 주고 있다. 물론 대한민국의 여러 음악팀들이 전세계적인 인기를 끌고 있는 것은 분명 맞는 사실이지만, 문화적 교류라는 것은 예를 들어 우리의 문화 자체가 미국이나 유럽을 침략하여, 그들의 정주지를 탈취하는 것과는 전혀 다른 성격의 교류이다. 오히려 K-Pop의 지구적 인기 원인을 그들의 개성넘치는 표현에서 찾아보아야 할 것이다.

한류를 통해 대한민국의 문화상품을 수출하고 선전하고 광고하고자 하려는 기획들은 한류의 출발점을 잘 못 잡고 있고, 그리고 한류를 너무 도구적으로 이용하는 데에만 몰두하는 우를 범한다. 한류는 "한국 대중문화에 대한 자발적이고 자연스러운 관점에서 시작"되었고, 따라서 "한류 수용국가의 수용자가 경험해 온 사회 · 문화 · 정치 · 역사적 맥락을 토대로 유무형의 복합적 요인들이 상호작용하면서 각기 다양한 양태

---

19   나민구, "신한류의 리더, K-Pop의 '수사학적 힘' 분석", 136.

를 보이며 전개"되어 왔다.[20] 대표적인 예가 일본의 한류 수용현상이다. "2010년도 국내 방송콘텐츠 수출금액의 53.9%"는 일본으로 수출된 것인데, 여기서 주목할 것은 대만이나 중국이 한류의 영향력을 의식해 해외방송 콘텐츠 수입을 규제하거나 제한하려하는 데 반해, 일본은 국민 정서상 한국과 비우호적인 정서를 갖고 있음에도 불구하고 방송콘텐츠 수입이 높다는 것이다. 일본의 이러한 한류현상을 "노스텔지어"로 분석하는 연구들이 있는데, 말하자면 일본의 한류 수용자들은 "근대화 과정에서 일본이 잃어버린 가치와 가족 관계 등을 한국 드라마에서 발견"하고, 이를 자신들의 삶의 정황 속에서 재해석하고 재구축하고 있다는 것이다.[21] 즉 이들은 한류 드라마와 영화 속에서 대한민국이나 한국인을 보기도 하지만, 그 너머로 사실 자신들의 모습을 투사하여 바라보고 있는 것이다. 인간은, 하이데거의 말을 빌리자면, 기투하는 현존재 아니던가. 따라서 한류를 소비하고 수용하는 주체의 입장에서 보면, 한류를 통해 대한민국을 알리고 선전하자는 구호 자체가 넌센스에 가까울 수 있다. 그들이 한류를 통해 대한민국에 열광할 때, 그들의 마음 속에 자리잡고 있는 K-대한민국은 가상의 존재이지 결코 현실에 존재하는 대한민국은 아직 아닌 것이다.

1) K-Pop 한류가 되다: 문화적 혼종성의 창출

K-Pop이 한류의 주역들 중 하나로 자리잡게 된 핵심적인 요인

---

20 정수영, "일본 내 한류 지형의 탐색 및 한류 수용자의 문화적 실천에 관한 연구", 209.

21 위의 글, 210.

은 세계인들에게 이색적이면서도 친근한 음악적 혼종성의 창출이다. K-Pop의 가장 기본은 역시 영상과 무대에서 보여지는 춤과 안무이다. 싸이가 "강남스타일"의 뮤직비디오에서 보여주는 '말춤'은 대한민국의 문화가 유목민의 승마 문화였기 때문이 아니다. 안무자의 창조적인 아이디어가 그런 단순하면서도 누구나 따라할 수 있으면서 흥겨운 안무를 개발해서 노래에 사용했고, 이것이 누구나 따라하고 싶은 춤으로 호응을 얻은 것이다. 여러 사람이 팀을 이루어 정교한 집단적 춤을 연출하는 K-Pop의 특징을 "군무"라 표현한다. 대형 연예기획사의 주도로 장시간에 걸친 고된 훈련을 통해 맞춘 호흡이 돋보이는 이들의 춤은 예쁘고 잘생기도록 가꾸어진 외모와 더불어 보는 재미를 더하여 준다. 그리고 물론 이들의 춤과 안무를 음악과 더불어 볼수 있게 만들어준 디지털 환경의 변화도 큰 몫을 차지한다. 예전 음악은 듣는 것이었지 보는 것이 아니었다. 하지만 이제 음악은 유튜브 등과 같은 SNS를 통해 보는 음악으로 바뀌었다. 특별히 K-Pop의 음악들은 보지 않으면 이해할 수 없다. 지구촌 대중예술문화 속에서 이렇게 급격히 바뀌어 버린 미디어 환경에 발빠르게 그리고 조직적으로 주도면밀하게 잘 적응한 것이 바로 대한민국의 대형 연예기획사들이었고, 현재 그들의 선도 아래 K-Pop의 아이돌들이 세계를 누비고 있는 중이다.

K-Pop이 지구촌 문화의 주역이 된데에는 이들이 전달하는 가사의 언어적 혼종성도 큰 몫을 감당하고 있다. 즉 대부분의 노래들은 한국어로만 구성되지 않고, 영어와 혼용되어 있다. 예를 들어, 사이의 "강남스타일"의 후렴구는 'hey, sexy lady'라는 단순하면서도 누구나 이해할 수 있는 수준의 영어가사가 담겨있다. 이는 곧 K-Pop 아이돌이 처음부터 세계시장을 염두에 두고 그런 가사의 혼종성을 추구한 것은 아니었지

만, 우리 문화의 언어적 혼종성이 그들의 음악 속에 그대로 담기면서, 세계시장에 색다른 K-Pop의 흥취를 내고 있는 것이다. 그런데 요즘은 대형기획사를 중심으로 해외시장 진출을 염두에 두고 그런 언어문화적 혼종성이 극대화되기도 한다. 특별히 일본과 미국은 이들에게 매우 중요한 시장이다. 중국도 물론 큰 시장이지만, 그곳은 정부당국의 개입과 간섭과 통제가 심해서, 일본이나 미국보다 활동의 자유로움이 많이 떨어지고, 그래서 불안정성이 도사리고 있다. 이런 다양한 세계시장을 염두에 두고 있다면, 연습생들은 최소한 영어와 일본어는 능숙히 할 수 있어야 할 것이 요구된다. 실제로 많은 아이돌들이 소위 '팝송'을 따라 하는데 매우 능숙할 뿐만 아니라, 영어를 잘한다. 때로 세계시장을 염두에 두고, 한국어보다 영어가 더 익숙한 자원들을 해외교포들 사이에서 찾아 합류시키거나, 중국이나 일본 시장을 염두에 두고 해외 멤버를 합류시키기도 한다. 더 나아가 일본어도 의욕을 가지고 잘 하는 편이다. 방탄소년단도 미국 시장에서의 큰 성공을 획득하기 전 이미 일본 시장에서 매우 큰 인기를 구가했고, 일부 노래들을 일본어 버전으로 발매하기도 했다. 이런 배경에서 이들의 노래들은 언어적 혼종성의 극치를 보여준다. 한국어와 영어 등이 아주 빈번하게 교차하면서 노래가 진행되는데, 특별히 후크송을 구성할때는 간단명료하고 단순한 영어를 통해 구성하는 경우가 많다.

이 언어적 혼종성은 K-Pop을 친밀감있는 음악이면서도 신비한 이질감을 동시에 경험할 수 있게 만들어 준다. 우리가 6~70년대 소위 팝송을 듣던 경험을 떠 올리면 잘 이해가 간다. 아직 영어를 잘 이해하지도 듣지도 못하던 시절이지만 영어로 노래하는 팝송은 그 시절 젊은이들의 자유로의 출구였다. 정치적인 억압과 통제가 빈번한 그 시절, 팝송 속에서 사람들은 자신들이 현실에서 충분히 누리지 못하는 자유의 열망을 상상적으로 경험하곤 했다. 말하자면 욕망의 투사였던지 아니면 기투하는 현존재의 모습이었든지 간에, 팝송 속에서 사람들은 현실을 넘어서는 그 무언가를 언뜻 언뜻 경험한 것이다. 이 경험은 팝송을 알아듣지 못했기 때문에 더 잘 일어날 수 있었던 경험이다. 많은 청년들이 가사를 알아듣지 못했어도, 그 영어를 한국적 발음으로 따라하면서, 커피숍과 소위 나이트 등에서 팝송을 통해 젊음의 열기를 발산했다. 환상의 투사였던 셈이다. 현재 세계도처에서 K-Pop을 따라하는 젊은이들은 바로 이 경험을 하고 있지 않을까? 게다가 6~70년대의 우리들이 팝송을 따라 부를 때와는 달리, K-Pop은 중간 중간 영어가 가미된 후크송이 달려 나가면서 해외 팬들에게 친근감을 더해주기까지 한다. 이 친밀감과 이질감의 역설적이고 혼종적 결합이 K-Pop이 지구촌 음악시장에서 준비된 문화상품으로 만들어주고 있다.

아울러 K-Pop은 음악적 장르들의 혼종화도 이루어 내고 있다. 많은 K-Pop 음악들은 "랩"과 "독창"과 "합창"을 주요 구성으로 구축하고 있다. 이중 특별히 '랩' 부분은 한국어와 영어가 혼용되는 경우가 많으며, 이 랩의 표현을 통해 메시지를 전달하는 경우가 많다. 이 한국어와 영어의 혼합은, 나민구에 따르면, "이국적이면서도 현대적 도시감각"[22]을 불러일으킨다. K-Pop의 랩풍의 가사들은 거의 새로운 언어수준이다. 영어와 한국어가 무척 절묘하게 뒤섞이는데, 의미보다는 발음이 창조적으로 운율에 맞게 엮이면서, 이 기묘한 혼합 언어를 의미에 맞게 재배열해 주고 있다. 이 음악적 혼종성은 단지 가사에 국한된 것이 아니다.

---

22   나민구, "신한류의 리더, K-Pop의 '수사학적 힘' 분석", 148.

어떤 음악은 락풍으로, 어떤 음악은 발라드로, 어떤 음악은 힙합이나 랩풍으로 편곡되는데, 그 기본 리듬 위에 독창과 합창이 화음을 더해 얹히면서 본래의 락이나 힙합, 랩, 헤비메탈 등의 장르음악과는 또 다른 새로운 신선한 창조성을 더해주고 있다.

이 혼종성은 인간과 기계, 아날로그와 디지털의 혼종화도 함축해주고 있다. 즉 때로 영어와 한국어의 혼용에 더하여 인공적인 디지털 기계음이 덧붙여지거나 변조되는 것도 흔한 기법인데, 이렇게 기계적으로 변조된 음성은 "신비하고 기묘한" 분위기를 연출하는데, 이를 통해 "인간-기계(네그리), 인간-싸이보그가 섞이는 현상"이 연출되고, 이는 우리 시대 문화의 중요한 현상으로서, "몸과 몸이 구분하는 경계가 허물어지고 물질과 비물질적 흐름들로 인해 몸[이] 서로 섞이고 침투"하는 것을 음악적으로 표현해 준다.[23]

무엇보다도, K-Pop의 흥행을 이끌어낸 요소들 중 하나는 "후렴구에 반복된 가사를 넣는 후크송(Hook Song)"의 요소인데, 원더걸스의 텔미가 그 원조가 될 것이다. 이후 2012년 싸이의 '강남스타일'은 이러한 방식을 통해 엄청난 성공을 거두었다. "오빠 강남스타일"이라는 후크는 매우 단순하면서도 중독적인 요소를 담지하였다. 후크송은 "짧은 시간 안에 노래의 선율과 가사를 음악을 듣는 사람들에게 효과적으로 인식시키기 위한 목적으로 반복적 형태의 강조기법을 사용하는 것"[24]인데, 주로 "후렴구의 주 멜로디가 외우기 쉬운 짧은 형태의 반복적 리듬과 음으로

---

23   위의 글, 149.

24   강현구, 고훈준, "K-Pop의 음악패턴 분석", 97.

구성"[25]된다. 원더걸스의 '텔미'는 "텔미 텔미 테테테테테텔미"라는 가사를 50회 반복한다. 이는 음악시장이 음반 중심이 아니라 디지털 음원 중심으로 재편되면서 많은 아이돌 그룹이 치열한 생존경쟁에서 살아남기 위해 짧은 시간에 강렬한 인상을 줄 수 있는 기법으로 이 '후크송'을 도입한 결과라고 볼 수 있다. 음원 구입시 60초 동안의 미리듣기 기능을 통해 다운로드 받을 음악을 결정해야 하는 상황에서 일어난 결과이다. 즉 대부분의 히트곡들은 1분 이내의 짧은 시간에 후크를 사용하는 후렴구에 이른다.[26] 이런 자본주의적 환경에 적응한 결과이지만, 그럼에도 불구하고 세계 다양한 문화들과 언어들 사이에서 K-Pop이 선풍을 일으킬 수 있었던 것은 그 모든 문화적 언어적 다양성을 가로지를 수 있는 간단하고 단순한 후크였다. 그리고 유튜브라는 SNS 매체는 이 음악을 영상으로 보게 만들 수 있게 해 주었고, 이 디지털 미디어 환경 또한 문화적 언어적 장벽을 뛰어넘을 수 있게 하는 데 큰 기여를 하였다.

2) 대형기획사 주도의 문화상품의 한계와 문제점

1990년대 이후 아이돌은 나타나는 것이 아니라, 연예기획사에 의해 주도면밀하게 기획되어진다. 연예기획사가 "스타를 발굴하기 위해 … 오디션을 개최하고 그 중 소수의 연습생을 선정하고 장기간 훈련한 후 가수로 데뷔시키는"[27] 새로운 방식이 1990년대 이후 정착되었다는

---

25   위의 글, 97.

26   위의 글, 98.

27   정현선, 윤현이, "국내 대중음악 기획사 색채이미지 연구: SM, JYP, YG엔터테인먼트를 중심으로," 「한국색채학회지」, vol. 28, no. 2 (2012), 16.

말이다. 이는 곧 연예계가 대기업화되었다는 말이며, 작금의 K-Pop의 세계화의 이면에는 삼성, 현대, LG와 같은 대기업들이 한국경제의 성장을 주도했던 것과 마찬가지로, 대형 연예기획사들이 K-Pop이라는 한류 상품을 주도하고 있다는 말이다. 이러한 구조 하에서 국내 3대 대형연예기획사인 SM, JYP 그리고 YG 엔터테인먼트는 각자만의 이미지 구축 방식을 갖고 있는데, 우선 H.O.T, SES, 신화, 동방신기, 슈퍼주니어, 소녀시대, 샤이니, F(x) 등을 거느린 SM 엔터테인먼트는 "사랑스러운 소년, 소녀 이미지"를 강조하면서, "여성스럽고 가녀린 여성의 이미지"를 강조한다.[28] god, 비, 박지윤, 원더걸스 그리고 2PM 등이 소속된 JYP 엔터테인먼트는 친근하고 공감을 일으키는 이미지를 소속 연예인들에게 구축하고자 한다. YG 엔터테인먼트는 지누션, 빅뱅, 2NE1의 경우처럼 "기존의 강한 힙합음악을 추구하는 특성을 유지하면서 가장 개성이 강한 아이돌 그룹을 제작하는 회사"[29]이다. 매년 수만 명이 지망하는 아이돌 오디션에서 매우 극소수의 사람들만 연습생으로 받아들여 투자하는 방식이 이 대형기획사들에게 공통된 경영방식이라면, 이 세 대형 기획사가 추구하는 만들어진 이미지 이외의 아이돌은 만들어질 수 없는 구조가 형성된 것이다.

한국의 연예기획사들의 운영방식을 일본의 것과 비교해보면 한국적 조직문화의 특성이 무엇인지 드러날 수도 있다. 즉 K-Pop의 성공비결은 한국 연예기획사의 "도제식 교육과 주입식 교육을 결합한, 일명 '한국형 매니지먼트 시스템'에 의해 아이돌 그룹이 기획되고 육성되고

---

28   위의 글, 18.

29   위의 글, 18.

있기 때문"[30]이라고 분석된다. 일본의 아이돌 그룹은 아마추어적인 풋풋함과 신선함을 이미지로 부각시키려 하는 반면 한국의 아이돌 그룹들은 "장기간의 고강도 훈련을 거쳐 댄스와 보컬, 세련된 용모와 무대 매너, 유창한 인터뷰 실력을 모두 갖춘 프로페셔널 이미지"[31]를 지향한다. 한류의 성공요인을 초기에는 문화적 근접성과 혼종성으로 분석하는 경향들이 있었는데, 이제 K-Pop이 담지한 혼종성은 문화적 혼종성을 넘어 "장르와 형식, 스타 마케팅 및 매니지먼트 시스템, 자본의 혼종성"[32]을 두루 결합한 혼종성이다. 혹은 자본이 K-Pop이 생산하는 혼종성이 만들어지도록 주도했다고 보는 것이 더 맞는 말인지도 모른다. 더 나아가 국내 유명 기획사들은 처음부터 세계진출을 염두에 두고 서구의 유명작곡가와 안무가를 영입하여, "미국 스타일의 음악에 일본 스타일을 덧입힘으로써 혼종된 미국화(Americanization)와 일본화"[33]를 추구한다. 이는 곧 K-Pop이 국내 연예기획사의 "철저한 기획과 매니지먼트, 마케팅의 결과"[34]임을 의미한다.

따라서 K-Pop 문화의 태동을 가능케한 춤과 노래는 "대단한 몸 수련과정"을 필요로 하는데, 이는 다시 말해서 "오디션과 연습생, 방송사와의 네트워킹을 통한 제도화된 문화 자본의 경제 자본화 과정을 거쳐야 한다"는 것을 의미한다.[35] 연예기획사를 통한 문화상품화 과정에서

---

30 정수영, "일본 내 한류 지형의 탐색 및 한류 수용자의 문화적 실천에 관한 연구", 211.

31 위의 글, 212.

32 위의 글, 212.

33 위의 글, 212.

34 위의 글, 212.

35 나민구, "신한류의 리더, K-Pop의 '수사학적 힘' 분석", 157.

(특별히 걸그룹들에게) 무엇보다 강조되는 것은 얼마나 춤을 섹시하게 잘 추고 그리고 그 몸매가 이 섹시함을 잘 드러내 주고 있는가이다.[36] 이를 통해 걸그룹들은 팬들에게 호소력을 갖도록 훈육된다. 즉 그들의 몸이 상품이 되는 것이다. 소녀 아이들의 탄생과 부상은 사실 "'소녀'라는 대상에 대한 성애화와 상품화와 관련이 깊다."[37] 최근에는 '소년'도 상품화되고 성애화되는 경향을 보인다.

이런 과정에 입문하기 위해서 거쳐야 하는 소위 "아이돌 고시"인 오디션 프로그램은 이들을 기획사의 권력에 절대적으로 복종하지 않을 수 없게 만든다. 이 절대적 복종관계는 불공정한 계약을 통해 여실히 드러난다. 실상 연예기획사는 K-Pop의 주역인 아이돌 가수들과 청소년 시절 불공하게 체결한 계약의 힘을 통해 이익을 창출한다. 그래서 아이돌 가수들의 전속계약을 속칭 "노예계약"[38]으로 부르기도 한다. 연예기획사와의 계약은 미성년 청소년 나이에 연습생 신분으로 이루어지며, 기간은 1~2년에서 6~7년에 이르는데, 이 기간 동안 기획사는 이들을 연습시키고 데뷔시키는 모든 절차들을 대리한다. 기획사는 소위 "스타 시스템"을 구축하고, 신인을 조기에 발굴하여 자신들의 비용으로 키워내 데뷔를 시킨다. 이 연습생 기간동안 기획사는 "식대, 숙소비용, 댄스 보컬 외국어 등의 교습비"[39]를 전액 지원한다. 그리고 이들 중 소위 '빅히트'를 일구어내는 팀이나 개인이 있으면 기획사는 "이들에 대한 투자비

---

36   위의 글, 156.

37   위의 글, 153.

38   이재목, "연예전속매니지먼트계약의 법적 문제점에 관한 소고: 미성년 아이돌 가수의 계약실태를 중심으로," 「스포츠와 법」, 제14권 제4호 (통권 제29호, 2011), 4.

39   위의 글, 21.

용 회수뿐만 아니라 성공하지 못한 연습생들에 대한 투자비용까지 회수하고 그들을 통해 기업이윤을 창출"[40]하고자 한다.

문제는 많은 청소년들이 계약을 맺지만, 이들 중 데뷔에 이르는 이들은 "극소수"에 불과할 뿐만 아니라, 소위 '빅히트'를 일구어내는 이들은 더 더욱 소수들 중에 소수라는 점이다. 따라서 투자비용을 회수할 방도를 찾아야 하는 기획사의 입장에서는 성공한 극소수 아이돌을 통해 전체 투자비용을 회수할 수밖에 없다는 항변을 하기도 한다.[41] 하지만 계약을 맺을 당시 기획사는 계약문제를 주도하는 전문가이며, 아직 연습생 신분도 취득하지 못한 미성년 청소년들은 계약에 매우 서투른 아마추어일 수 밖에 없다. 따라서 계약 체결 당시 양자 갑/을이 갖고 있는 교섭력의 차이는 절대적이다. 예를 들어, 2004년 당시 SM 엔터테인먼트 사가 H.O.T.나 동방신기 멤버들과 맺은 계약에 보면, 계약을 해지할 당시 을의 신분에 있는 연예인이 물어내야 할 손해배상금이, 예를 들어, "계약금의 3배, 총 투자액의 3배, 잔여 계약기간 동안 예상 이익금의 3배, 이외 별도 5천만 원"으로 기재되어 있다. SM 엔터테인먼트 소속의 동방신기 멤버 시아준수는 만 14세 때 전속계약을 맺었는데, 이 노예계약에 대한 취소소송에서 서울중앙지법은 "연예기획사가 우월한 지위를 이용하여 부당한 지배력을 행사하고 소속 연예인들에게는 지나친 반대급부나 부당한 부담을 지워 그 경제적 자유와 기본권을 과도하게 침해"[42]한다고 인정하였다. 이 계약은 심지어 전체 계약기간을 "데뷔일로

---

40   위의 글, 22.

41   위의 글, 4.

42   위의 글, 12.

부터 13년째 되는 날"로 규정하는데, 연예인들이 최전성기의 인기를 누리며 지내는 기간이 그리 길지 않음을 감안하면, 13년은 너무 과도한 계약임을 법원은 인정하고 있다.

이 모두는 결국 "아이돌 가수들의 육성과 그에 따른 위험인수의 독특한 구조에서 연유"[43]한다. 이를 다른 말로 표현하자면, 한국대중음악이 자본화되면서, 대중음악가들이 하나의 문화상품으로 취급당하고, 그래서 기획사의 입장에서는 아이돌을 육성하는 것이, 그들의 성장을 함께 하며 예술적 활동을 한다기보다는 투자대상으로 간주되는 것이다. 이는 곧 K-Pop 산업이 문화의 한국적 혼종화를 통해 새로운 장르를 창출했다는 측면들이 없는 것은 아니지만, 그 이면에는 모든 노력들이 자본과의 결탁을 통해 문화상품을 만들어내는 공장으로 전락하고 있는 것은 아닌지에 대한 강한 우려가 들 수밖에 없는 대목이다.

K-Pop 산업의 이러한 모습들은 결코 바람직스럽지 못하다. 다시 말해서, 문화의 주체로서 K-Pop은 내면적으로 매우 부실하고 부정의스럽다. 대형연예기획사들이 주도하는 오디션 선발과정부터 불공정계약까지, 그리고 오디션 고시를 보기 위해 그토록 노력하지만 성공하지 못하는 매년 수만의 지망생들까지. 더구나 대학 입학 정원을 늘려 학위장사를 하기 위해 설립해 놓은 수많은 실용음악과의 졸업생들 등. 결국 K-Pop이 자본의 노예가 되어가는 것은 어느 특정 한 두 사람의 잘못 때문이 아니라, 이런 여러 요인들이 결탁하면서 만들어내는 구조적 효과인 셈이다. K-Pop의 아이돌 뿐만 아니라 기획사 그리고 한류를 거론하며 우쭐대는 우리들 모두는 이 부정의한 구조에 일조하는 죄인들이다.

---

43 위의 글, 22.

이러한 배경 하에서 우리가 방탄소년단을 신학해 보려는 시도는 의미가 있다. 사실 한류의 '주인' 혹은 '주체'는 콘텐츠 생산자들이 아니다. 대중문화가 고전문화와 다른 특별한 점이 바로 여기에 있다. 수용자 혹은 소비자가 문화를 이끌어가는 주체인 것이다. 이런 면에서 K-Pop의 주체는 우리가 아니라, K-Pop을 소비하며 즐기고 팬덤을 형성하고 있는 이들이다. 그들의 입장에서 그들로부터 우리는 한류를 배워야 한다고 많은 이들이 주장을 해왔다. 하지만 지금의 한류는 대형기획사들을 중심으로 주체가 형성되어 있다. 연예산업의 근원적 속성 상 그리고 대중문화의 근원적 속성 상 기획사가 주도한다 해도, 소비자 혹은 팬들이 그들의 상품에 감동하지 않으면 K-Pop은 지금까지 성장해 올 수 없었을 것이다. 물론 K-Pop 산업을 대형기획사와 자본이 주도하는 왜곡된 시장으로 일방적으로 매도할 수는 없다. 다만 그동안 한국 경제가 대기업들이 정부의 지원을 등에 업고 주도하는 경제성장을 통해 발전해 왔던 것처럼, 대형연예기획사들이 자본의 힘을 가지고 K-Pop을 주도하고 성장하는 구조는 장기적으로 연예계 생태계의 다양성을 질식시킬 수 있는 위험이 다분하고, 다양성을 상실한 시장은 예측못한 위기에 얼마나 취약한지를 우리는 팬데믹을 통해 종합적으로 경험하고 있다. 이러한 측면은 대형교회 모델 위주로 목회와 교회가 구조화된 한국교회에도 경종이 되어야 한다. 세계교회협의회는 선교의 모델을 '하나님의 선교'(missio Dei)로부터 '주변부로부터의 선교'(mission from the margin)로 패러다임을 바꾸었다. 선교는 중심부에서 주변부로 전하여지는 것이 아니라, 주변부가 이제 중심을 향해 하나님의 복음을 전한다는 사실을 인식해야 한다는 말이다. 미개발국가나 열악한 상황에 놓인 곳의 사람들과 교회들을 동정하는 마음으로 혹은 불쌍히 여겨 도와준다는 마음으로 하는 선교는 올바른 선교가 아니라는 말이다. 오히려 중심부로부터 선교를 가는 사람들은 주변부 사람들과 사회에 함께 하시는 하나님의 말씀에 귀 기울이고, 그들의 눈으로 선교를 어떻게 해야 할 것인지를 고민하고 성찰해야 한다는 말이다. 이는 지금의 K-Pop 산업의 패러다임에 울림이 있다. 주변부는 선교의 대상이 아니라 '주체'다. 이를 K-Pop에 적용해 보자면, 방탄소년단이 한류의 주체가 아니다. 한류의 주체는 그들의 음악을 즐겨 들으며, 반응하고 있는 전세계의 팬들이다. 그들이 오히려 방탄소년단을 비롯한 K-Pop의 아이돌 그룹들을 주도적으로 이끌어 나간다. 좋아하는 아이돌에게 호응하면서 말이다. 그들에게 귀를 기울이고, 그들과 함께 '한류 문화'를 만들어 간 것, 바로 그것이 우리가 방탄소년단을 신학하는 이유이다.

2. 방탄소년단이 가져온 문화혁명

방탄소년단은 빅히트 엔터테인먼트에 소속된 7명의 남성 K-Pop 그룹이다. 2013년 "No More Dream"으로 데뷔하여, 멜론 뮤직 어워드, 골든 디스크 어워드 그리고 2014 서울 뮤직 어워드를 수상하였다. 2015년 발표한 The Most Beautiful Moment in Life, Part 2와 2016년 발표한 The Most Beautiful Moment in Life: Young Forever는 미국 빌보드 차트 200에 진입하였고, 후자는 2016년 멜론 뮤직 어워드에서 그 해의 앨범을 수상하였다.

방탄소년단의 두 번째 정규앨범 〈Wings〉(2016)는 빌보드 차트 200에서 26위를 기록하였는데, 그때까지 K-Pop 앨범이 기록한 최고 순위였다. 이 앨범은 150만 장을 판매하면서, 방탄소년단 최초의 '밀리언셀러' 앨범이 되었다. 그 다음 앨범 〈Love Yourself: Her〉(2017)는 빌보드 차트 200에서 7위로 데뷔하였는데, 타이틀 곡 "DNA"는 싱글순위 85위로 진입하여 67위까지 올라갔다. 같은 앨범의 다른 곡 "Mic Drop"은 세계적인 프로듀서 스티브 아오키(Steve Aoki)가 리믹스하여 빌보드 핫싱글 100에서 28위를 기록하기도 하였다. 이 앨범도 120만 장을 판매하였다. 세 번째 정규앨범 〈Love Yourself: Tear〉(2018)은 빌보드 앨범순위 200에서 1위로 차트에 진입하였는데, 이는 K-Pop 역사상 처음 있는 대사건이었다. 타이틀 곡 "Fake Love"은 "DNA"와 "Mic Drop"에 이어 세 번째로 50만이 넘게 판매된 곡에게 수여되는 골든 타이틀을 받았다. 방탄소년단은 데뷔이후 여기까지 전세계적으로 9백만 장이 넘는 앨범을 판매한 것으로 추정되고 있다. 최근 방탄소년단은 문재인 대통령이 참석한 유엔총회에서 연설을 하게 되면서 다시 한번 미디어의 중심이 되기도 했다.

2020년 9월 5일은 방탄소년단의 "Dynamite"가 싸이의 "강남스타일"도 가보지 못한 빌보드 핫100 싱글차트 1위에 올라 한국가수 최초로 빌보드 1위에 오른 가수가 되었으며, 이후 2주차와 5주차에 다시 1위를 오르는 기염을 토했으며, 현재도 35위에 오르며, 21주째 차트에 올라있다. 이후 2020년 10월에는 Jason Derulo의 "Savage Love" 리믹스 버전이 싱글차트 1위에 올랐고, 11월 30일에는 "Life Goes On"이 역시 1위에 오르며, 지금 현재 전 세계에서 가장 영향력있고 인기있는 그룹이 되었다. 특별히 "Life Goes On"은 "Dynamite"와 달리 한국어로 된 노래로서 최초로 빌보드 핫100 싱글차트 1위에 올랐다는 점에서 "Dynamite"의 1위와는 또 다른 의미를 갖는다.

방탄소년단이라는 이름은 "10대와 20대에게 총알처럼 날아오는 편견과 억압을 막아내고 당당하게 우리 음악과 가치를 지켜내겠다"[44]는 다짐의 이름이다. 방탄소년단의 초기 영문명은 'Bangtan Boys' 혹은 "Bangtan Sonyeondan"으로 기재되다가, 영문 이니셜 BTS로 사용되고 있는데, 이를 또한 "Beyond The Scene"이라는 의미로 확장해서 쓰면서, '당면한 현실을 넘어 앞으로 나아간다'는 의미를 담아내기도 하였다. 이들의 노래는 사회가 나를 구원해줄 수 없는 현실을 살아가는 지구촌의 젊은 영혼들에게 어떻게 자존감을 갖고 살아갈 수 있을지에 대한 힌트나 암시를 제공한다. 누가 뭐라든 '내 자신이 되어 살아갈 수 있는 힘'을 메시지로 전달하고 있다.

방탄소년단의 7명의 청년들은 미소년같은 외모를 자랑하는데, 그들의 노래하는 음색도 매우 고음의 느낌을 자아내면서 여성스런 미성을 자랑한다. 이들이 엮어내는 화음은 힙합의 리듬 위에 얹혀서, 기존 힙합과는 전혀 다른 맛을 만들어내는데, 누군가 표현했듯이, 미국적 리듬 위에 일본풍의 멜로디를 얹어내고 있다고 말할 수도 있을 것이다. 아마도 이들의 주 해외시장이 일본과 미국이었던 것은 결코 우연이 아니었으리라. 하지만 그들이 거의 모든 노래를 한국어를 기반으로 만들어 노래한다는 것, 그것을 방탄소년단의 팬덤인 아미들은 번역하여 의미를 이해하고 따라 부른다는 것은 지금까지 그 어떤 한국가수에게도 없던 현상이며, 사실 전세계적으로 영어가 아닌 세계무대에서 지방어인 한국어로 된 노래가 빌보드 핫100 1위에 오르며 수많은 해외 팬들이 따라부르는 현상은 거의 전무후무하다고 해도 과언이 아니다.

44　김성철, 『This Is 방탄 DNA: 방탄소년단 콘텐츠와 소셜 파워의 비밀』 (도서출판 독서광, 2017), 15.

방탄소년단의 곡들이 만들어내는 리듬은 이전의 K-Pop 리듬과는 조금 느낌이 다른데, 많은 K-Pop 팀들은 단순한 리듬에 후크송을 얹어 놓는데 예를 들어 원더걸스의 "텔미"나 싸이의 "강남스타일"이 대표적인 음악일 것이다. 이 음악들은 그저 흥에 겨워 어깨가 들썩이는 분위기라면, 방탄소년단의 음악들은 힙합의 리듬을 타고 있어서 단순히 어깨를 들썩이기 어렵고, 대부분의 곡들이 무거운 리듬, 비트를 안고 있어서 ― "Dynamite"를 제외하고는 ― 같이 따라부르며 춤을 추기는 어렵다. 즉 방탄소년단의 음악은 단순한 Candy Pop같은 댄스음악이 아니라, 여러 음악적 장르를 넘나들며, 특별히 힙합적 리듬과 랩적인 요소들과 락의 비트를 혼용하면서, 그들 자신만의 리듬을 만들어 내고 있다. 하지만 노래들이 많은 경우 고음부분이 많아 일반인들이 따라부르기도 어렵다. 게다가 이들의 음악은 지금 시대 다른 음악들에서 찾아볼 수 없는 서사의 구조를 가지고 있으며, 그 서사는 단지 가사에만 담겨있는 것이 아니라, 뮤직 비디오의 영상들을 통해 연속성을 보여주고 있다. 많은 K-Pop의 노래들이 서사보다는 후크송을 통해 사람들을 순식간에 빨아들이고, 소비하는 데 초점이 있었던 반면에 방탄의 음악들은 요즘 세대에 어울리지 않고 주제적 연속성을 가지고 의미구조를 채근하면서 따라가야하는 독특한 구조를 갖고 있다.

아울러 이들의 음악에는 '사랑'이라는 주제가 등장하지만, 이 '사랑'은 다른 노래들에서 흔하게 들을 수 있는 이성간의 사랑이라기 보다는, 이 사회의 작고 힘들고 아무 것도 아닌 이들을 향한 공감과 연대의 사랑이라는 점에서 남 다르다. 이들의 사랑 주제가 다른 이들의 음악과 다른 궤적을 갖게 된데에는 자신들이 세계적인 밴드가 되기까지 겪어야 했던 차별과 서러움을 배경으로 하고 있어서, 오히려 듣는 이들에게 많은 공감을 불러 일으키고 있으며, 이들의 음악적 메시지에 대한 공감은 단지 한국의 팬들에게만 일어나는 것이 아니라, 오히려 해외의 팬들에게 더욱 큰 공감을 불러 일으키고 있다는 점도 다른 점이다. 한국인들도 무슨 말을 하는지 알아듣기 힘든 방탄소년단의 노래를 한국어를 제대로 알지도 못하는 수많은 해외 팬들이 따라부르고, 의미를 성찰하면서 분석영상을 유튜브에 업로드하는 현상은 적어도 방탄의 음악이 기존의 K-Pop이 담지한 소비구조와는 질적으로 다른 구조를 갖고 있음을 예증한다. 실제로 '아미'의 활동은 국내에서보다 미국에서 먼저 큰 반향을 일으키기도 했다.

보컬은 백인들의 락음악이나 헤비메탈이 보여주는 남성적이고 마초적인 샤우팅이나 저음부가 없이 목소리가 흘러 나오지만, 남성적이라고는 할 수 없는 그러나 미성하고는 다른, 가성의 호흡이 뒤섞인 약간 여성적인 음색을 만들어낸다. 여성 멤버가 없는 남성 보이밴드이지만, 이들의 음악은 가성이 섞인 여성적 음색을 내는 보컬로 인해 매우 중성적으로 들리기도 하며, 이들의 사랑 노래가 이성적 사랑이 아니라 모든 이를 향한 사랑을 지향하는 메시지를 갖고 있다는 점과 어울려 다른 팀에서는 볼 수 없는 매우 매력적인 '보컬의 음색'을 자랑하고 있기도 하다. 자신들의 메시지를 전달하는 음악적 장르로 방탄소년단은 힙합에 기초한 음악을 만들었다. 힙합이라는 장르는 "그 태동부터 주류문화에 대한 반항 성격이 강하고 때론 그 정도가 너무 심해 물의를 빚을 정도로 한없이 자유분방하다."[45] 방탄은 힙합의 자유분방한 성격을 자신들의 메시지를 전달하는 데 맞게 절도있게 활용하였다. 랩을 통해 자신들의 메시지

---

45 위의 책, 15.

를 전달하는 구조를 갖고 있기에 이들의 음악은 그 의미를 체득하지 않고 있다면 선뜻 호감이 가는 음악이 아니다. 그럼에도 불구하고 이들은 현재 전세계에서 가장 영향력있는 밴드로 군림하고 있다.

무엇보다도 이들은 유튜브로 공개되는 뮤직 비디오에 특화된 팀이기도 하다. "'Idol' official MV"[46]를 통해 보여지는 화려한 색상과 안무는 보는 즐거움을 선사하며, 밝은 색깔과 매끈하고 잘생긴 외모와 날씬한 몸매를 통해 전달되는 안무는 매우 역동적이고 리드미컬하다. 방탄소년단의 뮤직 비디오는, 물론 노래의 주제에 따라 모두 그런 것은 아니지만, 밝고 화려한 색을 자랑하는데, 그 화려한 색상을 통해 다소 무거운 주제와 거칠고 저항적인 랩의 메시지들에 희망적인 분위기를 연출하고 있다.

1) 방탄소년단의 시대를 향한 저항의 메시지

방탄소년단이라는 이름이 10대와 20대에게 총알처럼 날아오는 편견과 억압을 막아내고 자신들의 가치를 지키겠다는 의미를 담지하고 있듯이, 이들의 음악은 기성세대의 편견과 조언에 저항하는 메시지로부터 출발한다. 사실 방탄소년단은 2014년만 해도 미국 LA의 작은 홀에서 200~300명의 관객들을 앞에 두고 공연하며 3주간의 짧은 미국 힙합 연수를 마무리하고 있었다. 이 공연을 위해 멤버들이 직접 헐리우드 거리로 나가 직접 만든 전단지를 돌리면서, 공짜 공연을 홍보해야 했던 이 음

---

46 참조, 김태우, "방탄소년단 멤버들이 '방탄소년단 인기 이유'를 직접 분석했다", 〈허핑턴포스트〉, 2018. 08. 27. Online: https://www.huffingtonpost.kr/entry/bts_kr_5b83a46fe4b0cd327dfe154a 접속일: 2018년 9월 25일. 하단 공개영상 참조.

악그룹은 2021년 현재 소위 글로벌 현상이 되었다.[47] 그 이면에는 사람들의 차별과 편견을 딛고 일어나야 했던 자신들의 끊임없는 노력과 도전정신이 있었다. 방탄소년단이 활동을 시작할 당시, 그들은 소위 당대 3대 메이저 기획사(JYP, SM, YG) 소속이 아니었고, 그래서 당시 공중파 권력을 장악하고 있던 대형기획사들 소속 연예인들에 밀려 차별을 경험하기도 했다.[48] 그래서 방탄소년단이 소위 "뜨기 시작할 무렵" "흙수저 아이돌의 반란"이라는 말을 듣기도 했다.[49] 방탄소년단이 겪어왔던 이런 차별의 경험이 〈LOVE YOURSELF: 承 HER〉의 히든트랙 수록곡 "바다"에 담겨있다:

바다인줄 알았던 여기는 되려 사막이었고 / 별거없는 중소아이돌이 두 번째 이름이었어 / 방송에 잘리기는 뭐 부지기수 / 누구의 땀빵이 우리의 꿈 / 어떤 이들은 회사가 작아서 / 제대로 못 뜰거래 / I know I know 나도 알어 / 한 방에서 일곱이 잠을 청하던 시절도 / 잠이 들기 전에 내일은 다를거란 믿음도 / 사막의 신기루 형태는 보이지만 / 잡히지는 않았고 / 끝이 없던 이 사막에서 살아남길 빌어 / 현실이 아니기를 빌어.

방탄의 음악 속에 담겨있는 저항적 정신은 그들 자신의 이런 경험들로부터 비롯된 것이며, 그들이 기존질서를 '싹 타 불태우고' 새로운 세

---

47   김성철, 『This Is 방탄 DNA』, 14.

48   위의 책, 16.

49   위의 책, 18.

계를 꿈꾸는 것도 자신들의 경험이 기반이 되었기 때문에 공감이 되는 것이다.

방탄소년단의 혁명은 그들의 음악이 기존의 K-Pop과는 전혀 다른 성질을 지녔다는 데 있다. 많은 이들이 방탄소년단의 인기비결을 SNS를 통한 적극적인 소통이라고 분석하지만, 오히려 방탄소년단 인기의 핵심은 기존 K-Pop 음악과 달랐던 그들의 음악이 담지한 "메시지"이다.[50] 그들은 메시지를 단편적으로 세상에 외치기보다는, 일관성있는 스토리로 엮어 전달했는데, 예를 들어 학교 3부작과 〈화양연화〉의 청춘 2부작 그리고 〈WINGS〉와 〈Love Yourself〉 기승전결 시리즈 등으로 엮었다. 더 나아가 단지 메시지가 있다는 것이 핵심은 아니다. 그 메시지가 어떤 방식으로 영향력을 발휘하느냐가 더 중요할 수 있기 때문이다. 방탄의 음악에는 "메시지 속에 개인과 사회와 관계를 대하는 올바른 시선이 느껴"[51]진다. 그래서 아이돌 가수로서는 거의 유일무이하게 가사가 "분석대상"이 되고 있는데, 2017년 4월 15일자 빌보드는 "의식있는 K-Pop으로 장르를 넘어설 것인가?"라는 제목의 온라인 기사를 내면서 방탄소년단과 방시혁을 인터뷰한 기사를 게재하기도 했다.[52] 거기서 방시혁은 K-Pop의 해외진출을 위해서 중요한 것은 영어로 된 노래를 발표하는 것이 아니라 "K-Pop의 근본 원칙을 지키되 전 세계인들이 공감할 수 있는 요소들"을 담지해 내는 것이라고 말했다.[53] 그리고 빌보드 기사는 방탄소년단이 미국에서 대성공을 거둘 수 있었던 것은 "자신들의

50　서병기, 『BTS: 방탄소년단과 K-Pop』 (서울: 도서출판 성안당, 2019), 153.

51　위의 책, 153.

52　위의 책, 154.

53　위의 책, 154.

이야기를 노래하기 때문"[54]이라고 지적했다.

BTS 이전 K-Pop 종사자들은 자신들의 음악이 글로벌 시장에 나아가기 위해서는 글로벌 스탠다드에 맞게 구색을 갖추어야 한다고 생각했고, 우선 노래를 영어로 부르거나 영어권 문화에 익숙한 멤버들을 발굴하여 참여시키는 식으로 추진되었다. 초창기 K-Pop의 해외진출은 현지화 전략이었다. 예를 들어 2001년 보아가 일본으로 진출하면서 선택한 전략인데, 철저히 현지 일본인들에게 호소력을 갖는 음악상품을 만들어내는 전략으로서 당시 "일본인들에게 아예 '메이드 인 재팬' 상품이라고 여겨질 정도"[55]였다고 한다. 또한 원더걸스도 현지화 전략을 따라 미국 진출을 꾀하면서 2년간 미국 투어를 다니기도 했다. 그러다 2012년 싸이의 "강남스타일"은 이런 현지화 전략 외에 유튜브와 온라인 마케팅을 통해 세계로 진출할 수 있다는 것을 증거한 획기적인 사건이었다.

하지만 방탄소년단의 글로벌 히트는 현지화 전략이나 유튜브를 통한 마케팅 같은 것과는 전혀 다른 맥락을 갖는다. 그리고 글로벌 문화상품이 되기 위해 팀 내 외국인을 참여시키는 일도 하지 않았다. 방탄소년단은 "오로지 자신의 음악과 퍼포먼스, 뮤직비디오만으로 스토리텔링을 구축"[56]했다. 방탄소년단은 빌보드와의 인터뷰에서 "전 세계적으로 젊은 세대들은 사회, 정치적으로 비슷한 주제를 공유"하며, 이 주제들은 "굉장히 중요하고 누군가는 이야기해야 한다"고 말하면서, "그 누군가가 방탄소년단이 되고, 우리가 더 큰 목소리로 그 문제들에 관해 얘기할 수 있

---

54 위의 책, 154.

55 위의 책, 53.

56 위의 책, 54.

게 된다면 더욱 큰 힘을 가지게 될 것"이라고 말한다.[57] 바로 이 점이 방탄소년단의 유일무이성이라 할 것이다.

맬컴 크로프트는 "BTS는 한국에서 왔지만 … 지금은 온 세계에 속해있다"[58]고 말하면서, "BTS는 소셜 미디어의 거대한 영향력을 십분 활용해서, 현재 같은 시대를 살고 있는 우리들을 대신해 이 사회의 부조리를 비판하고 맞서는 이야기를 한다"[59]고 분석한다. 현재 우리가 살고 있는 시대의 부조리는 진보와 보수의 이분법 속에 희석되어, '정치적인 것'(the political)이 진정한 민주적 경합주의(agnosim) 형식으로 발전하지 못하고, 자신만의 논리를 우겨대고 있는 상황 속에 있다. 이런 상황 속에서 젊은 세대는 정치적으로 보살핌을 거의 받지 못하고 있는데, 방탄소년단은 이들 십대와 청년세대가 느끼는 부조리를 그들 자신의 입장에서 말하고 있는 것이다. 그래서 방탄소년단은 "한국 사회에 존재하는 구조적 억압, 불평등, 편견 등의 문제를 자기 세대의 눈으로 읽어내고 힘을 모아 정의롭지 않은 현실"[60] 속에서 자기만의 혁명을 완수할 방법을 제시한다. 이러한 방탄소년단의 메시지는 신자유주의의 확산으로 전세계가 동일한 구조적 억압과 좌절 그리고 고통과 절망의 상황 속에 놓여 있고, 청년실업이 하드웨어적 공통분모가 된 시대에 사회의 극적인 변화를 희구하는 전세계 청년세대들에게 보편적 호소력을 갖는다. 그것은 "현재의 세계가 바뀌어야 한다는 필요성, 그리고 그 변화가 더 큰 자유

---

57   위의 책, 155.

58   맬컴 크로프트(Malcolm Croft), 『BTS: 서툴지만 진실되게 두려워도 당당하게』(*BTS: the Ultimate Fan Book*), 홍정인 역 (서울: 미르북컴퍼니, 2019), 5.

59   위의 책, 5.

60   이지영, 『BTS 예술혁명: 방탄소년단과 들뢰즈가 만나다』 (서울: 파레시아, 2019), 15.

와 해방, 더 나은 세상을 향해야 한다는 데 대한 감응과 공명"[61]이다.

　　방탄소년단 음악혁명의 핵심은 상황에 굴복하지 않고 자신만의 길을 찾아 나서라는 메시지에 있다. 예를 들어 〈쩔어〉는 "3포 세대? 5포 세대? / 그럼 난 육포가 좋으니까 6포 세대 / 언론과 어른들은 의지가 없다며 우릴 싹 주식처럼 매도해 / 왜 해보기도 전에 죽여?"라고 외치며 자신들을 바라보는 기성세대의 시선을 반박한다. 그러면서 반항에 그치지 않고 "왜 벌써부터 고개를 숙여! 받아 energy energy energy / 절대 마! 포기 / You Know You not lonely"라고 외치며 고개들고 자신의 길을 당당하게 만들어가라고 외친다.

　　방탄소년단의 음악이 혁명적 발상을 갖게 된데에는 방시혁 대표의 역할이 있었다. K-Pop이 세계시장의 문화상품이 될 수 있었던 것은 대형연예기획사들이 시장을 분석하고, K-Pop 상품을 그에 맞추어 내놓는 생산과 유통과정이 자리잡고 있다고 언급한 바 있다. 빅히트 엔터테인먼트의 대표 방시혁도 이 대형기획사 출신의 프로듀서였다. 그러다 그는 자신의 독립된 프로덕션을 세웠고, 그 빅히트 엔터테인먼트를 남다른 생각으로 조직하여, 다른 대형기획사와는 다른 문화상품을 만들어 내었다. 우선 그는 방탄소년단 멤버들이 "정말 중요한 것이 무엇인지를 스스로 생각하고 행동할 수 있는 자유"[62]를 주고자 했다. 애초 방탄소년단을 기획했던 빅히트 엔터테인먼트의 CEO인 방시혁은 기존의 방식이 아닌 "젊은 세대를 향한 편견과 억압을 막아내는 밴드," 즉 시대를 향한

61　위의 책, 15.

62　위의 책, 12.

"발언권이 있는 밴드"를 만들고 싶었다고 한다.[63] 방시혁의 표현에 따르면, "K-Pop 노래 대부분이 사랑이나 이별 이야기인데 BTS의 음악은 학교와 청춘에 관한 생각들, 현재 누구나 품고 있는 시대에 대한 의문을 표현"하며, 그래서 "성장통, 청춘의 불안을 풀어내는 고유한 목소리"를 지녔다.[64] 특별히 랩몬스터(RM)의 랩을 듣고, 자신의 음악을 통해 "자기성찰적이고 지적이고 철학적인" 표현들을 만들어낼 수 있는 힙합 그룹을 생각하다 여기에 이르렀다고 방시혁은 회고한다.[65] 말하자면 BTS의 음악에는 메시지적인 함의가 다분히 담겨 있는데, 이는 "젊은 세대를 향한 편견과 억압"에 대한 저항적 몸짓을 말한다.

더 나아가 방시혁은 방탄소년단을 기획하면서 "K-Pop 고유의 가치"와 방탄소년단만의 가치를 융합해 내고자 했는데, 방탄소년단이 추구할 가치는 곧 "힙합으로 대변되는 흑인 음악 베이스에 자신들의 이야기를 녹여 진정성을 지켜"[66] 나가는 것을 의미한다. 여기서 "흑인 음악 베이스"란 힙합의 음악적 비트나 리듬을 말하기도 하지만 또한 "인종차별의 현실 속에서 인권의 신장을 위한 그리고 저항의 행진을 위한 리듬과 노래, 메시지와 노래, 추임새와 절규라는 의미"[67]를 담지하고 의미하는 것일 수도 있다.

그렇다면 K-Pop 고유의 가치란 무엇인가? K-Pop의 가치란 바로 한국문화전통의 평화정신일 수 있다. 예를 들어, 구자형은 "이런 한국

---

63 크로프트, 『BTS: 서툴지만 진실되게 두려워도 당당하게』, 8.

64 위의 책, 11.

65 위의 책, 10.

66 구자형, 『BTS: 어서와 방탄은 처음이지』 (서울: 빛기둥, 2018), 73.

67 위의 책, 73.

인 특유의 자랑스런 '평화정신의 음악'은 5천 년 전부터 지금까지도 널리 인간을 이롭게 하기 위해, 그침없이 이어져 내려 온 '홍익인간'이라는 '고조선의 건국이념'에 담겨"[68]있는데, 이는 널리 사람들을 이롭게 하겠다는 그 소중한 뜻을 담고 있다. 구자형은 K-Pop, 특별히 방탄의 음악은 이러한 "한국인들의 오래된 '꿈의 노래'"[69]를 구현하고 있다고 평가한다.

또한 방탄소년단만의 가치를 만들어 내기 위해서 자신의 생각과 느낌으로 방탄이 가사를 개성있게 써 나가도록 했다. 그래서 방탄의 가사들은 "자신들 삶의 이야기, 청춘의 이야기, 그 욕망과 소망의 페이지들을 자유롭게 써 나가기 시작"[70]했고, 자신들의 경험을 통해 사회와의 접점을 찾아 소통하기 시작했다. 그래서 자신들의 아픔과 고통에 대한 경험들에 바탕하여, "세상 모든 청춘들을 위한, 그래서 그들의 온갖 고통에 주목하고, 함께 아파하며 함께 공감하고, 함께 희망하며 함께 기뻐하고, 함께 사랑하며 함께 평화하기 위한"[71] 음악들을 만들어 나갔다.

방시혁이 생각하는 이러한 꿈은 곧 "이 시대 청춘들을 피곤하게 하는 세상의 편견과 시대의 억압이라는 총알을 맞고, 비틀거리다 그로 인해 기 죽어 꿈을 펼치기는커녕 그냥 '이 시대는 꿈이 없는 시대야'라고 마치 여우의 신 포도처럼 시대와 자신의 꿈을 섣불리 규정하고, 그러면서 자신에게 꿈이 없음은 당연하다는 듯, 스스로의 꿈의 부재를 합리화하고, 단정한 채 미처 싸워보기도 전에 절망의 늪에 빠져 허우적대는 잉

---

68   위의 책, 77.

69   위의 책, 77.

70   위의 책, 80.

71   위의 책, 83.

여인간의 시대를, 희망의 시대로 바꾸"[72]고 싶은 꿈으로부터 시작한다. 이것이 방탄소년단의 음악에 담긴 '진정성'이다.

방탄소년단의 음악이 담지한 진정성은 "자신들이 삶에서 느끼는 시련과 아픔, 절망, 두려움, 희망에서 발원한다."[73] 이는 곧 고통과 절망이 보편화된 세상에서 그 고통과 절망에 대한 연대가 발휘하는 힘을 증명하는 것이기도 한다. 즉 자신들의 고통과 좌절에 대한 인정과 그를 자발적이고 개성있는 자기들만의 방식으로 표현해 내는 것이 많은 이들에게 공감을 얻고 있는 것이다. 특별히 방탄소년단의 자기표현 방식이 스토리텔링의 방식 혹은 서사의 방식이라는 것이 중요하다. 예전 록음악의 시절에는 하나의 음악 안에 스토리텔링이 기승전결의 구조로 담겨있던 구조였다면, 방탄의 스토리텔링은 하나의 노래가 다른 노래의 영상과 엮여 영상으로 스토리텔링을 엮어가는 구조이다. 방탄은 노래 속에 "학교, 청춘, 유혹, 러브 유어셀프 등 연작 형태의 스토리텔링"[74]을 전개했다. 그 스토리텔링 속에 "N포 세대 이야기와 열정페이, 수저론을"[75] 이야기하기도 하고, 꿈을 잃고 살아가는 시대의 젊은이들에게 '괜찮아'라는 메시지를 가사로 엮어내기도 하고, 아울러 헤르만 헤세의『데미안』이나 니체 등의 문학이나 철학적 내용들을 영상으로 담아내면서 메시지를 전하기도 했다. 하지만 이 모든 스토리텔링이 진정성있고 의미있게 다가오는 것은 방탄소년단 멤버 모두가 "국내파에다 지방 출신이며 흙수저"[76] 출신이라는 사실을 배경으로 울려온다. 즉 방탄이 전하는 메시

---

72 구자형,『BTS: 어서와 방탄은 처음이지』, 172-173.

73 이지영,『BTS 예술혁명: 방탄소년단과 들뢰즈가 만나다』, 11.

74 서병기,『BTS: 방탄소년단과 K-Pop』, 59.

75 위의 책, 59.

지에는 자신들이 겪었던 차별과 불공정의 경험이 담겨있는 것이다. 다시 말해서, 자신들 스스로가 음악에서 전하는 시대적 상황을 온 몸으로 겪으며 성장했다는 사실이 그들의 음악을 가식이 아니라 진정성 있는 음악과 메시지로 만들어주는 것이다.

요약하자면, 방탄소년단은 아이돌로서가 아니라 아티스트로서 자신들의 확고한 정체성을 갖고 자신을 규정하고 세상을 바라보고, 그것을 통해 작업을 한다. 아티스트란 "현실 직시와 고민, 사고의 과정을 거쳐 하고 싶은 말(메시지)을 노래에 실어 보내는 존재"[77]라고 서병기는 정의한다. 방탄소년단은 자신의 삶에서 즉 학교와 청춘의 관점에서 세계를 보고 성찰하며, 자신들의 이야기를 만들었고, 그런 그들의 고민과 성찰이 "한국을 넘어 해외에서도 공감"[78]될 수 있었던 것은 그들이 아티스트의 작업을 훌륭히 수행했기 때문이다.

2) 자신을 향한 여행

방탄소년단의 음악적 주제는 시대비판과 저항에 머물지 않는다. 불공정한 사회구조와 조건 그리고 편견에 굴복하지 않지만, 그럼에도 불구하고 사회의 여백으로 밀려난 이들은 이 불리한 세계 한 가운데에서 자신의 길을 만들어 나가야 한다. '방탄소년단의 데뷔 싱글앨범 두 번째 트랙은 "WE ARE BULLETPROOF"라는 노래를 담고 있는데, 여기서

---

76 위의 책, 63.

77 위의 책, 225.

78 위의 책, 225.

"학교 대신 연습실에서 밤새 춤을 추고 노래 불렀네"라는 랩을 부르며, "너희가 놀 때, 난 꿈을 집도하며, 잠을 참아가며 매일 밤새 볼펜을 잡네, 아침 해가 뜬 뒤에 나 눈을 감네 … "라는 가사가 이어진다.[79] 노력이 무슨 소용있어, 이미 다 정해져 있는데 라는 "체념과 원망과 그리고 분노"가 지배하는 오늘의 시대에 방탄소년단은 "나 보여줄게 칼을 갈아왔던 만큼 … 날 무시하던 사람들 … "을 거론하며 결코 포기하지 않는 삶의 모습을 적나라하게 표현한다.[80] 이 앨범에 담겨있는 "No More Dream"은 남의 꿈에 갖혀 살기 보다, "너의 길을 가라고" 말하면서, "시간낭비인 야자에 돌직구를 날려 / 지옥같은 사회에 반항해, 꿈을 특별사면 … 억압만 받던 인생 니 삶의 주어가 되어봐"라는 메시지를 전하며, 꿈꾸는 법을 잃어버린 우리 시대 10대의 삶을 비판적으로 성찰하는 데 그치지 않고, 자신의 길을 만들어 나가야 한다는 대안을 전한다. 그렇게 방탄의 〈LOVE YOURSELF 承 HER〉는 '너 자신을 사랑하라'는 메시지를 전면에서 외친다.

두 번째 정규앨범 〈Wings〉의 "Lost"는 다음과 같은 가사를 담고 있다.

어디로 가는 개미를 본적 있어?
단 한 번에 길을 찾는 법이 없어

수업이 부딪히며 기어가는
먹일 착지 위해 며칠이고 방황하는

You know

---

79 구자형, 『BTS: 어서와 방탄은 처음이지』, 31; 32.
80 위의 책, 33.

쓸모있어 이 좌절도

난 믿어 우린 바로 가고 있어

…

Lost my way / Lost my way

수없이 헤매도 난 나의 길을 믿어볼래

이 가사들은 덧없고 근거없는 희망의 환상을 노래하지 않는다. 때로 희망은 희망이라는 이름으로 우리를 중독시키고 마비시킨다. 희망은 절망의 깊은 곳으로부터 태동하는 것이라는 것을 망각한 채로 말이다. 희망은 미래에 대한 근거없는 낙관이 아니라, 오늘의 절망을 철저히 살아내고 배겨내면서 얻어지는 산물이다. 그래서 수많은 방황과 절망의 미로를 헤매면서도 "난 나의 길을 믿어" 볼 수 있는 은근과 끈기가 생기는 것이다. 이 포기하지 않는 강단이 바로 희망의 근거인 것이다. 그래서 "So long 기약없는 희망이여 이젠 안녕 / So long 좀 느려도 내발로 걷겠어"라고 방탄은 노래한다. 왜냐하면 "이 길이 분명 나의 길이니까 / 돌아가도 언젠가 닿을 테니까" 말이다. 이 미친 세상에 길은 없다. 원래부터 나의 길은 없다. 왜냐하면 내 세상인 적이 없으니 말이다. 그러니 "스스로 길을 만들"어야 한다. 그렇게 방탄은 유혹한다, "너의 길을 가라고, 찾으라고, 건설하라고"[81] 말이다.

그래서 방탄소년단의 두 번째 정규앨범 〈Wings〉는 성장을 주제로 한다. 초창기 '학교'라는 주제와 '청년'이라는 주제가 자신들의 '촌놈 정체성'과 '꿈'이라는 주제에 대해 펼쳐가는 단계였다면, 특별히 〈Wings〉

---

81 위의 책, 209.

는 헤르만 헤세의 성장소설 『데미안』으로부터 모티브를 도입하여 구성된다. 헤세의 소설 『데미안』은 주인공 에밀 싱클레어가 밝고 안전한 부모의 세계로부터 세상의 거칠고 어두운 세계 사이를 방황하던 가운데 데미안을 만나 성장하는 계기를 갖고, 알을 깨고 나와 자신만의 세계를 구축해 나아가는 성장과정을 그린 소설이다. 성장하면서 싱클레어가 겪은 고민과 갈등 그리고 유혹 등을 극복해 나아가는 과정이 이 소설의 주요구조이다. 헤세의 1919년 작 『데미안』의 주제들을 방탄소년단의 앨범 〈WINGS〉는 담아내어, 그것들을 "K-Pop 문법에 맞춰 음악적으로 재창조했다."[82] 이들은 상업적 목적이나 마케팅 차원에서 이 주제들을 도입한 것이 아니었다. 자신들의 성찰을 소설의 주제를 통해 음악으로 진지하게 표현해낸 것이다.

〈WINGS〉 앨범의 첫 번째 곡 "Intro: Boy Meets Evil"은 『데미안』의 초반부를 상징하는 노래인데, "순백의 세계에 머물던 소년이 성장하면서 악마로 표상되는 욕망 그리고 거친 현실과 대면하는 노래"[83]이다. 다음 노래인 "피 땀 눈물"은 "욕망과 그 유혹에 직면한 소년이 고뇌하는 내면"을 그려내고, 이후 "Begin(시작)," "Lie(거짓말)", "Stigma(오명 · 낙인)", "First Love(첫사랑)", "Reflection(반영 · 성찰)", "Mama(엄마)," 그리고 "Awake(각성)"은 『데미안』에서 전개되는 성장과정들을 반영하여 구성되었다.[84] 『데미안』에서 주인공 싱클레어의 고통스런 성장과정의 계기는 거짓말이었는데, 지민의 "Lie"는 이를 그려내고 있고, 거짓말 이후

---

82 김성철, 『This Is 방탄 DNA』, 85.

83 위의 책, 86.

84 위의 책, 87.

순진무구했던 과거의 어린 시절을 회구하며 죄의식으로 힘들어하는 시기를 뷔의 "Stigma"는 소묘하며, 싱클레어의 "동경의 대상을 통해 구원을 꿈꾸는 모습"을 슈가의 "First Love"는 그려준다.[85] RM의 "Reflection"은 "자기 내면 속에 빠져들어 깊이 사색하며 성장을 준비"하는 과정을 그려주고, 제이홉의 "Mama"는 "성장을 자각하고 알이 깨지는" 순간을 그려준다.[86] 『데미안』에서 데미안의 어머니 에바부인이 싱클레어가 알을 깨도록 돕는 역할을 하는 것을 "Mama"라는 곡으로 표현한 것이다. 싱클레어가 각성 후 다른 세계로 나아가는 과정을 진의 "Awake"는 "떠날 때가 됐는 걸 … 온통 상처투성이겠지 … 그래도 발버둥치고 싶어 … Maybe I can never fly … 그래도 손뻗고 싶어. 달려보고 싶어. 조금 더"라고 표현하고 있다.[87]

　　방탄소년단의 〈WINGS〉는 『데미안』의 플롯을 그저 따르기만 하는 것은 아니다. 싱클레어의 성장과정을 자신들의 삶의 이야기에 적용하여, 자신들만의 성장기로 노래한다. 그래서 "Lost"는 "이리도 많은 줄 몰랐어 … 그래도 믿고 있어. 믿기지 않지만 길을 잃는단 건 그 길을 찾는 방법 … 수없이 헤매도 난 나의 길을 믿어볼래"[88]라며 노래하고, "BTS Cypher 4"는 아이돌 스타로서 자신들의 삶 속에서 대면하는 고난 즉 악플러들의 댓글들을 거론하며 "니가 날 싫어해도 (최소한) You know me. 무플보단 악플이 좋아"라며, 그들에게 "I Love myself. Ya please haters

---

85　위의 책, 88.

86　위의 책, 89.

87　위의 책, 89.

88　위의 책, 89.

you should love yourself"라고 권면한다.[89]

더 나아가 "21세기 소녀"는 "딴놈들이 뭐라건 이 세상이 뭐라건 넌 내게 최고, 너 그대로 절대 쫄지 말아. 누가 뭐래도 넌 괜찮아 … 말해 너는 강하다고. 말해 넌 충분하다고" 외치며 "이 시대 지친 청춘들의 등을 토닥인다."[90] 그러면서 "꽃길만 걷자. 그런 말은 난 못해. 좋은 것만 보자. 그런 말도 난 못해 … 자. 하나 둘 셋하면 잊어. 슬픈 기억 모두 지워. 서로 손을 잡고 웃어. 그래도 좋은 날이 앞으로 많기를"(둘! 셋! - 그래도 좋은 날이 더 많기를 中에서)이라고 말하며, 자신이 선택한 길들에 두려워하지 말고 주저하지 말고 힘껏 날으라고 독려한다.

'촌놈이 꿈을 가지고 성장'하는 과정을 핵심 주제로 삼은 방탄소년단의 노래들은 아무리 힘들고 어두운 시간을 보내고 있더라도 "아침은 다시 올거야"("봄날" 中에서)라는 메시지와 "오늘은 절대 죽지 말아. 빛은 어둠을 뚫고 나가"("Not Today" 中에서)라고 외치며 앞으로의 삶이 나아가야 할 방향성을 제시하며, 그런 '너'의 삶은 결코 혼자가 아니라며, 서로 함께 걸으면 날개가 없는 나도 나를 잡아준 너의 그 손이 날개가 된다며 굴하지 말고 걸어갈 것을 "A Supplemtary Story: You Never Walk Alone"은 노래한다.

이러한 주제들을 전개하면서, 방탄소년단의 노래에서 '사랑'이란 주제는 남녀 간 사랑이라는 좁은 주제를 벗어나 사랑이라는 말의 포괄적인 면을 포괄하면서, 사회적 연대와 지지를 품을 수 있는 지평으로 의미를 확장해 나아간다. 그래서 "황새가 됐든 뱁새가 됐든 그 누구가 됐

---

89 위의 책, 90.

90 위의 책, 90.

든 각 개인의 자존감에서 출발"하여 서로 서로를 지지하고 손잡아주며 나아간다면 우리 삶의 온기가 느껴질 것이고 그런 세상이 우리가 살아가고 추구해야 할 세상이라는 메시지를 방탄소년단은 전해준다.

3) 주변부의 소리를 담아내는 음악, 주변부가 주체가 되는 신학

방탄소년단은 무한경쟁과 승자독식과 약육강식이 벌어지는 대한민국 연예시장에서 중소기획사 출신으로 방송출연이나 홍보에 차별을 겪어야 했던 불리한 경쟁구조를 자신들만의 메시지와 스토리를 가지고 이겨내, 전세계적인 밴드가 되었다. 이런 세계적인 밴드가 태동되어지기 전까지 K-Pop 산업에 종사하는 여러 사람들의 선구적인 노력들이 물론 있었다. 무엇보다도 한국대중문화는 '문화적 혼종성'을 예술적으로 구현해 내면서, 다른 나라의 음악들이 담지하고 있지 않은 매우 독특한 음악적 혼종성을 자신만의 특색으로 만들어 내었다. 언어적으로 혼종화된 가사는 해외의 K-Pop 팬들에게 이색적이면서도 친근한 정서를 만들어 낼 수 있었고, 다운로드 시대에 적응하여 자신들만의 매력적인 후크송을 만들어내면서 세계 팬들의 입맛을 사로잡았다.

하지만 K-Pop의 이러한 성공의 이면에는 대형기획사가 자본을 독점하고, 아이돌 스타를 꿈꾸는 수많은 젊은 영혼들을 대형기획사가 주체가 되는 오디션의 무한경쟁으로 내몰면서, 열심히 노력해서 경쟁을 이겨내야 스타가 된다는 공허한 망상을 주입하는 데 일조했다. 사실 현실은 아무리 노력해도 되는 일이 없다. 실패한 이들은 노력이 부족해서 실패한 것은 아니다. 모두가 노력하지만, 경쟁을 이겨내고 선택을 받는 이들은 어차피 소수인 승자독식의 장에서 수많은 젊은이들이 불공정한

계약으로 젊은 청춘을 낭비하는 이들이 부지기수이지만, 이들의 이야기는 무대 뒤에서 결코 들려지지 않는다. 이들의 좌절과 방황은 단지 연예계의 일만은 아니다. 지구촌 자본주의 시대에 많은 젊은 청춘들은 더 이상 정규직이 존재하지 않는 시대에 그 누구보다 높은 학력으로 그 누구보다 낮은 시급으로 알바를 해야 하는 절망적인 상황으로 내몰리고 있다. 이는 대한민국에 한정된 상황이 아니라 전세계적인 현상이다.

방탄소년단이 전세계적인 호응을 얻고 유명한 밴드가 될 수 있었던 것은 그들이 단지 유튜브나 인터넷 방송 그리고 SNS를 기술적으로 잘 쓰고 활용했기 때문이 아니다. 사실 이런 쪽으로 감각이 더 뛰어난 이들은 대형기획사의 홍보팀일 것이다. 그럼에도 불구하고 다른 가수가 아니라 방탄소년단이 전세계에서 가장 영향력있는 밴드들 중 하나가 될 수 있었던 것은 그들의 노래가 중독성이 있고 듣기 좋았기 때문이 아니라, 그들이 SNS를 통해 팬들에게 자신들의 활동을 잘 홍보했기 때문이 아니라, 그들의 음악이 이 시대에 반영되지 못하고 소외된 목소리들을 대변하고, 그들을 방탄으로 보호하겠다는 발상을 음악과 활동으로 구현해 냈기 때문이다. 즉 그들은 소위 '선한 영향력'을 일으켜, 세상을 보다 더 나은 곳으로 만들어 나아가겠다는 진정성있는 마음을 누구보다 진지하게 전했던 것이다. 즉 방탄의 음악은 "개인과 사회와 관계를 대하는 올바른 시선"을 담아내고 있는 것이다.

주변부의 소리를 듣겠다는 것은 그들의 이야기가 무조건 옳다는 것이 아니다. 대중문화는 특성상 상업성을 가질 수 밖에 없다. 하지만 많은 경우 진정성과 올바른 생각 없이 상업성에 치우치고 싶은 유혹을 많이 받게 된다. 방탄은 소외된 이들에게 다가가기 위해 '현지화 전략'을 통해 해외 팬들을 공략한 것이 아니라, 자신들만의 메시지와 방식을 가지고 예술적으로, 즉 음악과 영상을 통해 그들의 목소리를 반영해 내었다. 즉 누군가는 말해주어야 할 것을 자신들만의 방식을 통해 사회와 사람들에게 올바른 방식으로 전달하려 한 것이다. 방탄소년단이 해외에서 수많은 팬들을 확보할 수 있었던 것은 바로 이 진정성이다.

마샬 맥루한의 "미디어가 메시지이다"[91]라는 말은 SNS 시대에 매우 왜곡되어 도착적으로 해석되어 유포된다. 이제 메시지가 아니라 어떤 미디어에 일찍 적응하여, 그것으로 마케팅과 선전을 하느냐가 관건이라는 식으로 왜곡되어 회람된다. 틀렸다. 그건 마샬 맥루한의 본래 의도가 아니다. 맥루한의 의도는 미디어가 무엇이 됐든 메시지만 좋으면 되는 것 아닌가하는 미디어와 메시지 간의 위계적 구조라는 환상을 파괴한 것이지 메시지 혹은 콘텐츠가 중요하지 않다는 말이 아니다. 메시지는 미디어 매체의 변화에 따라 큰 영향을 받아 변형되는 정도가 아니라, 오히려 매체가 바뀌면 메시지 자체가 바뀔 수도 있다는 말을 한 것이다. 하지만 맥루한이 말하는 메시지는 오늘날의 말로 표현해 보자면, 콘텐츠를 가리키는 것이다. 우리가 방탄의 음악이 세계적인 호응을 얻을 수 있는 것은 그들의 음악과 활동이 담고 있는 메시지와 진정성이라고 말할 때, '메시지'는 오히려 콘텐츠들의 기초가 되는 발상, 마음가짐, 혹은 감수성을 가리키는 것이다. 이 시대가 요구하는 메시지를 느낄 수 있는 감수성, 그리고 그것을 진정성있게 표현하려는 마음가짐, 그리고 시대와 사회와 관계를 바라보는 올바른 시선은 SNS 시대에 오히려 절박한 필요성을 느낀다. 수많은 정보들이 디지털 네트워크 상에 유포되지

---

91 마샬 매클루언(Marshall McLuhan), 『미디어의 이해: 인간의 확장』(*Understanding Media: The Extensions of Man*), 김상호 역 (서울: 커뮤니케이션북스, 2011), 31.

272 제2부: 하나님 나라의 문화

만, 오히려 신뢰할 수 있는 정보는 적고 가짜뉴스와 선동과 혐오가 넘쳐나는 정보의 바다, 거기서 우리는 어떻게 사랑을 회복해 낼 수 있을 것인가? 그것이 바로 예술이다.[92] 미디어 시대의 예술은, 맥루한에 따르면, 낡은 미디어를 새로운 미디어로 담아내는 예술적 승화가 이루어지지 않는다면, 우리는 언제나 새로운 미디어의 출현이 자아내는 "자가절단"(autoamputation)[93]의 덫에 걸려 버리고 말것이다. 모든 기술은 인간의 기술적 연장을 타자화시켜 절단해 냄으로써 이루어진다. 그래서 새로운 기술 앞에서 그것을 전적으로 타자화시켜 거부하든지, 그것만을 진정한 것으로 받아들이고 이전의 낡은 것을 버려버리든지 하는 분열증적 해법에 함몰된다. 이러한 자가절단에 의한 정신적 함몰이 이루어지지 않으려면, 맥루하는 낡은 미디어와 새로운 미디어를 결합하는 예술적 승화가 필요하다고 말한 것이다.

방탄소년단은 어떻게 세계인들을 매혹시켰을까? 방탄소년단은 다른 대중음악들처럼 성과 폭력 그리고 약물 등을 매력으로 혹은 미끼로 사용하지 않았다. 오히려 그들은 성과 폭력과 약물로 기존 세계를 파괴하는 대신, 만들어진 세계에 'No'를 외치고, 자신만의 꿈으로 자기의 길을 만들어 나가라는 핵심 메시지에 충실하게 일관성 있는 '메시지 음악'을 만들었다. 음원을 다운로드 받아 소비하는 시대, 메시지가 아니라 '훅'이 있는 음악이 대세라고 말하는 시대에 그들은 메시지의 콘텐츠가 일관성을 잃지 않는 음악을 만들었고, 무엇보다도 그 일관성있는 메시지가 '서사적 구조'로 전개되도록 만들었다. 60~80년대 음악들은 한 곡

---

92 위의 책, 123.

93 위의 책, 98.

안에 '서사'를 담아 전개하는 음악이었다면, 다운로드 시대 음악은 서사는 멸종하고, 중독성 높은 일정 리듬을 반복하는데 몰두하는 시대, 방탄의 음악에는 중독성이 없다. 오히려 듣기 힘들다. 그럼에도 불구하고 전세계 팬들은 방탄소년단에 열광한다.

본질을 상실한 한국교회가 방탄소년단으로 신학해 보아야 할 이유이다. 교회성장의 기술들과 비법들만 난무하고, 복을 받고 세속적 성공을 얻기 위한 주술과 마법만 가득 찬 선교적 행태들은 이미 기독교의 본질을, 개신교의 핵심을 상실했다. 모두 성장하는 교회를 따라가기 위해 교회의 본질을 버린 시대, 우리가 다시 교회와 복음의 본질을 회복해야 할 것이라는 메시지를 방탄소년단을 통해 듣는다. 진심은 강요되는 것이 아니다. 마찬가지로 기독교의 진리도 당신이 외치고 주장하고 선전한다고 호응을 얻거나 선전되는 것이 아니다. 진리는 스스로 말한다. 한국교회가 명심해야 할 것은 당신이 전하는 설교에 복음이 담겨있는가를 유의해야 하는 것이다.

너의 말에 진리가 담겨있는지를 말이다. 진리를 담아도 모두가 방탄소년단처럼 성공할 수는 없을 것이다. 그래도 진리없는 허영보다는 가난한 진리가 옳지 않은가 라고 방탄의 음악들은 노래한다. 그 진심이 결국 전세계 한국어를 알지도 못하는 수많은 사람들의 마음을 얻은 것이지, 결코 그 반대는 아니다.

제8장

찬양과 복음: 교회음악(기독교음악)에서 찬양과 복음의 불가분의 관계성을 중심으로*

1. 들어가는 말

자연은 한 치의 오차도 없이 그 뿌려진 씨에 의하여 그 싹이 나고 자라서 가을이 되면 그 열매를 맺는다. 이에는 반드시 시간이 필요하다. 이처럼 반복되어 누적된 시간을 지나면서 사람들은 더 가치 있는 것들을 선별하여 개발하고 발전시킨다. 겸손하고 지혜로운 사람들이 머무는 곳이라면 가치 있는 것들을 구분하여 다시 씨를 뿌리고 열매를 거두어들이면서 함께 성숙을 이어간다.

그것이 무엇이든 그 필요한 만큼의 시간이 지나게 되면 비록 미성숙했던 것들도 대부분 성숙하게 된다. 그런데 이유가 무엇이 되었든지 이러한 도식을 거부하는 것 같은 현상이 유지되어 지속되고 있는 영역들이 있다. 그중 하나가 한국교회음악의 영역이라는 생각을 지울 수가 없다. 이는 교회음악인들이 사고함에 있어서 교회음악의 발전에 대한

---

* 백승남(장로회신학대학교 교수, 찬양사역대학원)

시대적 성찰과 연구에 열정을 불태우는 도전정신과 실천의 결여라고 볼 수 있다. 이러한 원인의 중심에는 '전통을 지키고 유지하는 것이 소중하다. 그것이 안전한 길이다'라고 생각하는 사람들에 의하여 머물러 있는 것이다. 이렇게 형성된 전통을 이어받아 교회음악을 전수받은 사람들은 동일하게 일정한 정도의 수고를 마치고 나면 이제 더 이상 발전시키지 않아도 된다고 생각하는 경향이 있는 것 같다. 이는 결국 옛것의 답습만 거듭할 뿐, 현대적 새것으로서의 교회음악의 개념은 철저히 배제 또는 결여됨이라고 볼 수 있다. 그러므로 이러한 사고체계는 현대 교회음악이란 그 의미 없고, 가치 없으며 오히려 전통에 반하는 비 교회적 음악이 될 수 있다는 우려의 목소리를 내면서 조속히 필요 없다는 결론을 내리려 한다.

기독교 음악 역사에서 보전되어 온 전통적 아름다운 음악이란 음악의 예술성만을 이야기하지 않고 성경적 가치가 있는 것을 중심으로 성숙된 것을 의미하고 있다. 성숙된 것은 그것이 무엇이 되었든지 소중하게 남아서 보존되어 시대마다 그 고유의 영향력을 발휘하며 유지되어 왔다. 성숙이란 고도의 단순성과 직립성을 의미한다. 대가의 작품이 바로 그러하다.[1] 찬송가에는 찬송가만의 성숙미가 가미 되어 있다. 이것은 당시의 무수히 많은 교회 음악가들에 의하여 만들어지고 불려졌던 것들로서 그 수많은 찬송가 중 몇몇 곡들만이 남아서 지금까지 이어진 것들이다. 이러한 찬송가는 각 시대를 대변해주는 주요 내용을 담고 있다. 당시 수많은 기독교인은 그 노래의 가사에 자신의 신앙을 표출함으로 동참하여 많은 시간 동안 공감대를 형성했다. 이 고도의 단순성과 직립성

---

1   H.R.Rookmaaker/김현수 옮김,『기독교화 현대 예술』(서울: IVP, 1987), 74.

이 한 세대를 대표하는 곡들 안에 고스란히 스며들어 있는 것이다. 이것이 대가들의 작품과 같은 성숙미를 만들어내는 과정과 유사성을 이룬다.

그러므로 교회음악의 성숙이란 음악의 형식이나 작품성이라기보다는 각 각의 시대마다 주 예수 그리스도의 말씀과 성령의 인도하심으로 나타난 하나님의 역사인 찬양과 복음을 다룬 것들로 신앙고백의 내용(가사)을 말하고 있다. 그 고백이 시편이 되기도 하고, 개인의 구원 감격이기도 하며, 복음 전하는 일꾼으로서의 하나님 앞에서 헌신의 다짐이기도 하다. 지금 우리는 이러한 성숙미를 만들어내야 하는 21세기 교회음악이 요구된다. 그것들의 이름을 여전히 찬송가로 칭할 수 있고, 또는 경배와 찬양곡이라 해야 할 것인지 아니면 또 다른 이름을 만들어야 할지 논의가 요구된다.

2. 복음 – 찬양의 근거

1) 복음에 대한 인식

복음은 하나님의 아들 예수 그리스도(막 1:1)[2] 곧 예수 그리스도의 말씀이다. 예수 그리스도의 말씀은 하나님의 복음이다. 복음이신 예수 그리스도는 하나님의 복음을 전하기 위하여 이 땅에 보내심을 받으셨다. 그는 십자가에서 다 이루었다고 말씀하심으로 하나님의 언약을 완성하셨다. 하나님 아들의 복음은 십자가상에서 그 죽음으로 옛 언약을 완성

---

2   "하나님의 아들 예수 그리스도의 복음의 시작이라"(막 1:1).

하신 후 폐하시고 장사 지낸 바 되었다가 사흘 만에 새 생명의 부활로 산자의 하나님으로서 새 언약을 주셨다. 그 복음이 모든 인류의 새 생명의 실제가 될 것을 드러내셨고 이 모든 일의 산증인들인 제자들을 통하여 말씀하게 하셨다. 복음이신 예수 그리스도는 처음부터 하나님과 함께 말씀으로 계셨고(요 1:1)[3] 또한, 어느 세대든지 동일하게 그 하나님의 말씀은 미리 약속하심을 따라 전해졌다. 하나님의 말씀은 세상의 그 어떤 것과 같지 않아서 영원하다(벧전 1:25).[4] 영원하다는 것은 지금 이후로 주님의 말씀은 변함이 없으셔서 생명으로 살아 역사하고 계시다는 것이다. 물론 이전에도 있었다는 말이다. 그러므로 복음의 말씀은 듣는 모든 사람에게 예언의 말씀, 즉 계시의 말씀이 되는 것이다. "이 복음은 하나님이 선지자들을 통하여 그의 아들에 관하여 성경에 미리 약속하신 것이라"(롬 1:2). 그렇게 우리에게 들려진 그 말씀이 과거(이미)와 현재(지금)와 미래(아직)를 하나로 붙들고 있다는 것을 인식하게 한다. 주 예수 그리스도만이 진리의 복음이고, 그 복음의 말씀이 생명이요 영원하다는 것을 깨달아 알게 하시는 분이 성령님으로 복음 안에서 역사하신다. 이 복음은 누구에게 새 생명으로 살게 한다. 이 복음은 어느 누구도 변하지 않을 자가 없다는 것을 증명한다. 복음은 믿음으로 고백하고 새 생명을 살게 하는 것으로 참된 믿음의 사람들에게는 찬양의 근거가 된다. 이 복음의 말씀을 인식하게 되었다는 것은 이후로 하나님의 복음을 자세히 듣고, 믿어지는 예수 그리스도 안에 있는 믿음을 얻게 될 사람에게 믿음이

---

3 "태초에 말씀이 계시니라 이 말씀이 하나님과 함께 계셨으니 이 말씀은 곧 하나님이시니라 그가 태초에 하나님과 함께 계셨고"(요 1:1-2).

4 "오직 주의 말씀은 세세토록 있도다 하였으니 너희에게 전한 복음이 곧 이 말씀이니라"(벧전 1:25).

오기 전의 상태에서 믿음이 온 후의 상태로 전환하여 완성될 복음으로 안내하는 지속적인 역할을 한다. 즉 구원에 이르도록 성령님이 일하시고 계시다는 증거를 반드시 얻게 된다. 이에 예수 그리스도가 복음이라고 인식하고 인정하게 된 것은 내가 아니라 전적으로 성령 하나님의 역사 하심임을 시인하게 된다.

2) 복음과 복음을 믿음 것

복음을 아는 것과 복음을 믿음에 합하여 사는 것은 다른 것이다. 복음은 주 예수 그리스도시다. 그 복음이 한 사람의 삶에 드러나 주위의 사람들로 하여금 알게 하는 것이 복음을 믿는 것이다. 가상공간 안에 보이는 어떤 사람, 그리고 지금 현실 공간에서 나와 함께 살고 있는 사람의 차이처럼 복음을 아는 것과 복음을 믿음으로 사는 것의 차이는 완전히 다른 것이다. 복음이 예수 그리스도라는 것을 모르는 사람은 거의 없다. 그러나 복음으로 사는 사람은 많지 않다.

복음은 진리이다. 흔들리거나 변질되지 않는 것으로 영원한 사랑이다. 복음이 죄인 한 사람의 마음 안에 뿌려지면 하나님의 사랑이 부음바되고 회개가 일어난다. 이것이 성령의 역사이다(롬 5:5).[5] 복음이 믿어지기 위해서는 반드시 회개함이 동반한다. 회개가 없는 자에게 복음이란 예수 그리스도가 복음이라는 것을 인정하는 것일 뿐 복음의 능력이 그 사람에게 아무런 영향력을 발휘하지 않고 있다는 것이다. "이르시되

---

5 "소망이 우리를 부끄럽게 하지 아니함은 우리에게 주신 성령으로 말미암아 하나님의 사랑이 우리 마음에 부은 바 됨이니"(롬 5:5).

때가 찼고 하나님의 나라가 가까이 왔으니 회개하고 복음을 믿으라"(막 1:15).

3) 복음을 믿기 위한 회개와 회개함에 이르기 위한 자기 인식

우리는 회개에 대하여는 수많은 이야기를 들어서 너무나 잘 알고 있다. 그럼에도 다시 한번 말하고자 하는 이유는 진정한 회개가 이뤄졌는지 자신에게 묻고 성경을 근거로 스스로 믿음을 재확인할 수 있도록 도움을 주고자 하는 간곡한 마음에서이다.

회개란 자신이 회개할 것이 있는 존재라는 것을 알고 시인하는 것에서 참되다. 이것은 자신의 지은 죄를 자백하는 것만을 이야기하는 것이 아니다. 죄 자백을 포함하는 것은 물론, 지은 죄와 악한 마음의 생각들을 통하여 자신의 존재가 죄와 악에서 스스로 빠져나올 수 없는 존재라는 것을 깊이 인식하는 것에서 출발한다. 이러한 마음의 절정의 상태를 온유함이라고 하며, 자기 인식의 상태라 할 수 있다. 이러한 차원의 자기 인식은 간단한 것이 아니다. 철학자 칸트는 자기 인식에 대하여 간단한 문제가 아님을 깨닫고 그의 저서 '실천이성 비판'에서 이러한 말을 남겼다. "자기 본래의 한계를 오인하는 이성의 환영(illusion)을 폭로하고 우리의 개념들을 명확하게 해명하여 사변(경험의 도움을 받지 않고 순수한 이성에 의하여 인식하고 설명하는)의 헛된 자만(Eigendünkel)으로 하여금 겸허하고도 근본적인 자기 인식으로 돌아가도록 하는 것이다." 그는 자기 인식함이 철학의 의도라고 할 만큼 자기 인식의 깊이를 말하고 있다.

악이란 자기 중심성이다. 즉 자기 있음이다. 누구나 한 번쯤은 이 지구의 중심은 바로 나 자신이라는 것을 생각한다. 그리고 그러한 자신을 가치 있는 존재라고 여긴다. 참된 자기 인식의 결여 상태에서 이러한 생각을 하게 될 때 인간은 극단적 이기적인 악함의 본질을 드러내게 된다. 그가 힘과 권력을 가지고 있다면 더욱 심각해진다. 그 절정의 인물 중 한 사람이 히틀러라고 할 수 있다. 또한, 유대교에서 기독교로 개종한 집안에서 자라난 칼 막스도 공산주의 이론을 주장하여 이상적인 국가를 꿈꾸었으나 그가 인식하지 못한 것이 자기 인식과 사람들에 대한 인식이었다. 사람은 악하고 죄인이라는 인식의 결여로 결국 공산주의는 이론적으로는 이상적이었으나 실현 불가능한 것으로 종식되었다. 자기 중심성은 절대로 자기를 인식하지 못한다. 예수님은 제자들에게 나를 누구라 하느냐? 물으셨다. 자기 인식과 그런 자신을 위하여 육신의 몸을 입고 오신 예수님에 대한 바른 인식을 위하여 물으신 질문이다.

육신의 정욕과 안목의 정욕과 이생의 자랑[6]은 자기 인식의 결여 상태에서 드러나는 것들의 핵심 요약이다. 자기 인식의 결여는 하나님으로부터 온 것이 아니라 이 세상으로부터 온 것이다. 세상은 자기 인식의 자리에 자기 중심성을 심어 주었다.

그런데 소수의 의식 있는 학자들은 칸트가 말한 철학의 의도하는바 근본적인 자기 인식에 도달하게 되면 진리를 찾아 나서게 된다. 그들이 말하는 진리는 시대에 따라 물, 태양, 그리고 절대정신, 무제약자 등의 언어로 규정하기도 했다. 그리고 마침내 무제약자이신 유일한 하나님에게 이르게 된다. 그러나 진리가 아닌 자들에 의하여 '이것이 진리야'라고 규정하는 그 순간 진리라고 규정된 그 존재가 진리가 아닌 자에 의하여

---

6   "이는 세상에 있는 모든 것이 육신의 정욕과 안목의 정욕과 이생의 자랑이니 다 아버지
     께로부터 온 것이 아니요 세상으로부터 온 것이라"(요일 2:16).

규정되었으므로 또다시 진리가 될 수 없다고 하는 끝없는 이성의 순환 모호함 속으로 빠져들어 가게 된다. 그래서 헤겔은 운동 법칙을 말했나 보다.

그런데 창세 이후로 어떤 자가 나타나서 "내가 진리야"라고 말을 하였다. 진리를 찾던 사람들의 이성은 "진리야"라고 말하는 그 앞에서 둘로 반응하게 된다. 하나는 진리라고 말하는 자를 죽이려고 하는 자로, 하나는 그 진리 앞에서 자기 존재의 인식 통하여 "아하! 나는 진리가 아닌 자, 허무한 자 죽을 수밖에 없는 자로구나"를 깨닫고 진리 앞에 순종하는 자로 나뉘게 된다. 그런데 "내가 진리야"라고 말씀하신 예수님은 이 둘을 하나로 품고 십자가에서 못 박혀 죽으심으로 다 이루셨다. 그리고 무덤에 장사 되었다가 사흘 만에 부활하시어 새로운 것을 새우시고 주 예수 그리스도의 이름으로 오신 성령에 의하여 진리, 곧 복음만이 죄와 사망의 권세에서 자유하게 하는 것임을 이루셨다. 그리고 지금도 복음으로 미완성된 우리를 이끌어 가신다. 그 일 하심이 우리로 하여금 회개함에 이르기 위한 자기 인식에 이르게 한다.

4) 자기 인식은 곧 마음에 숨은 자기 자신에 대한 올바른 인식이다

말씀에는 자기 인식에 대한 질문을 간단명료하게 풀어놓은 것들이 많다. 그중에 모세의 지팡이를 들 수 있다. 그것은 내가 의지하는 힘의 상징으로 이 세상을 살면서 없어선 안 될 힘이라고 말할 수 있다. 그런데 하나님께서 그 지팡이를 땅에 던지라고 명하신다. 이 말씀은 모세로 하여금, 그리고 우리로 하여금 자기 인식, 곧 내 마음에 숨은 사람의 실체가 무엇인지 드러내기 위한 간단명료한 제시어다.(출 4:2, 4, 17). 40년 동안 자신을 지탱해 왔던 것이 바로 뱀으로부터 온 그것이라는 것에 충격을 금할 수 없었다. 그러나 이것이 하나님의 말씀을 듣고 순종하여 알게 된 자기 인식의 실체임을 인식하는 순간 겸허히 수용하게 된다. 이렇듯 마음에 숨은 사람[7]을 아는 것은 말씀에 순종할 때에만 가능하다. 이렇게 자기 자신을 알게 된 자에게는 거기서 말씀을 멈추지 않고 이어서 다음 차원의 말씀인 두 번째 말씀이 들려진다. '그 뱀의 꼬리를 잡아라.' 뱀을 잡을 때 머리를 먼저 잡지 않는다. 꼬리를 먼저 잡는다. 모세는 두 번째 들려진 말씀의 의미를 인식함과 동시에 그 죽음을 받아들임으로 뱀의 꼬리를 잡는다. 이는 복음의 말씀이 한 사람에게 들려지고 역사하는 원리를 보여주는 예표이다. 중요한 것은 자기 인식을 통하여 발견한 실체는 반드시 죽어야만 하는 존재임을 받아들임으로 말씀에 순종하는 것이다. 모세는 그 말씀에 순종함으로 새롭게 들려진 지팡이와 그 깨끗하여진 거룩한 손을 들어 이스라엘을 하나님께서 약속하신 그 약속의 땅으로 인도하게 된다.

말씀을 어떻게 들을 것인가? 자기 유익? 자기 인식? 사람들은 보편적으로 말씀을 들을 때에 자기 인식을 위한 것으로 듣기보다는 내게 유익한 것이 무엇인지에 더 집중한다. 이것이 우리가 자주 범하는 심각한 문제라고 할 수 있다. 하나님의 말씀을 이러한 방식으로 듣게 되면 자기 인식은 불가능 영역으로 남게 된다.

그러나 첫 번째 들려지는 말씀이 자기 인식을 위한 말씀으로 들렸다면, 그리고 마음에 숨은 사람을 온전히 발견했다면, 두 번째 들려지는

---

7   "오직 마음에 숨은 사람을 온유하고 안정한 심령의 썩지 아니할 것으로 하라 이는 하나님 앞에 값진 것이니라"(벧전 3:4).

말씀은 회복과 화목으로 부르심의 말씀으로 받게 되는 것이다. 우리는 그 부르심의 말씀을 따라 이곳까지 와 있어야 하지만 혹시라도 자기인식, 그 부르심, 불확실성 속에서 따라 왔다면 이제라도 올바른 자기 인식과 부르심을 재확인하면 된다. 그런데 문제는 부르심에 대한 말씀 앞에서는 충성스럽게, 매우 민감하게 반응하면서도 첫 번째로 들어야 할 자기 인식을 위한 생명의 복음의 말씀에 관하여는 명확한 확인 없이도 부르심에 대하여는 신속하게 반응한다는 것이다. 물론 따라가면서 자기 인식도 가능하다. 그런데 아마도 광야 40년이라는 그 기나긴 시간이 소요될지도 모른다.

출애굽하여 광야로 나올 때 이스라엘 백성들이 금은보화를 가지고 나왔다. 성공과 번영이 내 눈앞에 아른거리고 놀라운 기적들은 그들의 앞길을 흥분하게 만들기에 충분하였다. 금은보화의 가치관으로 살아왔던 백성들에게 금은보화를 가득 주었으니 못 따라갈 곳도 없었다. 그런데 이 또한 미리 말씀하신 언약에 의한 것임을 알아야 한다. 세상은 온통 복의 개념을 부와 명예로 해석한다. 이러한 가치관으로 사는 사람들은 하나님의 마음과 서로 대적이 되어 반복됨의 모순 속에서 역사를 이어간다. 그럼에도 하나님의 그 크신 사랑은 우리를 꼭 붙들고 이끌어 가신다. 참 마음이 안타깝지만 그 크신 사랑이 이러한 안타까운 마음마저도 녹여버린다.

그 금과 은이 광야 40년 동안에 무슨 역할을 할 수 있었겠는가? 사용할 수도 없는 그 무거운 짐을 지고 그 땅에서 그런데도 좋다고 한다. 왜? 내가 그토록 원했던 것, 소유하게 되었다는 성취감 때문이다. 그 성취감은 속아도 좋다고 한다. 그러나 속았다는 것은 속이는 자에게 넘어간 것을 말한다. 내가 원하는 것, 마음에 숨은 사람이 원하는 것이 탐심이었다면 그것은 우상 숭배[8]의 죄이다.

그토록 갖고 싶었던 것 그러나 광야길 내내 지고 간다. 가면서 불평한다. 그 금은보화 제대로 한번 사용할 수 없으니 마음에는 금은보화로 가득 한데 현실은 마음대로 되지 않으니 "이제 고기라도 마음껏 먹게 먹여주세요, 어떻게 매일 만나로만 삽니까?". 불평하다가 죽는다. 우리들의 믿음의 현실이 혹시 금은보화라면? 우리가 서 있는 이 땅이 광야(교회)[9]라고 인식한다면, 이 세상이 추구하는 부와 명예는 분명 무용지물이며 무거운 짐일 것이다. 이 말을 증명하는 근거는 바로 주 예수 그리스도 이시다. 만약 우리에게 부와 명예를 주는 것만이 하나님의 뜻이었다면 굳이 하나님의 아들이 친히 이 땅에 보내시지 않으셔도 얼마든지 해결할 수 있는 문제이다.

학문성으로 자신을 포장하고 마음에 숨은 사람을 대신하려는 시도들, 선행으로 마음에 숨은 사람을 대신하려는 시도, 종교 행위로 마음에 숨은 사람을 증명하려는 시도들 모두 몰아내고 깨트리고 헐라고 말씀하신다(민 33:52).[10]

아담이 죄를 범한 후에 하나님이 부르셨다. 어디에 있는지 몰라서였을까? 하나님은 마음에 숨어버린 아담을 빛 가운데로 이끄시기 위해서 부르신 것이다. 이에 대하여 아담은 "숨었나이다"(창 3:9). 여기서 마음

---

8 "그러므로 땅에 있는 지체를 죽이라 곧 음란과 부정과 사욕과 악한 정욕과 탐심이니 탐심은 우상 숭배니라"(골 3:5).

9 "시내 산에서 말하던 그 천사와 우리 조상들과 함께 광야 교회에 있었고 또 살아있는 말씀을 받아 우리에게 주던 자가 이 사람이라"(행 7:38).

10 "그 땅의 원주민(내 몸의 원주민, 내 마음에 숨은 사람)을 너희 앞에서 다 몰아내고 그 새긴 석상과 부어 만든 우상(자기를 위하여 금은보화를 주시는 분으로 하나님을 섬기려는 마음)을 다 깨뜨리며 산당(그런 마음을 가지고 예배하려고 찾는 장소와 행위들)을 다 헐고. (괄호 안의 글은 저자의 비유적 해석이다.)"(민 33:52).

에 숨은 첫 사람이 시작된 것이다. 이어서 아담의 자녀 가인을 불렀을 때도 가인은 자신의 죄악된 마음을 숨기고 하나님 앞에 내가 지키는 자입니까? 라고 하면서 마음에 숨은 사람의 말로 자신의 실체를 회피한다. 이 마음에 숨은 사람이 저와 여러분은 아닌지 깊이 생각하여야 한다.

이러한 자가 하나님을 찬양할 수 있겠는가? 마음에 숨은 것이 가득한데 기쁨의 찬양을 할 수 있겠는가? 본질적이지도 않은 그 음악 스타일을 거론하며 찬양의 의미를 일부러 잊으려 하는 그 마음에는 진정 숨은 사람이 도사리고 있는 것은 아닐까?

아벨(הֶבֶל: 허무)을 통하여 인생의 허무를 깨닫게 하시려고 언약의 피의 예표인 아벨의 제사를 받으셨다. 가인과 같은 마음을 가진 우리는 그 허무를 보고 도저히 참을 수 없어서 죽여버리고 자기 있음을 주장한다. 이렇게 마음에 숨은 사람은 올바른 자기 인식을 거부하고 자기의 기준에 맞지 않는 모든 것을 제거해 버린다. 숨어 버림으로 왜곡된 자기 인식을 참 자기 인식이라고 오인하고 있는 것이다. 세상을 사는 동안 세상의 말에 의하여 이것이 익숙해졌고 편해진 것이다. 그런 나와 우리에게 하나님은 찾아 오셔서 '네가 어디 있느냐?' 더 나아가서 '네가 나를 누구라 하느냐?' '네가 나를 사랑하느냐?' 이렇게 이야기를 이어가시면서 마음에 숨은 사람을 이끌어 내어 하나님에게로 마음을 향하게 하신다.

마음에 숨어버린 아담과 같은 우리를, 또한 아벨 죽여 버리고 자기 있음을 주장하는 가인과 같은 우리를 향하여 또다시 부르신다. 그리고 말씀하신다. '그래도 사랑한다. 많이 힘들지? 내 아들아! 내 딸아! 하나님의 사랑은 우리의 사랑과 다르다.

주님의 그 은혜는 썩지 아니할 것, 곧 말씀으로만 심령의 변화를 가져올 수 있다고 가르친다(요 3:3, 5)에서 거듭남의 문제가 당연히 해결된 것처럼 보이는 당대 최고의 신학자 중 한 사람이요, 영적 지도자요, 인격적으로도 겸손함과 정직함을 겸비한 니고데모에게 예수님은 두 번씩이나 강조하며 말씀하신다. 거듭나야 천국을 볼 수 있고, 물과 성령으로 나야 천국에 들어갈 수 있다고 말씀하고 있다.[11] 마음에 숨은 사람아! "거듭나는 것은 썩지 않을 씨 곧 항상 살아있는 하나님의 말씀으로 된다"(벧전 1:23). 그리고 "하나님의 나라는 먹는 것과 마시는 것이 아니요 오직 성령 안에 … "(롬 14:17)라고 말씀하신다.

마음에 생각했던, 내가 원하는 사역, 교육, 봉사마저도, 내가 꿈꾸는 교회를 세워 이 땅에서 성공적으로 보란 듯이 잘 살아야 하는 … 그것을 마음속에 숨겨 두었는데 …

그러나 율법을 들이대면 이러한 삶의 방식으로 살아보겠다고 하는 자는 모두 사형에 해당된다고 하는 말씀에 의하여, 죽은 자로 드러나게 된다는 것을 알게 된 이상, 이제는 마음에 숨길 수 없게 된다.

지성소 안에는 언약궤 그 안에는 만나의 항아리, 아론의 지팡이, 두 돌판이 있다. 이것은 인간의 총체적인 불순종, 불법, 불의의 상징인 마음에 숨은 사람을 보여준다. 구약에서 주님의 은혜는 이런 우리를 언약궤 안에 넣으시고 양의 피로 덮으셔서 마음에 숨은 사람이 그 진의를 깨달아 알 때까지 보지 않고 덮겠다는 것이다. 그러나 언젠가는 드러내어 새롭게 하시겠다는 것을 성경을 통하여 너무도 잘 알고 있다. 겉으로는 덮어줌으로 해결된 것 같으나 마음에 숨은 사람은 여전히 해결되지 않은

---

11   "예수께서 대답하여 이르시되 진실로 진실로 네게 이르노니 사람이 거듭나지 아니하면 하나님의 나라를 볼 수 없느니라 … 예수께서 대답하시되 진실로 진실로 네게 이르노니 사람이 물과 성령으로 나지 아니하면 하나님의 나라에 들어갈 수 없느니라"(요 3:3,5).

상태로 율법 아래(언약궤 안에) 살아있는 것이다. 그 마음에 숨은 사람이 옛사람, 육에 속한 사람이다. 육에 속한 사람은 하나님의 성령의 일들을 받을 수 없다(고전 2:14).[12]

5) 자기 인식, 곧 마음에 숨은 사람이 회개의 문 앞에 서 있다

세례를 받을 것인가? 나 있음을 더 지속할 것인가?

바울을 통하여 로마서에서 알려주는 세례는 마음에 숨은 사람이 예수 그리스도와 함께 장사지내는 것이다. 이 부분에 대하여는 많은 교인들이 교회 전통에 따라 지나쳐 버리는 경우가 많다. 이는 있을 수 없는 일이다. 바울은 이 부분에 대하여 초대 교회부터 잘못 시행되고 있는 세례에 대하여 확고하고 분명하게 다루고 있다. 세례(침례)[13]는 이런 것인데 알지 못하느냐? 세례는 예수와 합하여 받는 것이며, 그의 죽으심과 합하여 세례를 받음으로 장사된 것이다. 장사 되었다는 것은 마음에 숨은 사람이 더 이상 숨을 곳이 없고 숨을 수도 없는 자로 변화되기 위하여 옛사람 곧 육에 속한 사람인 자신이 죽어 예수와 함께 무덤에 장사 되었다는 것이다. 이는 나 있음의 존재가 이제는 나 없음의 존재로 진입하고 있다는 것을 말한다. 이 장사지냄의 세례만이 죄 사함의 온전함을 가져다 준다. 이에 죄 사함에 대한 믿음이 마음에 숨은 사람을 제거하고 그 자리에 들어온다. 또한 이 장사됨의 세례만이 다시 태어남의 손을 잡고 있다.

---

12 "육에 속한 사람은 하나님의 성령의 일들을 받지 아니하나니"(고전 2:14).

13 "무릇 그리스도 예수와 합하여 침례를 받은 우리는 그의 죽으심과 합하여 침례를 받은 줄을 알지 못하느냐 그러므로 우리가 그의 죽으심과 합하여 침례를 받음으로 그와 함께 장사되었나니"(롬 6:3-4).

다시 태어남이란 죽은 자가 죄에서 벗어나 의롭다 하심을 얻는 것(롬 6:7)을 말한다. 이것이 죄 사함의 복음이다. 그리고 이어지는 복음의 핵심은 예수와 함께 살아남이다. 이것이 예수님이 니고데모와의 대화에서 이해할 수 없는 말씀을 하신 물과 성령으로나야[14] 한다고 하는 그 거듭남에 대한 계시의 말씀이다. 베드로는 거듭남에 대하여 말씀으로 거듭나는 것[15]이 복음을 믿음으로 받아들이는 것이라고 엄중하게 강조한다.

6) 구원의 복음을 듣고, 믿어 거듭난 증거로서 성령의 인치심

(엡 1:13) 그 안에서 너희도 진리의 말씀 곧 너희의 구원의 복음을 듣고 그 안에서 또한 믿어 약속의 성령으로 인치심을 받았으니

(행 10:44) 성령이 말씀 듣는 모든 사람에게 내려오시니

그러므로 진리의 말씀인 복음은 내가 예수 그리스도와 함께 연합하여 십자가에 못 박히는 것이며 그리스도와 함께 죽음과 동시에 무덤에서 일어나 함께 사는 것이다. 이 복음의 말씀이 믿어질 때 성령님이 우리 안에 오신다. 마음에 숨은 사람으로 살았던 한 사람이 살아있는 말씀 곧 썩지 아니할 씨로 인하여 거듭난 자가 되는 것이다. 이러한 자들을 하나

---

14 "예수께서 대답하여 이르시되 진실로 진실로 네게 이르노니 사람이 거듭나지 아니하면 하나님의 나라를 볼 수 없느니라 … 예수께서 대답하시되 진실로 진실로 네게 이르노니 사람이 물과 성령으로 나지 아니하면 하나님의 나라에 들어갈 수 없느니라"(요 3:3,5).

15 "너희가 거듭난 것은 썩어질 씨로 된 것이 아니요 썩지 아니할 씨로 된 것이니 살아 있고 항상 있는 하나님의 말씀으로 되었느니라"(벧전 1:23).

님의 성전[16]이라고 말씀 하신다. 이 사실을 알지 못하는 자는 성령이 자신 안에 없는 자이며 또한 버림받은 자이다. 이제 예수와 함께 연합하여 죽고 장사되었다가 함께 연합하여 부활에 동참한 자는 하나님의 성령이 거하시는 성전이 된 자들이다. 이렇게 거듭난 자는 이제부터 나는 나의 것이 아닌 자로 하나님 안에 감춰진 생명으로 이 땅의 여정을 기쁨과 감사로 찬양하여 살아가는 자들이다. 이들의 믿음의 고백은 이러하다. "이제는 내가 사는 것이 아니요 오직 내 안에 그리스도께서 사시는 것이라."[17] 복음의 능력은 이러한 자의 마음안에 역사하시어 영으로, 진리로 예배하는 자가 된 것이다. 하나님은 이런 자들을 찾으셨고 이런 자들의 찬양과 경배를 받으시길 기뻐하신다.

그렇게 주의 길을 가는 사람들에게는 더 이상 그 마음에 자기를 위하여 하나님 외의 그 무언가를 숨길 수도 없고, 숨기지도 못하는 구별된 삶을 갈게 된다. 이렇게 주님을 찬양하며 복음을 노래하는 자들은 "우리가 살아도 주를 위하여 살고 죽어도 주를 위하여 죽나니 그러므로 사나 죽으나 우리가 주의 것이로다"(롬 14:8)라고 삶으로 찬양의 고백을 하게 된다.

이러한 자들이 하나님 외에 그 어떤 것을 더 추구하지 않아도 충분한 이유는(딤후 1:14) "우리 안에 거하시는 성령으로 말미암아 네게 부탁

---

16 "너희는 너희가 하나님의 성전인 것과 하나님의 성령이 너희 안에 계시는 것을 알지 못하느냐"(고전 3:16). "너희 몸은 너희가 하나님께로부터 받은 바 너희 가운데 계신 성령의 전인 줄을 알지 못하느냐 너희는 너희 자신의 것이 아니라"(고전 6:19).

17 "내가 그리스도와 함께 십자가에 못 박혔나니 그런즉 이제는 내가 사는 것이 아니요 오직 내 안에 그리스도께서 사시는 것이라 이제 내가 육체 가운데 사는 것은 나를 사랑하사 나를 위하여 자기 자신을 버리신 하나님의 아들을 믿는 믿음 안에서 사는 것이라"(갈 2:20).

한 아름다운 것을 지키라"는 말씀을 받았기 때문이다. 우리 안에 거하시는 성령으로 말미암아 우리에게 부탁한 아름다운 것을 지키며, 노래를 만들어 전하고, 감사하는 마음으로 찬양을 하는 것으로 충분한 삶이 된다. 모든 사역은 복음의 메시지를 전하는 것이다. 음악을 잘 하는 것이 목적이 아니다. 복음을 전하는 것이 목적이다. 이 땅의 것, 그중에 사람을 사랑해야 하지만 이 땅의 방식으로 사랑하지 않은 것이 하나님 나라에 소망을 둔 자들의 새롭게 변화된 사고방식이다. 철저하게 자기를 위하여 살았던 한 사람이 남을 위하여 살아가게 되었다는 것은 이 땅의 사고방식으로는 불가한 것이다. 그러므로 우리가 이러한 여정을 걷고 있다는 것은 우리 편에서 볼 때 놀라운 기적이며, 놀라운 주님의 은혜이다.

마지막으로 성령의 은사로 주어진 음악적 능력은 성령의 능력으로 이루어진다. 그러므로 찬양하는 사람들은 항상 성령의 인도하심에 민감하여야 한다. 말씀가운데 역사하시는 성령님의 인도하심을 따라 주어진 음악적 재능을 활용할 때 나타나는 성령의 능력은 오직 복음을 편만하게 전하는 역할을 한다. 찬양은 하나님이 우리의 구원자 아버지이심을 노래하는 것이고, 복음의 노래는 선교에 있어서 성령의 능력으로 나타나서 복음이 편만하게 전하여 짐[18]을 경험하고 지속적으로 한 걸음 한 걸음씩 앞으로 전진해 나가는 것이다.

> (롬 15:19) 표적과 기사의 능력으로 성령의 능력으로 이루어졌으며 그리하여 내가 예루살렘으로부터 두루 행하여 일루리곤까지 그리스도의 복음을 편만하게 전하였노라.

---

18 "표적과 기사의 능력으로 성령의 능력으로 이루어졌으며 그리하여 내가 예루살렘으로부터 두루 행하여 일루리곤까지 그리스도의 복음을 편만하게 전하였노라"(롬 15:19).

복음을 전하는 자는 복음으로 사는 것이라고 주께서 명하셨다.[19] 그런 우리가 이후로는 무슨 말을 하겠는가? 하나님 외에 그 우리가 무엇을 더 추구하겠는가?

(막 16:15) 또 이르시되 너희는 온 천하에 다니며 만민에게 복음을 전파하라

1991년부터 일본을 시작으로 국내 및 해외 찬양 사역을 다니게 되었다. 다니기는 다녔지만 문제는 노래 안에 가사가 전부이며 찬양곡 안에서 전해지는 빈약한 내용이 전부였을 뿐 성령의 능력으로 전할 복음의 말씀이 없었다는 것을 생각하면 주님께 죄송하고 부끄러울 따름이다. 그러나 그러한 경험이 지금의 나를 있도록 하였고 또한 후학들에게 안전한 길을 안내 할 수 있게 되어 감사하다.

1993년 내게 주신 말씀으로 기도의 노래가 1999년 응답 되다.

(엡 6:19) 또 나를 위하여 구할 것은 내게 말씀을 주사 나로 입을 열어 복음의 비밀을 담대히 알게 하옵소서 할 것이니

위의 말씀은 1993년 제작한 옹기장이 4집에 수록된 곡 '하나님의 비밀'의 가사 첫 부분이다. 당시 복음의 비밀을 정확히 알지 못했던 나는 위의 말씀 중 '복음의 비밀을 담대히 알게 하옵소서' 부분을 '복음의

---

19 "이와 같이 주께서도 복음 전하는 자들이 복음으로 말미암아 살리라 명하셨느니"(고전 9:14).

비밀을 알게 하소서'로 바꾸어 가사를 만들어 불렀다. 이것은 당시 나의 상태를 고백한 것이었다. 그런데 그 고백의 노래를 부르고 난 이후 1999년 위의 말씀이 나에게 실제가 되어 복음의 비밀을 온전히 알게하셨다. 그리고 이제는 '나로 입을 열어 복음의 비밀을 담대히 알리게' 하셨다. 말씀으로 기도한 기도는 반드시 응답하신다.

주님의 말씀은 듣는 자에게 계시로 주어지고 그 말씀을 믿음으로 받아 순종하는 자를 통하여 반드시 이루신다.

찬양은 사람들의 마음과 생각에 새겨진 복음이 성령의 역사하심 따라 영으로, 입술로, 삶으로 터져 나와 온 세상에 울려 퍼진다.

기독교음악은 모든 역사는 이렇게 시작되었고 발전되었으며 지금도 동일하다. 그러므로 복음은 찬양의 근거이다.

3. 찬양 – 복음의 열매

1) 교회음악학의 개념 및 정의

교회음악학과 일반 음악학과의 차이점은 음악의 영역만 다루는 음악학과 구별되게 교회와 음악의 두 영역을 하나로 결합한 것이다. 학문적 영역으로 본다면 신학(최소한 교회론과 성령론과 예배학)과 음악학(모든 영역의 음악)의 두 영역의 학문이 하나로 결합 된 학문이다.

(1) 신학으로서의 교회음악

교회음악은 신학(神學, theology)의 영역인 교회와, 예술(藝術, art)의 영역인 음악 각각의 명칭 아래 학문적 독립성이 주장되면서 또한 결합되어진 학문이다. 그러므로 나는 교회음악을 교회음악신학이라 하는 것을 제안한다.

교회음악신학에 대한 이해를 돕기 위하여 성경 신학은 성경적 계시를 성경 각 권의 독특한 역사적 배경에 강조를 두어 연구하는 방법이고, 조직신학은 체계를 세우는 데 초점을 맞춘다. 교의신학은 교리를 설명하고 옹호한다. 철학, 사변 신학은 논리적으로 따져 철학화한다.

교회음악학은 신학적 배경을 벗어나서는 규정 불가능한 학문이다. 그동안 교회음악학을 다룸에 있어서 교회에서 사용된 음악양식 만을 다루어 왔다. 교회음악학은 기본적으로 교회론과 교회의 핵심인 예배학 그리고 음악학을 통합하여 하나로 개념화해야 하는 학문으로서 통전적 신학의 한 영역이라 할 수 있다.

음악에 대한 이해는 음악이란 문화 이해(文化理解)를 벗어나서는 거론할 수 없다. 이는 단지 교회음악이라는 범주를 정하고 그 안으로 흡수되어 교회음악을 축소하려는 것보다는 음악 전반을 품고 있는 음악사 전체를 통하여 음악에 대한 이해와 세계사와 교회사를 통하여서 교회음악의 개념을 바르게 규정하게 될 때 참된 현대 교회음악의 그림을 그릴 수 있다.

그러므로 교회음악이라고 할 때에는 반듯이 교회의 시작인 성경에 근거한 신학적 성찰이 요구되며, 또한 음악적으로는 어느 한 특정 시대 양식만으로 설명할 수 있는 것이 아니므로 모든 시대 상황들을 통하여 총체적 현상을 검토하고 반영하려는 태도가 필요하다.

교회음악의 핵심은 예배음악이다. 예배는 매일 같이 우리의 삶을 좌지우지하는 주제다.[20] 음악은 우리의 삶에 노출되어 다가오는 문화의 한 영역이다. 이러할 때 우리는 예배음악에 대하여 논하고 규정함에 있어서 예배가 먼저인지 음악이 먼저인지를 반듯이 그 우선순위를 정해야 한다. 예배가 삶이어야 한다면 음악도 삶과 떼어놓을 수 없다. 그러므로 음악을 이야기할 때에는 반드시 삶에서 다루어질 수 있는 음악이어야 한다.

(2) 예술로서 교회음악이란

모든 예술 행위는 예술가들이 그 무언가를 섬긴다는 표현 행위이다. 그 무언가라고 말을 할 때는 그것은 알 수 없는 수많은 것 중의 하나로서 모호한 것이 아니다. 그것은 자기 자신 또는 타자이다. 자기 자신이라는 것은 자기 자신을 위한 모든 영역을 의미하는 것으로 우상이다. 타자는 자기 자신을 위하는 것을 거부하고 섬김의 대상으로 있는 것으로 신이다. 신은 두 분류로 구분된다. 하나는 자기 자신을 더욱 풍요롭게 하려고 존재하는 신으로 우상들이고 다른 하나는 신 스스로 높은 존재로서 높임을 받아야만 하는 대상으로 예술 행위 표현 절정에 존재한다. 이러한 대상을 향하여 예술 행위의 절정의 표현을 경배 또는 찬양이라고 한다.

예술이란 정신의 표현이다. 정신은 예술가가 지녀야 할 가장 중요한 것으로 기능적 표현을 결정하는 중심이며, 표현은 예술가의 정신을 가장 잘 나타낼 수 있는 기능적 능력이다.

예술가란 기능적 능력인 기술과 그 기능적 능력의 방향성을 제시하는 정신 상태의 결합이다.

---

20 데이비드 피터슨 · 김석원 옮김, 『성경 신학적 관점으로 본 예배신학』 (부흥과 개혁사, 2011), 13.

정신은 감성적 상상력과 이성적 통찰력의 균형 있는 결합으로 기인한다. 헤겔은 절대정신을 말한다. 그러나 성경은 진리를 말한다. 우리 기독교인의 정신은 예수 그리스도의 말씀인 진리를 근거로 한다.

교회음악 예술이란 정신의 영역인 성경의 진리를 바로 알고 이를 가장 이상적으로 표현하려는 시도에서 도출된 다양한 음악 양식적 기술이다. 뛰어난 기술(음악적 표현 방법)이 있다 하더라도 성경이 말하고자 하는 그 진리를 바로 알고 있지 못하게 되면 타락한 마귀의 손에 놀아나는 예술 행위로 전락하거나 거기에 머물러 조롱당하는 것이 되고 만다.

교회음악 예술이라는 말은 근현대에서는 거의 사용되어지고 있지 않는 것이 안타까운 현실이다. 예술이란 기능적으로는 보편성을 뛰어넘어 있는 것을 말한다. 그러면서도 보편을 포함 하고 있다. 내가 생각하는 현대예술에 대한 정의는 예술가 혼자만 이해하고 만족하는 고대 예술의 개념을 뛰어넘어 많은 사람들의 감성에 감동을 일으킬 수 있는 보편타당성과 함께 항상 보편보다 뛰어난 것이라고 할 수 있다.

2) 찬양의 성경적 근거

(1) 새 노래

(전 1:9) 이미 있던 것이 후에 다시 있겠고 이미 한 일을 후에 다시 할지라 해 아래에는 새것이 없나니

(시 149:1) 할렐루야 새 노래[21] 로 여호와께 노래하며 성도의 모임 가

---

21 "새 노래"(쉬르 하다쉬, שִׁיר חָדָשׁ)는 '새롭게 하다' '수리하다'라는 동사 '하다쉬'에서 유

운데에서 찬양할지어다.

전도서에 '새것이 없나니'라는 말씀은 곧 새 노래는 해 아래 있는 것이 아니라는 것을 암시하고 있다. 그런데 시편에서는 '할렐루야 새 노래로 여호와께 노래하며' 새 노래로 노래하라 기록되어 있다. 이 두 말씀을 연결하는 말씀으로는 고린도 후서 말씀으로 해결해 준다.

(고후 5:17) 그런즉 누구든지 그리스도 안에 있으면 새로운 피조물이라 이전 것은 지나갔으니 보라 새것이 되었도다.

'그리스도 안에 있으면~' 이 말씀이 그 명쾌한 답이다. 새 노래란 인간에 의하여 새롭게 만들어진 것 즉 해 아래서 만들어진 노래만을 이야기하는 것이 아니다. 영적 이해가 부족할 때 우리는 새 노래에 대한 의미를 문자적 해석으로만 해석함으로 오류를 범하게 된다. 신학적 성찰이 결여된 상태로 교회음악 즉 음악에만 전념하게 되면 이와 같은 실수를 지속할 수 있다. 이는 아무리 뛰어난 음악적 소양을 지녔다 해도 이새 노래의 의미를 깨닫지 못하므로 예배음악 즉 교회음악가로는 부적합하게 된다. 교회음악을 음악적으로만 보려는 시도는 매우 위험하고 성경이 가르치는 영적 원리를 무시하는 처사가 된다.

새 노래는 마치 예수님을 만난 니고데모를 향하여 거듭나야 한다고 말한 그것과 상통한다. 새 노래는 영적인 언어로서 두 가지 의미를 내포하고 있다. 하나는 어둠에서 빛으로 변화됨. 즉 존재의 새롭게 됨이다.

래했으며, 찬양을 뜻한다.

창세기와 에베소서를 보자.

> (창 49:8) 유다야 너는 네 형제의 찬송이 될지라.

> (엡 1:12) 이는 우리가 그리스도 안에서 전부터 바라던 그의 영광의
> 찬송이 되게 하려 하심이라

새 노래 곧 우리로 찬송이 되게 하시는 이유를 그 새 노래를 부를 수 있는 존재만이 할 수 있는 찬송을 하게 하려함 임을 알 수 있다.

> (엡 1:14) 이는 우리 기업의 보증이 되사 그 얻으신 것을 속량하시고
> 그의 영광을 찬송하게 하려 하심이라

새 노래의 새(חֲדָשָׁה ,New)는 새롭게 된 존재 즉 찬송이 된 자에게 해당되는 새(חֲדָשָׁה ,New)이다. 이것은 중고를 새것으로 만들었다는 개념이 아니다. 그렇다고 헌 것을 버리고 새것으로 바꿔치기하였다는 개념도 아니다. 더러운 것을 깨끗하게 닦아서 새것이 된 것이 아닌, 새것의 실체요 근본인 예수 그리스도께서 죽음의 상징인 내 안에 오심으로 완성하겠다는 의미로 무덤에 장사 되어(세례의 개념)[22] 죽어 있는 것(헌 것) 안에 새 생명이 들어옴으로 새것이 되었다고 하는 것이다. 이것이 새 노래 즉 존재의 변화를 말하는 것이다. 이렇게 새롭게 거듭남으로 새 노래를 부를 수

---

22 "그러므로 우리가 그의 죽으심과 합하여 침례를 받음으로 그와 함께 장사되었나니 이는 아버지의 영광으로 말미암아 그리스도를 죽은 자 가운데서 살리심과 같이 우리로 또한 새 생명 가운데서 행하게 하려 함이라"(롬 6:4).

있는 자격이 주어진 자의 찬송으로 찬송을 할 수 있는 자임을 말한다. 교회음악, 예배찬양 음악이란 이런 자들을 통하여 이루어진다.

또 하나는 새롭게 된 우리, 즉 찬송이 된 우리는 새 노래를 계속 부르게 된다는 것이다. 여기서 새 노래는 날마다의 삶 가운데 성령의 역사로 일어나는 삶의 실제들을 말한다.

(예레미야 애가 3장 23절) "주님의 사랑과 긍휼이 아침마다 새롭고, 주님의 신실이 큽니다."

이 노래는 단순히 음악만의 문제가 아님을 알게 한다. 성경에서 말하는 찬양, 즉 교회음악에서의 음악은 순수 음악을 말하는 것이 아니다. 예술적 음악의 절정인 어느 시대의 음악 양식을 말하는 것도 아니다. 또한 현대의 경배의 찬양 음악도 아니다. 교회음악, 경배찬양 음악은 음악 양식을 이야기하는 것이 아니다. 음악양식에 관한 것이라면 단지 현대 음악뿐 아니라 각 시대에는 이러한 음악양식의 교회음악이 사용되었다 그 정도면 족하다.

(2) 신령한 노래

(골 3:16) 그리스도의 말씀이 너희 속에 풍성히 거하여 모든 지혜로
피차 가르치며 권면하고 시와 찬송과 신령한 노래를 부르며 감사하
는 마음으로 하나님을 찬양하고

마틴 루터는 "음악은 인간으로부터 온 것이 아니라 하나님으로부터 온 선물이다." "하나님의 말씀 다음으로 가는 음악은 고상한 예술로서 이 세상에서의 가장 최고의 보물이다."

해럴드 바이론 핸넘은 "음악이란 아름다움을 갖는 소리의 조직체로서 인간에게 주어진 하나님의 가장 큰 은사(선물)중 하나이며 이것은 인간을 회복시켜 다시금 하늘로 되돌아 갈 수 있도록 하는 은사이다."라고 했다.

루터는 음악이 하나님으로부터 왔다고 말하며 '핸넘'은 인간에게 주어진 가장 큰 선물 중 하나라고 말한다. 그리고 어떤 노래가 인간을 회복시킬 수 있는 것이며 다시금 하늘로 되돌아갈 수 있도록 하는 은사라고 말할 수 있었을까? 이에 대하여 골로새서 3장 16절 에서 답을 찾는 것이 간단명료한 답이라 생각한다.

> (골 3:16) 그리스도의 말씀이 너희 속에 풍성히 거하여 모든 지혜로 피차 가르치며 권면하고 시와 찬송과 신령한 노래를 부르며 감사하는 마음으로 하나님을 찬양하고

말씀이 말하는바 신령한 노래를 규정하는 근거는 단순히 음악성이나 예술성이 아니다.

"말씀이 음악 하는 사람들 마음에 풍성히 거하면" 또는 누구든지 "말씀이 그 사람 안에 풍성히 거하면" 신령한 노래를 부르게 되고 감사하는 마음으로 하나님을 찬양한다는 것이다. 감사 하는 마음으로 하나님을 찬양한다는 것은 그리스도인이라면 누구에게나 일어날 수 있는 현상으로 음악적인 것과 관계없이도 충분히 가능한 것이다. 그런데 '신령한 노래' 라고 말을 하게 되면 음악과 관련 있는 자 즉 교회음악전문가에게 해당되는 말로 들린다. 그러나 그렇지 않다. 모든 사람에게 해당되는 말이다. 예배음악의 성경적 근거는 그 마음에 말씀이 풍성히 거하는

것이다. 성령의 감동하시는 역사가 예배하는 자 마음에 일어날 때 감사로 터져 나와 노래를 하게 되는 것이다. 그러므로 찬양은 수동적이면서 실상은 능동적이다. 이것이 성경적으로 합당한 예배음악으로 찬양이다. 그것을 '시와 찬송', '신령한 노래'라고 한다.

3) 성경에 나타난 음악

유발[23](통소 잡는 자의 조상 – 가인의 족속)은 성경 최초로 음악인으로 등장한 인물이다. 그런데 그가 성경에 기록되었지만 죄인의 조상으로 소개된다. 하나님을 떠난 사람은 하나님으로만 만족할 수 있는 존재이다. 그래서 하나님을 떠난 유발은 대리 만족으로 음악을 잡은 자로 등장하고 있다. 음악은 대리 만족을 줄만 한 가치가 있어 보인다. 그래서 마틴 루터는 음악을 하나님 다음가는 고상한 예술로서 이 세상에서의 가장 최고의 보물이라고 말한 것일지도 모른다. 이는 음악 자체가 우상이 될 수도 있다는 말이며 유발을 그 우상을 잡은 자의 조상으로 소개하고 있는 것이다.

음악만 가지고는 그것이 아무리 아름답게 들리고 사람의 마음을 움직이는 힘이 있어 보이고, 예술적 가치가 있다 하더라도 이 영적인 의미를 바로 인식하지 못하면 음악은 예배를 방해하는 역할을 하게 된다. 이러한 음악의 역할을 알아차린 것 같은 종교개혁자가 바로 쯔빙글리라고 할 수 있다. 하나님의 말씀을 더 진리 되게 하려는 그 어떠한 시도는

---

23 "그의 아우의 이름은 유발이니 그는 수금과 통소를 잡는 모든 자의 조상이 되었으며"(창 4:21).

필요 없다고 생각하고 실행한 것이다. 음악을 전공한 쯔빙글리는 음악의 자발적 영향력을 잘 알고 있었다. 그는 종교개혁이라는 긴박한 상황에서 음악이 오히려 오직 말씀으로 향하는 것에 대하여 마음을 분산시키는 역할을 할 수 있다고 본 것이다. 그의 판단은 이러한 관점에서 옳은 결정이었다. 루터는 음악을 좋아하고 재능을 겸한 사람이었지만 쯔빙글리처럼 전문가는 아니었다. 그는 상대적으로 음악을 사용하지 않는 것이 좋을 것이라는 쯔빙글리의 견해와 반대로 음악이 개혁 당시에 중요한 역할을 할 것이라는 판단을 한 것이다. 이는 판단과 결정이 옳았다고 말 할 수 있겠는가? 우리는 지금도 이러한 판단과 결정을 해야만 하는 상황 가운데 놓여 있다고 볼 수 있다. 여러분은 어떻게 하겠는가? 하나님 나라를 바라보는 사람들이라면 성령님이 이끄시는 대로 하겠다고 할 것이다.

그러면 성령님은 음악을 사용하는 문제에 대하여 루터와 쯔빙글리 중 누구의 심령을 감동하시어 인도하신 것일까? 두 분 다 인도하셨다. 우리는 이와 같이 각각 주님이 주시는 깨달음과 인도하심에 따라 음악을 적절하게 사용하기도 하고, 때로는 사용하지 않을 수도 있는 것을 알아야 하겠다. 내 주장, 내 목소리는 가능하면 낮추는 것이 좋겠다. 내가 인도하며 섬기고 있는 복음 공동체(PAGE 선교회)에서는 복음의 말씀과 기도, 그리고 주안에서 말씀과 삶으로 교제하는 것 외에는 아무것도 없다. 음악을 전공한 사람들의 비율이 높음에도 10여 년 모이는 동안 모임 중에 음악을 사용하여 찬양을 부른 기억이 손에 꼽을만큼 적다.

존 칼빈의 주석이다.

비록 수금과 이와 비슷한 악기의 발명이 우리의 생필품을 위한 것이라기보다는 즐거움을 주기 위한 것이라 해서 불필요하다고 생각될 수는 없다. 더욱이 그것은 죄악시되어서도 안 된다 …. 음악의 본질이 그렇다면 종교적인 예식들과 사람에게 유익함을 주게 될 수 있다고 본다. 오직 그것이 사악한 유혹과 어리석은 쾌락으로 이끌어 인간의 본분을 잃게 하고 허영심이 차도록 부추기지만 않는다면 말이다.

성경적으로 보면 악기를 포함한 음악의 전 영역이 정악(正樂)이어야 한다. 정결한 제물로서의 역할 이기 때문이다. 그러나 이것은 구약식 해석이다. 예수 그리스도의 죽음과 부활 그리고 성령님이 오신 이후의 판단 기준은 모든 것이 새로워진 상황이다. 물론 정결한 제물의 개념은 그대로 예수 그리스도에게로 전가되어 십자가상에서 단번에 완성되었다. 그리고 그 예수 그리스도 안에 있는 정결한 제물이 나를 위한 것이라는 그 은혜로 구원받았다는 믿음이 우리에게 이식된 것이 지금 우리에게 있는 복음이다. 하지만 모든 이에게 적용되는 것은 아니라는 것에 유념해야 한다. 새사람이 된 자 곧 성령의 전이된 자에게만 적용되는 것이다. 예배음악에 사용되는 음악 전반은 모두 가하나 모두에게 허용된 것이 아니라는 점을 주지하여야 한다.

(고전 10:23) 모든 것이 가하나 모든 것이 유익한 것은 아니요 모든 것이 가하나 모든 것이 덕을 세우는 것은 아니니

(요 13:10) 예수께서 이르시되 이미 목욕한 자는 발밖에 씻을 필요가 없느니라 온 몸이 깨끗하니라 너희가 깨끗하나 다는 아니니라 하시니

(딛 1:15) 깨끗한 자들에게는 모든 것이 깨끗하나 더럽고 믿지 아니하는 자들에게는 아무 것도 깨끗한 것이 없고 오직 그들의 마음과 양심이 더러운지라

이 말씀들의 의미는 깨끗한 자 곧 새사람, 거듭난 자, 회개 하여 그리스도와 연합하여 죽고 다시 태어난 자, 이들에게는 모든 음악, 악기사용이 가능하다는 것이다. 그러나 어떤 이에게는 아니라고 한다. 사람 밖의 것의 문제가 아니라 사람 안의 것의 문제임을 인식해야 한다. 또한 모든 것이 가하나 모든 것이 덕을 세우는 것이 아니라는 말씀도 유념해야 한다. 그러므로 음악이나 악기 사용에 대한 견해는 모두 같을 수 없다. 중요한 것은 깨끗한 자들에 의한 교회 음악이 합당한 경배와 찬양, 성가대(찬양대), CCM에 이르기까지 모두 가능하다는 성경의 가르침에 귀를 기울여야 한다.

교회음악은 이 세상의 것이 아님으로 세상음악은 안 된다고 주장하는 것은 보물의 내용인 중심을 보지 않고, 잘 된 포장 상태, 또는 엉성한 포장된 겉 모습만 보겠다[24]는 것과 같다. 포장상태도 때로는 중요하다. 그러나 그것은 땅의 것의 관점에서일 뿐 하나님 나라, 즉 위의 것의 관점[25]에서는 아무런 의미 없음을 알아야 한다.

24　"사람은 외모를 보거니와 나 여호와는 중심을 보느니라"(삼상 16:7).

25　"위의 것을 생각하고 땅의 것을 생각하지 말라"(골 3:2).

4) 찬송은 복음의 열매

복음에 복종하게 된 자들은 그 존재 자체만으로도 하나님께 찬송이된다. "이는 우리가 그리스도 안에서 전부터 바라던 그의 영광의 찬송이되게 하려 하심이라"(엡 1:12)는 말씀이 복음을 듣고 믿음으로 말미암아성취되었기 때문이다. 그 찬송이 된 자들의 말과 행하는 모든 것들은 하나님의 즐겨 부르시는 노래가 될 수 있다. 또한 그렇게 찬송이 된 자들이예수 그리스도로 말미암아 열매를 맺게 되면, 그 의의 열매가 하나님께드려지는 영광의 찬송이 되는 것이다. 이에 대하여 바울의 마음은 빌립보 교회를 향하여 간절했던 것이다. "예수 그리스도로 말미암아 의의 열매가 가득하여 하나님의 영광과 찬송이 되기를 원하노라"(빌 1:11).

감사는 말씀이 우리 속에 풍성할 때 마음에서 일어난다. 이것이 성령의 역사이다. 사랑은 말씀이 우리 심령에 가득할 때 부은 바 된다. 이것이 성령의 역사이다.

(롬 5:5) 소망이 우리를 부끄럽게 하지 아니함은 우리에게 주신 성령
으로 말미암아 하나님의 사랑이 우리 마음에 부은 바 됨이니

로마서 5장 1-4절을 보자. 믿는 자의 노래의 내용이 분명하게 기록되어 있다. 성경에는 무수히 많은 찬양의 내용이 가득하다. 그러므로 복음 안에 사는 자에게는 불러야 할 찬양의 노래들이 너무나 많다. 화평, 은혜, 하나님 영광, 기쁨, 환란 중에도 즐거움, 인내, 연단, 소망, 성령, 하나님 사랑이 우리 마음에 … 이 모든 것이 찬양의 제목들 아닌가?

(롬 5:1-5) 그러므로 우리가 믿음으로 의롭다 하심을 받았으니 우리 주 예수 그리스도로 말미암아 하나님과 화평을 누리자 또한 그로 말미암아 우리가 믿음으로 서 있는 이 은혜에 들어감을 얻었으며 하나님의 영광을 바라고 즐거워하느니라 다만 이뿐 아니라 우리가 환난 중에도 즐거워하나니 이는 환난은 인내를, 인내는 연단을, 연단은 소망을 이루는 줄 앎이로다 소망이 우리를 부끄럽게 하지 아니함은 우리에게 주신 성령으로 말미암아 하나님의 사랑이 우리 마음에 부은 바 됨이니"

(출 15:1-2) 이 때에 모세와 이스라엘 자손이 이 노래로 여호와께 노래하니 일렀으되 내가 여호와를 찬송하리니 그는 높고 영화로우심이요 말과 그 탄 자를 바다에 던지셨음이로다 여호와는 나의 힘이요 노래시며 나의 구원이시로다 그는 나의 하나님이시니 내가 그를 찬송할 것이요 내 아버지의 하나님이시니 내가 그를 높이리로다

(출 15:20-21) 아론의 누이 선지자 미리암이 손에 소고를 잡으매 모든 여인도 그를 따라 나오며 소고를 잡고 춤추니 미리암이 그들에게 화답하여 이르되 너희는 여호와를 찬송하라 그는 높고 영화로우심이요 말과 그 탄 자를 바다에 던지셨음이로다 하였더라

위의 사건은 말씀이 이스라엘에 풍성히 거한 사건이다. 이를 확인하기 위해서는 이 사건이 일어나기 전에 하나님께서 말씀 하신 것이 무엇인지? 그 말씀이 어떻게 풍성하여 지는지를 알아보면 된다.

(출 14:1-2) 여호와께서 모세에게 말씀하여 이르시되 이스라엘 자손에게 명령하여 돌이켜 바다와 믹돌 사이의 비하히롯 앞 곧 바알스본 맞은편 바닷가에 장막을 치게 하라

이 말씀은 출애굽이 시작되어 어느 정도 진행이 되는 중에 모세에게 하신 말씀이다. 그런데 약속의 땅으로 가라고 명하시고 얼마 지나지 않아서 '돌이겨(ברשׁ)' 오던 길로 되돌아가서 바닷가에 장막을 치게 하라고 명하신다. 분명히 가나안 땅으로 가라 하셨고 순종하며 앞으로 가고 있는 상황이다. 그런데 가던 길을 멈추고 되돌아가라고 말씀 하시면 과연 이것이 하나님의 음성으로 받아 들일 수 있겠는가? 영적 지도자는 이러한 상황에서 어느것이 하나님의 음성인지 인식할 수 있는 분별력을 구해야 한다. 그리고 주님께서 은사로 주신 것을 따라서 순종하는 것이 참된 목자요 사역자이다. 이러한 순종의 사건들이 더해가면서 하나님 나라를 바라보는 자의 심령에는 찬양의 열정과 파워가 더욱 넘쳐난다.

'돌이켜(ברשׁ)' 라고 말씀 하실 때에는 하나님의 뜻이 있다는 것을 영적 감관을 통하여 인식할 수 있도록 항상 깨어 있어야 한다. 슈브(ברשׁ)는 원래 있던 자리로 돌아가라의 뜻을 가지고 있고, 또한 회복하다, 치유하다는 뜻도 가지고 있다. 그렇게 모세는 백성들을 이끌고 가던 길을 돌이켜 막다른 곳, 바닷가에 도착한다. 하나님은 이 자리에서 슈브(ברשׁ)에 담긴 뜻을 행하시려는 듯 보인다. 이 소식을 듣게 된 바로왕은 이스라엘 백성들이 떠난 로마의 생활이 매우 불편하고 어떻게 하면 저 노예들을 다시 잡아올까 생각하던 차에 이 소식은 하늘의 뜻이라는 것을 감지하게 된다. 그렇다, 하나님의 뜻이었다. 하나님의 뜻은 언제나 하나님을 거역하는 악인에게는 심판이요, 하나님 나라 백성에게는 구원으로 이루어진

다. 바로왕은 군사를 동원하여 그들을 잡아들이라 명령한다. 마침 그 바닷가 언덕너머 즈음에서 말발굽소리와 함께 로마 군사들이 달려오는 것을 발견한 이스라엘 백성들은 모세를 원망하기 시작한다. 모세는 하나님께 묻는다. 그리고 하나님은 홍해 바다를 사람이 건널 수 있는 길로 만드신다. 돌이켜라 하고 말씀하시기 전부터 예정되어 있던 길이다. 우리의 인식의 차원에서는 상상조차 할 수 없는 계획을 가지고 계신분이 우리의 아바 아버지이시다. 이러한 것들이 찬양과 경배의 요소들이다.

찬양을 준비 하고 있지도 않았다. 단지 하나님의 말씀만 순종한 것이 전부이다. 순종할 수밖에 없는 상황인 것이 찬송을 준비시키고 있었다면 우리 삶의 모든 순간은 찬송이 될 수밖에 없다는 것을 보여주고 있다.

길은 열렸고 로마 병사들은 불기둥으로 길을 막으셨다. 하나님을 떠난 사람에게는 불 기둥이 가는 길의 장애이며 그 장애를 넘어 선다 해도 더 심한 것이 기다리고 있다는 것을 알지 못한다. 하나님 나라를 소망하는 사람들에게는 불 기둥이 보호와 안내의 상징이며 원수를 멸하기 위한 예비 상황을 암시한다. 백성들은 모두 건넜다. 병사들은 다급한 나머지 전속력으로 바다로 뛰어든다. 그리고 물이 합쳐진다. 동일한 자연 현상이지만 믿는 자에게는 구원과 그 감격을 찬양하는 것의 상징으로 남는다. 바다에 몰살당한 군사들은 하나님의 심판이다. 이는 80년 전부터 준비하신 하나님의 뜻이 이루어진 것이다. 이 놀라는 하나님의 계획과 섭리 앞에 모세와 미라암은 가장 위대한 경배와 찬양을 모든 백성들과 함께 올려 드린다. 구원하신 주님! 원수를 심판하시는 주님! 치유의 주님! 우리의 잘못을 기억하도록 돌아가라 하시며 나를 보게 하시는 하나님! 이렇게 올려드리는 경배와 찬양은 말씀이 풍성해진 것을 경험함으로 주체할 수 없는 감격으로 온 하늘과 땅에 울려 퍼진 찬송이다.

이는 또한 백성이 하나님 말씀에 순종함으로 그 풍성함을 피차 나누고, 가르치고 권면한 예가 된 것이다. 또한 시와 찬송과 신령한 노래를 부르며 감사하는 마음으로 하나님을 찬양한 사건이다.

이 광경을 경험한 음악인들이라면 자신이 표현할 수 있는 표현의 방식으로 노래를 만들어 부르기도 하고 연주하기도 할 것이다. 18세기라면 바하처럼 19세기라면 베토벤이나 모짜르트처럼, 20세기, 21세기 각 시대마다 그 독특한 음악 표현 양식으로 노래할 것이다. 이러한 구원의 복음 소식이 경배와 찬양의 근거이다. 말씀이 모세를 통하여 풍성히 거하고 피차 가르치고 권면하고 또한 시로 찬미로 신령한 노래를 부르면서 감사하는 마음 가득히 하나님을 찬양하게 되는 것이다. 할렐루야!

- 유월절 말씀을 경험 하고 찬양하고

(출 12:13-14) 내가 애굽 땅을 칠 때에 그 피가 너희가 사는 집에 있어서 너희를 위하여 표적이 될지라 내가 피를 볼 때에 너희를 넘어가리니 재앙이 너희에게 내려 멸하지 아니하리라 너희는 이 날을 기념하여 여호와의 절기를 삼아 영원한 규례로 대대로 지킬지니라

- 광야에서 인도하심과 순종의 훈련 과정 가운데 찬양하며 인도
  하심을 받고 가는 것

(출 13:21-22) 여호와께서 그들 앞에서 가시며 낮에는 구름 기둥으로 그들의 길을 인도하시고 밤에는 불 기둥을 그들에게 비추사 낮이나 밤이나 진행하게 하시니 낮에는 구름 기둥, 밤에는 불 기둥이 백성

앞에서 떠나지 아니하니라

이를 볼 때 말씀이 풍성히 거하였다는 의미는, 말씀을 많이 읽고 묵상했다는 것을 포함하기는 하지만, 많이 읽었다는 것을 말하려는 것이 아님을 알 수 있다. 말씀이 풍성해졌다는 것은 삶 가운데 말씀이 적용되어 생명으로 나타났다는 것을 말한다. 나의 경우 "남을 유익을 구하라"[26]는 말씀을 묵상하다가 마음에 풍성한 감동이 있었다. 숭실대 교수로 재직할 때에 경제적 어려움이 있는 학생들을 위해 장학금 지원할 만한 회사를 방문한 적이 있다. 그곳에서 말씀이 풍성해지는 것이 무엇인지를 경험 하게 되었다. 장학금 유치와 학생들을 위한 찬양사역음반 기획사 사무실 공간을 놓고 기도했는데, 장학금은 물론 예상하지도 못했던 사무실 얻는 문제까지 해결되었다. 주님은 말씀하시고 순종할 마음을 주시고 풍성한 경험을 하게 하셨다. 이러한 일들 가운데 나는 한 것이 아무것도 없다. 그래도 있다고 한다면 순종한 것뿐이다. 그렇게 그들과의 시간들 속에서 나온 열매로서의 찬송이 '서로 사랑할 수 있는 건'이라는 곡이다. 그 곡의 가사를 소개하겠다.

서로 사랑할 수 있는 건 – 백승남 작사 작곡

1.
서로 사랑 할 수 있는 건 주님 주신 은혜라
주님 주신 아름다운 모습 서로 다른 것

---

26 "누구든지 자기의 유익을 구하지 말고 남의 유익을 구하라"(고전 10:24).

사랑하는 형제 자매여 우린주의 자녀라

우릴 향한 주님의 그 사랑 영원함이라

그 사랑이 우릴 하나로 만드사

섬김이 무엇인지 낮아짐이 무엇인지

알게 하셨네

오직 주의 말씀만

주의 그 말씀대로 살리라

서로 사랑하며 말씀대로 나 살리라

2.

서로 사랑할 수 있는 건 십자가의 은혜라

우릴 향한 주님의 그 사랑 영원함이라

사랑하는 형제자매여 우린 주의 자녀라

주를 향한 우리의 그 믿음 변치 않기를

그 사랑이 우릴 하나로 만드사 용서가 무엇인지 사랑함이 무엇인지

알게 하셨네

오직 주의 말씀만 주의 그 말씀대로 살리라

서로 사랑하며 말씀대로 나 살리라

오직 주의 말씀만 주의 그 말씀대로 살리라

십자가 나도 지고 말씀대로 나 살리라

이러한 일들과 말씀이 역사한 증거들을 더 말하려면 한 학기 동안 이야기해야 할 것이다. 그래서 '찬양과 복음'이라는 과목을 장신대 학부

에 개설하여 강의 중이다.

말씀이 개인의 삶 가운데 경험되어질 때, 그 실제의 내용들이 노래로, 찬양으로 터져 나오게 된다. 시편의 찬양이 그러한 내용들을 품고 있다. 또한 그뿐 아니라 사도행전도 찬양의 내용들이다. 즉 말씀이 한 사람, 또는 공동체 가운데 이루어질 때 감사하는 마음으로 하나님을 찬양하게 되는 것이다. 이것이 교회공동체 음악이며 찬양이다. 이것을 시대적으로는 그 명칭을 예배음악, 경배음악, 찬양음악, 복음음악이라고 칭하여 부를 뿐이다. 즉 이 복음의 열매로 교회음악, 기독교음악이 맺혀져야 하며, 복음이 찬양의 근거가 됨을 부인할 수 없다.

그렇게 찬양은 하나님의 복음의 열매로 맺혀진다. 사람들은 이 열매를 먹음으로 하나님 나라의 문화를 경험하게 된다. 이 열매를 먹고 자라난 사람들과 다음 세대들은 새 힘을 얻게 된다. 기도하는 바는 이러한 찬양이 모든 나라 가운데 불려지기를 간절히 소망한다.

4. 나가는 말

편향된 신앙인들은 자신이 주장하는 것이 근본주의적이면서 자신은 아니라고 말을 한다. 음악에 대한 전문적인 이해와 지식의 결여상태임에도 음악에 대하여 전투적인 비판을 거침없이 퍼붓는다. 신학적인 소양이 부족하면서도 사단의 음악이라는 근거 불충분한 근거를 가지고 거침없는 말을 한다. 왜 이러한 말들이 나오고 또한 이러한 말들에 의하여 걱정하고 있는가?

비전문가들에 의하여 기록된 비전문서적이 찬양사역의 길을 가로

막고 서서 찬양선교는 할 필요 없고 교회로 돌아가라. 교회 안에서만 성도들하고 거룩한 형식의 찬양으로 예배하며 그 안에서 즐겁게 교재를 열심히 하라고 주장하며 찬양 사역하는 사람들을 향하여 걱정하는 듯 속삭인다. CCM이 사단의 음악이라고 말하는 사람도 있다. 근거가 없는 말이다. CCM은 사단의 음악이 아니다. 단지 미성숙한 사람들에 의하여 쓰여진 가사와 음악이 문제가 된 것 뿐이다. 음악 자체에는 영적 능력이나 신비 같은 것은 없다. 이에 반론을 제기하기 위하여 다윗의 연주를 거론하려 할 것이다. 만약 다윗의 연주에 능력이 있다고 하자. 그것은 하프 악기소리 자체에 능력이 있는가? 다윗의 연주 기법에 능력이 있는가? 다윗의 하프는 다윗이기에 가능했던 것이다. 하나님을 경배하고 찬양하던 다윗은 마음 중심에서 음악이 흘러 나왔고 그 음악은 항상 하나님만 높여드리는 것이었다. 다윗은 하나님과 영으로 진리로 교감이 있었기 때문에 가능한 것이었다. 만약 다른 사람이 다윗이 연주한 악기를 동일하게 연주를 해 보라고 하면 바로 알 수 있게 된다. 음악의 영향력은 음악 자체에 있는 것이 아니다. 음악을 만들거나 연주하는 사람에 의한 것이다. 우리로 찬송이 되게 하시겠다는 말씀은 바로 이러한 문제들을 종식 시켜주는 근거의 말씀이 된다. 동일한 음악이지만 그 사람이 사단을 숭배하는 자라면 그 음악은 사단을 숭배하는 음악으로 사용된다. 그럴 때 음악은 아무런 반항이나 저항을 하지 않는다. 그러므로 음악은 가치중립적이다.

존 윌슨(John F. Wilson)은 음악이 온전한 영적 음악으로 되기 위해서는 그 안에 담긴 메시지와 메신저 그리고 받는 사람 모두 하나님의 영적인 흐름 안에 다 하나가 되어야 함을 강조한다.[27]

그러므로 교회음악 즉 찬양은 영과 진리로 예배자하는 자들에 의하여 노래와 연주되는 것이 바람직한 예배음악으로 찬양이 된다.

그러나 복음이 찬양의 근거가 되질 못할 경우에는 교회음악은 음악만이 부각된다. 그렇게 되면 음악에만 집중한 나머지 음악인들이 두각을 내게 되고, 그 음악인 고유의 특성인 무대에서 자기 드러냄의 방식에 익숙함으로 형성된 허영심이 교회음악의 전 영역에 좋지 않은 영향을 미치게 된다. 그로 인하여 순수한 음악인들마저 교회음악을 시도 하려는 마음을 접도록 독려하는 결과를 낳게 된다. 심지어 교회를 떠나는 사람도 생길 수 있다. 이러한 실제 사례는 여러 번 들은 바 있다. 음악만 중시하는 교회음악인 주위의 사람들은 감정적으로 극 발달된 음악인의 정서에 적응하기 어렵고, 극단적인 발언과 결정들로 상처를 받는 이들이 생겨나게 된다. 타락한 천사가 음악을 주관하던 존재였다는 것을 항상 기억하고 주의하여야 한다. 교회음악은 자랑하는 음악이 되어서는 안 된다. 교회음악은 사람을 세우고 격려하고 위로하는 가운데 한 성령 안에서 주님을 찬양하도록 돕는 역할을 감당하여야 함을 잊어서는 안 된다.

1987년 한국에서 동시다발적으로 일어난 찬양 사역팀들에 의하여 거대하게 일어났던 찬양사역의 부흥은 무엇 때문이었을까? 또한 그렇게 일어났던 움직임이 30년의 시간을 지내면서 정체 현상을 보이는 것은 무엇 때문인가? 그것은 단지 사람들이 주목하고 있는 음악 스타일의 문제만은 아니다. 복음으로 무장되고, 순수하게 헌신한 전문가들의 결여로 나타난 현상이다. 그러나 그렇게 절망적이지는 않다. 이유는 주님의 인도하심 가운데 그 자리를 지키고 있는 하나님 나라를 소망하는 소수의 찬양하는 사람들이 있기 때문이다.

한국의 찬양음악의 수준이 낮다고 판단되는 것은 전문적인 기독교 음악 교육의 부재에서 나타난 현상이다. 전문적인 교회음악교육이 깊이 연구하여 제공하고 가르쳐야 할 신학대학 또는 기독교 대학들이 이들을 건강하고 올바르게 교육시키지 못한 것에 대한 책임감을 가져야 한다.

양질의 음악적 소양을 지닌 교인들 중에서 대다수의 사람들이 세속 음악으로 발을 돌리고 있는 추세이다. 교회는 주님이 그들에게 주신 달란트를 가지고 하나님의 영광을 위하여 헌신하기보다 자기를 위하여 살아가려는 사람들에게 복음의 말씀으로 바르게 인도하여야 한다.

이제부터라도 교회음악 리더들 혹은 담당자들이 음악 전반에 대한 이해의 부족에서 오는 오해와 편견, 그리고 복음으로 살아내지 못하는 영적 상태에서 그들만의 음악을 주장하기보다 주님을 생각함으로 서로를 존중함으로 들어주고, 배려함으로 부족한 부분들 덮어주고, 연약한 부분들 일으켜주고, 모난 부분들 감싸주는 모습들로 성장해가길 기대해 본다.

지금의 시대는 음악 전공자 보다 비전공자들 가운데 음악적 재능이 뛰어난 사람들이 무수히 많은 때이다. 이에 대하여 교회음악인들은 겸손한 마음으로 자신을 돌아보아 하나님의 기뻐하시고 온전한 뜻이 무엇인지 인식함으로 서로를 품어주고 격려함으로 세워가야 한다.

그와 동시에 교육기관에서는 미래를 준비할 수 있는 준비된 교육을 마련해야 한다. 전공 이름도 한번쯤은 시대를 파악하고 가장 적합한 이름을 생각해볼 필요가 있어 보인다. 교회음악이 적절한가? 포괄적인 의미에서 기독교 음악학과의 이름은 어떠한가? 또는 신학생들을 위한 음악신학과 혹은 신학과 안에 예배음악신학, 찬양신학, 선교음악신학 등의 전공이나 과목을 개설하여 제공하는 방법은 어떠한가? 특히 신대원 학우들에게는 그들의 음악적 성향을 조사하여 적성에 맞는 효과적이고 다양한 교회음악을 배울 수 있도록 과목을 재개편하여 선택의 폭을 넓혀 주는 것도 그 작은 움직임중의 하나가 되리라 생각해 본다.

항상 거기에 머물러 있으려는 안일한 마음으로 여전히 지금도 거기의 그 음악 스타일로 교회음악을 규정하려 한다면 머지않아 교회음악학과는 그 오랜 전통 안에 갇혀 서서히 쇠퇴하거나 음악적으로 평균 수준 이하의 자원들로 학과를 운영해야 할 때가 올지도 모른다. 다음 세대를 이끌어갈 교회음악 지도자는 전통음악과 현대음악에 대한 이해와 기독교의 본질인 복음으로 잘 준비된 균형 있는 음악인으로 세워져야 한다. 이를 위하여 기도하며 더욱 신중하게 준비해야 한다. 교회는 교회음악 전문인들을 양성하기 위하여 지원을 아끼지 아니하여야 한다. 이에 장신대 교회음악학과는 정결하고 거룩한 음악사역자를 양성하기 위한 전공 또는 이에 필요로 하는 교과목을 연구 보완 수정하며 장기 발전 계획을 마련하는 것이 바람직할 것이다.

주께서 기뻐하시는 한 곡의 노래가 그 좁은 길로 인도하는 생명의 길을 만들 수 있다는 역사의 가르침을 기억하고 실천하는 용기와 지혜가 우리 모두에게 주어지기를 바란다.

제9장
후기세속사회의 종교와 '공동선' 담론: 한국에서 '공공신학자'로 살아가는 의미에 대한 성찰적 소고[*]

1. 들어가는 말

필자가 이 글을 집필하던 해는 '종교개혁 500주년'이 되던 해였다. 당시 종교개혁 기념주일을 전후로 하여 대형교회 중 한 곳이 소속교단의 헌법을 어기며 강행한 담임목사직 부자세습 사건은 '종교개혁 500주년'의 의미를 무색하게 만들었으며, 동시에 우리가 왜 아직도 종교개혁의 운동을 지속해야 하는지 분명히 알게 해 주었다. 교회 '안'의 기념식이 될 뻔했던 '500주년'의 의미가 이번 사태로 인해 500년 전처럼 '사회적' 문제로 부각된 실로 역설적인 일이었다.

신학자에게 이런 현실은 책임적 행동을 요청하며 신학자와 신학의 목적을 묻는 본질적 사태가 된다. 만약 신학자가 자신이 속한 공동체의 모순과 고통에 무감각하고, 그의 신학이 그 현실과 무관한 채 탐구된다면 그는 종교학자일 수는 있어도 진정한 의미의 신학자라고 보기에는 어렵다. 더구나 스스로를 '공공신학자(public theologian)'로 자각하는 이라

---

* 성석환(장로회신학대학교 교수, 기독교와 문화)

본고는 본인의 졸저 『공공신학과 한국사회』(서울: 새물결, 2019)에 실렸으며, 출판사의 허락을 얻어 수정, 보완하여 본서에 게재되었음을 밝힙니다.

면, 그의 신학이 자신이 살아가고 있는 시대와 역사와 문화의 질문에 전방위적으로 노출되는 것을 두려워해서는 안 된다.

최근 많은 이들의 관심을 받고 있는 공공신학은 사회적, 정치적, 문화적, 경제적 문제들에 대해 교회의 책임을 통감하고 윤리신학적 관점으로 접근하기 위해 더 넓은 준거적 틀을 제공하려는 신학적-철학적 노력이다.[1] 따라서 공공신학은 시민사회의 다원적 상황을 고려하는 더 많은 참고자료를 필요로 하며, 상황화(contextualization)를 통해 성서와 신학에 토대를 둔 가치들을 제시하게 된다. 물론 해방신학이나 민중신학과 같은 '상황신학'과 공공신학의 방법론에는 일정한 차이가 있다. 예컨대 해방신학이나 여성신학은 억압받는 민중이나 소외된 여성의 입장에서 그들의 소리를 대변하며 가난한 이들과 여성의 정당한 권리를 정치적으로 획득하고자 하는데, 공공신학은 신학의 공공성을 기반으로 하여 공론장에서 설득가능한 대안으로 '하나님의 나라'의 가치를 실현하고자 한다. 신학이 협소하게 정의된 공동체적 정체성에 매몰되어 제한되어서는 안 되고, 기독교적 가치의 초월적 본성과 타인에 대한 기독교 윤리의 본질적인 관심을 포용할 수 있어야 한다.[2]

오늘의 공공신학자들은 전통적인 기독교가 적절히 응답하기가 어려운 시민사회의 다원적 질문들을 기존의 전통적 신학과는 다른 접근법으로 대안을 모색하는 것이 공공신학이 필요한 이유라고 여긴다. 그래서 공공신학은 매우 복잡한 상황에 놓여 있는 인간의 공적인(public) 삶

---

1 Paul S. Chung, *Postcolonial Public Theology*(Eugene: Cascade Books, 2016), 1.

2 Sebastian Kim, *Theology in the Public Sphere*(London: SCM, 2011), 26.

에 대해 기독교적 설명을 제시하려는 것이다.[3] 이 목적에 따라 공공신학자 스콧 패쓰(Scott R. Paeth)는 공공신학의 세 가지 과제에 대해 설명하는데, 첫째가 분석(analysis), 다음이 해석(interpretation), 마지막이 '구성적(constructive)' 과제이다. 먼저 분석과 해석을 간학문적이며 공론화 과정을 통해 수행한 이후에, 새로운 견본(template)을 구성하여 전통적인 기존의 방식으로는 해명되지 않는 문제에 대해 새로운 대안을 제시하는 것이 공공신학의 과제이다.[4]

　　이런 단계적 방식으로 공공신학의 실천을 추동하기 위해서는 우리가 놓은 현실에 대한 분석이 필요하다. 전통적인 신학방법론과 달리 문제 혹은 의제가 놓여 있는 공론적 상황에 우선적 관심을 표명한다. 따라서 정치, 경제, 사회, 문화 등에 걸쳐 필요한 전문가나 지식과 대화를 나누며 사태의 객관적 원인과 결과를 파악하려고 한다. 패쓰가 언급한 것처럼, 이는 지금까지 전통적인 신학에서 다루지 않았던 분야이거나 동시대의 복합적인 원인들이 결부되어 전통적인 방법론으로는 그 총체적 사태를 제대로 파악하기 어렵기 때문이다. 그래서 공공신학자는 자신이 속한 공동체, 그것이 지구적이며 국가적이며 지역사회적인 범위에 따라 층위가 달라지겠으나, 그 공동체의 구체적인 삶에 대해 현실적 태도를 갖지 않을 수 없게 된다. 공공신학자의 삶은 신학교 '안'에 있을 수 없으며, 신학교 '밖'만도 아닌 삶 그 자체의 역동에 진지하게 개방되어 있어야 한다. 동시대인들이 직면한 갈등과 모순에 자신도 참여하는 삶이 전제되지 않는다면 '공공신학'은 단지 '교회중심적 신학'의 또 다른 세련된

3　　Scott R. Paeth, *Exodus Church and Civil Society*(New York: Routledge, 2008), 62.

4　　위의 책, 67.

표현에 지나지 않을 것이다.

2. 어쩌다, 아니 필연적으로 '공공신학자'가 되어

피터 L. 버거는 『어쩌다 사회학자가 되어』(Adventures of an Accidental Sociologist, 2011)에서 종교사회학자이며 지식사회학의 권위자로 살아 온 그의 지적 여정을 이야기하는데, 그는 공공신학자로 자처하는 나에게 두 가지 의미가 있다. 우선, 사회를 대하는 그의 태도는 구성적이어서, 자신의 입장을 중심에 배치하거나 문제를 자신의 관점으로 지배하지 않는다. 그래서 그 많은 공론장의 논의에 개방적으로 참여할 수 있었고, 여러 주체들이 공감할 수 있는 대안을 제시할 수 있었다. 그에 따르면, 그가 최초로 기독교적 연구주제에 참여했던 것은 독일의 오랜 동료였던 뮬러가 제안한 '독일개신교 아카데미'의 프로젝트였는데, 독일의 개신교인이 어떤 직업군에 주로 참여하고 있는지를 조사하는 것이었다. 뮬러는 신정통주의 루터파 교인이었던 버거에게 "자네는 이제 개신교회를 위해 일하니 그에 걸맞게 행동해주게."라고 요청했다. 그러나 버거는 조사과정에서 그 어떤 종교적 강요나 억압도 느낄 수 없었고, 오히려 그 아카데미는 "공개 토론의 장일 뿐 어떤 주요 요인의 역할을 하지 않는다."[5]는 원칙을 지켰다고 한다. 미국으로 돌아 온 버거는, 그때의 기억과 경험을 토대로 이후 본격적인 학자로서의 여정을 걷는데, 후에 '문화, 종교 및 국제문화연구소(CURA)'를 설립하여 다양한 종교사회학적 주제들을

---

5   피터 L. 버거, 노상미 역, 『어쩌다 사회학자가 되어』(서울: 책세상, 2012), 72-73.

다루게 되었다.

책 제목에서는 버거가 사회학자가 된 것이 우연적인 것처럼 표현되고 있지만, 정작 본인이 말하고 싶은 것은 사회학자로서의 삶은 '운명'이었다는 것임을 암시하고 있다. 자세히 기술하기는 어렵지만, 나 역시 '공공신학자'로서의 부르심을 그렇게 고백하게 된다. 그것은 한국에서 태어나고 한국에서 학업을 마친 이에게 요청되는 자연스러운 '여정'이지만, 역시 '운명'적인 것이었다고 할 것이다. 아니 좀 더 신앙적으로 표현하자면 '소명'이라고 말할 수 있겠다.

나의 학위논문은 『다원주의 사회에서의 기독교 문화변혁에 관한 해석학적 연구』였다. 이미 다원적 상황에 놓인 교회 공동체가 여전한 근대적 관점의 변혁 논리를 어떻게 극복할 것인지, 주체와 객체를 날카롭게 대립시키지 않은 변혁 논리를 어떻게 새롭게 구성할 것인지를 물었다. 니버의 변혁론을 해석학적으로 재구성하고, 삼위일체 신학에 기대어 교회의 공적 역할을 다시 제시했다. 90년대 후반에서 21세기 초엽에 이르는 당시 나는 〈문화선교연구원〉에서 책임연구원으로 일하며, 다양한 현장경험을 했던 탓에 실천적 주제에 관심이 많았고, 무엇보다 현장에서 느끼는 한계에 대해 대안을 제시하고 싶은 열망이 커졌다.

당시 이미 한국사회에서 기독교의 독점적 문화생산 기능이 거의 불가능해졌고, 대중문화나 진보세력과 갈등을 겪고 있었으며, 중산층 색채가 짙어진 개신교의 수적인 정체, 감소 현상이 뚜렷해지고 있었다. 시민사회 혹은 공론장에서 기독교는 더 이상 주도적 역할을 할 수 없는 상태였으며, 오히려 사회발전을 가로막는 집단으로 인식되는 경우가 많았다. '문화선교' 혹은 문화적 콘텐츠를 동원한 '문화적 대화'를 통해 이 긴장을 풀어보려는 시도들도 그리 효과적이지 못했다. 사실 단지 전략적 변화만으로는 해결하기 버거운 도전이었다. 세상과 사회를 대하는 한국 교회의 신학적 패러다임이 변화하지 않는다면, 즉 교회 혹은 신학이 사회적 공론장에서 주도적 역할을 주장하지 않거나 그 역할을 다르게 변경하지 않는다면 이 긴장은 해결되기 어려웠다. '주도적 역할 내려놓기' 혹은 '변경'을 '복음전파'의 포기나 세상에 대한 타협으로 인식하는 한, 앞으로 한국사회에서 개신교회의 지속적인 고립 및 갈등은 피할 수 없음이 분명했다.

이 즈음 학위를 마치고 학생들을 가르치기 시작하면서 현장에서 느꼈던 문제를 논의할 기독교 내부의 공론장을 형성할 필요를 느꼈다. 자유로운 신학적 토론이 쉽지 않았던 학교 내부보다는 외부에 시민사회와 소통가능한 형식으로 〈도시공동체연구소〉를 2010년 창립하여 '도시', '공동체', '지역사회' 등의 현장을 실천적 공론장으로 삼았다. 당시 한국사회에서도 '마을 만들기', '사회적 기업' 등의 의제가 강력하게 부상되고 있었다. 시민사회와 지역사회에서 교회의 고립이 심화되어가던 상황에서 연구소는 지역사회의 공동체 형성에 교회가 공적으로 참여, 헌신하는 일에 집중하였다. 이때 나의 연구와 활동에 가장 큰 영향을 준 것이 바로 '공공신학'이었다.

이와 관련하여 나에게 피터 버거의 두 번째 의미를 밝혀야겠다. 피터 버거(Peter L. Buger)는 20세기 말에 자신이 책임편집한 『세속화냐? 탈세속화냐?』(The Desecularization of the World: Resurgent Religion and World Politics (1999)에서 자신의 세속화 이론을 공식적으로 철회하였다. 그는 세계에서 다양하게 전개되고 있는 근대화 양상과 그에 따른 종교화의 관계성을 추적하는 여러 학자들의 글을 통해 이른바 '다중 근대성'이라는 슈무엘 아이젠슈타트(Samuel N. Eisenstadt)의 입장을 수용한다. 나에게는 특히 아시아 국가들, 중국과 일본의 근대화 과정과 종교의 역할에 대한 연구들이 의미있게 다가왔다. 서구중심의 근대화 과정은 절대적인 기준이 될 수 없으며, 각 문화와 지역마다 다양한 근대화 과정을 비교하기 위해 각 지역의 문화와 종교는 어떻게 대응하고 어떤 역할을 하는지에 대한 연구가 필요하다는 것이었다. 피터 버거가 이 책에서 기존에 주장했던 '세속화 이론'을 공식적으로 포기한 것이 나에게 큰 문제의식을 던졌고, 본격적인 '공공신학'의 연구에 나서게 되는 자극이 되었다. 왜냐하면, 그의 선언이 옳다면, 위기에 빠진 한국교회로서는 새로운 대안을 만날 가능성이 될 수도 있기 때문이었다. 더 솔직히 말하자면, 공론장에서 소통가능한 신학, 시민사회에 참여하여 신학적 가치를 설득할 수 있는 참여적 신학이 절실한 상황에서 이런 탈세속화 논의는 '공공신학'의 한 가능성으로 다가왔다.

3. '공공신학'의 자리, 후기세속적 한국사회

'세속화 이론'은 그 도식적 한계가 분명하다. 세속화와 근대화가 동일시되고, 이는 곧 탈종교화와 동일시되었다. 그러나 20세기 중후반에 세계적으로 종교의 재부상은 이러한 관점이 잘못되었다는 것을 보여주었다. 또 종교는 사적인 영역에 머물러 있지도 않았다. 유럽과 다른 대륙의 사정은 조금 다르지만, 지금 지구사회에서 발생하는 대부분의 전쟁과 갈등 배후에는 종교적 원인이 자리하고 있다는 것은 상식에 속한다. 9·11 이후 기독교와 이슬람의 긴장국면은 더욱 가중되고 있다. 유럽은 이슬람에 대한 공적 정책 수립을 두고 큰 어려움을 겪고 있다. 이민자들이 본토인들과 동일한 권리를 요구하면서 전통적인 기독교 세계인 유럽의 고민은 깊어지고 있다.

한국사회는 80~90년대 개신교 성장기에는 교회가 사회변동의 주요인으로 작동했지만 이제는 탈종교화 현상이 두드러지고 있다. 한국갤럽의 '한국인의 종교현황'에 대한 조사에 따르면, 2014년에 50.6%가 비종교인이었으며, 통계청에서 발표한 '인구주택총조사'에서는 2015년 비종교인의 비율이 56.1%에 이르렀다. 10대와 20대는 모두 60%를 넘었다. 이런 양상을 고려하면, 한국사회는 오히려 '세속화'가 진행되고 있다고 봐야 할 것인가? 하지만 이는 서구인들이 사용하는 '세속화'의 의미에서 해석하기 어렵다. 더구나 최근 보도에 따르면, 우리나라의 '역술인'과 '무당'이 100만 명에 이를 정도로 급속도로 증가하고 있다.[6] 이로 볼 때, 세속화라기보다는 기성종교의 부패와 타락 양상에 대한 실망, 저항, 비판의 의미로 제도종교를 이탈하는 이들이 늘어나는 추세가 강하다고 판단해야 한다. 이는 베버식 사회학에서 말하는 분업, 전문화, 합리화, 관료화 등의 근대화 과정에 따라 나타나는 세속화와는 다르다.

일단 유럽에서는 현재 이 문제를 어떻게 다루고 있는지 참고해 보자. 이는 세속화 이후의 종교 담론으로서 '후기세속사회'에 대한 논의로 전개되고 있다. '후기세속사회'의 담론은 프랑크푸르트 학파의 핵심 인물로 마르크스주의자이며 20세기의 탁월한 정치사상가인 하버마스(J. Habermas)에 의해 제기되었다는 것이 정설이다. 하버마스에게는 종교적 신념들과 제도들이 서구사회의 주변부에서 새로운 공적 가시성

---

6   http://news.chosun.com/site/data/html_dir/2017/11/24/2017112402043.html
     [2017.11.25. 접속]

(visibility)을 드러내는 과정이 '후기세속사회'이다. 서구사회의 복잡한 문제들을 해결하기 위해 사회과학적 방법이나 공론화 방식이 더 이상 효과를 나타내지 못하고, 또 세계 곳곳에서 종교가 중요한 분쟁과 통합의 구성요소로 부상하자 종교의 윤리적 역할에 대한 요청으로 이어졌다. 결정적인 계기는 2004년 그와 후에 교황이 되었던 당시 바티칸 신학부 장관이었던 라칭거(Joseph Cardinal Ratzinger) 주교와 바이에른 가톨릭 아카데미에서 가졌던 만남이었다. 하버마스는 이 만남에서 근대국가에서 종교가 감당하는 문화적 의미생산의 기능을 인정하였다. 그는 이 시대를 '후기세속사회'로 규정하면서, "'후기세속'이라는 표현은 종교가 사회적으로 바람직한 동기나 태도의 재생산에 기여한다는 점을 대중적으로 인정한 것 이상의 의미가 있다 … 만약 양 측 모두가 세속화를 상호보완적 배움의 과정으로 이해하는 일에 동의한다면, 그들은 공론장에서 논쟁적 주제들에 대해 서로의 기여점을 진지하게 취하게 되는 인지적 이유를 갖게 될 것이다."[7]라고 주장했다. 이제 '계몽의 변증법'은 '세속화의 변증법'으로 전환되었으며, 종교의 새로운 역할에 대해 논의해야 할 때라는 것이다. 그것은 종교가 공론장에서 어떤 역할을 해야 하는지에 대해 이야기한다.

나는 '후기세속사회'의 논의를 점검하면서, 이 논의가 정치적 공론장에 종교가 어떻게 참여할 것인가에 대한 토론이 개입되어 있다는 점을 알게 되었다. 하버마스는 서구가 정치영역에서 종교를 배제함으로써 결과적으로 어떠한 사회적 합의를 구하기 어렵게 되었다고 보았다.

---

7   Joseph Cardinal Ratzinger and Jürgen Habermas, *Dialektik der Säkularisierung: Über Vernunft und Religion*(2005), trans., Brian Mcneil, *Dialectics of Secularization: On Reason and Religion*(Sanfrancisco: Ignatius Press, 2006), 46.

테일러(Charles Taylor) 역시 한 사회의 정치적, 문화적 제도들이 그 기저에는 종교적 기원을 가지고 있다는 점을 인정해야 한다고 주장하였고, 따라서 세속주의가 종교를 배격하거나 종교적 목소리를 공론장에서 적합하지 않을 것으로 보는 것은 정치인들이 공론장에서 마르크스주의나 칸트주의를 말하지 못하도록 하는 것과 같은 것이다.[8] 칼훈(Craig Calhoun)도 근대가 종교를 배제하게 된 이유를 추적하면서, "종교에 대한 세속적 통제는 사회질서의 전통적인 도덕적 차원, 즉 선한 행위와 시민정신의 도덕적 의무의 보편적 기초를 배제시키는 결과를 낳았다."[9]고 보았다. 하지만 이제 그 한계가 드러났다. 현재 인류가 직면하고 있는 여러 공적인 문제들을 해결하기 위해서는 종교의 도덕적 기능이 요청되고 있다.

이 점에서 하버마스가 정치적 공론장에 참여하는 종교의 공공성을 어떻게 말하고 있는지에 대해 주목할 필요가 있다. 그가 기독교의 복음을 정당한 방식으로 이해하지는 못하지만, 또 이미 푸코와 같은 포스트모던 사상가들에 의해 그 부르주아적 특성을 고발당하기도 했지만 하버마스는 근대사회의 이상이었던 합리적 의사소통을 존중하기 때문에, 한국의 신학자인 나로서는 여전히 그의 공론장 담론이 유의미하게 여겨지기 때문이다. 한국사회에서 필요한 합리적 공론장 형성에 만약 한국교회가 공적으로 기여할 수 있다면, 그것이야말로 내가 한국에서 '공공신학자'로 살아가야 할 이유인 것이기 때문이다. 그는 이렇게 말한다.

---

8   Charles Taylor, "Why we need a radical definition of secularism," in *The Power of Religion in the public sphere*, Eduardo Mendieta, Jonathan Vanantwerpen and Craig Calhoun eds., (New York: Columbia University Press, 2011), 49.

9   Craig Calhoun, Mark Juergensmeyer and Jonathan Van Antwerpen eds., *Rethinking Secularis* (Oxford: Oxford University Press, 2011), 8.

종교적 시민과 세속적 시민 모두가 자유국가의 헌법과 정당성을 지지해야 한다. 제헌 국가는 세계관에 대해 중립적일 뿐만 아니라 세계관에 대해 중립적으로 판단할 수 있는 규범적 토대들에 의존해야만 한다. 이것이 후기형이상학적 용어이다 … 이것이 그러한 상호보완적 배움의 과정, 즉 세속적 측면과 종교적 측면이 서로 참여하는 상호보완적 배움의 과정이 여기서 함께 활동함으로써 서로 참여해야 하는 이유이다.

외부로부터 부여되는 제한조건을 의식해야 함을 불평하기보다는, 종교는 규범적으로 기반을 갖춘 기대에 자신을 개방해야 한다. 그것은 세계관에 대한 국가의 중립성, 모든 종교 공동체가 동등한 자유, 제도화된 학문들의 독립성이 그 자신의 이유들을 가지고 있음을 인정해야만 한다는 것을 의미한다 … 이는 그 신앙적 고백들이 경쟁하는 믿음의 체계들과 관계를 맺어야 하는 필연성에 직면하거나 객관적 지식의 생산을 독점하고 있는 학문적 체계들과 마주할 때 성찰적이 되어가는 종교적 의식의 문제이기도 하다.[10]

이제 '후기세속사회'에서 종교는 새로운 전망을 획득한다. 나는 한국사회가 정확하게 '후기세속사회'에 놓여 있다고 확신할 수는 없다. 솔직히 이 논의에 기대어, 이 담론에서 요구되는 종교의 공적 역할에 대한 통찰력을 참고삼아 한국사회에서 기독교의 대 사회적 신뢰를 회복하고 복음의 공공성을 증언할 수 있는 가능성을 확인하려는 것이다.

---

10   Jurgen Habermas, "An Awareness of What is Missing," in Jurgen Habermas et al., *An Awareness of what is Missing: Faith and Reason in a Post-secular Age* (Cambridge: Polity press, 2010), 21.

이러한 일을 위해서 걸림돌이 되는 것 중 하나는, 한국교회의 그리스도인들이 '정교분리'의 원칙을 마치 절대적인 기준처럼 여기는 것이다(그러면서도 때로는 너무도 치우친 한쪽의 정치적 입장을 대변하는 경우가 허다하기는 하다). 그리스도인들이 정치적 공론장의 의제들을 신앙적 의제로 받아들이지 못하고, 또 개인주의적 신앙에 토대를 둔 다수의 그리스도인들이 잘못된 정치적 동원에 쉽게 휩쓸리거나 아예 무관심한 경우가 많다. 정치는 교회가 관여할 영역이 아니라고 생각하거나 혹은 지배해야 할 영역이라는 잘못된 태도를 극복하고 '후기세속사회'에서 요청되는 공적이며 도덕적인 가치와 문화를 생산해 내는 역할을 어떻게 실천할 수 있을 것인가?

4. '공공영역'과 '공공신학'

우리는 왜 '국가'와 '종교'는 분리되어 있다는 것을 당연하게 여기게 되었는가? 나는 이 근대적 이분법이 성립된 과정들을 추적하면서, '정교분리'가 세속화 과정에서 나타났다면 세속화 이론이 잘못되었다는 것을 인식하게 된 오늘날 이 분리원칙에 대해서도 재고해야 할 필요성을 느끼게 되었다. 신학자인 나는 최근 500주년을 맞은 종교개혁의 의미를 단지 한 개인의 결단이거나, 교리적 변화이거나 교회 내적 사건으로만 보지 않고 중세의 세계관 전체에 대한 정치사회문화의 총체적 저항으로 봐야 할 정당성을 연구해왔다. 500년 전 루터의 종교개혁이 중세를 마감하는 인식론적 토대를 마련했을 뿐만 아니라 정치사회적 개혁도 강력하게 실천되었다는 점을 주목했다. 그러했던 종교개혁자들의 주장을 고려컨대, 계몽주의 이후에 수립된 '정교분리'의 원칙은 매우 당황스러운 것이다. 베스트팔렌 조약 이후, 종교의 자유를 허용하는 '관용'은 유럽에 뿌리를 내렸지만, 그와 동시에 교회는 '공적인 일'에 개입하지 않는 것이 당연시되었다. 아메리카 대륙에 정착한 종교개혁의 후예들은 성공과 모험을 신앙적으로 정당화하며 자유롭게 경쟁하고 복음전파에 매진할 수 있는 제도를 만들었다. 바로 '교파/교단주의' 정책이었다. '공적인 일'보다는 개인의 번영과 성공을 지지하고 영혼구원과 세계선교에 집중하면서, 교단/교파주의는 근대가 개신교에게 활동범위로 정해진 구획에서 그 역할을 충실히 했다.

그런데 오늘날 개신교 교파주의는 신앙의 사사화(privitization)를 부추기는 결과를 낳았고, 진보와 보수, 사회윤리와 개인구원, 공공성과 영성 등의 이분법적인 경쟁구도 속에서 분열을 계속해왔다. 20세기에 들어 본격적으로 발전한 교파주의(denominationalism)가 관료주의적 성장과 교파들의 제도화에 대한 부정적 인식을 남겼다는 것이 미국의 교파주의 연구자 리취(Russell E. Richey)의 입장이다.[11] 그는 허드슨(Windhrop Hudson)의 견해를 빌어 '교파'라는 용어를 그 현상 자체가 기원된 시대적 배경을 고려한다면, 17~18세기의 아르미니안(Arminians)이나 이후 회중교회주

---

11 Russell E. Richey, Denominationalism(Nashville: Abingdon press, 1977), 13f. 역사적으로 볼 때, 미국의 독립이 국가교회로부터 교파교회로의 전환을 가져온 결정적인 계기가 되었고, 그 전까지는 종교개혁 이후에 성립된 국가교회 형태였다. 국가의 통제로부터 벗어난 미국의 교파교회들은 부흥운동과 선교운동의 동력을 발판 삼아 경쟁과 성장전략을 강력히 전개하면서 국가적인 차원의 공적인 문제보다는 개개인의 구원과 영성의 문제에 더 치중하는 개인적 복음주의의 특징을 띠게 되었다.
처음부터 교파들은 미국의 독립이 상징하는 신앙의 자유와 그 이후 수정헌법(1791년 선포된 수정헌법의 권리장전 10개조 중 첫 번째 1조는 정교분리 원칙에 따라 국교화를 시도하지 않을 것과 종교의 자유 및 표현과 결사의 자유를 선언하고 있다.)이 상징하는 신앙의 관용을 전제하였고, 교회들은 이를 토대로 자발적인 선교단체로서 활동할 수 있었다.

의자들(Congregationalists) 혹은 독립주의자들(Independents)의 교회론에 기인한 것으로 봐야 하는 것으로, 즉 종파 형태의 분리주의가 아니라 제도화된 교회라는 관점에서 이해되어야 한다고 주장한다.[12] 리치는 교파들의 기원을 다루면서 웨스트민스터 회의에서 다른 길을 갔던 다섯 명의 형제단(dissenting Brethren)이나 독립주의자들과 함께 웨슬리의 감리교파 운동까지 언급하며, 17세기 국면에서 발생한 두 가지 원리, 즉 국가교회의 종교적 관용의 허용정책과 다양성 속에서 추구하는 일치성이 교파주의의 원리라고 본다.[13]

그러나 문제는 바로 거기에서 발생한다. 카사노바의 입장을 빌리면, 서구사회에서 '공공의 영역'과 '사적인 영역'을 구분하게 된 근본적인 동기가 바로 종교개혁을 통해 가능해진 관용의 정신에 있었기에, 종교를 '사적인 영역'에만 제한하는 근대의 논리에 반대한다. 오히려 교황체제로부터 '공공의 영역'을 해방시킨 장본인이 종교였는데, 종교를 '사적인 영역'으로 제한하게 된 것은, 바로 개인주의 영성의 비국교적 제도화의 표현이라 할 수 있는 '교파/교단주의'가 '공적인 것'들과 분리되면서 발생한 현상이라고 본다. 이는 앞에 언급한 리치와는 전혀 다른 해석인 것이다. 다시 말해서, "종교는 침해할 수 없는 프라이버시(privacy)와 양심의 자유의 원리의 신성함(sanctity)을 받아들일 때만 공적인 형태가 가능하고 공론장에 진입할 수 있다."[14]는 것이 근대의 규범적인 관점이

---

12 Russell E. Richey, "Denominations and Denominationalism: An American Morphology," in Robert Bruce Mullin and Russell E. Richey ed., *Reimaging Denominationalism*(Oxford: Oxford University Press, 1994), 76.

13 Russell E. Richey, "'Catholic' Protestantism and American Denominationlism," *in Denominationalsim: Illustrated and Explained*(Eugene: Cascade Books, 2013), 21.

14 José Casanova, *Public Religions in the Modern World*(Chicago: The University of

330 제2부: 하나님 나라의 문화

라면, 종교개혁으로 등장한 개신교야 말로 그러한 원리 위에 서 있는 것이고, 그렇기에 "종교적 자유와 종교적 다원주의에 기반을 둔 종교 결사체의 근대적이고 자발적인 형식인 교파(denomination)가 다른 종류의 '공공성(publicity)', 즉 근대의 분업화된(differentiated) 사회들 안에서 하나의 정치적인 것으로 가정될 수 있을지를 질문해야 한다."[15]는 것이다.

그는 80년대 이후 기독교의 새로운 역할에 대한 모색은 60~70년대 신학의 공공성에 대한 연구와 사회과학자들의 사회적 상상력에 힘입었다고 평가하면서, 피터 버거와 비슷한 취지로 이른바 "탈사사화(deprivatization)"을 말한다. 그는 오늘날 "전 세계에 걸쳐 종교적 전통들이 근대이론이나 세속화 이론들이 종교에게 부여한 사적이고 주변적인 역할을 거부하는"[16] 현상을 "탈사사화" 현상으로 보고, 종교의 공적 역할에 대한 제고를 주장한다. 그는 하나의 주장만이 관철될 수 없는 다원적 상황에서 신학적 가치를 어떻게 설명할 수 있을지에 대한 진지한 고민을 전개했다. 그래서 공공신학은 신학을 교회의 의제로만 다루지 않고, 공공의 영역에서 '공공의 선(common good)'을 위한 신학의 역할에 대해 고민한다.[17] 사회윤리의 방점과 다른 것은, 공적인 일에 참여하거나 그러한 가치를 주장하는 것 외에 신학의 공공성 자체를 주장하고 그 본연의 일을 전개하는 것으로 인식한다는 것이다. 이런 주장은 공공신학자 브라이튼버그(E. H. Breitenberg)의 다음과 같은 주장에서도 확인할 수 있다.

Chicago press, 1994), 57.

15 위의 글, 55.

16 위의 글, 5.

17 이에 대해서 다음을 참조하라. Clive Pearson, "What is Public Theology?," Public and Contextual Theology Strategic Research Centre. https://www.csu.edu.au/__data/assets/pdf_file/0010/788590/What_is_Public_Theology.pdf [2016. 7. 22 접속]

핵심적 포인트는 공공신학이 신학적으로 구성된 담론인 반면 그것을 주장하는 방법이나 보증방식 등은 성경이나 교회의 가르침 등과 같은 종교적인 것에 특별히 한정되지 않는다. 대신 명백하게 신학적인 자원들이나 기준들은 다른 자원들의 통찰에서 가져온 것들과 만나게 된다. 우리 사회의 모든 이들에 의해 이해될 수 있고 평가될 수 있는 그런 방식, 또 행동으로 함께 실천할 수 있는 방식으로 문제를 다루고 제도나 상호작용을 설명하는 것이다.[18]

따라서 신학의 자리를 공공 영역에 위치시키고 신학의 언어를 시민사회의 언어로 번역하는 작업과 다른 영역에 있는 언어와 공존하고 교차시키는 작업이 중요하게 된다. 궁극적으로 '공공신학'은 기독교 신학의 다른 소리를 내지만, 그러나 동시에 사회의 중대한 문제에 대해 통합적인 대안을 모색하기 위해 노력하겠다는 것이다.

5. '공동선(the Common Good)'에 헌신하는 교회

나는 최근 대형교회들의 세습, '코로나19' 상황에 대처하는 무기력한 교회들의 탈사회적 이상행동을 접하면서 한국교회가 자정능력은 고사하고 '종교개혁 500주년'의 신학적 의미를 공적으로 해석할 능력을 아예 상실했다고 본다. 이런 점에서 최근 수업에서 다루며 진지하게 공

---

18   E. H. Brietenberg, "What is Public Theology?," in D. K. Hainsworth and S. R. Paeth eds., *Public Theology for a Global Society*(Grand Rapids: Eerdmans, 2010, 3-17), 5.

부할 수 있었던 한나 아렌트(Hannah Arendt)는 개인적으로 의미있는 통찰을 주었다.

　그녀는 '인간의 조건'으로서의 정치적 공론장이 필수적이라고 보는데, 이는 곧 공적 영역에서 자신의 말과 글을 통해 자유롭게 소통할 수 있는 상태를 의미한다. 즉 "타자에 의해 보여지고 들려진다는 것이 의미가 있는 것은 각자 다른 입장에서 보고 듣기 때문이다. 이것이 공적 삶의 의미이다."[19] 그리고 "공동세계의 조건에서 실재성을 보증하는 것은 이 세계를 구성하는 사람들의 '공통적 본성'이 아니라, 다양한 입장과 관점에도 불구하고 모든 사람은 언제나 같은 대상에 관심을 갖는다는 사실이다."[20] 그런데 아렌트는 이 공공의 영역에 대한 기독교의 본래적 적대감에 대해 언급하는데, 이 점이 나에게는 오늘 한국교회의 사사화 현상에 대한 해석의 열쇠가 되었다. 그녀는 세계로부터 퇴거하여 보이지 않는 곳에서 은밀하게 행하는 기독교적 선(the good)의 개념에 대해 언급하며, 그것이 관조적 삶을 지향하는 근본적 내세성을 가지고 있다는 점에서 근대사회의 공적 영역에서 사라지게 되었다고 보았다. 만약 그렇지 않았다면, "공론 영역이 종교단체를 타락시켜 스스로 타락하든지 또는 종교단체가 부패하지 않지만 대신 공론 영역을 완전히 파괴시키든지"[21] 했을 것이기 때문이다. 그러나 아렌트는 구원에 대한 확실성의 상실이 근대의 세속화를 가능하게 했다는 주장을 함으로써, 기독교의 사사화 혹은 세속화와 근대화를 동일선 상에 놓고 본다.

19　Hannah Arendt, The Human Condition, 이진우, 태정호 역, 『인간의 조건』(파주: 한길사, 1996), 111.

20　위의 글, 111.

21　위의 글, 131.

나는 수업시간에 아렌트를 통해 기독교의 공적 역할에 대해 학생들과 함께 공부하면서, 한국교회가 공적인 영역에서 역할을 제대로 감당하지 못하고 있는 상황과 동시에 탈종교화 현상이 가속화되고 있는 상황과의 연관성에 대해 고민했다. 그러니까 아렌트의 지적대로, "데카르트 이후 이러한 기독교의 뿌리는 살아 있지만 그저 주변만 형성할 뿐"[22]인 상태가 한국교회의 현실이다. 그렇다면 어떻게 한국교회가 공공의 영역에 다시 그 뿌리를 깊게 내릴 수 있을까? 어떻게 그 탈사회적 열정을 정치적 현실성과 조우하게 할 것인가? 아렌트의 표현대로, 기독교는 과연 타자와 공존하며 각자의 말과 글과 생각을 있는 그대로 주고 받을 수 있을 것인가? 즉, 한국교회는 어떻게 공론장에 참여할 수 있을 것인가? 이것이 '공공신학자'로서 내가 가진 가장 큰 질문이다.

개인적으로 박사학위 논문을 정리할 때에도 큰 도움이 되었던 미국의 공공신학자 캐디(Linell E. Cady)는 북미의 혼잡하고 분열적인 상황에서 '공공신학'의 과제가 전에 비해 훨씬 더 어려워지고 있다고 본다. 초기처럼 단지 신학적인 용어와 비신학적인 용어를 교차 사용하거나 번역하여 사용하는 것만으로는 더 이상 응답할 수 없는 질문들이 제기되고 있기 때문이다. 캐디는 "단 하나의 응답을 하기는 어렵다 할지라도, 지금과 같은 사회-문화적으로 결정적인 시대에 공공신학의 우선적 과제는 종교와 세속의 지배적인 구분을 넘어서는 긴급한 움직임을 통해 솟아나올 것이라고 생각한다."[23]고 말한다. 그래서 세속적 학문이나 인문주의

---

22 위의 글, 386.

23 Linell E. Cady, "Public Theology and the Postsecular turn," *International Journal of Public Theology* 8 (2014), 307. 이 논문은 '공공신학'의 관점에서 특정 사안을 다루는 글이 아니라 '공공신학'의 방법론을 미국적 상황에서 재구성해야 한다고 주장하고 있기 때문에 본 연구에 참고할만 하다. 특히 종교적인 것과 세속적인 것에 대한 이원론적

와의 협력과 재해석을 통해서 전혀 다른 통찰을 도출해 내야만 한다는 것이다. 그러자면 세속의 자리에서 세속의 소리를 들을 수 있는 노력이 필요하다. 이는 신학적인 것이 세속적인 것과 독립적으로 존재한다거나 세속적인 것이 중립적으로 존재한다거나 또 종교적인 것이 더 특권을 가진다는 인식을 해체시킬 것이다.[24] 무엇보다 '공공신학'이 전통적인 신학적 사고를 전개할 권리를 세속 안에 확보하려는 시도가 되어서는 안 된다.[25] 캐디의 이런 방법론적 인식은 '공공신학'이 과거 정치신학의 과도한 정치담론이나 사회윤리적 접근과는 다른 이해를 요구하는 것이다. 그것이 오늘 '후기세속사회(post secular society)'의 도래하고 있는 국면에서 요청되는 신학적 과제인 것이다.

이런 점에서 나는 개신교와 교회가 우리사회의 '공동의 선(the Common Good)'에 헌신할 수 있어야 하며, '공공신학'은 그러한 헌신을 이끄는 신학이 되어야 한다고 본다. 먼저 왜 '공동선'이 문제가 되는가? 왜 지금 많은 공공신학자들이 '공동의 선'을 말하며, 또 정치학과 사회학에서 공히 이 문제가 강력히 제기되고 있는 것인가? 한 마디로 오늘의 신자유주의 질서가 인간사회의 '공동의 삶'을 파괴하고 타인에 대한 관심보다는 자기 자신의 생존을 위해 무한경쟁을 하도록 내몰고 부의 심각한 편중현상을 정당화하기 때문이다.

자본주의는 인간의 사유재산을 정당화하는 자유로운 권리에 토대를 두고 있다. 근대가 인간의 주체성을 확립하고 신앙의 확실성으로부

구분을 극복하는 방법론으로서 '공공신학'의 과제를 제시하고 있다는 점에서 그러하다.

24 위의 글, 310.

25 위의 글, 311.

터 벗어나는 동안, 인간의 자유는 그 누구도 침해할 수 없는 기준이 되었다. 그것은 개인의 부의 축적을 정당화했고, 20세기 초, 중반에 잠시 사회주의적 상상력이 서구를 지배했으나 90년대에 다시 등장한 신자유주의의 이상은 개인의 자유를 가장 중요한 도덕적 기반으로 삼았다. 이런 가운데, 정치적 공론장과 국가의 공적 영역은 사회구성원 모두의 유익보다는 자본논리에 따라 부를 축적하는 데 동원되는 일이 비일비재했다. 이에 대해 '공동체주의자'들은 "사람들이 날 때부터 속한 공동체야말로 정치적 주장과 심지어 개인으로서의 정체성이 비롯되는 원천이라는 데 동의한다."[26] 정치의 도덕적 기원을 주장하는 샤피로(Ian Shapiro)는 매킨타이어, 마이클 샌델, 찰스 테일러, 마이클 월저 등과 같은 이들을 지지하며, 개인의 자유에 기초한 계몽주의적 태도를 비판한다. 이런 태도는 '공동의 선'을 추구하는 공동체적 상상력이 우리에게 더 필요하다고 보며, 롤즈가 개인의 자유를 토대로 주장하는 '무연고적 자아(the unencumbered self)'의 비정치적 허구성에 대해서도 문제제기를 주저하지 않는다. 샌델은 공리주의적 자유주의자들을 비판하면서, "공동선을 주장하는 사람들이 옳다면, 우리에게 가장 시급한 도덕적, 정치적 프로젝트는 바로 우리의 전통에 내재되어 있지만 우리 시대에는 빛을 잃어가고 있는 이러한 시민적 공화주의의 가능성을 소생"[27]시켜야 한다고 주장한다. 샌델에게는 그런 시민의식이란 "때로는 중첩되기도 하고 때로는 서로 충돌하는 우리의 의무들 사이에서 자신의 길을 협상하는 능력이자

---

26 이언 샤피로, 노승영 역, 『정치의 도덕적 기초』(서울: 문학동네, 2017), 223.

27 마이클 샌델, 안진환, 김선욱 역, 『정치와 도덕을 말하다』(서울: 와이즈베리, 2016), 231.

다중적 충성심이 불러일으키는 긴장감을 견딜 수 있는 능력"[28]이라고 보았다. 이런 능력이 부족하면, 근본주의 기독교와 같은 반사회적인 집단이 오히려 분란을 일으키게 될 것이라고 보고,[29] 정부는 종교와 같은 전통적 자원들이 공적인 역할을 감당할 수 있도록 공론장 진입의 길을 터야 한다고 주장한다.

그렇다면, 이렇게 '후기세속사회'의 국면에서 교회에게 요청되고 있는 '공동선'의 추구는 어떻게 실천되어야 하는가? 패트릭 리오단(Patrick Riordan)은 '공동선'에 대해 신학적으로 관심을 가진 이는 우선 가톨릭 신학자 홀렌바흐(David Hollenbach)였다고 평가한다.[30] 홀렌바흐는 오늘날의 '대중적 선(public good)'이 공동체적 관계성 외부에서 논의되고 있는 한계가 있다고 평가하고 공동체 모두의 관계와 연관된 '공동의 선(common good)'을 더 바람직한 것으로 제시한다. 그는 마이클 샌델의 의견과 연대감을 표시하면서, "서로 연결되어 의존하는 경험은 모두에게 좋은 것에 대한 동의와 연대를 가능하도록 하는 사회적 일치를"[31] 위해서

---

28 위의 글, 62.

29 샌델은 근본주의 기독교의 사회적 득세에 대해서 정치 담론장에 도덕적 의의가 결여되었을 때 나타나는 현상이라고 보았다. 그들은 "벌거벗은 공개 광장을 편협하고 옹졸한 도덕주의로 뒤덮고 싶어 하다. 근본주의자들은 자유주의자들이 발을 들여놓길 꺼리는 곳으로 거침없이 돌진한다."고 지적한다. 위의 책 54.

30 Patrick Riordan, *A Grammar of the Common Good*(London: continuum, 2008), 3. 리오단은 '공동선'의 개념을 설명하면서, 존 할대인(John Haldane)을 따라 개인적 이익, 사적인 이익, 집단적 이익, 대중적 이익과 공동의 이익을 구별하였다. 타인은 알 수 없는 자신만의 기쁨과 유익에 해당되는 것이 개인적 이익이고, 주식이 오르는 것과 같은 이익은 집단적인 것이며, 깨끗한 공기와 같은 것은 대중적 이익이다. '공동의 이익'은 공동체의 연대가 강화되고 구성원들을 안전하게 하며 어느 특정 개인의 것으로 소유될 수 없는 공동체적 활동의 형식을 의미한다(9).

31 David Hollenbach, *The Common Good & Christian Ethics*(Cambridge: Cambridge University Press, 2002), 18.

'공동의 선'을 추구해야 한다고 주장한다.

나는 '공동선'이 공공의 영역에서 교회가 헌신해야 할 그리고 '공공신학'이 대응해야 할 공공의 의제로 본다. 나는 이 개념을 비교적 가까운 시기에 교회공동체의 이름으로 실천한 사례를 찾기 위해서 조사를 했다. 이 과정에서 1970년대부터 영국 성공회가 Together for the Common Good[32]이라는 프로젝트를 90년대까지 진행했으며, 2013년 그 성과를 평가하는 컨퍼런스가 있었다는 사실을 알게 되었고, 그 결과물을 입수하였다. 컨퍼런스 당시 기조강연을 했었던 안나 로우랜즈(Anna Rowlands)는 그리스도인들이 혹시 손해를 보거나 기득권을 상실할지도 모르는 도전 가운데에서도 왜 '공동선'에 헌신해야 하는지를 세 가지로 제시했다. 먼저 공공선을 추구하는 것은 분열보다는 일치를 말하고 실천하는 방식이기 때문이다. 또 '공공선'의 실천하는 언어가 필요한 이유는 인간을 기능이 아니라 존재 자체의 가치로 바라보는 기독교적 개념 때문이다. 세 번째로, '공동선'에 대한 헌신은 성례전적 비전을 배우고 훈련하는 의미가 있지만 오늘의 다원적 세대에게는 이것이 심각한 도전에 직면해 있기 때문이다.[33] 지금도 영국교회의 '공동선' 논의를 주도하고 있는 이 운동의 홈페이지에는 그들이 고백하는 '공동선'을 개념이 아니라 실천(practice)이라고 선언하고 있다. 공동체 모든 이의 풍요로운 삶이 가능한 환경을 구조적으로 만들어 내는 일이 그들의 비전이라는 점을 분명히 했다.

---

32 http://togetherforthecommongood.co.uk/home.html [2017.11.27. 접속]

33 Anna Rowlands, "The Language of the Common Good," in *Together fro the Common Good: Towards a National Conversation*, Nicholas Sagovsky & Peter McGrail eds., (London: SCM, 2015), 6-8.

'공동선'은 공동체의 모든 구성원들을 번성하게 하는 조건들의 세트이다. 그러나 이 조건들을 만들어내는 것은 무엇인가를 행하는 것이며, 함께 해야 할 필요를 아는 것이고 그것의 실천에 대해서 토론하는 것이다. 이는 모든 이들이 자신들의 소명과 능력에 따라 사명을 받아들이고 모든 이들이 참여할 것을 요구한다. '공동선'은 단지 다른 사람들을 계몽하려는 이들의 이상적 과제가 아니다. 그것은 서로 다른 관점과 경험을 가진 이들 사이에서 관계성을 형성하려는 것이며, 서로 다른 관심들을 조정하여 균형을 잡는 일이다. 단순히 말한다면, '모든 이들이 자신들의 모든 관심사에 있어서 번창하도록!(it is all our interests that all thrive.)'이다.[34]

가톨릭 신학에서 더욱 강조하고 있기는 하지만, 우리에게 잘 알려져 있는 '소저너(the Sojourners)'의 대표이며 복음주의 학자이자 활동가인 짐 월리스(Jim Wallis)도 최근 교회와 그리스도인이 시민사회에서 '공동선'에 헌신하는 공동체로 존재해야 한다고 역설하고 있다. 그는 그리스도인이 '좌파'이거나 '우파'를 선택해야 하는 것이 아니라, 또 '진보'이거나 '보수'의 길을 선택해야 하는 것이 아니라, '하나님의 편'에 서야 하며 그것은 "우리의 이웃은 누구인가?"라는 질문과 "우리의 원수, 타자를 어떻게 대해야 하는가?"의 질문에 성경적으로 응답한다면 결국 '공동선'에 헌신하지 않을 수 없을 것이라고 본다.[35]

---

34 http://togetherforthecommongood.co.uk/who-we-are/common-good-thinking.html[2017.11.27. 접속]

35 짐 월리스, 박세혁 역, 『하나님 편에 서라』(서울: IVP, 2014), 46-47. 나는 그가 이 책을 펴낸 2013년 영국에서 그를 만났다. 그는 한국에 들리면 학교에 초청하고 싶다고 말하는 나에게 한국의 한 대형교회 담임목사의 아들이 '소저너'에 대한 논문을 썼고 2014년

그는 결혼, 가정 등에 대한 전통적이며 보수적인 입장을 지지하면서도 그 논의에서 소외되거나 배제되는 이들이 없도록 진보적 공론장에 개방되어 있어야 한다고 주장한다. 그에게 "신앙을 개인의 도덕과 관련된 몇 가지 이슈로 제한하는 것은 부와 권력, 폭력을 문제 삼지 않고 내버려 두는 것"이며, 그렇다면 "불의와 현상유지를 옹호하는 사람들을 지지하는 정치세력으로 변질"[36]될 것이라 주장한다. 그러므로 그리스도인은 시민사회에서 탁월한 시민의식을 가지고 하나님에 대해서 말할 수 있어야 한다. 그것이 '공동선'에 기여할 수 있다는 점을 분명히 확신하며, 우리가 살아가는 사회에서 잘못된 일이 벌어지지 않도록 막는 일과 새로운 삶이 가능하다고 말하는 희망의 증언자가 되어야 한다. 우리는 공적 영역을 지배하기보다는 정보를 제공하고 영감을 불어 넣을 수 있어야 한다. 신앙공동체는 우리의 다원적 사회에서 종교적 다원성을 인정하면서도 "진리를 외치기"에 헌신해야 한다.[37] 결론적으로 그는 고통을 당하는 우리의 이웃을 지키는 이가 그리스도인이라고 힘주어 말하며, "이기주의의 시대에 공동선의 윤리를 추구함으로써 이러한 전망을 이해하고 실천하는 것"[38]이 오늘 그리스도인의 사명이라고 보았다.

구약학자 월터 브루그만(Water Brueggemann)은 세상을 향한 하나님의

에 초청해서 방문할 것이라고 했다. 나는 그때 한국의 대형교회에서 당신을 초청할 리가 없다고 했으나, 그는 정말 2014년 한국의 모 대형교회를 방문하여 그들만의 세미나와 미팅에 참여하고 미국으로 돌아가 버렸다. 그리고 지금 그를 초청했던, '소저너'에 대한 논문으로 학위를 받은 그 한 대형교회의 아들은 지금 그 대형교회의 담임목사를 세습하여 한국사회가 직면한 부와 권력의 정당한 분배의 문제에 있어서 '공동선'을 현저히 파괴하고 있다.

36   위의 글, 451.

37   Jim Wallis, *The (Un)Common Good*(Grand Rapids: Brazos Press, 2014), 19.

38   짐 월리스, 박세혁 역, 『하나님 편에 서라』, 452.

선교의 여정의 특성을 '공동선'에 찾는다. 샬롬(Shalom)이 곧 '공동선'에 대한 하나님의 비전을 제시하고 있으며, 우리는 이웃들과 함께 살아가야 할 하나님 나라를 위해 헌신해야 한다는 것이다. 구약학자인 그는 출애굽 사건에서 '공동선'의 성서적 근거를 가져온다. 애굽의 종살이에서 히브리 사람들을 탈출시킨 야훼는 그들에게 헌신을 요구하시는데 그것은 '하나님, 자아, 이웃' 사이의 관계성에 대한 것이다. 이는 소외나 좌절이 없이 모든 생명을 존귀하게 여기는 삶에 대한 충실(fidelity)이다.

> 충실(fidelity)은 공동선과 관계가 있다. 이는 모든 당파들을 포괄하는 전망이다. 공공선은 샬롬(Shalom)이라는 기치 아래에 놓여 있다. 이스라엘의 충실은 하나님의 샬롬에 대한 충실이다. 다른 것으로는 행복할 수 있는 방법이 없기에 하나님께만 복종하고 그분만 신뢰한다. 그것은 야훼가 공동선을 위해 안전과 음식, 즉 이스라엘이 스스로 제공할 수 없는 생존의 가장 기본적인 것을 제공하는 것으로 나타난다(역자주: 광야에서 만나를 주신 사건). 또 그것은 양자 모두에게 놀라운 것이었는데, 야훼의 공동선은 이웃에 대한, 특히나 가장 연약하고 보호받지 못하고 가난한 이웃들에 대한 관심과 투자를 기꺼이 감당할 것을 요구한다. 샬롬의 공동선은 아무도 배제될 수 없고 무시될 수 없으며 그 누구도, 그가 과부든 고아든 나그네든 뒤에 남아 있으면 안 된다는 것을 의미한다. 공동선은 야훼가 자기 자신만을 위하는 분이 아니시고 우리의 이웃을 돌보라고 하는 분이심을 보여준다. 그것은 또한 이 충실함의 이야기에 참여하는 그 누구도 자기 자신만의 탐욕에 빠져서는 안 된다는 것과 모든 이는 공동체의 실재에 참여하도록 요구받는다는 것을 의미한다.[39]

브루그만은 오늘날 현대사회가 개인적 탐욕과 제국의 독점자본이 사람들을 경쟁으로 몰아가고 이웃의 관계를 불가능하게 만들었다고 비판하면서, 제국의 논리가 아니라 하나님 나라의 샬롬의 삶, 즉 이웃과 함께 공동선을 추구하는 삶을 하나님께서 우리에게 요구하신다고 역설한다. 이웃에 대한 신뢰가 불가능한 사회에서 공동선을 향한 열망은 존재할 수 없다.[40] 제국의 논리를 극복하고 하나님 나라의 샬롬을 이루는 것은 기독교가 공론장에서 제시할 수 있는 공존의 논리임이 분명하다. 낸시 프레이저(Nancy Fraser)가 주장하는 "당사자, 연관자 중심의 공론장 형성"[41]을 기독교가 제시할 수 있는 강력한 원리가 될 것이다.

나에게는 오늘의 '공공신학'의 실천은 후기세속사회에서 '공동선'에 헌신하는 교회공동체의 선교적 삶을 의미한다. 교회가 중심이 되어 변혁하겠다는 패러다임에서 모든 이에게 유익을 가능한 환경을 만들어가는 일, 즉 공론장에 참여하여 후기세속사회에 다시 요구받는 공동체적이며 도덕적인 가치를 실현하려고 노력하는 것이 오늘날 '공공신학'의 사명이라고 믿는다. 그러므로 나에게 '공공신학'은 신학교를 넘어서며 교회공동체를 넘어서는 삶을 요구하기에 매력적이기도 하지만, 아직 학문적 방법론이 정리되지 않은 탓에 미숙한 면이 있다 할지라도 현장과 실천에서 그 답을 찾을 수밖에 없기에 더욱 매력적이다.

---

39 Walter Brueggemann, *God, Neighbor, Empire* (Waco: Baylor University Press, 2016), 25.

40 위의 글, 122.

41 낸시 프레이저, 김원식 역, 『지구화 시대의 정의』(서울: 그린비, 2010), 171. 프레이저는 베스트팔렌 조약이 영토국가를 전제로 하여 쌍방 계약당사자들 간의 협약이었으며, 이 원리가 서구사회를 지금까지 지배하고 있지만, 이렇게 구축된 공론장은 지구화 시대에 더 많은 관련자들을 소외하거나 배제하는 원리로 작동하고 있다는 점을 고발하면서, 좀 더 포괄적이며 참여적인 지구시민사회의 공론장 형성을 주장한다.

6. 나가는 말

나는 2017년 여름에 체코에서 런던으로 가는 비행기에 있었다. 당시 무료한 시간을 채우느라, 우연히 미리 받아놓은 Christianity Today(2017. 8. 18.)에서 아주사 퍼시픽 대학의 짐 윌리스(Jim Willice)가 쓴 글을 하나 읽었다. "독일은 종교개혁 500주년을 기념하는 의미로 이민자들을 환영한다."[42]라는 글이었다. 독일과 독일교회, 그리고 독일의 정치계가 종교개혁 500주년을 기념하면서 시리아 등지에서 오는 이민자들을 환영하기로 했다는 소식을 전하며 그 의미를 평가하는 글이었다. 나는 이 글을 읽으면서, 한국교회가 500주년을 기념하는 방식과 독일의 방식의 차이가 어디서 오는 것인지 생각했다.

그때 나는 몇 명의 동료 목회자들과 런던에서 개최되는 〈2017 Greenbelt Festival〉로 가던 중이었고, 유럽 최대의 기독교축제로서 48년을 이어 온 이 축제의 2017년 주제어는 바로 '공동의 선'이었다. 우리는 함께 이 축제에 참여하면서, 유럽사회가 고민하는 '공동의 선'이 무엇인지 배웠고, 한국에서도 동일한 도전과 대안이 필요하다는 생각을 하게 되었다. 종교개혁 500주년을 기념하는 독일의 실천, 그리고 유럽의 기독교 공동체가 자신들이 직면한 사회적 문제들을 해결하기 위해 제시하는 대안들 모두 공론장과 공공영역에서 설득가능하며 때로 감동을 주는 메시지들이었다. '나'도 아니고 '너'도 아니고, '우리' 모두에게 좋은 사회, 좋은 삶이 되도록 하는 일에 기여하는 교회공동체가 절실히 요구

---

42 Jim Willice, "Germans Are Welcoming Refugees as a Way to Honor Luther's Legacy: Asylum seekers and immigrants are big part of the Reformation's 500th anniversary in Germany.y:," *Christianity Today* (2017. 8), 69-73.

되는 것은 비단 유럽만이 아니라 우리나라에서 더욱 그러하다.

　　그러나 한국교회가 그러한 역할을 감당할 수 있을지, 이웃을 위한 '공동선'에 헌신하기 위해 우리사회의 탐욕스러운 논리, 제도, 이기심과 싸울 능력이 있는지 의심스럽다. 당시 500주년을 기념하는 신학계나 교회 모두 어떤 희생이나 손해를 감수하겠다는 선언은 없었다. 사회의 고통에 동참하겠다는 자기희생의 선언은 고사하고, 대체 우리가 왜 종교개혁을 했는지 근본적인 회의에 빠지게 하는 참담한 사건들이 줄을 잇고 있다. 신학자들은 자신들의 권위를 인정해주는 아카데미에 안주하여 독일을 분주히 드나들며 '종교개혁에 대한' 이야기를 하느라 여념이 없다. 자신의 몫을 포기하지 않는 한, 자기의 것을 내 놓지 못하는 한 결코 '공동선'을 실천할 수 없다. 후기세속사회에서 사회적 갈등을 조정하고 도덕적 가치의 토대를 구축할 역할이 종교에 주어지고 있는 이 호기를 한국교회는 기득권을 지키기 위해 외면하고 있다.

　　'후기세속사회'의 종교담론은 근대의 발전과 종교의 역할에 놓인 배제와 고립의 긴장을 극복하고, 종교가 공적 영역에서 배제될 필연성에 대해 의심을 제기했다. 사적인 영역에 국한된 개인적 영성을 넘어 모든 사람에게 긍정적인 공존의 덕을 설득할 유산으로서 받아들여지고 있다. 한국교회에는 소망이 저물고 있을지 몰라도, 나는 하나님께서 교회 밖에서 성실하게 일하고 계시는 현장을 보게 된다. 작은 교회에서 몸부림치는 이름없는 목회자들에게서, 교회의 편안한 자리를 떠나 교회와 사회의 경계선 상에서 하나님 나라를 증언하기 위해 애쓰는 시민사회의 일꾼들을 통해서, 자신이 먹을 작은 콩을 나누어 이웃에게 건네면서 스스로 소박하고 검소한 삶을 받아들이는 작은 성자들을 보면서 하나님이 새로운 소망을 일으키고 있음을 본다. 그저 소망이 있다면, 이 시대에 나를 '공공신학자'로 부르신 하나님의 명령에 주저없이 그리고 신실하게 순종하고 그 누구도 소외되지 않는 삶을 일구는 이로 살아가는 것이다. 나의 신학이, 나의 학문이 이 일에 소용되기를 간절히 바랄 뿐이다.

제10장

하나님 나라와 문화선교: 기독교영화관 필름포럼
사역을 통해 살펴본 새로운 문화선교의 가능성과
제언[*]

1. 들어가는 말

  한 사람이 영화관에 들어선다. 두리번거린다. 의례 손님을 발견하
면 외치는 형식적인 구호가 없다. 매표소를 찾는데 카페 같다. 직원의 안
내를 받고 나서야 영화관에 제대로 들어선 것을 확인하고 예매한 관람
권을 발권한다. 잠시 착각한 줄 알았는데, 카페가 맞다. 영화관이면서 카
페였던 탓이다. 음료를 주문하고 카페 테이블에 앉았다. 톨릭스(tolix)라
는 프랑스 빈티지 가구라는 직원의 소개에 앉아있는 의자와 테이블을
한 번 더 살펴본다. 하나라도 신제품을 일찍 갖고자 전날부터 줄을 선다
는 트렌드와 다르게 시간의 흔적이 그대로 드러난 물건이 카페 곳곳에
숨겨져 있다. 오래된 바퀴 달린 봅슬레이가 벽에 붙어있고, 세미나실 긴
테이블은 아예 중간에 틈새가 한참 벌어져 있다. 낡고 닳은 가구를 살펴

---

*   성현 목사(필름포럼 대표)

보다 주위를 둘러보니 그림이 여러 점 걸려 있다. 자폐를 가진 청년 화가가 그린 작품이란다. 벌써 여러 점 그림을 구매하겠다는 표가 붙어있고, 아이의 손을 잡고 한 어머니는 유심히 그림을 살펴본다. 발달 장애를 가진 아이인 것처럼 보였다. 아이의 미래에 작은 희망을 마음에 품고 돌아가는 듯하다. 영화 포스터가 붙은 곳을 보노라니 여러 개의 세미나가 아침과 저녁에 동시다발적으로 진행되고 있었다. 기독교 영성부터 문학 치료, 정신분석과 상담, 기독교 고전 읽기, 시나리오 쓰기 강좌, 미술 실기 수업까지 대략 15개가 넘는 강좌가 기수별로 진행되고 있었다. 보통의 예술영화관인 줄 알았는데, 기독교 영화도 함께 상영되고 있었고, 영화관 대표가 한 달에 한 번씩 월요일 오전에는 영화를 관람한 후 샌드위치를 먹으며 강좌를 듣는 프로그램도 열리고 있었다. 카페 내에서 자유롭게 대여해서 읽을 수 있는 도서에는 마음과 관계에 관한 가벼운 에세이부터 삶이 힘들 때 집어들 만한 영성에 관한 책까지 아담하게 한 곳에 비치되어 있었다. 한쪽에 세워진 배너를 보니 며칠 후면 일주일간 열리는 영화제를 주관해서 개최하면서 아직 국내에 소개되지 않은 예술영화와 기독교 영화를 상영하고 각종 시네토크를 가진다고 한다. 게다가 영화 포스터와 함께 색다른 포스터 하나가 눈에 띄었는데, 자세히 보니 일요일 오전에 이 영화관에서 예배를 드리는 교회가 있다는 알림이었다. 문득 깨달았다. 자신이 청년 시절 꽤 열심히 교회를 다니며 봉사를 했던 때가 있었다는 사실을. 자신의 고민과는 전혀 다른, 사회와 단절된 것 같은 메시지와 바쁜 직장생활 속에서 의무로만 감당하기에는 버거워 한두 번 가지 못하던 예배불참의 횟수가 점점 늘어나 마침내 자신을 크리스천이라고 소개는 하지만, 더는 정기적인 교회 출석은 하지 않는 명목상의 신앙인이었다는 사실을. 지친 마음을 쉴 겸 영화를 보러 잠시 들렀던

곳에서 예상하지 않았던 내면의 소리를 듣게 되었다. 이제 다시 교회에 나가야 하지 않을까? 한 번쯤 영화를 보러 가는 마음으로 일요일 오전, 아니 주일 오전에 이곳을 다시 찾아와야겠다는 생각을 하던 순간, 보려던 영화 상영이 임박했다는 직원의 소리를 듣고 영화관 입구로 들어섰다. 이곳의 정체가 궁금해졌지만, 그건 차츰 알아 가면 되리라.

필자가 섬기는 '필름포럼'에서 실제로 일어나는 일을 재구성해 보았다. 이 글을 통해서 필자는 그간 이루어져 왔던 문화선교에 대한 다양한 담론과 시도들을 정립하고 평가하는 대신 현장에서 직접 만나고 경험하게 되는 현장의 목소리를 담아 신학적 근거를 토대로 이 시대에 한국교회와 사회에 필요한 문화선교의 방향에 대해 제언하고자 한다.

2. 광장에 나온 기독교

1) 필름포럼 소개

필름포럼은 서울국제사랑영화제를 주관하는 사단법인 필레마가 운영하는 기독교·예술 영화관이다. 서울 신촌의 하늬솔 빌딩 지하 1층에 자리 잡고 있으며 90석, 52석의 상영관에서 기독교 영화와 기독교적 가치관에 부합하는 독립·예술 영화를 상영하며, 카페, 아카데미, 갤러리를 운영하며 교회와 단체에 대관 및 각종 포럼과 문화행사를 진행하고 있다. 주일에는 필름포럼과 동역교회인 창조의 정원이 오후 3시 전까지 영화관과 카페에서 성인 대상의 주일 공동예배와 어린이 대상의 주일학교가 예배를 드리고 있다. 2012년 5월 기존의 예술영화관을 사단법인 필레마가 인수하면서 기독교영화관으로 변경하여 운영하고 있다. 사단법인 필레마에서는 매년 부활절 이후 기쁨의 50일에 해당하는 기간 중 일주일간 서울국제사랑영화제를 개최하여 기독교영화 및 예술영화 신작 및 신학적인 재조명이 필요한 작품들을 선별·상영한다. 서울국제사랑영화제가 1년 마다 특정 기간에 집중적으로 기독교 문화의 담론형성과 기독 영화인들에 대한 만남의 장을 제공하고 있다면, 필름포럼은 365일 지속적으로 이러한 사역을 통해 문화선교의 플랫폼 역할을 담당하고 있다. 2018년에는 경기도 G시네마사업 운영 주체로 선정되어 경기도 내 30곳에 국내독립예술영화를 배급·상영하며 공공기관과의 협력사업을 통해 문화예술의 공공 부분에서도 일정 부분 역할을 감당하고 있다. 현재 필름포럼은 서울국제사랑영화제를 태동시킨 문화선교연구원과 긴밀한 관계를 유지하며 이론과 실재가 조화롭게 사역에 반영될 수 있도록 사역을 진행하고 있다.

2) 필름포럼이 가지는 공공신학적 관점에서의 특징

(1) 재정 운용 : 공적자금과 교회 그리고 비즈니스

기존의 기독 NGO나 문화선교단체와 다른 점은 필름포럼과 서울국제사랑영화제의 재정이 정부와 교회 그리고 필름포럼의 자체 비즈니스가 결합한 형태로 운영된다는 점이다. 필름포럼은 영화진흥위원회가 지원하는 상영지원 사업의 수혜자로 매년 정부 예산을 지원받고 있으며,[1] 교회와 개인의 후원을 통해 영화제 소요비용을 충당하고 있고, 필름

---

1   2017년 기준 전국 21개 예술영화전용관이 지원사업의 대상자로 선정되었다. 필름포럼

포럼의 수익사업을 통해 영화관이 운영되고 있다. 이는 한국교회의 연합사업에서 지속적인 문제점으로 대두되는 대형교회 위주의 기독교 연합사업이 가지는 한계를 극복하고, 공공기관·교회·기독교해당단체가 필요재정을 나누어 분담하는 모델로 추천하는 바이다. 영화진흥위원회와 전국의 예술영화관 관계자들과 교류하며 멀티플렉스 위주의 편중된 영화산업으로 다양한 영화를 관람하고자 하는 선택권이 심각하게 침해받고 있는 상황에 대한 논의와 공동대책에 참여하고 있다.[2] 이것은 지원금에 따라 상업성에만 편중되지 않은 좋은 예술영화를 선별하여 상영함으로써 지속적인 문화산업이 자본의 논리에만 잠식당하지 않을 수 있는 최소한의 안전망을 확보하는 일에 필름포럼 역시 동참하고 있다는 것이다. 또한, 2018년 사업자로 선정되어 진행 중인 경기도 G 시네마 사업은 경기도 내 3개의 멀티플렉스와 10개의 공공상영관에서 독립·예술영화를 배급, 상영하는 일이다. 15년간 서울국제사랑영화제를 개최한 것과 예술영화전용관 운용에 대한 공신력을 인정받아 사업자로 선정되어 별도의 팀이 구성되어 사업을 진행하고 있다.

(2) 기독교적 정체성과 예술성의 공존

필름포럼의 가장 큰 특징은 예술영화전용관임에도 불구하고 직접적으로 기독교적 정체성을 나타내는 문화가 자연스럽게 드러나 있어

은 2개관 모두 지원사업 기준에 부합한 영화관이다. http://kofic.or.kr/kofic/business/prom/promotionBoardDetail.do?seqNo=6632 (영화진흥위원회 진흥사업 공고 참조)

2 2016년 영화진흥위원회 발표기준 CGV, 롯데시네마, 메가박스 3사의 시장점유율이 97.1%를 차지하고 있고, 멀티플렉스 영화관이 특정 영화에 대한 스크린 독점으로 인해 전국 2,500여 개 스크린 중 2,000개 이상이 하나의 영화를 상영하는 기현상도 발생하여 논란이 계속되고 있다.

비기독교인들이 쉽게 기독교 문화를 접할 수 있도록 한다는 것이다. 지역교회가 비기독교인들과 만나기 위해서는 노방전도를 하거나 전도집회 · 축제 등과 같은 방식으로 초청해야 한다. 교인들은 교회로 초청할 사람을 위한 준비를 해야 한다. 필름포럼은 비기독교인들을 초청하지 않는다. 그들이 찾아오도록 한다. 이곳에서 그들은 기독교인들과 공유된 문화를 향유하면서 그 안에 깃든 기독교 문화가 자신들의 문화가 다르지 않으면서도 다른 지점이 있음을 경험한다. 이를 위해 필름포럼은 영화관과 카페에 머무는 관람객의 성향을 고려한 대여도서와 신앙도서를 함께 비치하며, 기독교 영화 포스터와 홍보물이 일반 예술영화 포스터와 홍보물과 함께 비치된다. 판매대 역시 문화선교연구원이 발행한 설교집과 소식지, 찬송가 CD가 예술영화비평잡지나 심리 · 상담도서, 영화 관련 굿즈와 함께 놓여 있다. 필름포럼 아카데미 강좌 역시 기독교 영성, 기독교인문고 전 강의와 함께 정신분석, 시나리오 작법 강의가 아침과 저녁으로 열린다. 기독교 자체에 대한 거부감이 커지고 있는 시대에 스스로 찾아온 공간에서 비기독교인들에게 기독교 문화를 접할 수 있도록 필름포럼은 세심하게 준비하고 있다.

(3) 소비사회 속에서 재화의 교환을 넘어 은혜의 경험을 제공

현재를 소비사회라고 한다. 현대인들은 자본을 통해 내가 누리고자 하는 경험을 구매한다. 여름이면 자연 속 해변을 가는 대신 상당한 비용을 내면서 워터파크로 가족이 물놀이를 가고, 직접 악기를 배워 연주하는 대신 예매를 통해 뮤지컬과 콘서트를 관람하는 것으로 음악적 경험을 대체한다. 문제는 자본의 이익을 극대화하는 전략에 문화가 노출되어 있다는 것이다. 하나의 경험을 늘려갈 때마다 돈을 내야 한다. 필름포럼 역시 소비사회 속에서 가장 많이 언급되는 영화와 카페를 통해 문화 선교를 하고 있다. 수익을 무시할 수 없다. 그런데도 필름포럼은 앞서 언급한 재정 운용을 통해 개인이나 사기업과는 다른, 필름포럼이 지향하는 가치를 공간을 통해 구현하고자 노력하고 있다. 이곳을 찾는 사람들을 '소비자'라는 측면에서 정의하기보다 '하나님의 형상'이라는 존재로 인식한다. 이곳을 찾는 사람들에게 상술에 의한 과도한 영업이익 극대화를 추구하지 않는다. 적정가의 비용을 지급하도록 하되, 그것을 뛰어넘는 은혜의 경험을 하도록 공간을 사용한다. 영화를 보러 왔지만, 카페에 앉아 쉼을 가질 수 있고, 갤러리를 보며 영화와는 다른 시각적 경험을 제공한다. 동일하게 커피를 마시러 왔다가 다른 문화적 경험을 하며, 아카데미 수강 신청과 갤러리 관람을 하러 온 관객들 역시 다른 차원의 문화를 만날 수 있는 계기를 마련한다.

(4) 사적(私的) 경험으로 시작해 공적(公的) 가치에 눈을 뜨도록 도움

문화적 경험은 지극히 사적인 경험이다. 이것을 공적 가치와 어떻게 만날 수 있게 하는지가 문화선교에 있어서 중요한 지점이다. 개인이 문화를 접하면서 누렸던 정서적인 반응을 사적 경험으로 머물지 않도록 문화선교적인 시각을 토대로 공적인 시야를 확보할 수 있도록 돕는 일을 필름포럼은 꾸준히 하고 있다. 한 달에 한 번씩 '시네마브런치'라는 이름으로 월요일 오전 영화를 보고 브런치를 먹으려 영화에 대한 강의가 있다. 기독교 영화를 선정하지 않고, 필름포럼에서 상영했던 영화 중 한 편을 선정한다. 그간 해왔던 영화와 그에 따른 주제를 살펴보면 다음과 같다.

- 옥자: 봉준호 감독의 영화에 대한 사회학적 시선과 생태 문제에 관한 시선
- 몬스터 콜: 참 자아 찾기
- 내 사랑: 삶의 주체자로 살아가기
- 내일은 안녕: 이 땅에서 여성으로 산다는 것
- 러빙 빈센트: 예술과 자기 소명의 길
- 세 번째 살인: 고레에다 히로카즈 감독의 영화 세계와 진실에 대한 접근
- 원더: 변화와 성숙
- 오직 사랑뿐: 사랑과 정의가 만나야 하는 이유
- 리틀 포레스트: 안식과 공동체적 삶의 필요
- 아프리칸 닥터: 다문화사회 속의 환대

저녁에는 '시네마나이트'라는 프로그램으로 영화평론가, 음악평론가, 정신과 전문의가 진행자로 나서 다음과 같은 영화와 강의를 진행했다.

- 고령가소년살인사건: 정성일 평론가 – 세계 정세 속에 대만 사회를 바라보는 영화적 시선
- 장고 인 멜로디: 임진모 평론가 – 집시와 제 3세계 문화에 대한 이해
- 원더힐: 채정호 전문의 – 현대인의 관계와 불안 심리

강사들은 기독교인이되, 교회가 단체로 강의 요청을 하는 경우가 아니라면 모든 영화와 강의는 기독교인을 대상으로 초점으로 진행하지

않는다. 그렇지만 강사의 기독교적 관점이 내포되어 있어 영화를 평가하고 삶의 방향을 이야기하는 가운데 다른 예술영화·문화행사와 분명한 차별성을 가지고 있다.

(5) 고독과 소외의 개인주의를 넘어 대화와 협력의 공동체를 지향

필름포럼의 운영방식은 소통과 협력을 중요한 모토로 삼고 있다. 내부적인 운영방식을 넘어 외부기관과의 방식도 동일하다. 필름포럼 아카데미도 단순한 강좌로 개설하기보다 강사와 논의하며 강의를 제안하기도 하고, 강사와 소통하는 가운데 현대인들에게 적합한 강좌를 개설하려고 노력한다. 또한, 교회와 기관에도 필름포럼 아카데미 강사를 소개하며 필름포럼을 기반으로 좋은 콘텐츠가 보급될 수 있는 가교 역할을 하려고 한다.

영화 또한 좋은 기독교 영화임에도 불구하고 교회와 일반 관객에게 제대로 소개되지 않는 작품들을 감독과 소통하며 알리고 보급하는 일을 힘쓰고 있다. 영화제 기간에는 기독 영화인의 밤을 통해 그들을 영적으로 지원하고 격려한다.

더불어 기독교인으로서 협력할 수 있는 외부단체들과도 많은 부분 사업과 홍보를 함께하려고 하고 있다. 대표적인 예로 2017년 11월에 진행된 '관계의 재구성'이라는 기획전이다. 대학로 혜화동에 있는 마음·심리 전문서점과 목동에 있는 사진관과 연계하여 '관계의 회복'을 위한 영화, 도서, 가족·동료와 대화를 나누며 촬영하는 사진관을 필름포럼 안에 설치해 특별기획전을 가졌다. 각 단체의 대표들 역시 기독교인으로서 필름포럼과 지향하는 가치를 공유하고 있어 이후에도 지속적인 교제를 가지며 문화를 통해 현대인들의 삶과 마음에 회복을 가져오는 일을 주제로 도서판매와 소개, 이벤트를 함께 진행하며 동역해 나가고 있다.

(6) 개교회 성장주의를 넘어서는 하나님 나라로서의 문화선교

필름포럼은 개교회가 만든 문화공간이 아니다. 필름포럼이 지향하는 문화 선교적 가치에 동의하는 크고 작은 교회들과 기독교인들이 후원하고, 필름포럼을 수련회나 전도행사 등의 장소로 이용하며 지역교회 단독으로 할 수 없는 일들을 감당하고 있다. 서울국제사랑영화제에도 20개 이상의 교회가 후원교회와 협력교회로 참여한다. 영화제를 준비하는 스텝들 또한 한국교회 안에 영화와 예술에 달란트를 가진 전문가들이 협력하여 만들어가고 있다. 문화선교를 통해 그 열매가 특정교회나 개인에게 돌아가지 않으며 하나님 나라를 이루어가도록 각별한 주의를 기울이며 사역하고 있다.

3. 광장에서 만나는 한국 기독교의 현실

1) 변화하고 있는가?

기술이 급속도로 발전해가고, 세계정세가 하루가 다르게 변해가며, 과학발전과 민주주의의 성숙도가 더해져 감에 따라 한국 사회는 이전 세대가 경험하지 못한 급격한 변화에 직면했다. 정치, 경제, 교육, 문화 전반에 걸친 이러한 변화는 사람들의 사고체계를 바꾸고 삶의 풍경도 달라지게 만들었다. 성(性)으로부터 시작해 전통적인 가정에 대한 개념까지 기준을 세우기에는 각자의 기준이 달라졌고, 중심을 이루던 삶의 양식도 그 중심성이 상당히 미약해졌다.[3] 그런데도 한국교회가 제시하는 가정과 성에 대한 역할, 정치와 경제에 대한 인식은 사회의 인식수준과 비교할 때 '건강성'이라는 측면으로만 강조하기에 편협함과 보수성에 치우쳐 있다고 할 수 있다. 종교개혁 이후에 '노동'의 가치성에 중점을 두었던 삶의 태도는 AI 시대가 도래하면서 노동으로의 헌신이 아닌 삶의 질(質)을 중요하게 생각하고 있다. 기독교인들은 이러한 삶의 변화와 시대적 흐름에 대해 신앙적으로 어떻게 판단하고 사고해야 하는지에 대해서 알기 원하지만, 대부분 목회자는 교회 내 모임과 활동을 유지하고 성장시켜 가는 데 필요한 목회적 대안과 방법론에 근거한 설교와 프로그램을 진행하고 있다.

2) 채워주고 있는가?

한 청년이 문자를 보내왔다. 한 스님의 책에서 감명받은 문구를 사진을 찍어 보내며 '기독교인인데, 스님의 글에서 감동하는 제가 잘못된 걸까요?'라는 내용이었다. 이 사례에서 보듯이 기독교인들도 다른 종교 지도자들의 강론을 접하고 책을 읽는다. 문제는 그들이 교회 내에서 접했던 메시지로는 해결되지 않았던 문제들에 대해 다른 종교 또는 무신론자들의 책과 강연, 모임에서 문제해결의 실마리를 찾는 경우가 훨씬 많다는 것이다. 오늘도 교회 내 설교와 강연들은 대체로 변증법적 사고를 통한 대안 제시나 자신이 속한 교단의 신학에 기인해 안전한 범주 안

---

3   통계청의 2016년 인구주택총조사에 따르면 3인 이하 가구 수가 1461만 6482가구로 전체 가구 수의 75.4%를 차지했다. 2045년이 되면 3인 이하 가구 수가 전체 가구 수의 91%를 차지하리라 전망했다. 전통적인 4인 가구의 개념이 사라지게 된 것이다.

에서 교인들을 양육하고자 한다. 관심이 '양'에게 있기보다 '목자' 자신이 어디에 속해 있는가? 에 더 많은 고민과 사역의 범위를 정하고 있는 형국이다. 대부분 기독교인에게는 자신이 어느 교단에 속해 있는지의 문제가 아니라 어느 교회가 나의 영적인 필요를 채워주는가? 에 더 많은 관심을 기울인다. 가족이나 자녀의 신앙교육과 같은 이유로 출석하고 있는 교회를 옮기지 못하더라도 이들은 인터넷이나 자신의 필요를 채워주는 교회 밖 프로그램에 기꺼이 참여하며 내면의 필요를 채워간다. 현재 대부분 교회는 제도화되고, 제도화를 만들어가는 과정에서 형식적인 요건(주일학교, 성가대, 교회가 시행하는 사회봉사 등)을 유지하기 위해 제한된 시간에 참여하는 교인들에게 채운 이전에 나눔과 봉사를 강조하고 있다. 오랜 신앙생활을 하며 열심을 냈던 교인들의 상당수가 이러한 패턴에서 오는 피로감을 호소하고 있다.

3) 열려 있는가?

사람들은 더 교회를 향해 도덕성이 높고 사회의 기준을 제시해줄 수 있는 영적 지도자 역할을 기대하지 않는다. 목회자들의 탈선과 대형교회의 각종 문제가 심심치 않게 대중매체에 등장하고, 생활 속에서 만나는 기독교인들의 삶이 자신들과 큰 차이가 없다고 느끼기 때문이다. 도리어 교회와 기독교인의 비율이 높은 지역이나 집단일수록 기독교로 인해 분열이 심하고 집단이기주의적인 태도를 훨씬 많이 보아온 탓에 교회의 신뢰도는 대단히 낮다.[4] 이러한 때에 여전히 기독교가 폐쇄적이

---

4   기독교윤리실천운동이 2008년 시작한 한국교회의 사회적 신뢰도 여론조사에서 기독

고 방어적인 태도로 홀로 옳음과 바름을 확보한 집단인 것처럼 생각하고 말할 때, 그것은 독백일 뿐이지 의미 있는 대화와 변혁의 자리까지 갈 수 없다는 것은 자명하다. 한국 사회는 90년대 I.M.F.와 2000년대 세월호 침몰 사건, 가장 최근 들어 촛불집회 등의 지점에서 과거와는 다른 사회적 인식의 대전환이 이루어져 왔다. 이러한 사건들은 기존의 신학과 교회 중심적 목회관만으로는 설명할 수도 없기에 기꺼이 경제 · 사회 · 정치전문가들과의 대화와 고민 속에 신학적 해법의 실마리를 찾아야 함에도 그러한 노력이 미미하다는 것이 안타까운 현실이다.

4. 문화 선교적 입장에서 제시하는 신학적 과제

1) 높이

'소확행'(지금 여기서 소소하게 즐길 수 있는 작지만 확실한 행복)과 '워라밸' (Work-life-balance)이 트렌드인 시대다.[5] 집은 포기해도 담배와 위스키 한 잔은 포기하지 않는 세대다.[6] 이들 세대를 위하여 기독교가 시류에 편승

교의 신뢰도는 최하위다. 2017년 발표한 결과를 보면, 가장 신뢰하는 기관이 '시민단체 (29.9%)', '종교기관'(9.7%) '언론기관'(10.9%)이며, 종교기관 가운데 신뢰하는 종교는 가톨릭(32.9%)〉불교(22.1%)〉기독교(18.9%)의 순으로 기독교가 가장 낮은 비율을 보였다.

5 서울대학교 소비트렌드분석센터가 발표한 2018년 10대 트렌드에서 이 두 단어가 모두 포함되어 있다.

6 2018년 3월 개봉한 한국영화 '소공녀'(감독 : 전고은)에서 미소(이솜 분)의 이야기이며, 안정된 직장을 잡지 못하고 주택문제를 해결하지 못한 세대의 현실을 표현한 작품이다.

한 작은 행복만을 추구하는 것은 구원의 성서적 개념과도 다르다. 개인의 내적 만족만을 채우며 종말론적 희망을 제시하지 못하는 기독교는 정서적 위안을 주는 개인주의 영성에 그치기 때문이다. 그런 세대에게 하나님 나라를 그대로 제시할 때 이들에게는 또 하나의 거대 담론으로 다가올 수 있는 위험성이 있다. 1980~90년대를 관통했던 복음주의권에서 통용되던 기독교 세계관과 하나님 나라 운동이 2000년대 이후의 세대들에게 피상적으로 여겨지는 까닭이 여기에 있다. 낙관주의적 희망이 아닌 현실에 잇닿는 생활과 세계에 대한 구체적인 언어와 큰 그림이 필요하다. 따라서 '삶'을 중심에 둔 변혁과 도시 공동체로서의 연대적 운동이 계속 시도되어야 할 것이다.

2) 깊이

존재론적 변화를 가져올 메시지와 영성훈련의 계발이 시급하다. 목회자 스스로가 신학교 시절부터 인간 이해와 내면의 변화에 관한 깊은 연구와 이해가 부족한 것이 현실이다. 프로그램화되어있는 목회현장에서 사역자들은 깊이에 대한 고민보다 프로그램을 잘 기획하고 운영하는 역할로 자신을 규정하지 않도록 해야 한다. 설교, 기도, 상담, 예배 등 직접적인 기독교 신앙의 정수를 만날 수 있는 영역에서 깊은 차원의 영적 해갈을 경험할 수 있도록 도와야 한다. 그렇지 않기 때문에 교회 안에 드러나는 가장 큰 현상 중의 하나는 피상적이라는 것이다. 믿음과 성경에 대해 피상적인 이해를 한다. 그래서 인생의 중요한 선택의 순간에 그들이 믿고 있는 바가 그 선택에 큰 영향을 미치지 못한다 …[7] 목회자와 리더들이 기독교 신앙의 깊음에 눈을 떠야 한다. 이러한 세계에 눈을 뜨고 배울 수 있는 기회를 제공하며 성장하는 것이 방법론보다 우위에 있어야 할 것이다.

3) 넓이

교회와 가정이라는 울타리 안에 머물지 않아야 한다. 교회 밖 세상과 연결하며 지평을 넓혀가야 한다. 그동안 농촌에서 도시로 이주하는 가운데 필요했던 대안공동체의 역할을 교회가 감당해왔다면 이제는 그러한 역할을 넘어서 과감히 지역사회의 플랫폼이 되어야 할 것이다. 자본주의와 경쟁주의로 치닫는 시대의 흐름 속에서 평화와 공존을 지향하는 교회는 어느 단체나 조직, 종교에서도 이룰 수 없는 넓은 품을 가질 수 있다. 가정 역시 그 의미가 수(數)와 지역에 정착하는 의미의 혈연공동체로부터 함께 연대할 수 있는 가치공동체로서 그 범위를 넓혀가야만 할 것이다. 교회는 세상 가운데 존재해야 한다. 그런 의미에서 교회는 사적일 수 없으며 공적기관임을 다시금 인식해야 한다. 또한 교회가 공적임을 인식한다는 것은 우리가 살아가는 사회의 구조와 틀 안에서 가장 연약한 이들에 대해 고려하는 것이다. 만유의 주를 섬기는 교회는 사회보다 넓은 범위의 세상에 대한 고민과 기도 그리고 실행에 대한 준비를 해야 한다.

---

7   David Kinnaman, *You lost me*, 이선숙 역 『청년들은 왜 교회를 떠나는가』 (서울, 국제 제자훈련원, 2015), 165-167.

5. 문화선교적 입장에서 제시하는 실천적 과제

1) 경험성

최근 현대의 마케팅과 매스미디어는 경험에 초점을 두고 있다. '옳음'을 계몽하지 않고 '매력'을 긍정하며 마음에 호소하고 있다. 사람들은 폭발적으로 반응하고 있다. 사람이 어떤 존재인지에 대해 정확히 이해한 이들이 욕망과 정서에 신호를 보낸 반응을 예측했기 때문이다. 기독교는 그간 관념에 지나치게 의존하며 몸과 마음이 경험하는 신체성의 중요성을 간과해왔다. 지적이며 인지중심적인 접근을 넘어 체험과 실천의 중요성을 강조하는 방향으로 무게중심이 이동되어야 한다.[8] 더구나 다가오는 세대는 더 이상 문자와 그림을 통해 정보를 취득하지 않는다. 이들은 동영상을 인터넷에서 찾아 필요한 정보와 교육을 스스로 터득한다. 정보와 지식을 가진 교사의 교육을 수동적으로 받아들이던 시대를 넘어 흥미와 수평적 관계에서 제공하는 경험으로 채워진 영상언어를 통해 세계라는 문을 열고 있다. 놀이가 유보된 청소년기를 보내며 정해진 학습으로 기성세대에 편입하던 방식과는 전혀 다른 시대가 시대다. 교육은 이들로 하여금 기성세대의 권위 아래 위계질서를 따르는 중요한 룰이었다. 그러나 다가오는 세대는 스스로 편집권을 가지고 있다. 언제든지 자신이 가지고 있는 지식과 정보를 통해 새로운 경험을 만들어 내고 이를 통해 힘을 획득한다. 경험성에 눈뜨지 않으면 안 되는 이유가 여

---

8   James K. A. Smith, *Desiring the Kingdom,* 박세혁 역 『하나님 나라를 욕망하라』 (서울, IVP, 2016), 62-65.

기에 있다. 전통적으로 교회는 이러한 경험성을 '집회'를 통해 경험되는 종교적 체험에 과도하게 의존해왔다는 사실이다. '회심'과 '영적체험'이라는 것에 대한 강조인데, 이를 통해 교회가 지향하는 목표에 '헌신'을 요구할 수 있었고, 이것이 교회성장의 큰 축이었다. 어느 사회나 집단에서도 찾아볼 수 있는 현상인데, 문제는 성장이후 돌아간 자리에서의 일상에 대한 경험성을 제공할 만한 것들이 부재하다는 것이다. 주일공동예배를 드리는 시간 외에 신앙을 삶의 자리에서 경험할 수 있는 공간과 언어의 부재는 기독교인으로 하여금 양극화 현상을 가져오게 했다. 한가지는 예배와 집회의 경험에 대한 요구가 더욱 강렬해진다는 것이고, 다른 하나는 신앙과 삶의 분리라는 것이다. 두 번째 분리현상을 기독교인의 윤리적 삶의 실천이 부족하다는 것으로 규정짓기에는 그들이 가지고 있는 내적요구와 일상에서 누리는 경험성에 대한 부족을 간과해서는 안 된다는 것을 지적하고 싶다. 앞으로 문화선교는 '회심'과 '영적체험'이라는 신앙의 원체험에 대한 강조를 넘어 일상 안에서 그들이 경험하는 삶에 대해 경험성을 어떻게 해석해주고 신앙과 삶의 다리를 연결해주는 작업을 지속적으로 추구해야 할 것이다.

2) 관계성

현대사회는 불안한 사회다. 심리적인 불안뿐만 아니라 그들의 안식처가 되는 직장과 거주지가 내일이면 무너져버릴지도 모른다는 염려가 사회가 팽배해 있다. 어떤 지위나 일자리도 보장되지 않으며, 기술조차도 그 효용기간이 짧다는 것이다. 사회가 보장해주는 인권조차 그들의 안정망을 확보해주지 못하고 있다. 생계, 사회적 지위, 기술의 효용성,

자기존엄성을 유지할 권리는 이처럼 지극히 불안정한 토대 위에 세워져 있다.[9] 또한 대중매체와 이미지 산업을 통해 맺게 되는 관계의 불확실성은 인간이 가질 수 있는 만남을 통해 얻게 되는 안정감은 사라지고, 정체성을 계속 바꿔쓰는 가면의 연속으로 만들며 연속된 삶이 사라진 채 단편적 사건들로만 남게 만든다.[10] 이러한 것들이 이어지면서 사람들은 그들을 짓누르는 불확실성이라는 여건으로 인해 살면서 의기소침해진다. 무한한 가능성의 선택에 대한 모든 책임이 개인으로 귀결되는 구조이기 때문이다. 사람들은 선택이 단순한 세상, 올바른 선택에 대한 보상이 보장되고 선택의 실수에 대한 책임이 덜해지는 상황을 염원하게 된다. 사람들은 '대대적으로 단순화'된 세상에 대해 매력을 가질 수 밖에 없다.[11] 기독교는 관계를 기반으로 이루어졌기에 이러한 현대인들의 불안을 치유하고 평안을 줄 수 있는 공동체이다. 이를 오용할 때 일부 대형교회에서 이루어지는 건강하지 못한 신앙의 형태나 집단적 이기주의로 변질될 수 있다. 그러나 기독교 고유의 관계성을 살려낼 때 사회는 기독교의 메시지에 눈을 돌리기 시작할 것이다. 우선 현대사회에 만연한 '장소상실'(placelessness)문제에 도전하는 것이다. 도시 안에서 살아가는 현대인들에게 과잉이동과 일시성으로 인한 피로감이 만연해있다. 따라서 도시 안에 있는 교회와 기독교기관들이 가지고 있는 근접성을 매개로 이들에게 의미있는 장소로 안식처를 제공하는 것이다.[12] 환대를 통해 파편화되

---

9   Zygmunt Bauman, *The Individualized Society*, 홍지수 역『방황하는 개인들의 사회』(서울, 봄아필, 2014), 143-144.

10   위의 책, *145.*

11   위의 책, *147.*

12   John Pattison, *Slow church : cultivating community in the patient way of Jesus*, 김윤희 역『슬로처치』(서울, 새물결플러스, 2015), 307-308.

어 있는 현대인들의 일상에 구원의 집에 거하도록 초대하는 것이다.

3) 창조성

안심은 교회가 경계해야 할 가장 큰 적이다. 따라서 격변의 시대를 살고 있는 교회는 좁은 시야로 신학과 목회를 견지하면 갈수록 그 입지가 줄어들 것이다. 비평과 새로운 정보에 개방적이며, 세상에서 만날 수 있는 사람들과 있는 모습 그대로 교류할 것이 요청된다. 불확실성과 질문에 자신을 노출하고 자신의 무지와 부족을 인정하는 용기를 내는 가운데 포괄적이면서도 변화를 가져올 수 있는 하나님 나라의 비전이 필요하고 그것을 수행할 창조적인 지혜가 요청되는 것이다.[13]

6. 나가는 말[14]

2020년 코로나19가 전 세계를 휩쓸었다. 기독교 역시 그 파장에서 비켜갈 수 없었다. 이제까지 당연시해왔던 모든 것에서 변화에 응답해야 하는 한 해를 보냈다. 필름포럼도 그 여파 속에 상기한 방식의 문화선교를 상당 부분 중단하거나 축소해야 했다. 향후 코로나19가 종식되더라도 1년 이상 비대면 속에 온라인으로 문화적인 필요를 채우고, 기존

---

13 Phioip Clayton, *Transforming Christian theology : for church and society*, 이세형 역 『신학이 변해야 교회가 산다』 (서울, 신앙과지성사, 2016), 277.

14 본 맺음말은 2020년 12월에 수정했다. 2020년 코로나 19으로 인해 급변한 문화선교의 지형을 염두에 두고, 향후 전개될 사역의 전망을 추가했다.

의 기독교 신앙 패턴이 변화될 것이라 예상한다. 이에 필름포럼은 2020
년 10월, 기독교 신앙의 관점에서 영화를 분석하고 해석의 관점을 제공
하는 유튜브 채널 '추상미 이무영의 시네마브런치'를 열었다. 동시에 기
존의 현장 강의로 진행하던 아카데미 강좌를 '줌(ZOOm)'에서 온라인으
로 수강하도록 변경해 정신분석 강의와 미학 강의를 마쳤다. 향후 성서
학 강좌와 시나리오 작성 강좌를 준비하고 있다. 2021년 1월에는 영화,
미술, 음악, 문학 등 다양한 영역에서 기독교 문화선교를 이뤄갈 크리스
천 예술가들의 네트워크를 형성해 갈 'Art & Mission'을 한 달에 한 번,
금요일 오전 필름포럼에서 시작하려 하고 있다. 아울러 이제까지 해왔
던 문화적 경험을 더 정교하게 디자인해서 온라인으로 대체될 수 없는,
현장에서만 누릴 수 있는 문화선교를 만들어갈 과제가 놓여 있다. 이천
년, 기독교 역사는 시대와 상황 속에서 그에 맞는 선교적 방법을 찾아 그
에 응답하는 여정이었다. 필름포럼도 본 고에서 밝힌 사역과 함께 코로
나19 이후 펼쳐질 사람들의 정서와 사회적 필요를 연구해 그에 맞는 문
화선교를 이루어 가도록 노력할 것이다.

제11장

기독교 통일운동에 대한 신학적·역사적·실천적 평가와 발전적 대안 모색[*]

1. 들어가는 말

본 연구의 목적은 기독교 통일운동을 역사적 신학적 실천적 관점에서 종합적으로 검토·평가하고 앞으로의 진로에 대한 제안을 하는 것이다. 시기별로 초점이나 양상에 차이가 있지만 통일운동의 전개과정, 통일운동에 대한 신념, 실천적 전략 등의 논점을 주로 다룰 것이다. 기독교 통일운동의 태동기는 1960~70년대로 보아야 할 것이며, 1970년대 말에 이르러 통일운동은 민주화 및 인권 운동과 깊은 연속성을 갖고 있다는 인식이 자리 잡게 되었다. 1980년대 기독교 통일운동은 한국교회가 세계교회와의 소통과 협력을 강화할 뿐 아니라 남북교회 주체들의 만남과 대화가 의미 있게 이루어지고 발전적으로 전개된 시기라 할 수 있으며, 1990년대는 통일운동의 다양화로 특징지을 수 있을 것인데 특별

---

[*] 이창호(장로회 신학대학교 교수, 기독교와 문화)

본 장은 다음의 문헌을 토대로 작성한 것임을 밝힌다. 이창호, 『평화통일 신학과 실천: 기독교 통일연구의 흐름과 전망』 (서울: 나눔사, 2019), 146-79.

히 복음주의 진영이 이론적 심화와 연동하여 보다 적극적으로 통일운동에 참여하게 된 시기라는 점을 주목할 필요가 있다. 2000년대는 1990년대의 특징인 통일운동의 다양화가 확장된 시기로 통일운동에 대한 신념과 구체적 전략에 대한 연구가 더욱 활성화된 시기라고 평가할 수 있다. 앞으로의 진로에 관해, 이러한 다양화의 방향성을 존중하면서 통일운동 연구의 지평을 정책과 제도, 정치사회적 과정 그리고 사회문화적 통합과 사람의 통일에까지 확장할 것을 제안할 것이다.

2. 통일운동 연구사를 통해서 본 기독교 통일운동의 역사 개관

여기서는 기독교 통일운동사에 대한 연구의 빛에서 시기별 통일운동의 주된 특징을 개관적으로 살피고자 한다. 먼저 1980년대이다. 이삼열은 교회협의회 선언(1988)을 비롯하여 KNCC의 과제를("한국 기독교와 통일운동: 교회협의회 선언의 입장과 배경"과 "평화통일운동과 NCC 과제"), 박원기는 KNCC 2 · 29 선언을("평화통일과 교회의 문제: KNCC 2 · 29 선언에 대한 논평"), 박순경은 WCC 신앙과 직제 위원회의 동향에 연계하여 교회연합과 민족통일의 문제를("교회연합과 통일문제: WCC 신앙과 직제위원회의 동향에 관련해서"), 그리고 강문규는 남북교회 지도자회의를 통일운동의 맥락에서 검토하고 평가하였다("민족통일과 기독교의 역할: 남북교회 지도자회를 중심으로"). 강문규는 "한국교회 통일운동의 재평가"라는 글을 통해 기독교 통일운동에 대한 포괄적인 평가를 시도하였다. 이 시기 기독교 통일운동은 교회협 선언에 중점이 있음을 선명하게 알아차릴 수 있으며, 이 선언의 구현이 통일운동의 중차대한 목적이었다고 할 수 있다.

1990년대는 1980년대와 견줄 때 상당한 성장이 있었음을 알 수 있는데, 통일운동의 참여주체의 확대, 운동의 다양화, 정부 정책과의 연계 등의 요소들을 주목해야 할 것이다. 특히 통일희년(1995년)과 같은 중대한 역사적 계기 그리고 남북한 유엔 동시 가입과 같은 남북 관계의 현안과 관련된 연구와 논의가 활발하게 이루어졌다는 점을 밝혀 두고자 한다.

기독교 통일운동에 대한 진지한 평가와 성찰 그리고 발전적 전개를 위한 대안 모색이 활발하게 이루어졌다. 이근복의 "통일희년운동의 평가와 과제," 박순경의 "민주통일운동의 역사적 조명: 1945년부터 1980년까지를 중심으로," 노치준의 "분단 극복과 기독교 평화 운동," 이만열의 "한국 기독교 통일운동의 전개과정," 이재정의 "한국교회 통일운동과 신학적 논의," 김상복의 "기독교와 통일운동," 박헌옥의 "분단 50년, 한국교회의 통일운동을 진단한다," 허문영의 "한국 기독교 통일운동의 발전적 전략," 오재식의 "민족 통일운동을 위한 연합과 일치," 노정선의 "김일성시대 이후 북한 핵 문제와 통일운동의 길," 이재웅의 "기독교 평화통일운동의 평가와 과제" 등을 주목할 만하다. 통일운동의 주체들에 대한 평가와 제언을 목적으로 하는 연구물들도 계속 생산되었는데, 이재정의 "평화통일을 향한 교회협의 전망," 박경서의 "통일을 위한 남북 교회의 역할," 이상규의 "해방 후 한국교회의 민주화운동과 통일운동" 등을 그 보기로 들 수 있다.

이 시기 한국교회가 주목한 역사적 의제 한 가지는 통일희년이다. 1995년은 광복과 분단 50년이 되는 해로서, 하나님의 절대적 은혜의 해로서 희년을 한반도 역사에 적용하여 그 은혜 가운데 분단의 고통을 겪고 있는 남한과 북한이 평화공존과 통일의 길로 들어서기를 소망하고 또 이러한 역사적 진로를 위해 헌신할 것을 다짐하며 '통일희년'으로 제정하고 선포한 것이다. 희년과 통일을 연계하여 통일을 지향하는 이론적 실천적 토대를 굳게 다지고자 하는 의도가 내포되어 있는 것이다. 희년의 정신과 신학적 의미를 한반도 통일의 관점에서 토착화하고 이를 실제적으로 구현하여 통일에 기여하고자 하는 목적으로 한 연구가 다양하게 이루어진다. 박순경은 "민족의 고난과 통일희년"에서 예수 그리스도의 고난 곧 인류와 세계와 역사를 위한 대속적 고난은 부활을 통한 구원과 하나님 나라의 완성으로 이어지듯이, 민족사적 고난은 예수 그리스도의 십자가와 부활의 빛 안에서 구원사적 의미를 획득하여 새사회 새민족의 창출로 이어질 것이라고 주장한다. 통일희년은 고난의 구원사적 이해와 해석학적 융합을 통하여 새로운 적용의 가능성을 확보하게 되는데, 특별히 희년의 민족사적 적용에 있어서 한편으로 민족사에 새로운 세계가 도래하기 위해서는 세계변혁을 위한 변혁이론의 도움이 필요하며 다른 한편으로 부활과 하나님 나라의 빛에서 그러한 변혁이론을 비판적으로 재해석해야 함을 강조한다. 김용복은 "민족 통일과 평화를 위한 종파간의 협력"에서 한국사회는 다종교 사회이며 이 사회를 구성하는 개인과 다양한 공동체들은 종교적으로 다중적 다차원적 경험을 축적하고 있다는 점을 지적하면서, 민족의 통일을 위해 종파간 소통과 협력이 절실하다는 점을 강조한다. 어떻게 협력할 것인가? 기독교가 어떻게 종파간 협력을 이끌어낼 것인가? 김용복은 기독교가 주도권을 가지기 위해서는 무엇보다도 기독교 내부적으로 협력과 연합을 강화하는 것이 우선되어야 한다고 강조한다. 또한 다른 종교에 대한 배타적 태도를 극복하는 것이 절실하다는 점을 밝힌다. 이러한 과업이 쉬운 것이 아니지만 3·1운동의 역사적 경험을 모범 삼아 그러한 기적이 다시 현실화

될 것을 믿음으로 간구하며 종파간 유기적 연대와 협력을 추구할 것을 권고한다.

'통일희년'과 연관하여, 김애영의 "통일희년운동과 여교역자: 교회 갱신에 대한 여성신학적 접근," 김창락의 "평화통일희년을 향하여: 그리스도의 평화," 안병무의 "희년선포와 통일헌법," 이근복의 "통일희년운동의 평가와 과제," 박종화의 "통일희년 성취를 위한 남북교회의 공동노력: 남한교회의 프로그램 제안," 정경호의 "통일희년을 향한 한국교회"와 "분단 50년과 평화통일의 신학," 최영우의 "통일 한국에서 희년법의 위치: 토지문제를 중심으로" 등 풍성한 연구 결실이 있었다. 희년 통일신학이라고 일컬을 수 있을 만큼 희년을 중심으로 통일의 신학적 담론이 형성되었다고 평가할 수 있고, 좀 더 포괄적 관점에서 통일신학의 논의가 '평화'에 관한 기독교적 담론(혹은 평화신학적 담론)의 틀 안에서 이루어지고 있다는 점을 지적해 두고자 한다.

2000(2000~2009)년대에도 통일운동에 대한 평가와 발전적 대안을 마련하고자 하는 연구와 실천은 지속되었다. 박명수의 "반공, 통일, 그리고 북한선교: 한국기독교교회협의회(NCCK)와 한국기독교총연합회(CCK)의 비교연구," 허호익의 "한국기독교의 통일논의의 역사와 통일의 실천적 과제: 한국기독교학회와 한국기독교교회협의회를 중심으로," 조이제의 "민주화 시대 이후의 한국교회: 통일운동과 민족자주화운동을 중심으로," 정지석의 "NCCK(교회협) 통일운동은 잘 가고 있는가?: 교회협 평화통일운동의 정신과 과제," 권혁률의 "기독교통일운동의 출발신호, 88년 통일선언," 이만열의 『한국기독교와 민족통일운동』, 노정선의 "반통일세력의 내용과 대응전략," 노정선의 "통일 시대의 남북나눔운동의 새 패러다임" 등이 있다.

2010년대(2010~현재)에도 통일운동이나 통일정책에 대한 평가와 전망을 과제로 삼은 연구가 계속되었으나 이전 시기에 비해 약화된 양상을 띠는데, 여기서 우리는 기독교 통일운동이 이전 시기들에 비해 약화되었다는 진단을 내릴 수 있을 것이다. 이유나의 "'88선언' 전후시기 한국기독교교회협의회(KNCC)의 통일운동과 제 세력의 통일운동 전개," 김성원의 "최근 기독교 통일운동의 흐름과 제언," 이찬수의 "한국 종교의 평화 인식과 통일운동: 기독교계를 중심으로," 유경동의 "남북한 평화통일과 기독교윤리의 과제: 제3의 대안은 없는가?" 등이 대표적인 보기들이다. 최근의 연구로, 김명배는 "한국교회 통일운동의 역사와 그 신학·사상적 배경에 관한 연구"에서 기독교 통일운동을 통시적으로 살피고, 기독교 통일운동의 진보를 위한 구체적 실천 방안을 제안한다. 또한 통일정책에 대한 연구로는 필자의 "역대 한국 정부의 통일 정책에 대한 기독교 윤리적 응답: 전쟁과 평화 전통을 중심으로"와 이동춘의 "박근혜 정부의 통일정책에 대한 기독교 윤리적 비평"을 그 보기로 제시할 수 있다.

3. 기독교 통일운동의 주요 특징들

1) 한국 기독교의 토대적 '통일운동'들과 교회 내적 평가 및 발전적 대안 모색

이삼열은 "한국 기독교와 통일운동: 교회협의회 선언의 입장과 배경"[1]에서 1988년 교회협 선언을 평가하면서 기독교의 통일운동이 발전적으로 전개되어야 함을 역설한다. 무엇보다도 통일의 문제를 한국 사회와 교회가 직면하고 있는 역사적 과제와 결부하여 볼 수 있어야 한다고 강조한다. 통일은 민주화의 사명과 직결되어 있다. 군사 독재 정권의 종식이 전제되어야, 통일도 참된 의미를 획득할 수 있다는 생각은 박정희 정권이 무너진 뒤 바로 다른 군사 정권이 들어서는 현실 앞에서 힘을 잃게 되었다는 점을 밝히면서, 민주화와 통일은 따로 가는 것이 아니라 함께 구현되어야 할 절실한 목적이라고 주장한다.[2] 또한 통일은 평화의 과제와 연계해서 추구해야 함을 강조한다. 핵의 위기가 세계 평화를 극단적으로 위협하고 있으며 또 그 위기의 중요한 한 국면이 바로 한반도의 분단 상황임을 고려할 때, 통일은 평화의 과정 곧 한반도에 평화를 정착하기 위한 지속적이고 치열한 노력의 과정을 통해 이루어질 수 있다는 것이다.[3] 다시 말해, 한반도 분단의 상황에서 통일과 평화가 불가불

---

1   「기독교사상」 32(7) 1988. 7, 14-30.

2   이런 인식은 근본적으로 역사적 상황적 변화에 기인한다. 이에 대한 이삼열의 설명을 들어보자. "80년대 초 민주화에 좌절을 당한 기독교 민주운동가들이 적어도 이제는 민주화 운동과 통일운동을 분리하거나 별개의 것으로 볼 수가 없다는 인식에 도달한 것은 상황의 변화에 따른 당연한 귀결이라고 생각된다. 통일이 되지 않은 분단 상황, 즉 적대적이며 위협적인 남북의 분단이 곧 남북한 양쪽에 민주주의를 제대로 할 수 없게 만드는 요인이라는 인식이, 결국 민주화를 위해서도 이런 분단이 극복되고 평화적인 관계의 수립과 통일이 이루어져야 한다는 민주화와 통일의 관련성에 대한 인식을 수반하게 되었다고 볼 수 있다." 위의 글, 17-18.

3   남북 간의 첨예한 적대적 관계성을 고려할 때 통일 논의에 있어서 평화와 통일의 연관성을 중요하게 인식하고 이론적으로 또 실천적으로 논구하는 것이 요구된다고 이삼열을 강조한다. "'평화를 만드는 자가 되라'(마 5:9)는 평화의 복음을 한반도와 같은 반평화적인 상황에 적용시킬 때 이것은 구체적으로 남북한의 전쟁을 방지하고 긴장을 완화하며, 분단을 극복해서 민족이 함께 통일을 이룩하는 것을 의미한다는 것은 너무나 당연한 논리였다. 그러나 한국에선 이제까지 이 당연한 논리를 북한에 대한 적대감과 원수상 때문에, 또 실질적인 북한의 침략 위험 때문에 이해하지도 수용하지도 못했던 것이다. 핵전쟁까지 할 수 있는, 가장 전쟁 준비가 완벽하게 된 남북한에서 평화를 실현하기 위해서는 더 이상 무력 대결이나 군비 경쟁을 해서는 안 되며 대화와 신뢰 형성을 통해 적대의식과 공격성을 제거하고 정치 체제와 이데올로기의 갈등을 넘어서 화해하고 평화적인 공존을 이루며, 가능하면 완전한 통일에까지 나아가지 않으면 안 된다는

리의 관계에 있다고 한다면, 이는 통일은 평화의 결과라는 관점과 통일은 평화의 큰 맥락에서 이해하고 또 추구되어야 할 역사적 과업이라는 관점을 동시에 내포한다고 하겠다. 한 가지 더 생각한다면, 통일과 선교의 관계성이다. 한국 기독교는 1960~70년대를 거치면서 국가권력의 권위주의적 통치와 경제성장·일변도의 국정운영으로 인해 발생한 부정적 결과들 곧 민주주의의 후퇴나 사회적 약자의 소외 심화 등의 결과들을 치유하고 개선하기 위한 선교적 사명을 감당했다. 이에 교회(특히 진보적 기독교)는 인권 선교, 사회정의 선교, 빈민 선교 등의 기치를 내걸고 헌신적으로 실천하였던 것이다. 앞에서 언급한 대로, 민주화와 통일이 따로 떨어져 있는 것이 아니라는 점을 각성하면서 교회는 인권 선교나 사회정의 선교는 이제 통일을 지향하는 평화 선교와 본질적으로 결부되어 있음을 인정하게 된다.[4] 특별히 평화 선교가 다른 형태의 사회적 선교의 진보와 성숙을 위한 중요한 돌파구적 계기가 될 수 있다는 점을 인식하게 되었음을 이삼열은 지적한다.

아울러 이삼열은 기독교의 통일 논의에 있어서 정치사회적·역사

평화와 통일의 관련성에 대한 인식이 강하게 부각되게 되었다고 할 수 있다. 한반도에서의 평화는 곧 적대적 분단의 극복에서 평화적인 공존과 민족적 통일에 이르는 전 과정을 포괄하는 개념이어야 한다는 것이 새롭게 인식되었다." 위의 글, 18.

4   이 점에 있어서도 상황적 특수성을 주목할 필요가 있다. 기독교 진보 진영은 민주화 운동, 인권 운동 등을 선교의 중요한 축으로 이해했는데 분단 체제와 그것과 연관된 정치적 반작용이 이러한 선교의 진로를 가로막게 되었다는 점을 이삼열은 지적한다. "기독교가 선교적 행위로 실천해 오던 인권 운동, 사회 정의 운동, 민주화 운동이 분단 체제하의 안보와 이데올로기 문제에 부딪혀 더 진전할 수 없게 되자, 이의 돌파를 위해서도 분단의 극복과 통일이 요구되는 것을 인식했으며 이를 선교적 과제로 삼게 되었다. 그 후 80년대에 돌아와서는 평화 선교가 강조되면서 평화를 만드는 선교적 행위가 구체적으로 남북의 화해와 신뢰, 평화적 통일 과업으로 연결되자, 통일 문제가 곧 신앙과 선교의 문제와 밀접히 관련된다는 의식이 더욱 강화되게 된다." 위의 글, 19-20.

적 관점에서의 성찰과 토의 뿐 아니라 진지하고도 치열한 신학적 숙고와 논의의 필요성을 밝히면서, 근본적으로 기독교회가 수용해야 할 발상의 전환이 있음을 강조한다. 분단을 악의 근원으로 보고 분단의 극복을 절체절명의 과제로 삼아야 하며, 이 과제를 풀기 위해 무엇보다도 분단의 원인이 '나'에게 있다는 철저한 자기성찰과 반성이 전제되어야 한다는 발상의 전환이 있어야 한다는 것이다. 또한 기독교회는 정부와 민간 부분 등 통일의 주체들이 분단 체제의 유지가 아니라 통일에 우선순위를 두고 통일 논의와 정책 결정 및 집행에 임하는 방향으로의 발상의 전환을 적극적으로 수용할 수 있도록 힘써야 한다고 이삼열은 역설한다.[5] 이런 맥락에서 교회협 선언의 다섯 가지 원칙 곧 자주의 원칙(민족 우선의 원칙), 평화의 원칙, 민족 대단결의 원칙(신뢰와 교류 우선의 원칙), 민주적 참여의 원칙(민중 우선의 원칙), 인도주의의 원칙(인도 우선의 원칙)의 진의를 확인하는데, 그 진의란 통일보다 분단 체제에 더 큰 비중을 두는 통일 논의와 운동 그리고 정책실행이 실질적인 통일에의 진보를 가로막는 근원적 원인임을 인지하면서 민족 전체의 이익과 한반도 평화 구현에 남북이 공동으로 매진하고 다양한 형태의 교류를 증진하되 아래로부터의 교

---

5   이러한 발상의 전환은 통일 논의와 운동의 민주화와 긴밀하게 연결되어 있다는 점을 이삼열은 지적하는데, 이를 주목할 필요가 있다. "정부나 집권층만이 주도하고 독점하는 통일 방안과 논의는 이런 한계를 벗어나기 어렵다는 인식이 새롭게 획득되었다. 이제까지 국민들은 통일에 관한 논의를 타부시하고 자제하도록 강요되었고, 정부의 통일 정책이나 방안, 남북 대화의 내용들은 비밀에 부쳐졌던 것이 현실이었다. 통일은 민족 전체의 문제이며 누구나 자기의 삶이 관계된 문제인데도, 통일 논의는 이제까지 유신 시대엔 통일주체국민회의에서 하는 것으로 되어 있었고, 5공화국 때엔 평화통일자문회의에서만 할 수 있는 것으로 제한되었다. 이것은 통일 논의의 비민주적 성격을 드러내고 있다. 결국 정부나 집권층이 독점하는 통일 방안은 분단 체제의 유지를 우선적으로 생각할 수밖에 없다는 역사적 경험에 의해서, 기독교의 통일 논의는 민족 구성원 전체가 참여하는 민주적 통일 논의를 실현할 것을 촉구하며 강조하게 되었다." 위의 글, 26.

류도 장려하고 신뢰 구축이나 이산가족 상봉 등 인도주의적 실천을 우선시하는 원칙을 견지할 때 비로소 통일·지향적 패러다임으로의 전환이 이루어질 수 있다는 것이다.

강문규도 "민족 통일과 평화에 대한 교회의 입장"[6]이라는 글에서 교회협 선언에 대해 분석·평가하고 발전적 제안을 내놓고 있다. 크게 세 가지 제안을 한다. 인간론적 역사적 제한성을 환기하고 선언이 완전하지 않다는 점을 밝히면서, 그럼에도 전체가 아닌 부분을 떼어 특수한 정치적 의도를 가지고 악의적으로 왜곡하거나 폄하해서는 안 된다고 주장한다. 이러한 왜곡이나 폄하는 선언의 진정성과 참된 의미를 온전히 파악하지 못하는 결과를 낳을 것이라는 점을 우려하고 있는 것이다. 특별히 미군 철수나 평화 협정과 같은 정치적 쟁점들에 대한 선언문의 이해와 해석을 의도적으로 곡해함으로써 선언문을 부적절하게 정치화해서는 안 된다고 강조한다. 다음으로, 선언문이라는 결실을 맺기까지 세계 교회의 수많은 구성원들의 협력과 지원이 있었다는 점을 확인하면서, 계속해서 그들의 도움이 필요하겠지만 결국 좁게는 선언문의 구체적 실현 그리고 넓게는 통일이라는 지상 목적의 달성을 위해서는 한국 교회의 자기결정과 주체적 실천이 매우 중요하다고 역설한다. "지금까지는 한국교회의 통일 정책 참여의 입장이 부재한 가운데서 때로는 개인들의 판단으로 또 때로는 미국을 위시한 해외 기독교회의 시각과 계산 속에서 한국교회의 통일에의 선교 사명에 동참 내지는 지원을 해왔다. 그것이 가져다 준 결과는 반드시 언제나 한국교회의 뜻에 일치하지는 않았다. 결국에 한반도의 평화와 화해와 통일은 우리들의 자주적인

---

6   「기독교사상」 32(4) 1988.4, 174-80.

결단과 노력에 의해서 이루어져야 한다. 지금까지의 세계교회를 위시한 모든 우방교회들은 우리가 우리의 문제를 자유롭게 논의하지 못할 때 우리에게 토론의 자리를 제공해 주었고 우리에게 용기를 주기도 했다. 그러나 이제는 우리 스스로의 결단으로 대처할 수 있다고 믿고 이를 준수해 줄 것을 믿는다."[7] 마지막으로, 강문규는 선언문에 담긴 고백 정신이 남한과 북한 기독교 전체에 확산될 소망에 찬 비전을 제시한다. "우리는 이 고백적 선언문이 모든 한국교회에 골고루 침투되어 그 정신이 넘쳐흐름으로써 산 고백적 행동으로 승화되기를 바라며 나아가 이 고백정신이 북쪽에 있는 기독교인들에 의해서도 받아들여져 앞으로 맞아야할 한민족의 재통일을 위해 6천 만 동포 속의 남북기독교인 모두가 한 뜻으로 함께 기도드리고 통일을 앞당기는 일에 앞장설 수 있기를 바라마지 않는다."[8]

박종화는 "통일문제에 대한 기독교의 입장: 주요 통일방안의 검토"[9]에서 1980년대 교회 통일논의의 주요 계기들을 중심으로 통일운동의 전개과정과 의미를 논구한다. 1984년의 도잔소 협의회, 1986년의 글리온 협의회, 1988년의 교회협의회 선언 등을 주로 다룬다. 특별히 1988년 교회협 선언에 담긴 신학적 기독교윤리적 입장을 주목한다. 7 · 4 공동성명의 세 가지 원칙 곧 자주, 평화, 민족적 대단결의 원칙에 인도주의와 민중 우선의 원칙을 추가하여 다섯 가지 원칙을 제시했다는 점을 밝히고, 평화와 통일을 접목해야 함을 강조하되 그 의미는 평화가

7　위의 글, 180.

8　위의 글.

9　박종화, 『평화신학과 에큐메니칼 운동』 (천안: 한국신학연구소, 1991), 95-112.

통일에 이르는 과정일 뿐 아니라 동시에 목적이라는 점을 역설한다. 평화통일은 또한 정의로운 평화일 수밖에 없는데, 이 점에서 박종화는 인도주의 원칙과 민중 우선 원칙이 가치가 있음을 밝힌다. 곧 정치적 이념과 체제는 민족이라는 집단적 인간의 자유와 복지를 위해 존재해야 한다는 점, 민족공동체 구성원의 통일 과정에의 참여는 구체적으로 다수의 민중, 특히 고난 받는 민중이 주체적으로 참여할 수 있는 길이 열릴 때 온전히 이루어질 수 있다는 점 등을 고려할 때 이 두 가지 원칙을 견지하는 것은 정의로운 평화로서의 통일에 이르는 데 매우 중요한 일이라는 점을 밝히고 있는 것이다.

기독교 통일운동에 대한 진지한 평가와 성찰 그리고 발전적 전개를 위한 대안 모색은 1990년대에 더욱 활발하게 이루어졌다. 이근복은 "통일희년운동의 평가와 과제"[10]에서 1982년 교회협의 '통일문제연구 운영위원회' 구성을 기점으로 시작된 통일희년운동의 전개 과정의 핵심적 지점들 곧 1984년 도잔소 선언, 1988년 교회협 선언과 글리온 선언, 1991년 '희년을 향한 기독교 평화통일 협의회' 개최, 1992년 교회협 총무의 방북 등을 살피고, 이 운동의 성과와 과제(발전적 대안)를 평가 · 제시한다. 먼저 그 성과로는 기독교 안팎의 민주화 진영의 통일운동 촉발, 교회의 선언과 성명서에 대한 정부의 수용 유도, 한반도 통일 문제의 세계적 의제화, 북한교회의 위상 제고, 교회협 방북 등을 통한 교회의 통일운동에 대한 공식적 성과 인정, 통일희년추진위 결성 등을 통한 교회협 통일운동의 전국화 등을 제시한다. 다음으로 발전적 대안을 제안한다. 첫째, 남북합의서 채택 이후 실질적 진전이 있기 위해 교회는 지속적으로

---

10 「기독교사상」 36(8) 1992. 8, 68-78.

예언자적 사명을 감당해야 한다. 합의서가 채택됐으니 이제 정부 주도 적으로 정책적 결실을 맺어 가면 된다는 낙관론에 빠져 예언자적 비평과 구체적인 참여를 소홀히 해서는 안 된다는 것이다. "무엇보다 실질적인 통일여건을 마련하고 전진하기 위해서는 이제는 합의서를 성의 있게 이행하도록 하는 촉구운동을 대대적으로 전개해야 한다. 교회는 1972년도의 7·4공동성명이 박정희 정권의 유신독재체제로 나아가는 전초전이 되는 등 남북 양측의 집권세력의 정권안보에 이용된 사실을 기억한다. 더구나 최근 북한 핵사찰을 빌미로 미국의 부당한 간섭이 노골화되고 있는 상황에서 정부당국이 민족의 이익을 옹호하는 자주적인 입장에서 이를 성실히 이행하도록 촉구하고 감시하는 역할은 대단히 중요하다."[11] 둘째, 통일운동의 대중화에 힘써야 한다. 특별히 지역에 깊이 뿌리내리도록 힘써야 한다고 이근복은 강조한다. 이를 위한 몇 가지 방안을 제안한다. "지역운동이 강조되는 시점에서 유독 교회통일희년운동이 서울이나 해외를 중심으로 이루어지는 현상을 하루바삐 바꾸어야 한다. 또 대중화에 있어서 중요한 것은 교회협을 구성하고 있는 교단과의 관계이다. 교회협이 명실상부한 에큐메니칼 연합기관으로서의 위치를 확보하기 위해서는 각 교단 평화통일 실무자나 정책 입안자와의 긴밀한 협의와 협력구조를 가져야 한다. 교회협의 통일정책이 교단사업으로 정착되지 않으면 교회협 차원에서 합의하고도 교단 내 결정구조에서 번복하는 현상도 생겨나고 교회적으로 확산하는 데 한계가 분명하기 때문이다. 또한 대중적 전개를 위하여 신학교 교과과정을 설치하는 것도 바

---

11   위의 글, 75.

람직하다고 본다."[12] 셋째, 통일여건 조성 강화에 기여해야 한다는 것이다. 냉전적 사고 교정을 위한 노력, 평화교육을 통한 평화통일 기반 강화 등이 여기에 포함된다.[13] 넷째, 통일운동 주체세력의 저변 확대가 필요하다. 특정 기구나 기관에서 활동하는 소수의 전문가나 현장 운동가에 지나치게 의존하는 통일운동을 전개함으로써 아래로부터의 통일주체 세력을 형성해 나가는 데 어려움을 겪고 있다는 진단을 냉정하게 내리고 있는 것이다. "통일은 전 국민이 주체가 되도록 해야 하는데 이를 위해서는 이를 주동적으로 전개할 일꾼이 요구된다. 선구자적으로 통일운동을 감당해 온 교회는 이제는 일반교회 목회자, 장로, 집사, 청년학생, 신학생 등을 훈련하여 교회통일희년운동의 주도적인 일꾼으로 육성해야 한다."[14] 다섯째, 통일 연구를 심화하고 구체적인 운동 방안을 모색해야 한다. "통일을 달성하는 구체적인 방도(실현방법, 절차, 추진기구)가 교회적 입장에서 모색되어야 한다. 남북에 다른 사상과 체제, 정부가 있는 상태에서 결합하려는 것인 만큼 통일국가의 형태와 성격, 중앙정부의 형태, 구성, 권한, 지위와 역할, 지역정부의 권한과 의무 등이 면밀하게 검토되어 이를 합의하고 제시하여 정부의 통일방도에 대한 지침을 제공하고 견인하는 역할을 해야 한다."[15] 여섯째, 기독교 밖에서 이루어지는 통일운동과의 연대가 절실하다. 특별히 정부가 통일운동을 독점하고 있는 현실을 타개하기 위해서는 더더욱 일반 통일운동과의 연대와 협력이

---

12   위의 글, 76.

13   위의 글, 76-77.

14   위의 글, 77.

15   위의 글.

요구된다는 것이 이근복의 생각이다.[16] 일곱째, 교회의 통일운동에 대한 책임의 관점에서 일반 신자와 개교회의 참여를 강화해야 한다. 이를 위한 구체적인 프로그램들을 제안하는데, "통일영화 상영, 연극공연, 어린이 백일장, 통일노래 경연대회, 사진전, 북한 바로 알기를 위한 강연회, 예배의식의 개발, 여름수련회용 집회와 놀이 개발, 성경공부 교재 발간, 국토순례, 통일기금 모으기 등"이다.[17]

박경서는 "통일을 위한 남북교회의 역할"[18]에서 남한과 북한의 교회가 일치의 영이신 성령의 하나 되게 하시는 능력을 믿고 화해와 평화를 선교하는 교회로서 협력할 것을 권고한다. 성령의 역사 안에서 체제의 차이를 초월하는 교회로서의 사명을 감당하고 남과 북 사이의 불신의 벽을 허무는 전위대의 역할을 감당해야 할 것이라는 점을 밝힌다. 이러한 책무를 감당하기 위한 동력은 남한 교회와 북한 교회가 서로 자주 만나는 데서 오는 것임을 강조한다. 통일을 위한 남북교회의 역할 수행의 근원적 동력은 성령에 있다는 점을 강조하는데, 박경서에게 이는 통일운동의 신학적 토대가 된다고 볼 수 있다. "성령의 힘을 믿는 교회는 하나님의 무한하신 능력을 믿기 때문에 이론에 근거한 학문보다, 또 현실의 힘의 역학관계 위에서 상황을 분석하는 정치보다 더 힘이 있고 무한한 공간이 있다. 북과 남, 남과 북의 현실을 분석하고 그리고 그 분석 위에서 통일의 가능성을 논하는 정치나 학문을 기독교는 초월할 수 있다. 이데올로기의 씨름, 경제적 힘에 의한 제3의 가능성 모색들을 논하

---

16   위의 글.

17   위의 글, 78.

18   「기독교사상」 35(10) 1991. 10, 44-51.

는 정치 · 경제적 이론보다 하나님의 몸된 교회가 두 동강이 난 채로 버려질 수 없고 기어이 하나님은 하나의 몸으로 그의 지체를 만드신다는 굳센 믿음이 통일을 추진하는 데 훨씬 무서운 추진력을 갖고 있음을 체험한다. 그래서 바로 여기에 남북의 교회가 통일의 추진세력의 큰 그룹으로서 등장하게 되었고 많은 역사가 이루어졌음을 우리는 알고 있다. 이 성령을 믿는 기도의 힘은 통일의 추진력이 될 것이다. 양쪽의 교회는 이 기도를 멈추지 않아야 한다."[19]

허문영은 "한국 기독교 통일운동의 발전 전략"[20]에서 통일에 대한 현실적 이해와 통일을 바라보는 기독교 세계관의 문제를 기본적으로 다루고, 복음적 통일을 위한 기독교 통일운동의 전략을 체계적으로 전개한다. 통일의 방식은 흡수 통일이나 무력 통일이 아니라 '합의통일' 방식이어야 함을 역설하고, 통일한국의 미래상을 모범국가, 평화국가, 선교국가로 규정한다. 다음으로 기독교 통일운동의 발전 방향을 제시하는데, 통일운동은 '주체의 다원화, 연구의 협력화, 창구의 일원화'를 지향하면서 목표는 북한선교와 평화 · 평화통일로 그리고 실천 원칙은 북한교회의 자주적 발전을 위해 협력하는 것으로 삼을 것을 제안하고, '선 화해 · 후 응보' 전략과 단계적 선교 전략을 취할 것을 권고한다. 또한 추진 방안을 크게 세 단계로 나누어 제안하는데, 이는 특기할 만하다. 각 단계의 요점을 적고 그 핵심적 내용을 옮겨본다. 첫 단계는 전환기적 공존 단계로 선교의 기반을 조성하는 것에 초점을 맞춘다. "이는 현재와 같이 적대적 공존에서 화해와 협력의 평화적 공존으로 발전하려다 주춤한

---

19 위의 글, 45-46.

20 「기독교사상」 39(7) 1995. 7, 43-59.

남·북한 관계 상황에서 교회가 북한 복음화 및 남북한 평화 체제 형성을 위해 노력하는 단계이다. 이 때 한국 기독교 통일운동의 목표는 남·북 교회의 교류와 협력을 위한 여건 및 협력 기반을 조성하는 데 있으며, 그 추진 전략으로는 대내 선교영위기 조성(對內 宣教雰圍氣 造成) 전략과 대북 화해우선·공식적 선교(對北 和解優先·公式的 宣教) 전략을 구사한다."[21] 두 번째 단계는 화해협력 단계로 기반을 공고화하는 간접 선교의 단계이다. "이는 남북간의 각종 분과위원회 및 공동위원회가 정상적으로 가동됨으로써 남북한 관계가 화해와 협력의 단계로 완전히 들어선 경우로서, 본격적인 남북 교회 교류 협력 사업이 추진되는 시기이다. 이 때 한국 기독교 통일운동의 목표는 남북 교회 교류·협력을 통해 북한 복음화를 간접적으로 추진하는 한편 남북한 평화 공존적 민족 공동체의 형성에 있으며, 그 추진 전략으로는 지속적인 단계·응보적 협력 전략과 공식적 선교 전략을 구사한다."[22] 세 번째는 남북 연합 단계로 직접 선교가 이루어지는 단계로 제시한다. "이는 남북한이 정상 회담을 통해 민족 공동체 헌장을 체결하고, 그에 따라 느슨한 통일 상태인 '남북 연합'(혹은 국가 연합) 상황에서 교회가 남북 교회의 교류 및 협력 사업을 대대적으로 확대하는 시기이다. 이 때 한국 기독교 통일운동의 목표는 북한 선교를 본격적으로 추진하는 한편 성경적인 민족 공동체로서의 '통일 한국'을 형성하는 데 있으며, 그 추진 전략으로는 대대적 협력 전략과 공개(전면)적 선교 전략을 구사한다."[23]

---

21 위의 글, 55.

22 위의 글, 56-57.

23 위의 글, 57-58.

2) 통일운동에 대한 신학적 역사적 평가와 방향성 모색

　　통일운동에 대한 신학적 역사적 검토와 방향성 제시를 목적으로 하는 연구들을 살피는 것도 중요하다. 박순경은 "민주 통일운동의 역사적 조명: 1945년부터 1980년까지를 중심으로"[24]에서 민주화 인권 운동과 민족 통일운동의 상관성의 관점에서 의미 있는 통찰을 제시한다. 1960~70년대 기독교의 인권 민주화 운동은 반독재 민주화를 지향하는 학생 운동의 형성과 전개에 지대한 영향을 끼쳤으나 기독교의 민주주의 이해는 미국식 자본주의적 자유민주주의의 틀을 벗어나지 못했으며 민중해방과 민족통일의 불가분리성을 온전히 인식하지 못한 한계가 있었음을 지적하면서, 1980년대의 '민족·민중의 민주변혁·통일운동'이 이러한 한계를 일정 정도 극복했다고 평가한다. 박정희 정권 이후 인권 민주화 운동 진영은 민주화와 민중 해방의 진보를 기대했으나 전두환 정권이라는 새로운 군사 정권의 등장과 폭정 앞에서 반독재민중해방과 민족해방이 연계될 수밖에 없다는 자각에 이르게 된다. 그리하여 1970년대 민중해방과 민주화 지향성이 민족해방과 통일의 과제와 긴밀하게 연결되고, 민주주의는 민족민중에 의해 달성될 수 있는 목표라는 인식이 자리 잡게 되었다는 점을 박순경은 지적한다. 다시 말해, 민중의 해방은 독재에 대한 항거 뿐 아니라 서구 자본 권력의 억압으로부터의 해방을 통해서 온다는 점을 파악하고, 민중해방은 민족해방 실현과 따로 떼어 생각할 수 없게 되었다는 것이다.

　　이만열의 통일운동에 대한 역사적 고찰도 주목할 만하다. "한국 기

24　「기독교사상」 35(3) 1991. 3, 59-70.

독교 통일운동의 전개과정"[25]에서 기독교 통일운동의 전개 과정을 크게 다섯 시기로 나누어 서술한다. 먼저 '정종유착기'의 통일론이다. 대략 1950년대 이승만 정부시기이다. 이 시기의 통일론은 북진통일론이었고, 기독교계 역시 이 통일론에 동조했다. 북한을 악마시하며 대결하여 극복해야 할 대상으로 인식하였던 것이다. 다음 시기는 1960년대로 이승만 정권이 무너지고 박정희 군사정권이 수립되고 전개되어 가는 시기라 할 수 있다. 이만열은 이 시기의 특징을 '민주화의 진통과 통일운동의 태동'으로 정리한다. 군사정권기 민주주의의 퇴보와 사회적 약자의 소외 심화에 응답한 기독교 선교는 민주화와 인권 선교의 방향을 분명하게 견지하고 수행되었다. 그런데 이 시기 기독교의 민주화 · 인권 운동 진영도 한국사회를 지배하고 있던 반공의 논리와 에토스를 넘어서지 못하고 있었다는 평가를 내리면서도, 이 시기 말기에는 기독교회가 서서히 민주화와 분단극복 및 통일의 실현은 따로 떨어져 있는 것이 아님을 자각하게 되었다는 점을 지적한다. 분단극복 없이 민주화도 완수될 수 없다는 인식이 깔려 있는 것이다. 대략 1980년대는 '세계교회와의 연대와 남북 기독신자들의 만남'으로 특징지을 수 있다고 본다. 한반도 통일 의제가 세계 교회의 맥락에서 왕성하게 논의되었을 뿐 아니라 남북 교회의 만남이 이루어진 점도 특기할 만하다는 것이다. 도잔소 협의회 및 선언, 글리온 회의 및 선언 등이 대표적인 보기들이며, 특별히 제2차 글리온 회의에서는 1988년 2월 교회협 선언의 연장선상에서 남북교회가 함께 1995년을 '통일희년'으로 정하고 희년 실천을 위해 협력하기로 결정하는, 대단히 의미 있는 결실을 이루게 되었다고 평가한다. 이만열

---

25 「신학정론」14(1) 1996. 5, 9-76.

은 통일운동 전개 과정의 네 번째 계기로 1988년 교회협 선언 곧 '민족의 통일과 평화에 대한 한국기독교회 선언'을 따로 다룬다. 그 의미와 전략적 가치 등을 논하고, 발전적 대안까지 제시한다. 특별히 분단의 원인과 극복 방안 등에 대한 기독교적 관점에서의 심층적 해석과 대안 마련이 필요하다는 점, 선언문 해석에 대한 기독교계 내부에 존재하는 긴장과 갈등이 일정 부분 선언문에 대한 오독에 기인한 것이라고 지적하면서 교정을 권고한 점 등을 들 수 있겠다. 마지막으로 1990년대는 '기독교통일운동의 다원화'로 규정한다. 1989년 문익환 목사의 방북으로 대표되는 방북운동, 1990년대의 복음주의권과 진보 진영의 연합 운동으로서의 '남북나눔운동' 등을 그 보기로 제시한다.

결론적으로 이만열은 기독교통일운동의 우선적 과제를 창구 다원화의 맥락에서 제안한다. 그의 주장을 여기에 옮겨본다. "[여러 가지 과제를 거론할 수 있겠지만] 우선해야 할 과제의 하나는 '창구단일화'의 영역을 제한하면서 민간의 통일운동을 확산시켜 나가야 한다는 것이다. 지금까지는 정부가 '창구단일화'의 논리를 '창구독점화'의 논리로 둔갑시켜 국민의 통일운동 열기를 확신시키는 데로 유도하기보다는 잠재우는 데에 이용했다고 보인다. 그렇게 함으로써 정부만 감당하지 못할 무거운 짐을 지고 헤맨 격이 되었던 것을 목도하고 있다. 이러한 관행을 수정하여 민간이 더 많은 몫을 담당할 수 있도록 하여야 한다. 통일은 결국 우리 민족 전체의 것이어야 하기 때문이다. 이렇게 될 때 지금까지의 통일의식 통일운동이 더욱 고취, 확산될 것이다. 한편 기독교 통일운동은 다른 기관이 손대지 못하는 통일운동의 분야를 찾아야 하고, 통일과정과 통일조국의 미래상에 대한 연구와 준비가 거교회적으로 이루어져야 한다는 것도 부언하고 싶다. 통일운동은 몇몇 선각적인 지도자나 교회, 기관만이 담당할 것이 아니기 때문이다. 그리고 그 준비는 구체적인 실천을 수반해야 한다."[26]

　이상규는 "해방 후 한국교회의 민주화운동과 통일운동"[27]에서 1980년대 전반기까지 한국교회의 주된 관심은 민주화 운동에 있었다면, 그 이후에야 통일운동에 더 큰 비중을 두게 되었다고 진단한다. 한국교회 통일운동의 전개에서 이상규가 가장 주목하는 지점은 역시 1988년 교회협 선언과 그 이후의 발전이다. 이 선언의 성과를 인정하면서도 이에 대한 비평적 성찰, 특히 복음주의 교회와 신학의 관점에서 평가하고 나름대로의 대안을 제시한다. 교회협 선언으로 대표되는 통일운동은 진보 기독교가 주도권을 가지고 수행한 것인 반면, 복음주의 교회들은 배제된 것이 아닌가 하는 우려를 표명하면서 교회협을 비롯한 기독교 통일운동 진영과 복음주의권이 함께 참여할 때 비로소 온전한 운동성을 확보할 수 있다고 제안한다.

　아울러 이상규는 복음주의 교회가 제시한 몇 가지 비평의 관점을 통하여 통일운동에 대한 성찰의 기회를 제공하고자 한다. 먼저 '조선기독교연맹'을 대화의 단일창구로 삼는 것의 적절성에 대해 의문을 제기하는데, 이 연맹은 북한 정권의 하부구조로서 정치적으로 이용될 가능성이 높다는 점과 조선기독교연맹과의 대화와 협력은 북한의 참된 기독교회인 지하교회를 배신하는 결과가 될 것이라는 점을 그 이유로 든다. 이러한 인식의 배경에는 조선기독교연맹의 신앙적 순수성에 대한 근본적 불신이 자리 잡고 있다. "아무리 미화된 표현을 쓰더라도 '조선기독

26　위의 글, 75-76.
27　「한국기독교와 역사」4 1995. 12, 65-98.

교연맹'은 1946년 11월 28일 '북조선기독교도연맹'이란 이름으로 조직되어 북한의 기독교세를 약화 · 제거하기 위한 어용적인 정치성향의 단체로 출발하였고, 1970년도에 재정비, 오늘에 이르고 있다. 지금 NCC가 대화창구로 접촉하고 있는 북한의 '조선기독교연맹'이 진정한 의미의 기독교 연맹인가, 그리고 그들이 진정한 기독교인인가에 대해서 보수적인 교회는 물론 통일문제와 북한관계 전문가들은 의문을 제기하고 있다. 그간 발표된 글과 정보들을 종합해 볼 때 기독교 연맹을 대표했던 고기준 목사는 매우 정치적이며 정치적인 성향을 노골적으로 표현하였다. 다시 말하면 김일성 우상화에 동조하는 정치적 발언은 조선기독교연맹이 북한 기독교회의 조직체라는 주장에 상당한 불신감을 더해주고 있다."[28] 다음으로, 그동안의 통일론이 급진적인 경향이 있어서 한국교회 전체를 반영하기 보다는 오히려 분열을 자초하지 않았는지에 대해 우려를 표한다. "그간의 통일론은 한국교회 전체가 공감하고 수용할 수 있는 통일론을 제시하지 못하고 제한된 소수의 교회만이 용인할 수 있는 통일론을 주장함으로써 범교회적 공감을 얻지 못하였고, 결과적으로 통일논의의 분열을 초래했다고 볼 수 있다."[29] 또한 통일운동이 1970년대 인권 민주화 반독재 운동의 연속선상에서 전개되면서, 남한 정부에 대해서는 공격적인 입장을 견지한 반면 북한 정부에 대해서는 오히려 유화적인 자세를 취하는 경향이 있는데 이것이 적절한 것인지에 대해 비평적 성찰을 요구한다. "이 점은 문익환의 방북과 김일성과의 대좌에서도 나타난다. 이것은 북한과의 대화 창구 유지에 급급한 나머지 김일

---

28   위의 글, 96-97.

29   위의 글, 97.

성(김정일) 개인 우상화를 핵으로 한 주체사상에 기초한 북한정권을 어쩔 수 없는 실체로 수용한 것이라고 볼 수 있다."[30] 마지막으로, 기독교 통일 운동이 통일지상주의 혹은 통일만능론에 빠지지 않도록 경계할 것을 촉구하는데, 이는 감상적 통일론으로서, 근본적으로 인간과 인간 공동체의 본성을 지나치게 낙관적으로 본 결과가 아닌지 돌아볼 것을 제안한다. "통일만 되면 모든 문제가 자동적으로 해결된다는 주장이나, 통일이 한국교회가 감당해야 할 지상의 과제인 것처럼 주장하는 통일지상주의, 양자는 다 경계해야 할 것[이다]."[31] 다만 이상의 비평적 평가에도 불구하고 통일에 대해 한국교회가 관심을 갖고 참여할 수 있는 동기를 불러일으킨 점은 큰 의미가 있다고 보면서, 이상규는 기독교 통일운동의 방향을 나름대로 제안한다. "한국교회의 통일논의는 재야나 급진적 정치집단의 통일론과는 어느 정도 거리를 두고 한국교회의 보수와 진보, 양측으로부터 호응을 받을 수 있는 통일론의 대연합을 추구해야 한다. 우선 한국교회적 호응을 얻는 일이 보다 실제적인 통일운동이 될 것이다. 우리는 진정한 통일운동의 전개를 위해 우선 범교회적 합의를 이끌어내고 그 바탕 위에서 통일론을 전개하는, 보다 합리적 노력을 강구해야 할 것이다. 이 점은 통일 이후의 분열과 대립을 지양하고 하나의 교회를 지향하는 데도 유익한 건설적 기여가 될 것으로 보기 때문이다."[32]

아울러 교회사가들(혹은 역사신학자들)의 참여도 눈에 띈다. 이덕주는 "3·1운동이 통일운동에 주는 교훈"[33]에서 3·1운동이 통일운동에게 줄

---

30 위의 글.
31 위의 글, 98.
32 위의 글.
33 「기독교사상」 36(3) 1992. 3, 7-17.

수 있는 역사적 교훈을 탐색하는데, 3·1운동에서 기독교 민족운동의 이념과 방법론을 위한 지혜를 얻고자 하고 3·1운동에서 얻은 교훈을 통일운동에 적용한다. 3·1운동에 참여한 기독교인들의 '민족의식과 투쟁방법론'을 크게 네 가지 개념으로 정리한다. 3·1운동은 '민족의 자주독립'을 기본이념으로 하는 '민족의 주체성'을 회복하기 위한 운동이었으며 종교 내부적으로 볼 때 '교파·종파를 초월한 일치운동'으로서 방법론적으로 '비폭력 평화운동'을 지향했다는 것이다.[34] 3·1운동이 기독교 통일운동에 시사하는 바는 무엇인가? 먼저 이덕주는 우리 민족의 가장 '본질적이고 근본적인' 과제는 분단극복과 통일운동에 있음을 분명히 인식해야 함을 밝힌다. 다음으로, 한국교회가 주체성을 회복해야 한다고 강조한다. 남한과 북한의 기독교인들의 만남이 '자주적이고 주체적'이어야 하며 남한 교회는 그 신학에 있어서 서구신학의 영향으로부터 벗어나 자주적 신학을 일구어야 할 것이라고 제안한다. 또한 한국교회는 민족통일이라는 대전제 앞에서 교단적 교파적 분열상을 극복해야 할 것이라는 점을 역설한다. 마지막으로, 통일운동은 평화운동이어야 함을 밝히면서, 통일의 과정은 평화적이어야 하며 그 결과도 역시 평화이어야 함을 강조한다.

---

34 이 네 가지 개념에 대한 이덕주의 설명을 좀 더 들어보자. 첫째, "3·1운동의 기본 이념은 민족의 자주독립이었다. 이것은 그 당시 민족 현실의 근본적인 문제였다. 민족의 자주독립이 담보되지 않은 상태의 어떠한 정치·경제·외교적 개혁도 의미가 없었다." 둘째, "3·1운동은 민족의 주체성 회복운동이었다. 목적과 함께 방법론도 주체적이어야 했다. 그러나 안타깝게도 대부분의 기독교 지도자들은 외세의존적 '독립청원론'의 입장에 서 있었다." 셋째, "3·1운동은 교파·종파를 초월한 일치운동이었다. 민족 문제를 해결해야 한다는 당위성이 교파·종파의 신조와 교리를 극복할 수 있었다." 넷째, "3·1운동은 비폭력 평화운동이었다. 특히 기독교는 3·1운동을 통해 십자가 고통을 체험하였고 그 안에서 폭력을 극복할 수 있는 평화를 체험하였다." 위의 글, 15-16.

김홍기는 종교개혁 신학사상의 관점에서 통일(희년) 운동을 성찰하고 통일신학의 지평을 확장하고자 하였다. 김홍기는 "종교개혁 사상의 빛에서 본 통일희년운동"[35]에서 루터, 칼뱅, 웨슬리의 종교개혁 신학사상에서 얻은 신학적 통찰에 근거하여 기독교 통일희년운동을 성찰하고 또 나아가야 할 방향성을 제시한다. 김홍기는 루터의 십자가 신학은 한편으로 개인의 영혼 뿐 아니라 육체를 포괄하는 총체적 구원을 내포한다는 점을 밝히고 다른 한편으로 몰트만, 함석헌과 더불어 루터의 십자가 해석이 사회윤리적 관점을 충분히 갖지 못했다는 비판적 성찰을 제시하면서, 십자가 신학의 빛에서 한민족의 고난의 역사를 새롭게 해석할 필요가 있음을 밝힌다.[36] 분단의 역사에서 우리 민족이 당하는 고난의 신학적 의미(특별히 세계를 위한 구속적 의미)를 드러내고 통일을 통해 민족적 부활을 성취함으로써 자본주의와 사회주의의 간극을 넘어서는 새로운 세계상을 인류공동체 앞에 보여주어야 함을 역설한다. 칼뱅의 '신정정치' 사상과 실천의 빛에서 통일희년운동이 하나님의 주권적 뜻 곧 하나님 나라의 사회적 이상의 역사적 구현이라는 사명을 그 핵심에 두어야 함을 강조하고[37] 웨슬리의 '성화 신학과 희년운동'으로부터 한국교회

---

35 「기독교사상」 39(3) 1995. 3, 118-34.

36 김홍기는 루터의 십자가 신학의 빛 안에서 십자가로 막힌 담을 허문 예수 그리스도의 화해의 삶을 뒤따라 한국교회도 예수의 제자로 남북분단의 벽을 무너뜨리는 평화와 통일을 지향하는 삶을 살아내야 한다고 역설하고 그 신학적 의미를 밝힌다. "십자가 신학의 빛에서 통일희년운동은 하나님 나라 운동임을 말할 수 있다. 첫째로, 통일희년운동은 원수된 남북이 십자가 정신으로 서로 화해하고 하나되는 운동이기에 하나님 나라 운동이다. 둘째로, 통일희년운동은 십자가의 속죄 정신으로 현대 세계사의 냉전 구조에 의해 자본주의와 공산주의가 저지른 세계적 죄악을 속죄하는 운동이기에 하나님 나라 운동이다. 셋째로, 통일희년운동은 십자가의 사랑의 나눔의 정신으로 경제적으로 나누어갖고 분배하며 더불어 사는 운동이기에 하나님 나라 운동이다." 위의 글, 122.

37 신정정치의 틀 안에서 성과 속을 포괄하는 거룩한 공동체를 지향하는 칼뱅의 사회윤리

가 사회적 성화의 신앙을 무장하고 사회적 약자의 해방과 정의 구현에 기초한 공적 평화의 구현이라는 사회윤리적 소명을 선명하게 듣고 응답해야 할 것임을 밝힌다.[38]

김홍기는 이상의 신학적 고찰을 종합적으로 검토하면서, 통일희년운동은 하나님 나라 운동임을 종교개혁 신학의 빛에서 성찰하여 그 핵심 내용을 제시한다. 첫째, "통일희년운동은 세계사의 십자가인 냉전 구조의 죄악을 짊어진 한민족의 한을 풀어주고 새로운 세계사의 장을 여는 부활 운동이기 때문에 하나님 나라 운동이다." 둘째, "통일희년운동

적 이상과 하나님의 주권 실현에 초점을 둔 주기도문 해석에 내포된 의미를 한반도 상황에 적용하면서, 김홍기는 한국교회의 통일운동에도 칼뱅의 정신이 계속 살아 작용할 수 있다고 강조한다. "루터식 경건주의에 영향을 받아 교회를 비정치화하려는 신앙적 입장이 초창기 선교사에게서 현대 보수적 교회 지도자들에게 계속 전해져 내려왔다. 이런 의식 구조가 [칼뱅]의 정치 윤리에 의해서 거듭나고 갱신되어야 한다. 통일희년운동은 하나님의 정의, 사랑, 평화, 평등, 자유가 역사 속에서 실현되게 하는 신정 정치 운동이다. 따라서 희년운동은 하나님의 뜻이 역사 속에서 실현되고 하나님의 나라가 역사 속에서 이루어지게 해 달라는 주기도문의 구체적 실천 운동이다. [칼뱅]은 주기도문의 둘째 기원, "나라가 임하옵소서."에서 신정 정치와 희년 사상을 해석한다. 그 의미는 하나님이 우주를 지배하고 통치하시도록 간구하는 것이라고 해석한다. 하나님의 나라가 확장되도록 기도해야 한다는 것이다. 또한 셋째 기원, "뜻이 하늘에서 이루어진 것 같이 땅에서도 이루어지게 하옵소서."에서 하나님이 우주를 통치하시고 우주의 왕이 되시는 기원임을 설명한다. 그래서 만물이 그의 뜻에 복종하여 그가 통치하시는 사회적 성화가 이루어지도록 기도해야 한다고 해석한다. 이러한 가르침은 한국의 통일희년운동의 신학적 뿌리가 될 수 있다." 위의 글, 124-25.

38 희년 정신이 실제적으로 영국 사회 안에서 구현될 수 있고 또 그렇게 되어야 한다는 신념을 견지하면서 웨슬리는 자신의 사회윤리적 사상을 이론적으로 전개했을 뿐 아니라 실천적으로 그 사상을 구현하고자 힘썼는데, 특별히 노동과 여성의 해방을 중요한 목적으로 삼았다는 점을 김홍기는 밝힌다. 웨슬리가 한반도 분단의 상황을 살았다면, 희년 정신을 반영하는 자신의 사회윤리적 이상을 어떻게 구현할 것인가? "이러한 웨슬리의 희년적 꿈은 통일희년의 꿈과 통한다. 바로, 이러한 신학적 통찰이 한국의 통일희년운동의 신학적 기초가 될 수 있다. 웨슬리가 오늘 한국에 다시 온다면 그는 이런 희년 사회가 실현되기 위해 열심히 여성운동과 통일운동에 앞장설 것이다. 이런 희년운동의 프락시스를 한국적 상황 속에 다시 응용할 수 있을 것이다." 위의 글, 129.

은 세계사의 냉전의 죄악을 속죄하고 용서하는 운동이기 때문에 하나님 나라 운동이다. 십자가의 신학으로 자본주의가 저지른 죄악과 공산주의가 저지른 죄악을 속죄하고 용서하는 운동을 전개하여야 민족의 동질성을 회복할 수 있다." 셋째, "통일희년운동은 남과 북이 미워하고 싸웠던 관계를 넘어서서 서로 화해하고 하나되는 일이기에 하나님 나라 운동이다." 넷째, "통일희년운동은 서로 나누어 갖는 사회적 성화 운동이기에 하나님 나라 운동이다. 성화 신학으로 지나친 소유욕을 회개하고 청지기 정신으로 돌아가서 경제적 분배 운동, 경제적 섬김의 운동, 경제적 정의의 운동을 실천하여야 통일을 이룰 수 있다." 마지막으로, "통일운동은 하나님의 신정 정치를 실현하는 것이기에 하나님 나라 운동이다. 신정 정치 신학으로 한반도에 하나님의 통치가 실현되도록 예언자적 외침과 행동을 통해 국내, 국외의 반통일 세력을 회개시키고, 통일운동에 동참하도록 의식화시키고 조직화시켜야 한다."[39]

최근의 연구로, 김명배는 "한국교회 통일운동의 역사와 그 신학 · 사상적 배경에 관한 연구"[40]에서 기독교 통일운동을 통시적으로 살피고, 그 신학적 배경을 종합적으로 검토한다. 미-소 냉전 질서가 종식되었음에도 한반도에 여전히 냉전적 구도가 작동하고 있는 현실과 중요한 연관성을 가지면서 분단과 통일을 바라보는 입장에 있어서 한국교회의 보수와 진보 진영은 갈등적 시각을 내포하고 있다는 점을 지적한다. 두 진영의 통일론의 신학적 이데올로기적 배경을 살피는데, 보수진영의 통일론은 반공이데올로기, 북한선교론, 정의로운 전쟁 신학으로, 그리고

---

39 위의 글, 130-31.

40 「기독교사회윤리」27 2013, 159-95.

진보진영의 통일론은 하나님의 선교 신학, 성서적 회년 신학, 정의로운 평화 신학으로 그 주된 특징을 정리한다. 마지막으로 한국 기독교 통일 운동 성숙을 위한 몇 가지 실천적 방안을 제시한다. 첫째, 정의로운 전쟁에서 정의로운 평화 패러다임으로의 전환이다. 세계 교회의 맥락에서 정의로운 전쟁 이론이 핵의 가공할 위협 앞에서 현실적으로 타당성이 있겠느냐는 비판적 성찰에 의거하여 평화주의 이론이 더 신뢰를 얻고 있다는 점을 지적하면서, 한반도 상황에 적용한다. "만약 한반도에서 6·25와 같은 전면전이 다시 발생한다면 핵무기를 비롯한 가공할 만한 현대무기들로 인하여 우리 민족은 생존권 자체를 위협받을지 모른다. 이러한 상황으로 인하여 '정의로운 전쟁' 이론은 이제 더 이상 그 정당성을 상실하였다. 그러므로 우리는 모두가 공멸하는 핵전쟁은 물론 그 어떤 무력 사용에 의한 전쟁도 발생하지 않도록 정의로운 화해와 평화의 길을 모색해 나가야 할 것이다."[41] 둘째, 평화협정 체결을 위한 노력 경주이다. 한반도는 여전히 냉전이데올로기가 강력하게 작동하는 지역이라는 점을 밝히면서, 남북한의 첨예한 갈등과 대립은 군사력 확장을 위한 과도한 투자로 이어지고 결국 큰 규모의 경제적 인적 자원의 낭비로 귀결되고 있다고 강조한다. 이러한 현실을 교정하기 위해 "북한은 비핵화를 통해, 남측은 무기수입 중단을 통해 전쟁의 망령에서 벗어나야 한다. 한반도에서 더 이상의 무모하고 무익한 군사훈련과 군비경쟁은 즉각 중단되어야 할 것이다. 이를 위해 한시적이고 불완전한 정전협정을 대체할 평화협정 체결을 위해 교회와 사회가 노력을 경주해 줄 것을 제안한

---

41   위의 글, 191.

다."[42] 셋째, 평화교육의 강화이다. 1985년 "평화통일선언문"에서 교회협이 반공교육에서 평화교육으로의 전환을 제안한 것은 역사적으로 획기적 의미가 있다고 평가하면서, 김명배는 한국교회가 이 전환에 동의하고 그 구체적 실현에 이바지할 것을 권고한다. "해방 이후 북한의 공산주의와 북한정부에 대하여 남한의 국민들의 무의식적으로 내면화되어 있는 '반공주의'와 적대감을 극복하기 위해서는 '평화 교육'은 필수적이다. 특히 자라나는 세대들에게 교회가 예수 그리스도의 화해와 사랑의 정신을 가르쳐줌으로써 평화와 통일을 위한 일꾼들을 길러내야 할 것이다."[43]

3) 기독교 통일운동과 통일정책

정책적 관점에서의 통일운동 분석과 평가를 추구하고 운동의 성숙을 꾀하는 노력들을 살펴볼 필요가 있다. 노정선은 북핵 문제와 연관해서 통일운동의 동향과 미래를 전망한다. "김일성시대 이후 북한 핵 문제와 통일운동의 길"[44]에서 노정선은 분단을 정당화하거나 분단구조 강화에 기여하는 신학을 분단신학이라 규정하고 분단신학에서 통일신학으로의 전환을 촉구한다. 특별히 1995년 통일희년운동의 맥락에서 통일신학을 희년운동의 실천으로 보고 희년운동의 중요한 실천을 분단의 영을 한반도에서 내쫓는 것이라고 역설한다.[45] 분단의 영을 내쫓고 분단이

42　위의 글, 191-92.

43　위의 글, 192.

44　「기독교사상」 38(10) 1994. 10, 151-64.

45　노정선은 통일을 희년 실천의 자연스러운 귀결로 이해하는데, 희년의 관점에서 바라본

아닌 통일의 사명을 완수하기 위해 교회는 철저하게 평화의 방식을 선택하고 실행해야 한다고 강조한다. 군사적 힘의 우위를 통한 승전의 결과로서의 통일의 방식을 경계하고 지양해야 한다는 것이다. 이런 맥락에서 북한 핵 문제를 평화적으로 풀어야 할 것이라고 권고한다. 이를 위한 구체적인 정책적 제안으로서, 노정선은 평화 협정 체결의 중요성을 강조한다. 남한과 북한 사이의 평화 협정은 물론이고 미국과 북한이 평화 협정 체결에 이를 수 있도록 남한이 도와야 하며, 더 나아가 불가침 조약, 핵무기 불사용 조약 등의 체결도 포함되도록 교회가 힘써야 할 것이라고 주장한다. 이러한 노력을 통해 한반도가 핵의 위험으로부터 멀

한반도 통일에 대한 그의 생각의 중요한 단면을 여기에 옮겨본다. "통일은 사상과 이념과 체제를 넘어선 민족의 대동단결로 이루어져야 한다. 냉전 논리를 넘어서고, 냉전신학을 넘어서야 한다. 통일은 인도적인 원칙을 우선으로 해서 이루어져야 한다. 과거의 전력에 의해서 희생당하는 일이 없어야 하며, 어떠한 인권 유린도 용납되어서는 안 된다. 통일은 희생당해 온 남한의 민중들과 북한의 인민들이 참으로 원하는 복지적인 내용으로 이루어져야 하며, 특수한 계층이나, 특권 종족들의 이익을 위해서 악용되어서는 안 된다. 통일은 억압당해 온 여성들이 동의할 수 있는 내용으로 이루어져야 한다. 이러한 기본 원칙을 재확인하고 실천하는 길은 희년을 선포하고 이를 이루는 데 있다. 희년은 이제부터 시작하는 것이지, 1995년으로 완결되는 것이 아니다. 희년은 이제부터 한반도에서 시작하여 전 세계로 뻗어 나가야 하는 실천 과제이다. 이제부터 희년의 씨앗을 심고, 싹을 내고, 자라게 하고, 꽃도 피우고, 열매를 맺게 하는 과정이 시작되는 것이다. 이 희년의 실천을 위하여, 남북의 정상은 신속히 만나서 적대 관계를 청산하여야 한다. 적이 아니라 동반자라는 사실은 이미 기본 합의서에서 천명한 바 있다. 이를 실천하여야 한다. 새로운 형태의 분단을 강화시키는 통치는 더 이상 새 시대의 정치 방식이 될 수 없다. 남과 북은 통일된 경제 구조를 각 분야에서 회복하여야 한다. 경제 협력, 교역, 공동 생산 구조, 투자, 기획 등으로 통일된 삶의 모습을 이뤄내야 한다. 남과 북은 군사적인 대결을 종식시키고, 외세의 침략에 역할을 분담하여 공동으로 방어하는 '남북 공동 안보 체제'로 전환하여야 한다. 북에 두고 온 토지의 권리는 희년 정신으로 포기하여야 통일 독일의 실수를 반복하지 않을 수 있다. 식량난으로 굶주리는 북한 동포들의 식량 문제를 해결해 나가는 구체적인 실천이 시급하다. 로마서 12장 20절 이하에 원수가 주리거든 먹을 것을 주고, 목마르거든 마실 것을 주라는 명령을 실천하도록 한국교회와 세계가 협력하여야 할 것이다. 남북 식량 공동체를 세워야 한다." 위의 글, 158-59.

어질 수 있게 될 것이며, 이것이 바로 희년운동의 구체적이면서도 절실한 결실이 될 것이라는 것이다. 이 결실을 위해 '희년'을 세계적 맥락에서 논의하고 추구할 것을 노정선은 역설한다. "한반도의 희년을 세계의 희년으로 선포하고 실천해야 하며, 구체적인 프로그램을 과감히 추진하여야 할 것이다. 희년이 하나의 행사로 끝나는 것이 아니라, 사건이 되게 하여야 한다. 세계 전체의 연대를 통하여, 지속되는 신의 혁명의 과정, 곧 샬롬의 희년 혁명의 과정이 되게 하여야 할 것이다."[46]

김용복은 "한국 기독교 통일운동과 정부의 통일 정책"[47]에서 세계가 하나의 시장으로 재편되는 현실을 감안하면서 한국정부의 경제 정책도 그러한 변화에 부응하여 경쟁적이고 대결적인 양상 보다는 '자주적 민족 경제'나 '민족 공영'과 같은 정치경제적 목표를 통일정책 수립에 핵심적으로 반영할 것을 제안한다. 한국교회를 향해서는 '하나님의 정의를 바탕으로 하는 샬롬을 이루어 하나로 통일된 평화의 계약 공동체'를 회복하는 희년의 이상을 한반도에 현실화하기 위해 민족 디아코니아의 주체로서 적극적으로 나설 것을 주문한다. 그렇다면 왜 희년은 민족 디아코니아 운동으로 전개되어야 하는가? 김용복은 통일의 문제를 하나님의 정치적 경제적 주권을 민족 전체의 경제 살림살이에 구현하는 것으로서의 희년운동의 관점에서 본다면, 그렇게 될 수밖에 없다고 주장한다. 세계의 시장이 하나로 묶이는 현실에서 한민족 구성원들이 사회 경제적으로 그 기반이 붕괴되는 것을 막아야 하고 '민족 자주의 경제 공영'을 확고히 해야 하며 민족 디아코니아는 민족 구성원들을 건실한 사

---

46   위의 글, 162.
47   「기독교사상」 38(8) 1994. 8, 10-22.

회 경제적인 주체로 세우는 것을 지향해야 한다는 것이 김용복의 생각이다. 그렇다면 이 지점에서 한국교회는 무엇을 하여야 하는가? "한국교회는 십일조를 헌금하는 신앙적 경제 행위에서 시작하여 이웃을 섬기는 사회적 디아코니아를 실천함으로써 민족의 사회 경제적 희년 선포에 구체적으로 참여하여야 한다. 우리는 남한의 사회 경제적 희생자를 구출할 뿐만 아니라 세계 시장의 소용돌이 속에서 상처 받을 북한의 사회 경제적 희생자들을 위한 기독교 사회 디아코니아 정책을 과감히 실현하여야 할 것이다."[48] 이런 맥락에서 한반도에서 이루어져야 할 평화는 다름 아닌 민족의 조화로운 공존과 공동 번영을 핵심적으로 내포한다. 군사적 대결은 경제적 협력과 연대로 전환되어야 할 것인데, 남북간 첨예한 군사대결이 민족의 공멸을 촉진한다면, 경제적 공동 번영은 평화와 통일을 향한 지름길이 될 것이다. 그러기에 한국교회의 사명은 이러한 공동 번영의 기반을 굳건하게 닦는 데 기여하는 것이 되어야 한다고 김용복은 강조한다. "한국교회는 남북의 경제적 불균형이 민족 분단을 고질적으로 정착시킨다는 것을 인식하고 민족 공영 경제를 위한 정책적 연구와 실천을 민간 차원에서 촉매하여야 할 것이다. 모든 기독교인 경제인들은 하나님의 경제적 주권을 고백하면서 한반도를 하나님의 생명의 금수강산으로 가꾸어 나가는 청지기 즉 경영인이 되어야 할 것이다. 이제 한국교회의 희년운동은 정치적 이념적 차원에서 탈피하여 경제적 나눔의 운동으로 전환하여야 할 것이다."[49]

---

48   위의 글, 16-17.
49   위의 글, 17.

4) 통일운동 진영의 분화와 기독교 통일운동

2000년 이후에는 한국교회 내 다양한 통일운동 진영의 신념과 실천적 지향을 논구한 연구들이 이 주제를 다루는 데 유익하다. 박명수는 "반공, 통일, 그리고 북한선교: 한국기독교교회협의회(NCCK)와 한국기독교총연합회(CCK)의 비교연구"[50]에서 1980년대 이후 교회협과 한기총의 북한에 대한 입장을 반공, 통일, 북한선교 등의 관점에서 비교·검토하면서, 이것이 기독교 통일 논의와 운동의 지형에 미친 영향을 점검한다. 반공의 경우, 교회협은 분단을 고착화하는, 극복되어야 할 이데올로기로 그리고 한기총은 남한의 자유민주주의를 지키는 필수불가결한 이념적 저지선으로 여기며, 통일의 경우, 교회협은 한민족 공동체가 총체적으로 지향해야 할 지상과제로 그리고 한기총은 절대적 목표가 아니라 과정적 목표로서 이해한다. 또한 북한선교의 경우, 교회협은 통일운동 자체가 선교라는 인식을 갖고 있으며, 한기총은 북한선교를 위해 통일이 꼭 이루어져야 한다는 인식을 드러내 보인다고 분석한다.[51] 박명수는 두 단체의 입장을 존중하면서도, 참된 통일은 자유를 보장하는 통일, 특별히 독재정권의 폭정에 신음하는 북한의 동포들에게 자유가 주어지는

---

50 「성결교회와 신학」 21 2009, 119-45.

51 박명수는 교회협과 한기총의 입장을 반공과 통일과 북한선교의 관점에서 고찰하고 비교하여 그 요점을 밝힌다. "NCCK는 민족의 통일을 최우선시하며, 이것을 위해서는 이념을 초월해야 한다고 믿는다. 여기에 비해서 한기총은 통일은 대한민국의 정체성을 유지하는 가운데 이루어져야 한다고 본다. 둘째, NCCK는 반공을 분단을 고착시키는 이데올로기로 보는 반면에 한기총은 반공이야말로 공산주의 위협에서 자유대한을 지키는 이념적인 저지선이라고 본다. 셋째, NCCK는 통일자체를 선교라고 보는 반면에 한기총은 통일자체는 선교가 아니며, 통일의 궁극적인 목적이 북한선교라고 생각한다." 위의 글, 144.

통일이어야 한다는 점을 강조하면서, 통일의 초점은 바로 여기에 두어야 한다고 권고한다. "현재 한국교회는 통일문제를 놓고, 심각한 갈등을 갖고 있다. 박명수는 한국교회는 평화통일과 더불어서 자유통일에 대한 분명한 입장을 가져야 한다고 생각한다. 자유가 주어지지 않는 통일은 진정한 통일이 아니다. 이런 점에서 북한의 독재체제를 유지해 주는 통일은 진정한 민족의 통일이라고 말할 수 없다. 지금 통일을 가장 간절히 바라는 사람은 남한사람도, 김정일세력도 아닌 북한의 굶주린 동포들인 것이다. 통일의 초점을 우리는 이곳에 맞추어야 한다. 한국교회는 통일 자체만을 목적으로 해서는 안 된다. 우리는 통일 자체도 말할 수 없이 중요한 목적인 것처럼, 북한 동포들이 종교의 자유를 갖고 하나님을 믿을 수 있도록 돕는 것 역시 우리의 분명한 목적이 되어야 한다고 믿는다. 기독교는 인간의 가장 큰 행복은 하나님 안에 있다고 믿기 때문이다. 그렇기 때문에 신앙의 문제는 기독교의 통일 논의에서 중심주제가 되어야 한다."[52]

허호익은 "한국기독교의 통일논의의 역사와 통일의 실천적 과제: 한국기독교학회와 한국기독교교회협의회를 중심으로"[53]에서 한국기독교학회와 한국기독교교회협의회를 중심으로 통일 논의의 역사를 살피고 한국교회가 통일운동의 이상과 현실 사이에서 균형을 잡고 감당해야 할 현실적 과제를 제시하는 데, '남한 정부 통일정책의 비일관성의 문제,' '통일의식 교육의 확산,' '반통일적 설교와 활동에 대한 반성,' '반공 이데올로기의 극복의 과제,' '좌우를 아우르는 기독교적 대안 제시,' '남

---

52 위의 글, 145.

53 「한국기독교신학논총」 61(1) 2009. 1, 85-106.

북 소통과 통합의 위한 삼통[통행, 통관 통신] 운동' 등이다. 특별히 "한국교회가 '통일운동'에 앞장서려면 이념 · 사상 · 체제의 장벽의 극복을 위한 실제적인 '소통운동'을 전개하고 구체적인 실천 과제로서 '3통 확산'을 통한 '통합운동'을 전개해야 할 것"임을 강조한다.[54] 이러한 관점에서 기독교 통일운동을 돌아보고 실효성 있는 운동을 전개할 필요가 있으며 좀 더 근본적으로 한국교회가 확고한 사명의식을 가지고 통일운동에 참여할 것을 역설한다. "남북나눔운동도 이런 차원에서 재조명하여야 할 것이다. NCCK가 그동안 두 차례에 걸쳐 '남북 인간 띠잇기' 행사를 벌였지만 큰 실효가 없었던 것으로 평가된다. 거시적 '통일운동'에 종교인들이 참여할 수 있는 실효적인 운동으로 미시적 '3통 확산을 통한 남북 통합운동'을 적극 제안한다. 무엇보다도 인터넷을 통일운동으로 '기독교 통일마당'을 만드는 것도 한 방법으로 생각된다. 고인이 된 백낙준 연세대 총장은 일제 말기에는 많은 지도층들이 '일제로부터 독립은 환상'이라고 보고 서슴지 않고 친일을 하였으나, 선각자들은 독립은 반드시 온다는 믿음으로 독립운동에 앞장섰다고 한다. 우리의 선조들이 모든 것을 희생하며 독립운동을 하였듯이 한국교회도 통일운동에 앞장서야 한다고 역설하였다. 시간이 갈수록 통일은 멀어지는 것이 아니라 가까이 오는 것이며 통일이 이루어져야 진정한 독립이 되는 것이라고 믿으면서 말

---

54 여기서 3통은 통행, 통관, 통신을 가리킨다. 통행의 확산을 위해서 민간 차원의 다양한 교류와 관광을 통한 통행이 활발하게 이루어져야 할 것이며, 통관의 강화를 위해서는 개성공단, 해주와 인근 해역을 포괄하는 특별지대 설치, 한강 하구의 공동 이용 등 남북 경협에 더욱 힘써야 할 것임을 허호익은 강조한다. 다만 통신의 경우, 그 진행의 속도가 현저하게 저조한 현실에 있다는 점을 밝히며, 남북 이산가족 사이의 서신 왕래, 이메일 교환, 면대면 상봉의 확대를 위한 집중적인 노력이 필요하다는 점을 지적한다. 위의 글, 103-104.

이다."[55]

　노정선은 "통일 시대의 남북나눔운동의 새 패러다임"[56]에서 무엇보다도 남북나눔운동은 기독교 아가페 정신에 기초하여 무조건적인 사랑의 실천이 되어야 하며,[57] '등가적이고, 동시적인 물량적인 상호주의를 초월'할 것을 권고한다. '아가페 정신에 의한 나눔의 운동'의 빛에서 기존의 나눔 운동이 대부분 '단일 항목 십자군적인 방식'(single issue crusade method)으로 수행되었다고 비평적으로 평가한다. 이는 '옥수수전공 나눔, 감자전공 나눔, 폐결핵 약 제공, 비닐하우스 제공' 등 절박한 필요에 대해 단기적으로 또 응급조치의 목적으로 전개되는 방식이며 효과가 전혀 없다고 할 수는 없지만, 오히려 장기적 안목을 가지고 '자력갱생'을 목적으로 종합적인 방안을 가지고 접근하는 것이 필요하다고 노정선은 강조한다. 이런 맥락에서 나눔 운동은 거시적 안목에서 남한과 북한의 자력갱생을 지향하며 "총체적인 산업구조에 대한 전반적인 관계를 재검토"하고 단순히 경제적 문제가 아니라 '정치경제'의 문제로 접근해야 하는데, "이는 곧 군사분야, 문화분야, 심리적인 분야, 역사적인 분야, 사회적인 분야가 총체적으로 맞물려 돌아가는 역동적인 것을 파악하고 접

55　위의 글, 104.

56　「기독교사상」 44(8) 2000. 8, 126-44.

57　아가페 정신으로 이루어지는 나눔의 운동이 성공적으로 전개될 수 있기 위해서는 '일반적인 자선사업식' 운동에서 '다원적인 결속정책'의 틀 안에서 수행되는 운동으로의 전환이 요구된다는 점을 밝히면서, 노정선은 결속정책이라는 명칭에 대한 자신의 비평적 대안을 제시한다. "결속정책이란, 인게이지먼트정책(engagement policy)을 말하는데, 이를 햇볕정책이나 포용정책이라고 번역을 하기도 하지만, 사실 이 개념은 상호 평등한 위치에서 진행되는 결속정책이라고 번역할 수 있을 것이고, 쉬운 우리말로는 오히려 '동포사랑정책'이라고 하면 북한의 불만을 해결해 줄 수 있을 것이다." 위의 글, 127.

근"해야 한다는 것을 의미한다.[58] 더 심층적으로는 남한과 북한이 운명 공동체임을 인식하고 정상회담을 비롯하여 다양한 층위와 형태로 자주 만나고 나눔으로써 평화를 정착해 나가야 할 것이라고 제안한다. 그렇게 할 때 남한과 북한이 참된 공존과 하나 됨에 이를 수 있으며 그것은 정치사회적 공동체적 차원에서의 하나님 형상의 회복이라는 의미를 획득할 수 있다고 노정선은 역설한다. "나눔의 운동은 다차원적이고 심층적인 전략으로 총체적인 변화를 추구할 때 비로소 남과 북은 공생 공영하게 될 것이며, 다시 식민지화의 굴레를 쓰지 않게 될 것이다. 강자들의 약육강식의 자유시장경제 체제 속에서 진행되고 있는 무서운 신식민지화 전략을 분쇄하고, 생존과 번영을 획득하며, 신 앞에서 참다운 신의 형상을 회복하게 될 것이다."[59]

또한 노정선은 "반통일세력의 내용과 대응전략"[60]에서 미국 부시 행정부 당시 북-미 사이의 상호 비방의 증가, 미국의 북한에 대한 적대시와 정책에의 반영, 남북한 사이의 평화선언 발표에 대한 소극적 입장 등의 특징적인 요소들을 언급하면서, 미국이 북한에 대해 좀 더 개방적인 자세를 취해주길 기대한다. 내부적으로는 반평화세력은 '군사분단, 정치분단, 지역분열'에 더하여 '빈부분단구조'를 강화하여 농민, 어민, 서민 등 사회적 약자들의 희생 위에 '부'의 구조를 더욱 강고히 하고 있는 것은 거시적으로 볼 때 통일에 반하는 대표적인 현상이라는 점을 지적한다. 대안은 무엇인가? 미국과 북한이 참여하는 4자 구도의 평화협

---

58 위의 글, 128.

59 위의 글, 142.

60 「기독교사상」 45(6) 2001. 6, 28-46.

정 체결, 1994년 제네바 합의에 근거한 북-미 사이의 신뢰 구축, 전쟁을 예방하기 위한 예방경제적 노력 등을 제시한다. 결론적으로 노정선은 평화정착의 시급성과 자주적 노력을 중심으로 한 국제협력을 강조한다. "민족과 한반도의 평화정착은 시급한 우선순위의 작업이다. 속전속결 해야 할 것이다. 근시안적인 이익과 행복과 쾌락을 추구하다가 초가삼 간 다 태우는 우를 범하는 민족이 되지 말아야 할 것이다. 강대국들과의 협력이 필요하지만 궁극적으로 남과 북이 손을 잡고 단결하는 데에서 평화정착의 길은 시작되는 것이다. 강대국들의 협력을 기반으로 하는 (interdependent), 자주적인(independent) 통일을 이루는 전략이 필요하다."[61]

4. 나가는 말: 평가 및 제언

이만열이 "한국 기독교 통일운동의 전개과정"에서 밝힌 대로 기독 교 통일운동의 태동기는 박정희 정권이 수립되고 전개된 1960~70년대 로 보아야 할 것이다. 이 시기 말에 이르러 통일운동은 민주화 및 인권 운동과 연속성을 갖고 있다는 인식이 자리 잡게 되었고, 박순경 같은 학 자는 이를 민중해방과 민족자주의 개념과 연계하여 통일운동을 이론적 으로 구성하고자 하였다. 기독교 통일운동은 1980년에 들어 더욱 활발 하게 전개되는데, 특별히 한국교회는 세계교회와의 협력을 강화하고 남 북교회 주체들의 만남이 의미 있게 이루어진 시기라고 할 것이다. 1988 년 교회협 선언에 대한 통일운동 담론이 이삼열, 강문규, 박종화 등을 통

---

61   위의 글, 44-45.

해 건실하게 형성되었고 이를 실천적으로 정착시키기 위한 다양한 노력들이 있게 되는데, 한국교회 안에 교회협 선언의 의미와 실천적 제안들이 대중적으로 확산되어야 한다는 인식이 넓게 자리 잡게 된다. 주요한 남북교회의 만남들이 이루어지고, 1995년 통일희년의 선포와 이를 위한 남북교회의 협력 추구의 결실로 이어졌던 것이다.

1990년대는 통일운동의 다양화로 특징지을 수 있을 것이다. 진보 진영이 통일운동 전개에 있어 선도적 역할을 해왔다면, 이 시기에 들어 복음주의 진영이 나름대로 이론적 실천적 대안을 좀 더 심화된 형태로 제시하고 보다 적극적으로 또 구체적으로 통일운동에 동참하게 된 시기라고 할 수 있다. 이상규는 복음주의 기독교의 자리에 서서 통일운동을 비평적으로 성찰하고 보수 진영과 진보 진영을 포괄하여 한국교회 통일운동의 발전적 전개를 위한 제안을 내놓는 것을 보았다. 허문영은 통일운동을 북한선교와 연계하여 분석·평가하며, 통일의 과정 뿐 아니라 통일이후 통일한국의 미래상까지도 내다보면서 거시적 장기적 안목에서 한국 기독교의 통일운동을 논한다.

2000년 이후 통일운동에 관한 다양한 신념과 실천적 전략에 대한 연구가 더욱 활성화되었다는 점에서 1990년대의 특징인 통일운동의 다양화가 확장된 시기라고 평가할 수 있다. 특별히 보수와 진보가 함께 통일운동에 매진할 수 있는 기반을 탐색하는 연구들이 눈에 띠고, 기독교회가 신앙공동체 밖의 통일운동 주체들과의 연대, 정책·체제·제도적 관점에서의 통일운동 논의와 실천, 남북통일의 선결과제로서의 남남통합의 추구 등 통일운동에 관한 다양한 접근들이 산출된 시기라고 평가할 수 있겠다.

앞으로의 통일운동은 그 지평을 정책과 제도 그리고 사회문화적 통합에까지 확대해 나가야 할 것이다. 특별히 땅의 통일과 더불어 '사람의 통일'을 지향하는 통일운동의 실천적 이론적 노력이 더욱 요구된다고 할 것이다. 이는 남과 북의 사회문화적 심리적 차원의 통일을 포함하며 근본적으로는 민족동질성을 회복·강화하는 차원에서의 통일을 중요하게 내포한다. 또한 이덕주, 김흥기 등 역사신학자들의 연구가 시사하는 바대로, 통일운동의 의미와 방향성을 다양한 신학적 관점을 통해 논구하는 연구들이 발전적으로 전개될 때, 이들 연구들로부터 나오는 결실에 힘입어 한국교회가 통일운동에 지속적으로 또 더욱 적극적으로 참여하는 데 필요한 이론적 실천적 기반을 더 단단하게 다져갈 수 있을 것이다. 예를 들어, 정부와 민간 영역에서 이루어지고 있는 통일운동을 기독교 사회윤리의 관점에서 규범적으로 또 실천적으로 분석·평가하고 앞으로 통일운동이 나아가야 할 방향성을 기독교윤리적 원리의 빛에서 제시하고 그러한 원리를 토대로 유효한 실천적 대안을 제안하는 학문적 추구가 확대될 필요가 있다는 말이다.

부록

1. 공적신학과교회연구소 소개

1) 공적신학과교회연구소 임원명단

- 명예소장: 이형기 교수 (장신대, 명예교수), 김명용 교수 (장신대, 전 총장)
- 소장: 임희국 교수 (장신대, 교회사)
- 부소장: 박경수 교수 (장신대, 교회사), 장신근 교수 (장신대, 기독교교육학)
- 총무: 김은혜 교수 (장신대, 기독교와문화)
- 부총무: 백충현 교수(장신대, 조직신학)
- 감사: 서원모 교수 (장신대, 교회사)
- 서기: 이병옥 교수 (장신대, 선교학)
- 회계: 김명배 교수 (숭실대, 교회사)
- 부회계: 정대경 교수(숭실대, 교목실/조직신학)
- 연구편집위원장: 송용원 교수 (장신대, 조직신학)

2) 공적신학과교회연구소의 설립목적

공적신학과교회연구소는 한국교회를 향해 공적책임을 일깨우고, 공적책임 수행을 위한 신학적 방향을 제시하며, 이를 구체적으로 실천할 수 있는 방안을 모색하기 위해 2008년 11월에 뜻을 같이하는 신학자들과 목회자들에 의하여 창립되었다. 본 연구소의 목적은 세상을 향한 교회의 공적 책임에 대한 신학 연구를 통해 한국교회가 공적 책임을 감당할 수 있도록 격려하고, 실천을 통해 삼위일체 하나님의 나라가 인류 역사와 창조 세계 안에서 온전히 구현되도록 하는 데 있다.

이러한 설립목적 아래 공적신학과교회연구소는 매년 6회의 정기발표회와 2회의 공개강좌를 통해 한국사회와 교회의 주요 문제들을 다루어왔다. 시대적 함의를 담은 중심 주제를 정하고 다양한 관점에서 그 주제를 연구한 글들을 모아 지금까지 7권의 책을 출판하였다.

3) 연구소 후원교회

- 은현교회 (강석형 목사)
- 동신교회 (김권수 목사)
- 덕수교회 (김만준 목사)
- 목양교회 (김성수 목사)
- 염산교회 (김종익 목사)
- 서대전교회 (김상혁 목사)
- 한국기독교사회봉사회 (이승열 목사)

2. 공적신학과교회연구소(IPTC) 선언문

1) 목적(Purpose)

본 연구소의 목적은 세상을 향한 교회의 공적 책임에 대한 신학 연구를 통해 한국교회가 공적 책임을 감당할 수 있도록 격려하고, 실천을 통해 삼위일체 하나님의 나라가 인류 역사와 창조 세계 안에서 온전히 구현되도록 하는 데 있다.

2) 사명(Mission)

한국교회는 역사 안에서 여러 분야에 걸쳐 공적인 책임들을 수행해 왔다. 교육, 의료, 문화, 여권신장, 평등사상, 독립운동, 민주화운동, 통일운동에서 마땅히 져야 할 십자가를 지고, 어두운 시절에 민족의 등대 역할을 감당해왔다. 그러나 다른 한편으로는 배타주의, 물량주의, 분리주의, 성장주의의 폐해를 드러내기도 하였다.

본 연구소는 한국교회의 부정적 모습들을 비판적으로 극복하고, 긍정적 요소들을 되살려 예수 그리스도의 가르침의 핵심이었던 하나님의 나라를 이 땅 위에 세우기 위한 토대를 마련하고자 한다. 하나님의 나라는 샬롬의 공동체요, 생명의 공동체요, 하나님의 주권과 통치가 편만한 새 하늘과 새 땅이다. 교회는 바로 이 하나님 나라의 징표요, 도구요, 선취이다. 따라서 교회는 하나님 나라에 상응하여 변혁되어야 할 공적인 영역에 관심을 가져야 하며, 정의 · 평화 · 창조세계의 보전을 위해 하나님의 선교운동에 참여해야 한다. 본 연구소는 한국교회가 하나님의 나라의 비전을 품고 공적인 영역에서 하나님의 나라를 실현시키려는 노력을 다 할 수 있도록 이론과 실천의 면에서 협력하고자 한다.

3) 방향성(Directions)

① 본 연구소는 모든 교파를 포괄하며, 나아가서는 교회의 공적책임 문제에 있어서는 다른 종교나 시민단체(NGO)와의 연대에 대해서도 열려 있는 공간을 추구한다.

② 본 연구소는 하나의, 거룩한, 보편적, 사도적인 교회를 지향한 보편교회의 전통을 존중하고, 복음 설교와 성례전이라는 참된 교회의 표지를 귀중히 여기면서, 교회가 이 세상 안에서 하나의 대안 공동체가 되어야 한다는 사실을 지지한다.

③ 본 연구소는 정치, 경제, 사회, 문화, 환경 등의 모든 공적인 영역에서 하나님의 정의 · 평화 · 창조 질서가 세워질 수 있도록 최선을 다한다.

④ 본 연구소는 포스트모던 시대에 대응하는 기독교적 가치를 제시하고, 오늘날 제기되는 여러 도전들에 대해 하나님의 나라 관점에서 대안적 해결책을 제시하기 위해 노력한다.

3. 공적신학과 교회연구소의 이정표

1) 전문(a preamble)

본 연구소의 목적은 한국교회에 공적책임을 일깨우고 한국교회를 향하여 공적책임에 대한 신학적인 비판과 검토와 방향을 제시하며, 나아가서 가르침과 글과 행동을 통하여 공적책임을 교회와 세상으로 하여금 알게 하는 데 있다. 이 모든 활동은 교화와 세상에 대한 삼위일체 하나님의 온전한 통치(하나님 나라)와 이 하나님의 나라를 역사와 창조세계 속에서 구현하는 하나님의 선교(missio trinitatis)에 동참하기 위한 것이다.

2) 한국 개신교의 공적책임 수행의 역사

한국개신교는 그 동안 역사적으로 하나님의 일터인 이 세상에서 공적인 책임들을 많이 수행해왔다. 일찍이 한국의 기독교는 계몽차원에서 민족의 희망이었고, 한글을 보급하였으며, 최초의 근대식 병원을 세웠고, 평등사상을 고취시켰으며, 교육에도 적지 않은 기여를 해왔다. 그리고 일부일처제와 여권신장에 힘써왔고, 3·1운동과 같은 나라 살리기 운동에도 동참하였으며, 신사참배운동도 일으켰다. 나아가서 1970년대의 반독재운동과 1990년 남북평화통일운동에도 앞장섰고, 장기기증운동과 태안 앞바다 기름제거운동에도 두각을 나타냈다. 한국교회의 공적 책임의 예는 허다하다.

3) 교회의 공적책임 수행을 발해하는 요소들

하지만 한국교회는 '이기적이고 배타적인 교회중심주의', '영혼과 몸을 갈라놓는 이분법', '물량적 교회성장주의', 그리고 '맘몬의 지배로 사유(私有)화 되려는 하나님 나라'로 인하여 하나님의 드넓은 작업장인 이 세상에서의 교회의 공적책임 수행에는 너무나도 미흡하였다. 이와 같은 요소들은 교회의 공적책임 수행에 대한 저해 요인들이다.

4) 교회와 세상의 적대관계

한국 개신교는 교회를 노아의 방주 유형이나 구명(求命)선으로 여기는 경향이 짙다. 이러한 경향은 '교회와 세상을 분리'시켜서 교회를 '세상이라는 바다'에 떠 있는 외딴 섬으로 만들어 왔다. 또한 한국 개신교는 죄와 죽음의 힘이 세상을 지배한다고 가르치며, 사탄과 마귀가 판을 치고 있는 이 세상은 최후심판과 지옥을 향하여 내달린다고 보면서 이러한 세상과 단절해야만 하나님의 은혜로 구원을 받는다고 가르쳤다.(요 7:7;요 8:23;요 17:16) 이것이 이기적이고 배타적인 교회중심주의로 이끌어갔다.

하지만 하나님께서는 세상을 이처럼 사랑하가 독생자를 보내주셨다. 예수 그리스도께서는 교회의 머리이신 동시에 창조의 중보자이시요 인류와 우주만물의 재 창조자이시요 따라서 역사와 우주만물의 주님이시다.

5) 영혼과 몸을 갈라놓는 이분법

한국 개신교는 영혼구원을 강조하면서 복음전도를 '구령사업'이라 가르쳤다. 그러다보니 개인의 영혼구원에 치우쳐서 몸과 육체의 영역을 소홀히 여겼다. 전인(全人)의 구원이 아니라 영혼만의 구원을 강조했다. 영혼과 몸을 분리하는 이분법적인 사고가 신앙을 지배한 결과 영혼과 영적인 것의 가치를 높이는 동시에 몸의 영역에 속한 역사적이고 사회·문화적인 가치를 업신여기거나 소홀히 여겼다. 이러한 이분법이 교회의 공적인 책임수행을 방해했다.

6) 물량적 교회성장주의

한국 개신교는 특별히 산업화시대(1960~90년대)의 시대정신인 성장 이데올로기와 맞물려서 교회성장에 몰입하며 외형적으로 그 몸집을 불려왔다. 그러다보니 교회가 물량적 성장주의를 벗어나지 못했다. 이러한 성장주의는 하나님 나라의 자람(마태 13장)에 역행하는 것이다.

7) 맘몬의 지배로 사유화되려는 하나님의 나라

한국 개신교의 성장은 자본주의 사회체제 속에서 진행되었다. 권력의 비호아래 권력과 결탁해 온 한국 자본주의 체제는 공공(公共)의 안녕(安寧)과 질서를 추구하기 보다는 대체로 특권층을 양산하고 기득권층을 보호해왔다. 이러한 사회 현실을 향해 교회가 예언자적 사명을 감당해야 하는데, 오히려 한국교회 대다수는 맘몬의 지배에 예속되어서 자주

기득권층을 대변하였다. 이러한 교회는 이 세상에서 하나님 나라를 위한 공적책임을 결코 수행할 수 없었다.

예수님이 보여주신 작은 자들에 대한 긍휼(compassion), 예언자들이 선포한 공의와 정의의 나라, 레위기 25장의 희년에 대한 비전과 누가복음 4장의 은혜의 해는 결코 맘몬의 지배를 허락하지 않는다. 교회와 세상에서 사랑과 공의와 정의가 강같이 흐르는 샬롬 공동체 형성은 전적으로 공적인 일이다. 우리는 하나님의 선교(missio trinitatis)에 동참하여 공공(公共)의 샬롬 공동체 형성에 헌신해야 할 것이다.

8) 교회 지도자들의 정체세력화와 청년선교

지난 참여정부에 대한 사회 보수층의 인식은 소위 '좌파장권'이었다. 특별히, 민주화 이후의 사회개혁과 남북진전을 위한 정부의 정책에 대하여 이들은 강한 거부감을 드러냈다. 이러한 '보수층'의 입방에 적지 않은 기독교 지도자들이 동의하며 적극 동참했다. 이 점이 의식 있는 교회 청년들에게 실망감을 안겨주었고, 교회 밖 일반 청년층에게 교회가 보수세력으로 비쳐졌고 이에 청년 선교를 가로막기도 하였으며, 교회의 공적책임 수행을 방해하였다.

그러나 참여정부의 여러 정책들은 기대와 달리 '신자유주의'를 따르는 결정을 내렸다. 따라서 양극화의 심화와 맞물려, 청년실업문제와 소위 '88만 원 세대'의 생성은 계층 간의 갈등은 물론 세대 간의 갈등도 빚어냈다. 이러한 현상은 교회로 하여금 청년 선교를 새롭게 생각하도록 촉구하였고, 교회의 공적책임 수행을 다시 생각하게 하였다.

9) 하나님의 나라

"하나님의 나라가 가까웠으니 회개하고 복음을 믿으라(막 1:15)"고 선포하신 예수님은 하나님의 나라를 위해서 십자가에 달리셨다가 부활하셨고, 하나님의 나라를 계시하시고 약속하시기 위해 40일 동안 사도들에게 나타나셨으며, 하나님의 나라를 건설을 위해 이 땅위에 성령을 파송하셨다. 그리하여 교회는 성령 충만한 사도들에 의해서 선포된 하나님 나라의 복음에서 기원하였다.

예수님의 설교와 가르침의 중심은 '다가오는 하나님의 나라'였다. 그리고 십자가에 달리셨다가 부활하시고 승천하사 영화롭게 되신 그리스도 예수는 역사와 우주만물의 주님으로서 이 하나님 나라의 의미를 더 보편적으로 넓히셨다. 죄와 죽음과 흑암의 권세를 묵시적으로 계시하는 예수 그리스도의 십자가와, 이 모든 부정성을 부정하는 그의 부활(the negation of the negative)은 개인에게 부활의 몸을, 역사에게 하나님의 나라를, 그리고 우주만물에게는 새 하늘과 새 땅을 계시하고 약속하기 때문이다. 그는 다름 아닌 영생과 하나님의 나라, 그리고 새 하늘과 새 땅을 계시하시고 약속하셨다. 이는 역사와 창조세계 속에서 삼위일체 하나님의 통치일 뿐만 아니라 새 창조의 세계(creatio nova)이다. 이것은 삼위일체 하나님과 새 인류와 새롭게 된 우주만물이 함께 어우러지는 샬롬의 '생명 공동체'이다.

10) 생명 공동체인 하나님의 나라와 교회 및 세상

그런즉, 교회는 위와 같은 '생명 공동체'를 미리 보여주는 '생명 공동체'이다. 교회는 그와 같은 '생명 공동체'의 미리 맛봄이요, 징표요, 도구이다. 교회와 세상의 존재이유는 이와 같은 삼위일체 하나님의 역사와 창조세계에 대한 통치와 이 하나님의 나라를 이 땅위에 구현하시는 삼위일체 하나님의 선교에 동참하는 데 있다. 또한 하나님의 선교가 인류의 보편사와 창조세계 속에서도 진행되고 있다고 믿는 한, 교회는 이 세상이 주는 메시지를 깨달아 알아야 하고, 나아가 이 세상 속에서 하나님 나라의 징표들을 읽을 수 있어야 한다. 따라서 교회는 예수 그리스도에 대한 신앙 고백을 분명히 하면서 정의와 평화와 창조세계 보전에 관한 한, 타 종교들과 엔지오(NGO)등 비기독교단체들의 목소리에 귀를 기우려야 하고, 이들과 연대하여 하나님의 나라를 향한 하나님의 선교에 동참해야 할 것이다.

11) 하나님의 나라와 교회의 표지

'하나의 거룩하고, 보편적이며, 사도적인 교회'에서 교회는 공교회(ecclesia catholica)로서 하나님의 나라에서 완성될 하나 됨과 거룩함과 보편성을 희망하는 가운데, 그것을 역사의 지평 속에서 구현시켜야 한다. 뿐만 아니라 교회가 생명 공동체인 하나님 나라의 미리 맛봄과 그 징표요 도구로써 하나님의 나라를 위해서 존재해야 하는 한, 교회는 공교회 안에서 뿐만 아니라 인류와 창조세계 모두를 아우르는 전 생명 공동체 안에서 공적책임을 수행해야 할 것이다. 또한 교회는 사도적 복음을 바르게 설교하고 성례전(세례와 성만찬)을 바르게 집례해야 한다. 곧 교회는 설교와 성례전을 통하여 하나님의 나라를 축하하고, 선포하며, 증거해야 한다. 이상과 같은 생명 공동체인 교회의 표지(4+2)는 하나님의 나라 구현을 향한 하나님의 선교를 위해서 존재하는 것이다.

12) '이미'(already)와 '아직 아님'(not yet)사이에 자리 매김한 교회

'이미' 임한 하나님의 나라와 '아직 임하지 않은' 하나님의 나라 사이에 실존하는 교회는 하나님의 나라를 기다리면서 하나님의 나라가 온전히 임할 때까지 성령의 역사에 힘입어 사도적 직무(the apostolate)를 수행해야 한다. 사도적 직무란 설교, 세례와 성만찬, 코이노니아, 교육, 사회봉사, 복음전도, 하나님의 선교(missio trinitatis), 정의와 평화와 창조세계의 보전, 그리고 교회의 일치추구이다. 다시 말하면 생명 공동체인 교회의 사도적 수행은 교회 내의 책임수행 뿐만 아니라 일치와 연합을 추구하고, 정의와 평화와 창조세계 보전 차원에서 하나님의 나라의 실현을 위한 하나님의 선교에 동참해야 할 것이다. 이것이 다름 아닌 공교회의 공적 책임수행이다.

13) 하나님의 나라와 교회의 본질적 기능

교회는 코이노니아를 통해서 하나님의 나라를 미리 맛보아야 하고 기독교 교육을 통해서 하나님의 나라를 교육해야 하며, 사회봉사를 통해서 하나님의 나라를 증거해야 하고, 복음전도와 하나님의 선교와 JPIC(정의, 평화, 창조 질서의 보존)를 통해서 하나님의 나라를 널리 증거하고 구현해야 한다. 이처럼 우리는 교회 안과 밖에서의 교회의 공적책임의 수행에 공적으로 참여함으로 하나님의 나라 구현을 위한 하나님의 선교에 참여해야 할 것이다.

14) 하나님의 나라와 모이고, 든든히 서가고, 그리고 파송 받는 교회

하나님의 나라의 복음으로 말미암아 이 세상으로부터 부름 받은 교회(ekklesia)는 예배를 위해서 모이고, 세례와 성만찬과 기독교 교육과 코이노니아를 통해서 든든히 세움을 받으며, 복음전도와 하나님의 선교와 사회봉사를 위해서 세상 속으로 파송 받는다. 교회는 하나님의 선교의 장인 이 세상 속으로 파송 받아, 하나님의 나라의 공적인 일들을 책임적으로 수행해야 할 생명 공동체가 되어야 한다.

15) 하나님의 나라와 교역직

하나님의 나라를 위해서 존재하는 교회의 직제에는 일반 교역직(세례 받은 모든 하나님의 백성의 교역)과 특수 교역직(an ordained ministry)이 있다. 특수 교역직은 일반 교역직을 훈련시키고, 교육시키어 모든 공적 영역들에서 하나님의 나라를 건설해야 할 것이다. 교역직은 구심력적 운동과 원심력적 운동의 긴장 속에서 하나님의 선교에 동참하는 일에 있어서 지도력을 발휘해야 한다.

16) 창조세계와 세상과 국가와 교회는 하나의 '생명 공동체'

창조세계와, 세상과, 국가와, 교회는 서로 불가분리한 관계망 혹은 그물망 속에 있다. 이와 같은 관계망의 파괴는 인간과 세계와 창조세계를 죽음으로 몰아간다. 예수 그리스도를 통한 화해론과 예수 그리스도를 통하여 계시되고 약속된 종말론은 이와 같은 관계망 혹은 그물망의 근거이다. 예수 그리스도의 십자가와 부활은 인류뿐만 아니라 창조세계까지도 하나님께 화해케한 사건이다. 특히 그의 십자가는 종말론적인 죽음과 흑암의 권세에 대한 승리요, 그의 부활은 새 창조(개인의 완성으로서 영생, 역사의 완성으로서 하나님의 나라, 창조세계의 관성으로서 새 하늘과 새 땅)를 계시하고 약속하는 것이다. 바로 이 하나님의 나라야 말로 샬롬의 생명 공동체로서, 이 땅위의 교회와 국가와 세상과 창조세계가 추구해야 할 희망의 나라인 것이다.

하지만 이미 임한 하나님의 나라와 아직 임하지 않은 하나님의 나라 사이에 놓인 교회 공동체야 말로 예수 그리스도의 몸이요, 성령의 전이요, 하나님의 백성으로서 이 세상에 대한 '대안 공동체'(a alternative community)이다. 따라서 교회와 세상(국가)은 질적으로 달라야 하고, 구별되어야 한다. 하지만 국가가 교회를 박해하든가, 헌법을 지키지 아니하고 실정법을 어겨, 백성을 억압하든가(교회는 국가의 법을 끊임없이 개정해 나가야 하지만), 직무유기를 하여 백성에 대한 지도력을 온전히 발휘할 수 없는 경우가 발생할 때 교회는 예수 그리스도의 이름과 하나님 나라의 이름으로 이와 같은 정부에 대하여 항의하고 항거해야 할 것이다. 무엇보다 국가와 정부가 잘못된 길로 들어서고 있을 때에도 우리는 그것이 교회와 뗄 수 없는 생명 공동체임을 기억해야 하고, 그 속에서 예수 그리스도의 제사장적이고 예언자적이며 왕적인 직무를 수행해야 할 것이다. 즉, 우리는 화해를 선포하고 화해된 공동체로서 공적 차원에서 화해를 위하여 힘써야 하고, 미래에 임할 하나님의 나라를 선포하며, 이에 비추어서 우리의 현 시대를 예언자적으로 비판해야 하고, 모든 공적인 영역들에서 하나님의 왕적 통치에 동참해야 할 것이다.

17) 포스트모던 시대에 대응하는 민주화와 사회정의

포스트모더니즘은 개인들과 소집단들의 작은 목소리를 무시하고 억압하며 소외시키는 모더니즘의 거대담론에 반대하여 '다름'과 다원성과 '타자성'(他者性)을 강조하는 바, 정부는 교회들과 시민단체들의 작은 목소리에 귀를 기울이는 미시정치(micro-politics)를 해야 하고, 가난한 자와 병든 자와 소외된 자 편에서는 사회정의를 구현시켜야 한다. 나아가서 정부는 다국적 기업의 신자본주의 거대담론에 압도되어 백성의 미시담론을 외면해서는 안 될 것이다. 예수님께서 선포하신 하나님의 나라는 병든 자, 가난한 자, 소외된 자, 억압받는 자의 목소리를 결코 배제하지 않는다. 성경의 거대담론은 결코 '지극히 작은 자'의 목소리를 묵살하거나 제외시키지 않는다. 민주주의가 하나님의 나라를 지향하는 민주주의가 되려면 '지극히 작은 자'의 목소리를 청조하여야 할 것이다.(마 25:31-46) 또한 오늘날 다민족·다문화 사회를 맞이하면서 외국인 노동자들과 이주민 결혼가정의 작은 목소리에도 귀를 기울여야 하고, 이기적이고 배타주의적인 단혈적(單血的) 민족주의를 넘어서야 할 것이다.

18) 정의와 생명을 위한 시장경제

1989년에 동유럽이 몰락하면서 공산주의 계획경제 체제가 함께 무너졌고, 이에 시장경제의 원리가 유일한 경제체제로 현존하고 있다. 그런데 현실적으로 현존하는 '신자유주의' 시장경제의 질서는 자본주의 시장경제 체제로서 오늘날 공정한 경쟁원칙이 무시되었고 불공정한 시장독점으로 고착되었다. 정의로운 시장질서가 결핍된 채, 불평등한 소득분배구조에서 빈익빈 부익부의 양극화 현상이 두드러지고 있다. 이 경제 체제는 또한 억압과 지배와 착취의 구조를 생성했고 또한 모든 피조세계(자연)를 착취하였기 때문에 전 지구적인 환경오염과 생태계의 위기를 초래하였다.

이러한 경제 체제에 대응하여 우리는 '세계교회협의회'(WCC, Agape 선언(2005))와 '세계개혁교회연맹'(WARC, 아크라 신앙고백(2004)) 그리고 '아시아교회협의회'(CCA)의 신자유주의적 세계화에 반대하는 노선(anti-globalization)을 따르면서 '생명을 살리고 정의를 구현하는 시장경제'를 제안한다. 그런즉, 오늘날 남반구의 나라들과 북반구의 나라들, 그리고 6대륙의 인종들과 종교들과 문화들은 동반자 관계 속에서 연대하고 화해하면서 하나의 정의롭고 긍휼이 넘치며 포용적인 공동체'(a just, compassionate and inclusive soceity)를 추구해 나가야 하고, 창조세계를 보전하는 삶을 구현해야 할 것이다.

19) 세계 교회협의회(WCC)의 연합과 일치운동에 있어서 공교회의 공적책임의 수행

세계 교회협의회는 1975년부터 1990년에 이르면서 '창조세계의 보전'에 관한 문제를 '정의'(사회 및 경제 정의) 및 '평화' 문제와 함께 논의하게 되었다. 바야흐로 '땅'을 포함한 온 '창조세계'는 하나님의 것이요, 하나님의 영광을 위해서 인류 전체에게 주어진 '공공'(公共)의 영역으로서 그 어느 나라도 그 어느 사람들도 그것을 사사(私事)화 할 수 없다. 그렇기 때문에 정의와 평화와 맞물린 창조세계의 보전문제는 전적으로 교회의 공적책임의 대상이다.

20) 교회의 공적책임을 위한 신학의 기능

    교회의 다양한 신학은 통일성과 코이노니아(Koinonia)를 추구하면서 샬롬(Shalom)의 생명공동체를 향해 나아가야 한다. 이는 다름 아닌 하나님 나라의 신학이다. 신학의 목적과 기능은 교회로 하여금 샬롬의 생명공동체를 추구하게 하고, 그러한 추구를 반성케 하며, 또 다시 새롭게 추구하도록 준비시키는 것이다. 그래서 신학은 하나님 말씀의 삼중성과 예수 그리스도 안에서 이룬 화해의 복음을 표준으로 삼고, 교회가 실천하는 말씀선포(Kerygma), 예배(Liturgia), 교육(Didache), 성도의 교제(Koinonia), 봉사(Diakonia)를 반성케 하고 이를 통해 교회로 하여금 교회되도록 하며, 한 걸음 더 나아가서 신학은 교회로 하여금 하나님의 창조세계를 보전하고 정의와 평화의 세상을 이루며 국가의 공직이 정의롭게 수행되도록 파수꾼의 노릇을 하게 해야 한다. 신학은 하나님의 말씀을 섬김으로서 교회의 여러 기능을 섬기고 또 교회로 하여금 다가오는 하나님의 나라를 희망하면서 창조세계의 모든 영역이 함께 어우러져 조화로운 생명 공동체를 이루도록 해야 한다. 따라서 교회의 공적책임을 위한 신학은 삶의 공적인 영역인 정치, 경제, 사회, 문화, 교육, 그리고 창조세계를 대상으로 신학을 펼치되, 다가오는 하나님 나라의 시각에서 이와 같은 공적인 영역의 모든 것을 평가하고 예언자적으로 비판한다.

    이렇게 신학은 교회로 하여금 교회되도록 섬기는 것 뿐만 아니라 세상 속에서 구현되는 하나님의 나라를 위해서 섬긴다. 그런즉, 우리 연구소는 교회의 정체성을 매우 중요시하면서도, 교회로 하여금 삼위일체 하나님의 선교에, 즉 역사와 창조세계를 통치하시고 새 하늘과 새 땅을 가져오는 하나님의 선교에 동참하도록 섬길 것이다.

4. 기독교 신앙과 '하나님의 경제'

서문: 문명의 글로벌화와 '신자유주의'의 글로벌화

오늘의 문명은 교통·통신기술의 혁명적 발달로 인한 시공의 압축과 세계의식의 확장을 통하여 새로운 위계의 세계와 계급이 만들어지는 과정인 세계화에 의하여 주도되고 있다. 정치, 경제, 문화적 삶의 점증하는 상호연관성으로도 이해되는 세계화는 인류에게 다양한 혜택을 가져다 준 것이 사실이다. 하지만 인류의 행복을 전적으로 보장해 주는듯한 세계화의 장밋빛 공약(公約)은 공약(空約)으로 드러나고 있으며, 오늘 우리는 불투명한 복합위험을 초래하는 세계화의 소용돌이에 갇히고 말았다. 특히 오늘의 세계는 신자유주의에 기초한 지구적 자본주의가 초래한 거대한 경제위기의 늪에 갇혀서 헤어나지 못하고 있다. 2011년 글로벌 금융시장의 상징인 월가 시위의 구호에 나타난 것처럼 이제 우리는 부유한 1%와 가난한 99%로 양분되는, 즉, 통제되지 않는 극심한 양극화의 시대를 살아가고 있다. 신자유주의가 주도해 온 이러한 경제적 현실은 전 지구적 차원에서 가정과 사회를 해체시키고 엄청난 갈등과 반목으로 우리들을 몰아가고 있으며 더 나아가 생태계에 대한 착취와 파괴로 이어지고 있다. 이는 단순히 경제의 위기가 아니라 오늘의 세계를 이끌어 온 정치철학, 경제 시스템, 세계관, 가치관의 붕괴이며, 더 나아가 올바른 하나님 신앙에 대한 왜곡을 초래하였다.

이러한 위기상황에서 공적인 공동체로서 오늘의 한국교회는 신자유주의에 기초한 지구적 자본주의 경제체제가 가져온 위기를 극복하고 그 대안을 모색하기 위하여 "하나님의 경제"에 기초한 경제질서를 세워 나가는 데 헌신해야 할 것이다. 넓은 의미에서 하나님의 경제(oikonomia tou theou)는 피조세계 전체라는 집(oikos)을 창조하시고, 유지하시고, 재창조하시는 삼위일체 하나님의 사역에 대한 신앙고백에서 시작된다. 하나님의 경제는 삼위일체 하나님의 공동체에서 이루어지는 영원한 상호 내주적 사귐과 나눔에 기초하여 하나님의 창조세계를 유지하고 재창조하는 원리이다. 하나님의 경제는 인간의 경제로 하여금 끝없는 시장논리에 의한 무한 경쟁과 권력의 투쟁이 아니라 공생과 공존을 지향하는 가운데 은혜의 복음에 터하여 사회적 재화를 생산하고 분배하는 경제이다. 특정 소수 그룹이 재화와 권력을 불의하게 독점하고, 이 과정에서 인간의 공동체적 삶과 자연을 파괴하고 혼란에 빠뜨리는 신자유주적 경제체제는 따라서 하나님의 경제와 대립된다. 이러한 맥락에서 우리는 본 성명서를 통하여 하나님의 경제에 기초한 경제 질서를 세워 나갈 것을 촉구한다. 그러나 그 과정에서 우리는 자본주의적 경제질서를 전면적으로 부정하고 폐기하기 보다는 대안적인 형태의 보다 더 사회적이고, 공동체적이며, 인간의 얼굴을 지닌 따뜻한 시장경제를 지향한다.

1) 신자유주의 시장경제 체제하에서의 한국경제와 한국교회

신자유주의적 경제체제에 대한 대안을 모색하기 위하여 먼저 우리는 신자유주의 시장 경제가 한국경제와 한국교회에 과연 어떠한 영향을 끼쳐왔는지를 질문할 필요가 있다. 우리나라에서 신자유주의 시장경제는 '세계화'란 이름으로 OECD(경제개발협력기구)에 가입했던 1996년에 금융시장을 개방하면서 본격적으로 도입이 되었다. OECD 가입 직후 국회는 정리해고제, 변형근로제, 근로자파견제 등을 날치기로 통과시켰다. 그 이후에 우리나라는 작은 정부, 노동시장의 유연화(해고와 감원을 자유롭게), 자유 시장경제질서, 규제완화, FTA(자유무역협정)중시, 사유화 또는 민영화(공기업, 의료, 방송), 학교(대학)의 경쟁력과 자율화, 세금 완화(상속세, 법인세, 종합부동산세), 복지예산 축소 등의 신자유주의 경제정책을 시행해왔다. 특히 현 정부가 추진해온 신자유주의 경제정책은 '작은 정부 큰 시장'을 기본골격으로 삼아 공기업 민영화, (부자) 감세정책, 금산분리 완화, 노동시장 유연화 등으로 추진되었다.

그런데, 지난 30년 동안 세계의 경제질서를 지배해 오던 신자유주의 경제체제는 2008년 전 세계적으로 불어 닥친 금융위기로 말미암아 난관에 봉착하게 되었다. 그 동안 투자금융 중심의 거대한 독점 자본이 아무런 견제 장치가 없이 전 지구적 시장을 지배해 오다가, 2008년도 말에 미국 발 경제위기(금융자본의 위기)가 전 세계로 확산되었다. 신자유주의 경제체제에서 대중은 경제동물이 되어 그저 열심히 일해서 돈 벌고 소비하느라 바빴고, 인문학적 가치는 일상생활에서 배제되었고 인류의 역사 속에서 축적된 삶의 지혜를 잊어버렸다. 사람들은 성장과 풍요에 취했고, 불로소득으로 흥청망청 사치에 매료된 사람들은 물질적 쾌락에 빠져서 이것을 제어하는 규제와 제도의 필요성마저 망각하였다. 신학자 한스 큉이 지적한대로, 신자유주의 경제 체제하에서 소위 발전이데올로기의 마술인 "더 빨리, 더 많이, 더 높이!"를 추구해왔던 인류는 무한 발전(양적 팽창)을 위해 유한한 지구 자원을 마구 소비하며 먹고 쓰고 버림으로써 생태계 질서를 무너뜨리고 심지어는 후손의 자원까지 끌어다가 소비해 치우는 일을 서슴지 않았다. 인간의 존재방식이 비인간적인 모습으로 전락했고, 또 이러한 인간의 행위가 하나님의 창조질서를 파괴하게 되었다.

이 시기에 한국교회 또한 신자유주의 경제질서에 의하여 직·간접적으로 깊이 영향을 받았다. 이미 산업화 시대에 농어촌인구의 도시 집중화와 맞물려 대도시(특히 서울)에 교회가 집중적으로 설립되었고, 포스트모던 시대에 상응하여 다양한 형태의 개(個) 교회들이 도시 여기저기에 우후죽순 생겨나면서 난립하는 현상을 보였다. 이러한 현상은 신자유주의 경제질서의 무한 경쟁논리와 맞물려 사회의 양극화 현상과 같은 교회의 양극화(교인 수 양극화, 교회 재정 양극화 등)로 나타나게 되었다. 소수의 대형교회는 계속 수적인 성장을 지속하고 있으며 이에 따른 인적, 물적 자원들도 매우 풍부하게 소유하고 있는 반면, 중소형 교회들은, 한국의 중소기업들이 경험하고 있는 것처럼, 심각한 어려움을 겪고 있다.

또한 한국교회의 강단에서는 이러한 신자유주의 경제질서 체제에 대한 예언자적인 비판과 개혁의 목소리 보다는 어떻게 하면 이러한 체제하에서 개인적인 성공을 성취해 나갈 것인가라는 성공지향 또는 성취지향주의적인 메시지가 주로 선포되어왔다. 이로 인하여 그리스도인들의 신앙과 삶은 더욱 더 사사화(私事化)되었고, 교회 공동체도 의식적, 무의식적으로 기득계층의 이익을 종교적으로 옹호하는 이익집단의 형태로 변모되어왔다. 그 결과 모든 생명이 함께 더불어 살아가는 정의롭고, 평화로운 생명세계의 건설에 대한 하나님 나라의 비전을 점차 상실하게 되었고 사회로부터 심각한 비판과 도전에 직면하게 되었다.

2) 신자유주의 시장경제와 이에 대한 신학적 평가

이러한 신자유주의 시장 경제에 대해 우리는 어떠한 신학적 평가를 내릴 수 있는가? 신자유주의 시장 경제는 미국의 대통령 레이건과 영국의 수상 대처가 국가적 차원에서 실천했고, 미국이 세계를 지배하는 20세기 후반의 상황 때문에 마침내 세계를 지배하는 경제 질서가 되었다. 이 경제 질서는 가능한 한 국가의 경제적 간섭을 줄이고 경제 주체들의 자율성을 극대화해서 경제를 성장시키고자 하는 경제 질서이다. 이 경제 질서의 장점은 기업과 인간을 노력하도록 만들고, 인간의 창의성을 자극해서 기술을 발전시키고 생산과 재화를 크게 증가시키는 데 있다. 이 점 때문에 노박(Michael Novak)을 비롯한 북미의 우파 신학자들은 신자유주의 시장 경제를 세계를 구원하는 경제 질서로 합리화했다. 그러나 신자유주의 시장경제는 다음과 같은 심각한 문제를 갖고 있기 때문에 하나님의 경제와는 상당한 거리가 있다고 평가할 수밖에 없다.

① 신자유주의 시장 경제는 세계 경제를 투기 자본주의로 변질시킬 위험이 있다. 그런데 이 위험은 그동안 세계 도처에서 일어난 경제 위기 속에 실재적으로 나타났고 이로 인해 수많은 국가들이 엄청난 피해를 경험했다. 투기 자본주의는 신학적으로 용납될 수 없는 악임에도 불구하고 신자유주의 시장 경제의 중심 국가인 영국은 여전히 이를 규제하고자 하는 EU의 노력에 대해 비판적이다. 신자유주의 시장 경제의 자본의 제한받지 않는 자유로운 이동에 대한 이론은 투기 자본주의로 가는 길을 열고 있기 때문에 신학적으로 비판하지 않을 수 없다.

② 신자유주의 시장 경제의 과도한 경쟁은 노동 현장을 잔혹하게 만들고, 노동자들의 권익을 크게 훼손시키고, 노동자들은 이윤과 경쟁을 위한 도구로 전락될 위험이 크다. 이는 인간의 얼굴을 가진 경제 질서를 추구하는 하나님의 경제와 충돌된다.

③ 신자유주의 시장 경제는 중소기업은 대기업에 종속되고, 제3세계는 제1세계에 종속되는 종속경제의 위험이 매우 큰 경제 질서이다. 이 경제 질서가 계속되면 세계를 삼키는 공룡 대기업이 등장하고 이런 기업들에 의해 제국주의적 경제 질서가 만들어질 위험이 있다.

④ 신자유주의 시장 경제는 약육강식의 정글경제이기 때문에 너무나 많은 경제적 희생자들을 만들어 낸다. 무한경쟁의 정글경제에서는 희생자들도 무한히 많이 배출될 수밖에 없다. 이런 약육강식의 정글경제는 공존과 상생을 바라시는 하나님의 뜻과는 매우 거리가 있다.

⑤ 신자유주의의 시장 경제는 공정한 분배라는 성서적 가치를 결정적으로 파괴시킨다. 신자유주의 시장 경제는 승자의 독식을 정당화시키는 경제 질서인데, 이것은 빈부격차를 극단적으로 증가시킬 큰 위험이 있다. 신자유주의 시장 경제를 통해 재화의 양이 증가한다 해도 공정한 분배가 불가능하다면 이는 근원적으로 위험한 질서이다. 왜냐하면 이런 경제 질서는 결국 심각한 저항과 혁명의 위험을 안고 있기 때문이다.

⑥ 신자유주의 시장 경제의 옹호자들은 위와 같은 문제점을 스스로 알고 있으면서도 경제를 성장시키고 재화를 증가시키는 가장 좋은 길이 신자유주의 시장 경제라고 주장했다. 그러나 신자유주의

시장 경제 실천의 30여년의 결과는 과거의 케인즈주의 시대 보다 상당히 못한 것으로 판명되었다. 이는 너무 자주 일어난 경제 위기와 마이너스 성장의 참혹함 때문인데, 이런 문제들은 신자유주의 경제 질서 속에 본질적으로 내재하는 문제들이다. 무한경쟁의 정글경제가 경제성장의 측면에서도 큰 약점이 있다면 하루 속히 인간의 얼굴을 가진 경제 질서로 개혁해야 할 것이다.

3) 기독교 신앙과 신학에 기초한 대안공동체 추구

그렇다면 우리가 추구해야 할 대안공동체는 어떠해야 하는가? 『역사의 종언』(1992)에서 푸쿠야마는 역사의 최종단계를 '글로벌 자본주의'의 세계화로 보면서, 그 외의 어떤 대안도 없다고 주장하였다. 그러나 WCC(세계교회협의회)는 1970년 나이로비로부터 2006년 알레그로에 이르기 까지 글로벌 자본주의에 대한 '대안 글로벌화'(an alternative globalization)의 운동을 펼쳐왔다. 그 핵심가치는 북반구와 남반구 그리고 심지어 북반구 안에서도 초래된 빈익빈 부익부의 정치적 경제의 갈등구조의 해소와 환경파괴의 극복이다. 즉, '생명'이 그 핵심가치였다(레 25).

우리가 궁극적으로 추구하는 대안 공동체는 관계망 속에 있는 샬롬(정의와 평화)의 생명공동체(창 1-2; 요 10:10; 계 21-22)이다. 이 생명공동체는 이념과 체제를 초월한다. 교회 공동체, 교회 밖의 공동체들, 그리고 지구 생명공동체들은 각각 그리고 상호 간에 생명의 관계망 속에서 살고 있다. 생명의 문제는 단순히 생태학적이고 생물학적인 차원의 문제만이 아니다. 정치 · 경제 · 사회 · 문화와의 관계망이 다름 아닌 '생명'이다. 역사 차원과 창조세계 차원은 불가 불리한 관계망 속에 있다. 정의와 평화문제는 창조세계 보전문제와 맞물려 있기 때문이다. 그러나 오늘의 신자유주의 시장경제는 빈부 격차의 확대와 환경파괴의 가속화로 인류 공동체와 창조 공동체를 파국으로 몰아넣고 있다. 그래서 2006년 포르트 알레그로에서 개최된 제9차 WCC 총회의 '아가페'(AGAPE: Alternative Globalization Addressing Peoples and Earth)문서는 아가페 사랑을 전제하는 희년의 실천을 선언하는 맥락에서, '글로벌 자본주의'에 대한 '대안 경제'로서 "긍휼과 정의가 넘치는 세계"를 선포하였다. 그것은 곧 "하나님의 생명 집 살림살이"(God's Household of Life)에 다름 아니다.

① 하나님의 은혜의 경제는 넉넉함의 경제로 만민에게 풍요를 선사하고 그것을 보전한다.
② 하나님의 은혜의 경제는 그 풍성한 생명을 정의롭고 참여적이며 지속가능한 방법으로 관리 할 것을 요구한다.
③ 하나님의 은혜의 경제는 나눔, 지구적 연대, 인간의 존엄성, 창조 세계의 보전을 중요시하는 생명의 경제이다.
④ 하나님의 경제는 전체 오이쿠메네, 즉 온 지구 공동체를 섬기는 경제이다.
⑤ 하나님의 정의와 가난한 자에 대한 우대적 선택은 하나님 경제의 징표이다.

오늘의 교회공동체는 이와 같은 하나님의 은혜의 경제를 실천하는 대안 공동체를 건설해 나가야 할 것이다. 또한 교회 공동체와 인류 공동체의 구성원들은 삼위의 각 위격(位格)들처럼 '공동체 속의 인격'이 되어야 한다. 그래야만 글로벌 자본주의의 개인주의를 극복할 수 있다. 우리는 무엇보다도 교회의 예배와 교회의 공동체적 삶을 통하여 형성된 영성과 도덕성으로 신자유주의 경제세계화에 대한 치유와 화해의 사역에 동참해야 할 것이다. 뿐만 아니라 교회와 그리스도인들은 다른 민족, 다른 문화, 다른 종교 공동체들과 더불어, 나아가 유엔과 같은 초국적 기구를 통하여 신자유주의 시장경제가 낳은 폐해들을 극복하고 지구적 생명 대안공동체를 지향해야 할 것이다.

4) 한국교회의 나아갈 길

한국교회는 역사상 유래 없는 경제적 양극화와 지속되는 경제적 위기로 절망에 빠진 한국의 경제현실에 책임적으로 응답해야 한다. 한국교회는 위기의 근본적 원인인 신자유주의 경제세계화에 대한 진지한 반성과 성찰을 통하여 하나님의 경제를 실현해야 한다는 신앙적 결단을 요구받고 있다. 신자유주의적 경제세계화는 이미 경제적 문제를 넘어서 생태적, 윤리적, 그리고 영적인 문제를 포함한 범세계적 문제가 되어 인류의 재앙을 예고하고 있다. 따라서 한국교회는 경제세계화의 본질을 올바로 파악하고 신자유주의에 대한 반(反) 신앙적, 반(反) 복음적 실체를 바르게 인식하여 그리스도인들이 진정으로 추구하고 만들어 가야 할 세상에 대한 구체적 비전을 제시하여야 한다. 따라서 한국교회는 성령을 통하여 하나님의 경제 원리에 따른 하나님의 통치와 그리스도의 주권을 고백하는 교회의 예언자적 사명을 감당해야 할 중대하고 시급한 시대적 사명이 있음을 깨달아야 할 것이다.

① 한국교회는 신자유주의와 경제세계화의 반(反) 신앙적 본질에 대

하여 바르게 인식하고 교육하여야 한다. 신학교를 비롯한 다양한 교육기관에서 목회자들을 대상으로 하여 올바른 기독교 경제관을 교육해야 하며, 특별히 교회교육을 통해 자라나는 세대들에게 하나님의 정의와 공의에 기반 한 경제 원리를 가르쳐야 한다. 또한 한국교회는 교육을 통하여 신자유주의적 경제세계화의 물신 숭배적 구조와 성격을 폭로하고 신학적으로 비판하는 이론적 작업을 넘어 하나님의 경제를 실현할 수 있는 구체적인 일을 자신이 사는 지역에서 작은 일부터 시작해야 한다. 이러한 인식과 교육은 앎으로 끝나는 것이 아니라 신앙으로 고백되어 우리의 삶과 현실을 변화시키는 힘이 되어야 한다.

② 한국교회는 세상의 경제 질서와 하나님의 경제 정의 사이에서 신앙적 결단을 통한 생명살림의 목회적 모델을 창조해야 한다. 한국교회는 오늘의 왜곡된 경제현실과 생태계의 심각한 파괴가 하나님께서 허락하신 자원의 부족 때문이 아니라, 인간의 잘못된 제도와 신념으로 인해 부가 편중되고 자연이 착취당함으로 나타난 결과임을 고백하고, 급증하는 가난한 사람들에 대한 목회적 돌봄과 파괴된 생태계의 치유를 위한 다양한 생명목회적 대안을 제시해야 한다. 또한 한국교회는 교회 안에서 하나님의 경제를 실현하기 위하여 교회 간의 양극화 극복을 위해 농어촌 교회와 미자립 교회 문제 해결을 위한 제도적 장치를 마련하여야 한다.

③ 한국교회는 경제적 양극화 해소를 위한 구체적인 법적, 제도적 장치 마련을 위해 노력하여야 한다. 신자유주의 경제체제가 도입된 후 한국경제는 자본의 재벌집중으로 인한 중소기업과 자영업자의 몰락, 노동시장 유연화로 야기된 비정규직 문제와 청년실업의 문

제로 사회적 양극화를 심화시켰다. 이러한 경제적 현실 속에서 한국교회는 정부의 신자유주의 경제정책을 감시하고 비판하는 기능에서 한걸음 더 나아가, 하나님의 긍휼과 경제적 정의가 담긴 법적, 제도적 장치를 제안하고, 이를 법제화하는 데 노력하여야 할 것이다.

④ 한국교회는 신자유주의 경제위기를 극복하기 위하여 시민단체 및 에큐메니칼 단체들과의 협력을 적극적으로 모색해야 한다. 국가가 사회적 약자에게 도움을 줄 수 있도록 하기 위해서는 시민사회가 국가를 견인할 수 있을 정도로 활성화되는 것이 필요하다. 세계교회는 에큐메니칼 운동을 통하여 지구적 관점을 가지고 구체적으로 NGO와 함께 신자유주의에 대항하는 중요한 일들을 전개하고 있다. 한국교회 또한 국내외 NGO와 함께 연대하여 신자유주의 경제세계화를 저지하고, 감시하며, 그 실체를 밝힘으로써, 시민운동의 협력자로, 후원자로, 때로는 비판자로서의 역할을 감당해나가야 한다.

⑤ 한국교회는 경제적 절망을 넘어 하나님의 경제에 대한 희망을 선포해야 한다. 신자유주의 경제세계화는 신자유주의에 기초한 자본주의 외에는 대안이 없다는 절대적 신념으로 하나님의 경제에 대한 철저한 부정을 의미한다. 신자유주의 경제세계화의 신념에 내재한 물질숭배의 결과는 정의와 평화를 거부하고 생명을 파괴하는 체제 안에 안주하는 것이며, 물질의 노예가 되어 인간의 불가능성을 초월하시는 하나님에 대한 믿음과 소망을 포기하게 하는 것이다. 따라서 한국교회는 하나님 나라에 대한 확신과 희망을 가지고 신자유주의가 보여주는 세상에 대한 거짓된 신화와 환상을

버리고 하나님의 경제 실현을 위한 대안을 찾아나서야 한다. 그리스도인들은 하나님은 정의의 하나님임을 믿는다. 그러므로 한국 교회는 사람보다 이익을 앞세우고, 모든 사람들과 창조세계를 위한 하나님의 선물을 사유화하는 어떤 경제체제나 이념도 거부해야 한다. 더욱이 신자유주의 경제세계화의 이념을 복음의 이름으로 지지하거나 정당화하는 어떠한 가르침에 대해서도 저항해야 한다.

비록 신자유주의 경제세계화라는 이념이 맘몬과 권력의 형태를 띠고 생명공동체의 나눔의 삶을 파괴하며 우리의 의식을 통제하면서 하나님의 자리를 빼앗으려고 시도한다 할지라도, 신앙은 우리들의 생명과 삶을 가능하도록 하는 희망, 즉 하나님의 가능성을 발견하도록 돕는 것이다. 하나님에 대한 절대적 신앙은 인간이 보장하는 희망을 발견하는 것이 아니라 작은 불씨처럼 남겨진 그러나 꺼지지 않는 희망의 불을 살리는 힘이다. 한국교회는 하나님의 경제로 새 세상이 가능하다는 희망을 만드는 일이야말로 누구도 대신 할 수 없는 교회의 본질적이고 예언자적 사명임을 인식하고, 하나님 경제의 비전을 사회와 그리스도인들에게 계속적으로 선포해야 한다.

2012년 6월 25일

김명배, 김명용, 김은혜, 박경수, 이형기, 임희국, 장신근(가나다 순)

5. 정전협정 60주년, 한반도의 화해와 평화를 위한 그리스도인 선언문

　예수 그리스도는 "우리의 화평"이십니다. 그분은 하나님과 인간 사이에, 인간과 인간 사이에, 인간과 자연 사이에 막힌 담을 허물고 화목케 하기 위해 이 땅에 오셨고, 사셨고, 죽으셨습니다. 예수 그리스도의 뒤를 따르는 우리 그리스도인들은 그가 "원수 된 것 곧 중간에 막힌 담을 자기 육체로"(엡 2:14) 허무셨듯이, 한반도의 화해와 평화를 위해 애쓰도록 부름을 받았습니다.

　우리는 한반도 분단의 역사적 비극을 통해 분단이 인간의 존엄성과 자유를 위협하는 일들을 목격했고, 정치대립·체제대립·이념대립으로 인한 소모적 갈등에 시달렸으며, 시간이 지나면서 비정상적인 분단현실이 어느덧 우리 가운데 내면화되고 일상화되는 것을 경험했습니다. 한반도에 고착된 분단체제는 상대편을 향한 미움과 증오를 증폭시켰고 또 상대방을 힘으로 굴복시키려는 시도로 이어졌습니다. 한반도에 '잠시 중단된 전쟁'으로 인한 긴장상태가 계속되고 있는 이때, 예수 그리스도를 따르는 제자들인 우리 그리스도인들은 "화평하게 하는 자"(마 5:9)로서의 책임을 수행해야 할 것입니다.

　이에 정전협정 60주년을 맞이하여 예수 그리스도의 삶과 가르침을 따르기 원하는 〈공적신학과교회연구소〉는 한국의 그리스도인들과 한국교회가 한반도의 화해와 평화를 위해 다음과 같이 함께 노력할 것을 호소하는 바입니다.

하나, "화평하게 하는 자"의 직무를 감당하지 못한 것을 회개하고 용서를 구합시다.

한반도의 분단이 남북한의 정치, 경제, 사회, 문화를 왜곡시키는 근본적인 '원죄'로 작용하고 있음에도 불구하고, 우리 그리스도인들이 이를 극복하고 해결하기 위한 화해자의 직책을 충실하게 감당하지 못했습니다. 우리 그리스도인들은 하나님의 자녀로서 마땅히 평화를 위해 일해야 하고, 예수 그리스도께서 맡기신 화목하게 하는 사역을 감당해야 하며, 성령께서 하나 되게 하신 것을 힘써 지켜야 함에도 불구하고 화해자의 사명을 제대로 감당하지 못했음을 회개하며 용서를 구합니다.

둘, 한반도에서 핵무기와 재래식 무기와 전쟁연습이 사라지도록 촉구합시다.

우리 그리스도인들은 전쟁이 아닌 평화를 통해 한반도가 공멸의 길이 아닌 공생의 길로 나갈 것을 촉구합니다. 북측은 비핵화를 통해, 남측은 무기수입 중단을 통해 전쟁의 망령에서 벗어나야 합니다. 한반도에서 더 이상의 무모하고 무익한 군사훈련과 군비경쟁은 즉각 중단되어야 합니다. 그리스도인들은 군사력 사용에 대한 그 어떤 신학적인 정당화를 시도해서도 안 되며, 전근대적인 '정당전쟁' 개념 또한 21세기에는 유효성이 없음을 분명히 인식해야 할 것입니다. "구원하는 데에 군마는 헛되며, 군대가 많다 하여도 능히 구하지 못하는 도다."(시 33:17)

셋, 정전협정을 평화협정으로 전환하도록 촉구합시다.

올해로 한국전쟁을 치르고 정전협정을 체결한 지 60년이 지났습니다. 이제는 정전협정이 평화협정으로 바뀌어야 합니다. 이를 통해 한반도는 일시적 휴전 상태에서 항구적 평화 상태로 나아갈 수 있을 것입니다. 지금은 "칼을 쳐서 보습을 만들고 창을 쳐서 낫을 만들 것이며 이 나라와 저 나라가 다시는 칼을 들고 서로 치지 아니하며 다시는 전쟁을 연습하지 아니해야 할"(미 4:3) 때입니다.

넷, 적극적인 경제협력과 상호교류와 상호지원을 촉구합시다.

우리는 현재 남북 사이에서 진행되고 있는 개성공단과 금강산 관광 재개 움직임을 적극 지지하며, 앞으로 인적이며 물적인 차원에서 보다 활발한 상호교류와 상호지원을 촉구합니다. 정치만이 아니라 다방면의 소통을 통해 한반도에 정의로운 화해와 평화가 정착되기를 바라며, 죽임의 문화가 살림의 문화로 바뀌게 되기를 소망합니다. 또한 우리는 한반도가 힘의 논리에 따른 흡수통일이 아니라 모든 이가 하나님의 자녀로 존중받는 평화통일의 한 길로 나아가도록 기도하며 노력해야 할 것입니다.

다섯, 다음 세대를 위한 평화 교육에 매진합시다.

우리는 국가차원, 민간차원, 그리고 종교차원에서 남북갈등과 남남갈등을 해결하기 위한 화해와 평화를 위한 교육에 힘써야 할 것입니다. 특히 한국교회 강단에서 말씀선포와 가르침을 통해 하나님 나라의 핵심인 화해와 평화를 선포하고 교육해야 할 것입니다. 남북 사이에 존재하는 차이와 다름을 인정하고 그것을 받아들일 때에라야 한반도에는 지속

가능한 평화가 정착될 것입니다. 이러한 미래지향적 평화 교육이야말로 다음 세대로 하여금 폭력을 극복할 대안을 찾게 만들고, 인권에 대한 존중 의식을 고양시킬 것이고, 정의에 기초한 평화 정신을 함양시킬 것입니다. 이처럼 다음 세대가 화해와 평화의 정신을 토대로 자라나야만 한반도 통일의 초석이 든든히 마련될 것입니다.

여섯, 한국교회를 대표하는 교단과 기관의 책임 있는 노력을 촉구합시다.

우리는 한국교회를 대표하는 교단들과 기관들이 한반도의 화해와 평화를 위해 책임 있는 노력을 해 줄 것을 촉구합니다. 한국의 그리스도인들은 한반도의 화해와 평화를 위해 부름을 받았습니다. 그동안 한국교회가 힘써온 평화운동의 전통을 이어 지금 여기에서 우리가 해야 할 책임을 다해야 할 것입니다. 한국교회의 기관과 교단들이 연합하여 화해와 평화를 위한 서명운동이나 한반도 평화주일을 정하여 지키는 등 가시적인 행동에 나서 줄 것을 요청하는 바입니다.

화해와 평화를 위해 일하는 것은 이 시대 하나님께서 우리에게 부탁하신 직무입니다. 지금은 우리 그리스도인들이 이 직무를 실천할 때입니다. "하나님께서 그리스도 안에 계시사 세상을 자기와 화목하게 하시며 … 화목하게 하는 말씀을 우리에게 부탁하셨느니라."(고후 5:19)

2013년 6월

공적신학과교회연구소 회원 일동